Rudolf Oberrauter · Die Honigfalle der Liebe

Rudolf Oberrauter

Die Honigfalle der Liebe

Das Janusgesicht des Seitensprungs

Ein Handbuch

Ehrenwirth

Die Deutsche Bibliothek - CIP-Einheitsaufnahme

Oberrauter, Rudolf:
Die Honigfalle der Liebe: Das Janusgesicht des Seitensprungs;
Ein Handbuch / Rudolf Oberrauter. München: Ehrenwirth,
1992
ISBN 3-431-03217-6

Schwanthalerstraße 91, 8000 München 2
Schutzumschlag: Atelier Kontraste, München
Satz: Utesch Satztechnik GmbH, Hamburg
Druck und Bindung: Wiener Verlag, Himberg
Printed in Austria 1992

Danksagung

Zum Gelingen des Buches hat die einfühlsame Mitarbeit meiner Frau ebenso beigetragen wie die wohlwollend-kritische Hinterfragung durch meine beiden engagierten Lektoren Prof. Ekkehart Hauser und Barbara Schaden. Nicht zuletzt haben aber auch die nützlichen Hinweise und Denkanstöße von Prof. Ernest Borneman sowie einer Reihe von hilfsbereiten Vorableserinnen und -lesern eine verständliche und benutzerfreundliche Darstellung der so komplexen wie umstrittenen, so widersprüchlichen wie unübersichtlichen Thematik ermöglicht.
Ihnen allen möchte ich dafür danken.

Rudolf Oberrauter

Inhalt

Dritter Teil:
Der Sprung nach vorn –
Wenn die Liebe siegt

Erster Teil: Der Sprung ins Thema – Wenn die veruntreute Liebe ihr Gesicht enthüllt

Mit dem Wissen
wächst der Zweifel
GOETHE

Das zwielichtig-zwiespältige Gesicht des Seitensprungs – Der Sprung in ein doppelbödiges Thema

Kühner, als das Unbekannte zu erforschen,
kann es sein, das Bekannte zu bezweifeln.
KASPAR

Dieses Buch ist als informatives Handbuch für den interessierten, vor allem aber auch selbst betroffenen Leser konzipiert. Zweck und Ziel findet es nicht zuletzt in der Aufgabe, dazu zu ermuntern, aktiv, positiv und souverän an ein bedrückendes Partnerproblem Hand anzulegen, um dieses im wohlverstandenen Interesse aller Beteiligten durch notwendig gewordenes Handeln zu lösen.
Der vielfältigen, oftmals widersprüchlichen Motivation und Interessenlage einer breiten Leserschaft entsprechend, wird deshalb das schillernde Phänomen Seitensprung von unterschiedlichen Standorten und aus konträren Blickwinkeln betrachtet und eingehend, vor allem aber reflektiert-kritisch abgehandelt.
Neben individual- und sozialpsychologischen sowie sexualanthropologischen Gesichtspunkten kommen historischen Entwicklungen, philosophisch-theologischen Aspekten wie auch zivil- und strafrechtlichen Auswirkungen eine angemessene Rolle zu. Hierbei erschließt sich dem Lesenden die komplexe Vielfalt eines zwar trivialen, aber gerade deshalb stets aktuellen und immer wieder fesselnden Themas.
Im Gegensatz zu zahlreichen populären, oberflächlich-seichten Lesebüchern und wissenschaftlich verbrämten Veröffentlichungen nähert sich das Buch dem so emotionsgeladenen wie gleichermaßen problembeladenen Thema weder mit der sauer aufstoßenden Medizin »Moralin« des Pharisäers noch mit dem hierzu konträren Narkotikum »Sexkonsum« des modisch-modernen Hedonisten. Dem Leser soll aber auch nicht das dem Zeitgeist angepaßte Psychopharmakon »Ratio« des coolen Realisten zugemutet werden, der die oftmals unbequeme Realität mit verblüffender

Logik und pseudowissenschaftlicher Argumentationshilfe gleich einem Zauberkünstler erfolgreich »wegzurationalisieren« scheint oder sie defätistisch-zynisch als unveränderlich hinnimmt.
Statt dessen ist es die erklärte Absicht des Buches, den selbstkritischen und zum Selbstdenken bereiten Leser in seinem Bemühen um umfassende Problemerkenntnis und -beherrschung und um Stärkung seines Selbstbewußtseins tatkräftig zu unterstützen. Der Rückgriff auf eine weit verbreitete, kaum noch wahrgenommene, da meist geschickt verkappte ideologische Beeinflussung wird bewußt vermieden.
Der Vielfalt unterschiedlichster Interessen entsprechend, soll deshalb der Leser weder mit spärlichen Informationen abgespeist noch umgekehrt mit unerwünschten Details überfüttert werden. Dies erfordert allerdings auch seine angemessene, an seinen Belangen ausgerichtete Mitarbeit bei der gedanklichen Auseinandersetzung mit diesem Buch, damit ihm dessen Inhalt letztlich zum persönlichen Gewinn zu werden vermag.
Seine spezifischen Erwartungen orientieren sich dabei wohl vornehmlich an seinen jeweiligen persönlichen Bedürfnissen, die nicht selten von einer aktuellen Situation mitbestimmt oder gar überschattet werden. Dementsprechend steht jeder Leser der unübersichtlichen Seitensprungproblematik entweder in der Rolle des unbelasteten Interessierten oder aber des unterschiedlich Beteiligten und Berührten gegenüber. Als letzterer kann er nur mittelbar betroffen, aber auch direkt benachteiligt sein.
In dem Dreiecksverhältnis der veruntreuten Liebe steht dem Benachteiligten somit der bevorzugte Dritte und dem übervorteilenden Partner gleichzeitig der übervorteilte Lebensgefährte gegenüber. Jeder Beteiligte aber bringt seinen ganz persönlichen Anteil in dieses erotische Nullsummenspiel ein, dem sein subjektiver Standpunkt und seine adäquate Interessenlage entsprechen.
Der Leser kann sich aber auch zum Kreis der potentiell Bedrohten oder vorbeugend Bemühten zählen, der entweder um seine eigene Lebensbeziehung bangt oder diese prinzipiell verbessern und solchermaßen wirksamer schützen möchte.
Nicht zuletzt wendet sich dieses Buch aber auch an den professionellen Berater oder den um Rat angegangenen Freund.

Je nach individueller Ausgangsposition, persönlichen Erwartungen sowie intellektuellem Anspruch vermag so der Leser sein Informationsbedürfnis gezielt nach selbstbestimmten Kriterien zu befriedigen. Die auf umfassende Information angelegte Kon-

zeption, die den üblichen Anforderungen an ein Handbuch gerecht werden soll, läßt jedenfalls für vielfältige Fragestellungen und deren Beantwortung Raum. Sie ermöglicht aber auch umgekehrt die zeitsparende Auswahl bestimmter Aspekte, ohne daß deshalb für den Leser der Gesamtzusammenhang verlorengeht.
Dementsprechend können nun erwartungsvolle Interessierte ohne gedankliche Umschweife mitten ins Thema hineinspringen, während andere sich vorweg die nachfolgende, überblickverschaffende Zielorientierung zu Gemüte führen wollen.
Allen Lesern, die sofort und konkret in die Thematik einzusteigen wünschen, darf ich deshalb nahelegen, sogleich mit dem folgenden Kapitel »Was macht eine Beziehung zum Seitensprung?« zu beginnen. Sie werden dort unverzüglich, hautnah und ungeschminkt damit konfrontiert. Was würde sich hierzu besser eignen, als ungeniert im Drehbuch des Fremdgehens zu blättern, in dem die charakteristischen Rollen des Seitensprungdramas eingehend beschrieben und den einzelnen Schauspielern gleichsam auf den Leib geschneidert werden? Elf Rollenspiele für vier Akteure schillernder Vielfalt, mitunter aber auch erschütternder Einfalt, lassen uns bald illusionslos auf die tiefgestaffelte Bühne hinter den verbergenden Kulissen der »verbotenen« Liebe blicken!
Wer sich dem Thema hingegen mit einem überblickverschaffenden Abstand nähern möchte und hierbei eine zwangsläufig abstrahierende Darstellung bewußt in Kauf nimmt, wird sinnvollerweise dieses kurze Einführungskapitel noch zu Ende lesen.

Das kämpferische Durchsetzen der sexuellen Freiheit gegen eine jahrhundertealte doppelzüngige Zwangsmoral ist als ein greifbares und positives Ergebnis der sexuellen Revolution der Nachkriegszeit anzusprechen. Doch fast jede Revolution unterliegt offenbar dem tragischen Verhängnis, ihre eigenen Kinder, also ihre eigenen Ideale und deren Verfechter, aufzufressen. Denn kollektiv verankerte, historisch entstandene seelische Strukturen und daraus erwachsene inhumane Denk-, Gefühls- und Verhaltensmuster lassen sich nicht kurzerhand wegrevolutionieren. Ihr ungebrochenes Beharrungsvermögen verwandelt vielmehr unbemerkt neu errungene Werte in ideologisch verfälschte hohle Phrasen. Gleichzeitig degradiert es naiv-fortschrittsgläubige Verfechter persönlicher Freiheit wider Wissen und Wollen zu Gefolgsleuten unsichtbarer innerer Unfreiheit.
Diese Entwicklung zeigt sich nicht minder ausgeprägt auf dem so problematischen wie unübersichtlichen Feld der Erotik. Gerade

dort wird der Seitensprung als das verleugnete, zugleich aber liebste Kind der überkommenen patriarchalischen Doppelmoral häufig als Ausdruck persönlicher Freiheit mißdeutet. Damit aber gerät die Befürwortung der veruntreuten Liebe unter dem Banner individueller Liberalität unversehens zur paradoxen, ja geradezu grotesken Verteidigung freiheitlicher und humaner Werte. Denn die listig bewerkstelligte Adoption dieses uralten patriarchalischen Wechselbalgs der verstohlenen Liebe dient letztlich der immer schwerer zu durchschauenden Realisierung und Bewahrung parasitärer Pseudoethik. Diese hängt sich lediglich ein zeitgemäßes, nämlich scheinfreiheitliches Mäntelchen um.

Deshalb geht es bei der Darstellung des Themas konsequenterweise nicht darum, den Seitensprung und den Seitenspringer moralisch zu gewichten. Auf dem Prüfstand eines humanen Lebensentwurfs steht vielmehr die herrschende und somit allgemein prägende Moral unserer heutigen Leistungsgesellschaft selbst.

Diese leistet sich einen rücksichtslosen Konsum auf Kosten ihrer Eigen-, Mit- und Umwelt und erklärt selbstherrlich den oft fragwürdigen persönlichen Erfolg um den Preis der Übervorteilung des Mitmenschen zum Leisten (Maßstab), über den alle anderen ohne Rücksicht auf deren subjektive Möglichkeiten geschlagen werden. Mit anderen Worten: Unsere Ellenbogengesellschaft macht die krumme Elle des subtil oder auch gewaltsam durchgesetzten Erfolgs zum allein seligmachenden Maßstab einer inhumanen Gewaltkultur.

So nimmt es nicht mehr wunder, wenn im Namen der Moral der Mächtigen, der Stärkeren und der Sieger das Fremdgehen genausogut gerechtfertigt wie für die Schwachen und Verlierer verdammt zu werden vermag. Dieser Diktatur der Doppelzüngigkeit unterwerfen sich die meisten mehr oder minder unreflektiert, aber durchaus vorteilsbedacht.

Die Enttarnung der janusköpfigen Seitensprungmoral erscheint um so nötiger, als von der patriarchalischen Ethik zu allem Überdruß auch noch die Quadratur des Kreises in der Liebe als realisierbar propagiert wird. Die Ideologie der sexuellen Freiheit gaukelt uns nämlich vor, in einer offiziellen Zweierbeziehung zufrieden leben und gleichzeitig in einer mehr oder minder geheimen Zweitbeziehung auf Dauer glücklich lieben zu können.

Befriedigende Geschlechterbeziehungen können zwar unter bestimmten sozialen und psychologischen Voraussetzungen im Rahmen einer historischen Epoche erfahrungsgemäß entweder

monogam oder auch polygam strukturiert sein. Ganz offensichtlich jedoch sind sie in ihrer Gleichzeitigkeit aus funktionalen Gründen miteinander unvereinbar, wofür die negativen Folgen des Seitensprungs ein deutliches Indiz abgeben.
Das zerstörerische Spannungsverhältnis zwischen zeitlich praktizierter Polygamie und Monogamie kann allenfalls in einer von äußeren und vor allem von inneren Zwängen befreiten, reifen Partnerschaft aufgehoben werden. Denn nur eine auf freiheitlichem Fundament ruhende Liebe besitzt die unverzichtbare kreative Offenheit, die persönliche und partnerschaftliche Entwicklungshemmnisse beseitigt und zwischenmenschliche Barrieren niederreißt. Erst hierdurch werden wirklich offene und beglükkende Wachstumsbeziehungen jenseits individueller Besitzansprüche, monogamer Schranken und polygamer Normierungen möglich.
Die im Boden der patriarchalischen Zwangsmoral wurzelnde heimlich-verstohlene Seitensprungliebe hingegen versteckt lediglich mehr oder minder geschickt längst verinnerlichte und somit weitgehend unbewußt gewordene Zwänge hinter der glänzenden Fassade vorgeblicher individueller und sexueller Freiheit. Sie überdeckt persönliche Unfreiheit im Denken, Fühlen und Verhalten – die Kluft zwischen verheißenem Glücksanspruch und erbarmungsloser Wirklichkeit, zwischen subjektivem Wollen und tatsächlichem Unvermögen. Sie verstärkt somit die persönliche und partnerschaftliche Deformation und führt letztlich zu steigender Desintegration und Inhumanität beider Lebensgefährten.
Da im Seitensprunggeschehen noch zahlreiche weitere paradoxe und karikatureske Situationen und Gegebenheiten zutage treten, sollten wir uns die enttarnende Offenheit von Philosophen und Humoristen zunutze machen, um das komplexe Phänomen Seitensprung umfassender und konkreter begreifen zu lernen. Erinnern wir uns beispielsweise der weisen Erkenntnis Sören Kierkegaards: »Doch soll man nicht übel vom Paradox denken. Denn das Paradox ist die Leidenschaft des Gedankens, und ein Denker, der ohne Paradox ist, ist wie ein Liebhaber ohne Leidenschaft: ein mäßiger Patron.«
Und Vicco von Bülow (besser bekannt unter seinem Künstlernamen Loriot) meinte treffend, daß unser wirkliches Leben eine Karikatur sei. Stimmen wir dieser Aussage zu, so müssen wir uns fragen, ob dann unsere Liebe als wesentlicher Bestandteil unseres Lebens – spätestens im Seitensprunggeschehen – nicht ebenfalls zur Karikatur werden kann.

Wie unvermittelt dies mitunter geschieht, lehrt uns die realistische Erkenntnis des scharfsinnigen französischen Philosphen Voltaire. Dieser wies bekanntlich darauf hin, daß es vom Erhabenen zum Lächerlichen nur ein Schritt sei. Gilt dies nicht auch für den verheimlichten Schritt zur Seite, den Seitensprung?
Jedenfalls dann, wenn dieser so zufällig wie ungewollt das gnadenlose Licht einer zwiespältig und unberechenbar reagierenden Öffentlichkeit erblickt.

Um das so widersprüchliche wie undurchsichtige Phänomen des Seitensprungs zu verstehen, bedarf es neben einer differenzierenden Betrachtungsweise vor allem des wachen Erkennens untergründiger Ironie, eines ausgeprägten Verständnisses für unfreiwillige Komik sowie des Ernstnehmens unserer meist unterschätzten Alltagsbanalität. Nur hierdurch können wir die so lust- wie leidvolle, so absurde wie abstruse Tragikomik des allgegenwärtigen Trivialereignisses Seitensprung offenlegen, anstatt sie zum üblichen, schadenfreudig-harmlosen Lustspiel, zur seichten Boulevardkomödie zu verfälschen. Geheimgehaltenes und Verfälschtes bloßzulegen ist freilich ein dornenvolles Unterfangen, das verständlicherweise auf zahllose offene und versteckte Widerstände stößt. Um trotzdem ans Ziel zu gelangen, ist ein undogmatischer, vor allem ungewöhnlicher Blickwinkel erforderlich. Dieser muß unsere allgegenwärtigen, wenn auch kaum wahrgenommenen Denkfilter und intellektuellen Scheuklappen beiseite lassen.
Wenn wir deshalb den unabdingbaren kritischen Abstand zum üblichen Alltagsdenken erreichen wollen, müssen wir uns vorweg vergegenwärtigen, wie die Perspektive der subjektiven Anschauung jeweils zustande kommt.
Der individuelle Blickwinkel ist entscheidend abhängig vom aktuellen persönlichen Standpunkt, von dem aus der einzelne das Seitensprunggeschehen betrachtet. Es macht schließlich einen grundsätzlichen Unterschied, ob der Beurteilende die Situation vom Standort des Seitenspringers oder aus der Sicht des Betrogenen beobachtet. Dementsprechend werden dann auch die jeweils passenden, weitgehend standardisierenden Rechtfertigungsargumente ins Feld geführt.
Aber auch der Zeitpunkt ist hier von nicht zu unterschätzender Bedeutung. Schon Talleyrand hat listig darauf hingewiesen, daß der Verrat – und um eine partnerschaftliche Überlistung handelt es sich schließlich beim Seitensprung – letztlich eine Frage des

Datums sei. Die idealisierte Rückschau auf längst abgeschlossene und vielleicht verziehene Seitensprungabenteuer stellt sich somit für einen alternden Schwerenöter völlig anders dar als das aktuelle und urplötzliche, schmerzhafte Gewahrwerden partnerschaftlicher Untreue durch einen betrogenen Ehemann, der sich nicht selten als tödlich lächerlich gemachter Gehörnter fühlen mag.

Das übliche Umschleichen der Seitensprungproblematik gleicht somit dem Betrachten eines Berges von unterschiedlichen Seiten und Höhen. Während nämlich der eine die lieblichen, sanft abfallenden sonnigen Südhänge betrachtet, schaudert dem anderen vor den steil aufragenden, dunklen und drohend kalten Nordabstürzen. Jeder Betrachter besitzt seine unbezweifelbare, subjektiv erlebte Wirklichkeit, die für ihn auch objektiv die Wahrheit darstellt.

Die Frage nach der Wahrheit wird also letztlich zur Frage nach dem »richtigen« Standpunkt. Und der ist in unserer schmarotzerischen Ellenbogengesellschaft in aller Regel der nutzbringende. Gerade deshalb wollen wir die solchermaßen relativierte Wahrheit nicht nur aus der beschränkten, undifferenzierten Froschperspektive des bergfaulen, parasitär auf seinen Vorteil bedachten Betrachters erkunden, sondern aus der Vogelperspektive einer übergeordneten, humanen Erkenntnisebene, die sich im übrigen nicht unserem fast alles unterjochenden Zeitgeist unterwirft!

Unter dieser Perspektive wird vor allem der Frage nachgegangen, ob und inwieweit tatsächlich Liebe und Sex die maßgeblichen Antriebskräfte des Seitensprungs darstellen, oder ob es vielmehr unerwartete, tiefere Ursachen sind: Können vielleicht mangelnde geschlechtliche und persönliche Identität und – daraus resultierend – fehlende Selbst- und Partnerachtung statt dessen eine zentrale, wenn auch weitgehend unsichtbare Rolle einnehmen?

Die meist überbewerteten, oberflächlichen Motive des Symptoms Seitensprung erhalten erst durch eine differenzierende Sichtweise die ihnen zustehende nachrangige Stellung zugewiesen. Damit rückt die in diesem Zusammenhang häufig überbetonte Eifersuchtsproblematik als deutlicher Ausdruck unserer allgegenwärtigen, geradezu pathologisch überzogenen Konkurrenzhaltung deutlich in den Hintergrund.

Nicht zuletzt muß eine umfassende Darstellung des überaus komplexen Seitensprunggeschehens auch der Tatsache Rechnung tragen, daß diese zahlreiche wissenschaftliche Bereiche berührt – was eine fachspezifisch einengende akademische Schrebergärtnerei, wie sie allgemein vorherrscht, verbietet. Es ist aber statt des-

sen eine interdisziplinär übergreifende, ganzheitliche Sichtweise unabdingbar, die begrenzte und umstrittene wissenschaftliche Erkenntnisse mit den subjektiv-persönlichen Erfahrungen der »Universität des Lebens« als unverzichtbares Wissen aus erster Hand so sinnvoll wie fruchtbar verknüpft. Dies erscheint um so notwendiger, als bezeichnenderweise bis heute noch kein umfassendes, allgemein akzeptiertes, ideologiefreies Menschenbild existiert, das eine verbindliche Wertorientierung erleichtern würde. Vor allem ist es weit schwieriger, Bekanntes und somit längst zur Selbstverständlichkeit Gewordenes zu bezweifeln und neu zu definieren, als sich Unbekanntem zuzuwenden.
Besonders das Seitensprungverhalten hat sich im Verlaufe einer nunmehr fünftausendjährigen patriarchalischen Tradition zu einer so gußeisernen Selbstverständlichkeit verfestigt und damit auch verselbständigt, daß die Gewöhnung daran die vielfältigen Ursachen und tiefgreifenden Spätfolgen des Fremdgehens weitgehend unsichtbar gemacht hat. Gleichzeitig verschwand die oft zwanghaft-süchtige Gewohnheit des Seitenspringens hinter der schützenden Fassade des allzu Selbstverständlichen.
Bei einer kritischen Darstellung des Seitensprungs kommt es nicht auf die ausführliche, sich letztlich nur wiederholende, vor allem sensationslüsterne Schilderung eines fast jedermann irgendwann berührenden und gleichermaßen bekannten Geschehens an; diese sollte der Boulevardpresse sowie einer einschlägigen Trivialliteratur überlassen bleiben. Das schließt jedoch die konkrete, mithin lebensnahe Darstellung einzelner Seitensprungverläufe nicht aus, die dem Leser die oftmals so undurchschaubare wie unverständliche Problematik von Einzelfällen anschaulich vor Augen führen will: denn abstrakte Analysen reichen dazu nicht aus! Schließlich spiegelt sich in jedem partnerschaftlichen Einzelschicksal die vereinsamende Vereinzelung des atomisierten und gleichzeitig identitätslosen, zur Masse verformten heutigen Menschen.
Nicht zuletzt ist in diesem Zusammenhang aber auch daran zu denken, daß jedes Fremdgehen zum deutlichen Ausdruck meist nicht wahrgenommener Selbstentfremdung gerät. Diese nimmt im Seiten- und Absprungdrama zwar konkrete, nichtsdestoweniger aber verschleiernde und verfremdete Gestalt an, in welcher der tiefere Ursachen- und Wirkungszusammenhang unentwirrbar und deshalb auch meist uneinsehbar ineinander verfließt.

Gefragt ist deshalb eine so konstruktive wie menschengerechte, vor allem aber realistische Lösung. Mit anderen Worten: Ist das Kind partnerschaftlichen Vertrauens erst einmal in den Brunnen gefallen, so sollte man es dort nicht aus Ratlosigkeit jämmerlich zappeln und ersaufen lassen. Denn gerade hier liegen vornehmlich die praktischen Schwierigkeiten, da die meisten Betroffenen das Tiefgründig-Paradoxe ihrer Seitensprungsituation, letztlich ihrer höchst persönlichen und partnerschaftlichen Problematik aufgrund ihrer eigenen, meist unbewußten Verdrängungsmechanismen nicht wirklich zu erkennen vermögen. Sie setzen ihr deshalb meist eine ungeeignete, weil nur oberflächlich-symptomatische Lösung im Sinne üblicher Alltagslogik entgegen oder versuchen ihr hilflos und konfliktscheu auszuweichen. Auf diese Weise wird ein ursprünglich meist noch zu lösendes Problem durch eine unangemessene oder ausstehende Lösung schließlich unlösbar, da die veruntreute Lebensbeziehung nicht auf eine stabilisierende Wachstumsebene angehoben wird.

In einer solchen oft als ausweglos empfundenen Lage **Hilfe zur Selbsthilfe** anzubieten ist deshalb das vorrangige Ziel dieses Buches.

In Erinnerung an den klugen Ausspruch Romano Guardinis, daß die wahre Liebe mit einem Schritt zurück beginnt, geht es darum, aus dem Seitensprung und der daraus erwachsenden heilsamen Partnerkrise einen neuen, verheißungsvolleren Anfang zu wagen oder mangels ausbaufähiger Gemeinsamkeiten zumindest einen fairen Schlußstrich zu ziehen.

Diese Absicht des Buches läßt sich jedoch nur verwirklichen, wenn der offene Dialog mit dem interessierten und selbsterfahrenen Leser eine gemeinsame Erkenntnis- und Beziehungsebene schafft. Die verbindende Brücke hierzu stellt die natürliche Autorität der mittel- oder unmittelbar Betroffenen sowie ihre übereinstimmende Erfahrung dar.

Letztendlich soll aber auch noch der interessanten Frage nachgegangen werden, ob der Sprung zur Seite einen unsichtbaren, doch unverzichtbaren Pfeiler der Männerherrschaft darstellt, der ihren unaufhaltsamen und beschleunigten Untergang verzögert. Damit in engem Zusammenhang steht die weitere Überlegung, in welchem Umfang der zum Massenphänomen gewordene Seitensprung als Markenzeichen einer scheinfreiheitlichen Wirklichkeit eine inhumane und rückwärtsgerichtete Fehlemanzipation (Demanzipation) beider Geschlechter bewirkt.

Das übervorteilende Gesicht des Fremdgehens – Die verhüllenden Schalen des parasitären Seitensprungkerns

1. Was macht eine Beziehung zum Seitensprung?

Wenn ich nicht weiß, daß ich nicht weiß,
glaube ich zu wissen.
Wenn ich nicht weiß, daß ich weiß,
glaube ich nicht zu wissen.
RONALD D. LAING

Gewöhnung macht unsichtbar;
Gewohnheit wird unsichtbar.
MOSHÉ FELDENKRAIS

Den Seitensprung kennt jeder. Doch jeder erlebt ihn anders. Deshalb bedeutet er auch jedem etwas anderes.
Ist er hingegen auch jedem in seiner komplexen, tiefgreifenden und weitreichenden Dimension voll bewußt? Wissen wir nicht verblüffenderweise gerade über all die Dinge und Abläufe am allerwenigsten Bescheid, die uns zu selbstverständlich erscheinen, als daß wir noch reflexiv-kritisch darüber nachzudenken vermöchten? Sind wir uns beispielsweise des so charakteristischen wie gleichzeitig weitgehend unbewußten Rollenspiels bewußt, in das jeder an diesem Geschehen Beteiligte mit unausweichlicher Automatik und unerbittlicher Konsequenz hineingezogen wird? Die Beantwortung gerade dieser Frage wird das Phänomen Seitensprung in weit stärkerem Maße offenlegen, als es eine übliche, oberflächliche Darstellung vermag.
Doch zunächst sollten wir uns unserem vielgestaltigen und schillernden Thema aufmerksam und differenzierend nähern und seine so verworrene wie widersprüchliche Problematik ans Tageslicht fördern. Schließlich handelt es sich hier um einen Bereich, der vielfach das Tageslicht scheut. Erkenntnisse lassen sich aber

bekanntlich nur gewinnen, wenn erhellendes Licht ins Dunkel fällt. Und bald werden wir überrascht erkennen, wie erstaunlich wenig wir von einem trivialen Geschehen wissen, das uns allen zumindest bekannt, meist auch persönlich vertraut und in positiver oder zwiespältiger, vielleicht sogar übler Erinnerung geblieben ist!

Wenn wir das Phänomen Seitensprung in vollem Umfang begreifen wollen, so müssen wir es zunächst einmal eindeutig definieren, um von vornherein mögliche Mißverständnisse und Abgrenzungsschwierigkeiten zu vermeiden. Deshalb soll der Seitensprung zuerst differenziert beschrieben und zugleich von themenverwandten Begriffen wie Untreue, Ehebruch und außereheliche Intimbeziehung deutlich abgegrenzt werden: nur so kann die zum Problemverständnis unabdingbare Distanz zu miteinander in Bezug stehenden, aber gleichwohl unterschiedlichen Begriffen für spezifische Situationen und Geschehnisse hergestellt werden.

In diesem Zusammenhang drängt sich ein eingängiges Sprachbild auf: Eine Straße ist naß, wenn es geregnet hat. Umgekehrt muß es jedoch keineswegs geregnet haben, wenn sie naß ist. Gerade wegen langandauernder Trockenheit kann nämlich auch ein Sprengwagen der Straßenreinigung die Nässe verursacht haben.

Auf verblüffend ähnliche Analogien werden wir bald auch im Seitensprunggeschehen stoßen, wo sehr unterschiedliche Entwicklungen dazu führen können, daß es im Ehebett naß wird...

Bei der Beurteilung des Geschehens ist es ausschlaggebend, differenzierend zu erkennen, daß es qualitativ keineswegs dasselbe bedeutet, wenn zwei Menschen dem Anschein nach dasselbe tun!

• Was ist nun eigentlich ein **Seitensprung?**
Er stellt eine geheimgehaltene, parallel zur eigenen festen Bindung bestehende Außenbeziehung dar, die sowohl sexuell als auch mehr oder minder intensiv emotional erlebt wird und gegen den eigenen Lebensgefährten gerichtet ist. Denn sie wird in aller Regel ohne dessen Wissen und gegen dessen vermutliches Wollen aufgenommen und aufrechterhalten. Ihre Intensität und Dauer kann individuell sehr unterschiedlich sein.

• Demgegenüber darf die **Untreue** als eine innere Haltung angesprochen werden, die erst die Bereitschaft für den Seitensprung weckt und das entgegengebrachte Partnervertrauen mißbraucht.

Das Spannungsverhältnis zwischen Treue und Untreue wird uns später noch ausführlicher beschäftigen!

- Der **Ehebruch** hingegen ist im sozialpsychologischen Sinne als das destruktive Ergebnis des Seitensprungverhaltens zu werten, wobei die tragende Basis der Lebensbeziehung, nämlich das gegenseitige Vertrauen sowie die emotional-sexuelle Übereinstimmung, zerbrochen ist.

- Schließlich muß noch auf den Terminus **außereheliche Intimbeziehung** eingegangen werden, der einen übergeordneten Begriff darstellt. Die Außenbeziehung kann in ihrer inhaltlichen Ausgestaltung sowie im Verhältnis zum festen Partner sehr unterschiedlich aussehen. Dies hängt davon ab, ob es sich um ein *Seitensprungverhältnis (Untergrundbeziehung)*, das Ergebnis einer abgesprochenen *offenen Ehe* oder die mögliche, aber keineswegs notwendige Folge einer von äußeren und inneren Zwängen weitgehend befreiten *gereiften Lebensbeziehung* handelt.

In den beiden ersten Fällen entspringen die Außenverhältnisse jeweils einer traditionell patriarchalischen Ehe. Sie unterscheiden sich im Grunde nur durch den Grad ihrer Offenheit und Scheinfreiheit voneinander.
Eine Außenbeziehung jenseits patriarchalischer Zwänge, vor allem aber auch jenseits partnerschaftlichen Eigentumsanspruchs steht hingegen auf völlig anderen Grundlagen! Nur ihr gelingt es, das zerstörerische Spannungsverhältnis von gleichzeitig ausgeübter begrenzender Monogamie und normierter Polygamie aufzuheben. Sie muß trotz ihrer Seltenheit erwähnt werden, da sich allzu viele Fremdgeher undifferenziert und in maßloser Selbstüberschätzung und mit unverantwortlicher Unterstützung namhafter Publizisten entlastend auf sie berufen. Wir werden später noch näher darauf eingehen.

Mit dem bisher Gesagten ist der Seitensprung in seinem tieferen Wesen, gleichsam seinem Kern, jedoch noch keineswegs erfaßt. Bei kritischer Annäherung fällt nämlich sofort auf, daß er einen offensichtlichen und grundsätzlichen Widerspruch in sich trägt, der geradezu der Quadratur des Kreises ähnelt! Denn eine dem Inhalt nach real bestehende Zweierbeziehung schließt eine Zweitbeziehung nicht nur sprachlich und logisch, sondern vor allem auch funktional aus: Der Seitenspringer gleicht, bildlich gespro-

chen, einem Alchemisten der Liebe, der behauptet, durch Vermengung unterschiedlicher Stoffe beglückendes Gold erzeugen zu können. Er findet auf diese Weise zwar das hauchdünne Gold verborgener Lust (wie weiland Böttger das Porzellan), doch dieses zerbricht allzubald in der Realität der veruntreuten Liebe.
Wer deshalb eine Zweierbeziehung eingeht und sich offiziell zu ihr bekennt, tatsächlich jedoch in einer verleugneten Dreiecksbeziehung lebt und liebt, setzt sich diesem inneren, paradoxen Widerspruch bei jeder persönlichen und partnerschaftlichen Lebensäußerung aus. Dieser spaltet seine Persönlichkeit, damit sein Denken, Fühlen und Verhalten und läßt die berechtigte Frage aufkommen, ob zumindest der gewohnheitsmäßige Seitenspringer als eine *gesprungene Persönlichkeit* anzusprechen ist.
Vielleicht hilft uns bei ihrer Beantwortung die tiefer schürfende Auseinandersetzung mit dem Wort Seitensprung weiter.
Wenn wir die eigentliche Bedeutung eines Begriffs ergründen wollen, so tun wir gut daran, ihn in seiner ursprünglichen Wörtlichkeit zu nehmen. Denn hier läßt er die noch unverfälschte Realität zum Zeitpunkt seiner Entstehung erkennen! In der Tat enthüllt der *»Sprung zur Seite«* aus diesem etymologischen Blickwinkel heraus eine Reihe wesentlicher, bereits im Begriff enthaltener Merkmale, Inhalte und Verhaltensmuster:
Zum einen steht der Seitenspringer in seiner inneren Einstellung und Zielsetzung seitlich von sich selbst, das heißt, er steht sozusagen neben sich statt zu sich. Deshalb bekennt er sich ja auch nicht zu seinem Tun. Da er jedoch nicht zu sich selbst steht, kann er erst recht nicht zu seinem Lebensgefährten und zur eigenen Lebensbeziehung stehen, noch weniger zum verleugneten Außenpartner und zum Untergrundverhältnis!
Eine ergänzende Aussage ergibt sich aus dem zweiten Wortteil: Das mangelnde Zu-sich-Stehen verstärkt geradezu zwangsläufig den bereits vorhandenen, mehr oder minder tiefen Sprung, der sich durch die Persönlichkeit des Seitenspringers zieht. Und gerade dieser innere Sprung verleitet zum halbherzigen Fluchtsprung aus der Lebensbeziehung, da ihm mangels Zu-sich-selbst-Stehens das Standvermögen für zwischenmenschliche Konfliktlösungen und persönliches sowie partnerschaftliches Wachstum oder eine offene Trennungsentscheidung fehlt. Der Seitenspringer wird somit zum ängstlichen und sehnsuchtstrunkenen Reisenden, der am Schalter des Schicksals vorsichtshalber eine vermeintlich billige Rückfahrkarte nach nirgendwohin bucht.
Letztlich erweist sich der Seitensprung als sichtbar werdendes

Symptom für eine sowohl persönliche als auch partnerschaftliche Krise des konfliktscheu zur Seite Springenden.
Partnerprobleme sind ihrer Natur nach gemeinsame Probleme. Sie können deshalb nur zusammen angegangen und erfolgreich bewältigt werden. Sofern sie mangels eigenen Selbstbewußtseins und partnerschaftlichen Vertrauens nicht mit dem eigenen Lebensgefährten, sondern mit Hilfe eines geheimgehaltenen Dritten gemildert oder gar gelöst werden sollen, stellt dies letztlich immer eine Scheinlösung gegen den eigenen Lebensgefährten und gegen die gemeinsame Lebensbeziehung dar. Dies ergibt sich nicht nur aus dem fortgesetzten Vertrauensbruch, sondern vor allem schlicht daraus, daß die Interessenlage von betrogenem und betrügendem Partner nunmehr entgegengesetzt verläuft. Denn das Seitensprunggeschehen nährt sich hauptsächlich aus persönlichen Enttäuschungen, mangelnder Bedürfnisbefriedigung und unzureichender Kommunikation in der bereits angeschlagenen Lebensbeziehung. Diese haben erst den Seitensprung ermöglicht, und sie halten ihn nunmehr auch aufrecht. Damit richtet sich das Interesse der beiden Fremdgeher zunehmend darauf, den gegenwärtigen, verfahrenen Zustand der Ehe aufrechtzuerhalten, um so die Grundlage für den zunächst entlastenden Seitensprung zu sichern. Der Außenpartner wird bald zum unentbehrlichen seelischen Stabilisator auf Zeit. Aus einem zunächst meist oberflächlichen Abenteuer entwickelt sich oftmals eine abhängig machende Beziehung, deren Eigendynamik anfangs häufig unterschätzt wird.
Der fremdgehende Lebensgefährte versucht, in der Dreiecksbeziehung die Vorteile der monogamen Lebensbeziehung mit der Freiheit des Ungebundenseins und der möglichen Partnervielfalt zu verknüpfen. Da dies jedoch unter völligem Ausschluß und letztlich auf Kosten des ahnungslosen Lebenspartners geschieht, vor allem aber auf den Schwächen der gemeinsamen Beziehung beruht, zeigt sich hier bereits der parasitäre, zugleich destruktive Kern des Seitensprungs!
Nicht zuletzt wird aber hierdurch die Chance gegenseitigen Verstehens, gemeinsamen Bemühens und Wachsens in der Ehe leichtfertig vertan.
Da der Lebensgefährte die so unfaire wie übervorteilende Zielsetzung des Seitensprungs erkennt oder zumindest intuitiv erfaßt, müssen die Fremdgeher den parasitären Kern des Seitensprungs mehr oder minder geschickt in die verhüllenden Schalen der Lüge und des Betrugs verpacken. Sie verfolgen damit zwei wesentliche

Ziele: Zum einen soll eine Gegenwehr des Betrogenen verhindert und somit die gegebene Situation erhalten, und zum anderen soll ausgeschlossen werden, daß sich dieser eventuell durch eigene, unkalkulierbare Seitensprünge rächt. In beiden Fällen wäre die bequeme und sichere Operationsbasis für Seitensprungabenteuer gefährdet und überdies die Sicherheit vermittelnde Lebensbeziehung bedroht. Hinzu kommt noch die paradoxe Situation, daß Seitenspringer zwar gerne betrügen, es aber nicht verkraften können, selbst betrogen zu werden. Nicht zuletzt deshalb lassen sie nichts unversucht, um diesem unabdingbaren Erfordernis Geltung zu verschaffen.
Ein unheilvoller Kreislauf nimmt nun seinen Anfang!
Anstelle des vertrauenbildenden Geborgenseins in einer befriedigenden Zweierbeziehung tritt das Verbergen des eigenen Tuns, ja selbst der eigenen Gedanken und Gefühle in der Dreiecksbeziehung. Dieser Zwang zum Verbergen zerstört nicht nur das gegenseitige Vertrauen und das Gefühl innerer Heimat, sondern das ständige Verleugnen- und Verratenmüssen elementarster eigener Strebungen der beiden Partner und der Doppelbeziehung wird zwangsläufig immer mehr zum bewußt-unbewußten Inhalt und Mittelpunkt der Seitenspringer.
Um diesem wachsenden seelischen Druck zu widerstehen, müssen sich die Fremdgeher in steigendem Maße selbst entfremden. Soweit sie die unbewältigte Situation nicht zu verdrängen vermögen, bedienen sie sich des wegrationalisierenden Selbstbelügens.
Da Lüge und Betrug tragende Säulen des Seitensprungs darstellen, sollten wir uns näher mit ihnen auseinandersetzen.

Die verhüllende Schale der Lüge

Ein Unrechtsbewußtsein sowie eine mehr oder minder deutliche Strafangst besitzt wohl jeder Seitenspringer. Sonst würde er auf das passiv lügnerische Verheimlichen seiner Liebesbeziehung nicht so entscheidenden Wert legen.
Was Lügen bedeutet, weiß natürlich jeder. Trotzdem sollten wir uns von der Selbstverständlichkeit dieses Alltagsbegriffs nicht dazu verleiten lassen, seine Tiefe und weitreichende Bedeutung für das gesamte zwischenmenschliche Geschehen zu unterschätzen!
Die renommierten Biologen Lorenz, Maturana und Varela haben

darauf hingewiesen, daß die Lüge als Verstoß gegen die Wahrheit und damit die Wirklichkeit nicht nur eine Mißachtung ethischer Grundregeln darstellt. Eine die Realität verfälschende Kommunikation scheint vielmehr einem vorgegebenen, unabdingbaren biologischen und sozialen Bedürfnis und damit einer steuernden Richtgröße jeden kontinuierlichen Zusammenlebens zu widersprechen.

Konrad Lorenz hierzu: »Es ist daher durchaus nicht verwunderlich, daß das beim Menschen so übliche Anlügen von Artgenossen üble Folgen für die Sozietät und Art zeitigt. Nur das einzelne Individuum kann Vorteile daraus ziehen, allerdings um den Preis, damit zum Parasiten an der Sozietät zu werden.« *(Der Abbau des Menschlichen)*

Um die Lüge in ihrer Dimension voll zu erfassen, sollten wir sie nochmals definieren: *Sie ist eine bewußt falsche, auf Täuschung und Übervorteilung des Belogenen zielende, direkte oder indirekte Aussage.* Demselben Zweck dient das Verschweigen oder Leugnen. Die Lüge hat somit ihre Wurzeln meist in der Selbstsucht auf Kosten anderer (Parasitentum) und in der gleichzeitigen Feigheit, zum eigenen Handeln zu stehen und die daraus sich ergebenden Konsequenzen zu tragen.

Wir können das Lügen des Seitenspringers auf drei eskalierenden Wirkungsstufen nachvollziehen:

Mit dem passiven Verschweigen verfolgt der Belügende zunächst das Ziel, dem Lebensgefährten alle Tatsachen vorzuenthalten, die diesem zum persönlichen Nachteil gereichen und ihn deshalb zu unerwünschten Gegenmaßnahmen veranlassen könnten. Nietzsche sagt hierzu treffend: »Alle verschwiegenen Wahrheiten werden giftig.«

Ergeben sich für den hintergangenen Lebensgefährten offensichtliche Verdachtsmomente, so wird meist die Flucht in das aktive Anlügen angetreten. Die Wirkung auf den offen Belogenen kann bereits erheblich sein. Werden nämlich auf diese Weise die Fundamente des Vertrauens unterhöhlt, so hat dies früher oder später meist beträchtliche Auswirkungen auf die Selbstsicherheit und das Selbstvertrauen beider Partner. Wie gefährlich persönliche Unsicherheit schnell zu werden vermag, hat der Sozialpsychologe Cialdini unter der Überschrift »Todesursache Unsicherheit« in seinem Buch *Einfluß* dargestellt.

Widerspricht nun der Betrogene den Lügen, weil er über beweisbare Informationen verfügt, so entzieht sich der Seitenspringer der Wahrheit häufig durch völlig widersinniges Ableugnen. Ein

Verhalten, das Schultz-Hencke wegen seiner oft unfaßlichen Logik entsprechend dem Sprung der Schachfigur als *»Rösselsprünge«* bezeichnete. Jetzt kann die Situation für den Lügner prekär werden. Der Psychologe Paul Watzlawick weist darauf hin, daß bereits verhältnismäßig unbedeutende Desinformationssituationen im partnerschaftlichen Bereich mit schwerer Angst (Verlustangst) besetzt sein können (in *Wie wirklich ist die Wirklichkeit?).* Und Angst wandelt sich oft blitzschnell in unüberlegte Aggressionen um!

Das Ableugnen des Untergrundverhältnisses führt nun für den Seitenspringer zu zwei weiteren einschneidenden Konsequenzen: Er verleugnet mit diesem Verhalten sich selbst und verliert spätestens jetzt seine innere Freiheit, was Goethe zu den einsichtigen Worten veranlaßte: »O weh der Lüge! Sie befreiet nicht, wie jedes andere wahr gesprochene Wort, die Brust.«

Außerdem verliert er nun sein Gesicht vor dem Untergrundpartner, weil dieser in der Entdeckungssituation aufgrund vorangegangener Liebesschwüre meist ein eindeutiges Zu-ihm-Stehen erwartet. Die enttäuschte Geliebte eines verheirateten Mannes drückt dies im jüngsten Hite-Report stellvertretend für viele aus: »Ich fand, daß er ein Feigling war, weil er sich nicht entschließen konnte, seine kaputte Ehe zu beenden ... Er war ein netter Mann und ein hervorragender Künstler, aber er besaß einfach keinen Charakter ...« (Shere Hite, *Frauen und Liebe*)

Oft verteidigen ertappte Seitenspringer ihr Verhalten dem eigenen Lebenspartner gegenüber damit, sie seien im eigenen und im Interesse des Partners auf unabdingbare Notlügen ausgewichen. Dies stellt jedoch nur ein weiteres Glied in der unendlichen Lügenkette der Fremdgeher dar. Denn eine »Notlüge« ist es nicht: diese dient lediglich dem Vermeiden einer eigenen, unverhältnismäßigen Benachteiligung in einer nicht selbst schuldhaft verursachten Ausnahmesituation, die gleichzeitig keinem Dritten zum Nachteil gereicht.

Auch die Lüge aus Schonungsabsicht für den betrogenen Partner verfängt nicht, da der Betrogene durch das Anlügen nur hingehalten, aber nicht wirklich entlastet wird.

Der bekannte amerikanische Familientherapeut Frank Pittman stellt die Lüge zu Recht als das Mittel dar, welches den Seitensprung am unheilvollsten vergiftet: »Die Lüge kann ein größerer Verrat an der Beziehung sein als der Seitensprung, der geleugnet oder verborgen wird.« Und an einer anderen Stelle fügt er konkretisierend hinzu: »Die Lüge oder das Verschweigen ist der wirk-

liche Verrat an der Identität und der Vertrautheit der Paarbeziehung.« *(Angenommen mein Partner geht fremd)* Somit nimmt es nicht mehr wunder, wenn Montaigne hierzu treffend bemerkte: »Es ist weitaus besser, Ehebruch zu begehen, als zu lügen.«
Die Seitenspringer sind darüber hinaus aber auch noch ausgesprochene Selbstbelüger und Selbsttäuscher. Sie reden sich nämlich häufig auf geradezu hysterisch-zwanghafte Weise ein, es ohne Eheaus- und -einbrüche in der Lebensbeziehung nicht mehr aushalten zu können. Gleichzeitig meinen sie, keine andere Lösungsmöglichkeit zu besitzen. Sie lügen sich gleichsam in eine künstlich aufgebaute Notsituation hinein, um sich so vor ihrem Gewissen zu entlasten und gleichzeitig einer wie auch immer gearteten Konfliktlösung weiterhin aus dem Wege zu gehen. Vor allem wird damit das parasitäre Lügen als zu respektierender Bewältigungsversuch in einer ausweglosen Lage dargestellt und nach außen hin zu rechtfertigen versucht.
Das Lügen der Seitenspringer hat aber noch einen weiteren interessanten und bedeutsamen Aspekt: Konrad Lorenz weist ausdrücklich darauf hin, daß gemeinsames Lügen den Effekt zunehmender Skrupellosigkeit auslöst. Offenbar wird hierdurch das Gewissen des einzelnen entlastet und das Verantwortungsgefühl gemindert. Die aufeinander abgestimmten Lügen der beiden Fremdgeher sowie das Nicht-wissen-Wollen vieler Betrogener trägt so erkennbar zur Verstärkung lügnerischen Verhaltens bei.

Zusammenfassend darf gesagt werden, daß die Lüge gleichsam die intellektuelle und emotionale Weichenstellung für das weitere Geschehen im Seitensprungdrama darstellt! Ohne sie ist weder der Partnerbetrug noch die hieraus erwachsende Übervorteilung des Hintergangenen, noch die Verleugnung der(s) geheimen Geliebten möglich. Eine auf der Lüge basierende Liebe darf damit wohl zu Recht als »kriechende Liebe« bezeichnet werden.

Die verhüllende Schale des Betrugs

Die zweite verhüllende Schale des parasitären Seitensprungkerns stellt der Betrug des Lebensgefährten dar. Als Folge zielgerichteten Lügens führt er nicht nur zum schnöden Vertrauensbruch, sondern darüber hinaus auch zu einer massiven ideellen Schädigung des Betrogenen, die auf Täuschungs- und Übervorteilungsabsicht beruht. Denn die letztlich eintretende Schmälerung oder gar völlige Wegnahme der emotionalen und sexuellen Liebeskraft des Lebenspartners bedeutet den wohl einschneidendsten Eingriff in eine Zweierbeziehung!

> **Fazit:** Nur im Schutze dieser tarnenden Schalen sowie im Windschatten einer weithin anerkannten, doppelzüngigen Rechtfertigungsideologie kann die verbotene, deshalb so bitter-süße Frucht der veruntreuten Liebe von den Seitenspringern genossen werden.

Der destruktive Kern des Seitensprungs

Er erweist sich jedoch selbst für die Betrügenden als hohl. Dies wird allzu deutlich, wenn wir uns eingehender mit den funktionalen und faktisch wirksam werdenden sozialen Rollen befassen, die das Seitensprungdrama den Beteiligten weitgehend unbemerkt, aber gerade zwangsläufig zuweist. In diesen überwiegend unbewußt bleibenden Rollenspielen tritt hinter der tarnenden Maske scheinheiliger Wohlanständigkeit sowie modisch-scheinfreiheitlicher Weltläufigkeit das Janusgesicht unserer verinnerlichten patriarchalischen Doppelmoral unverhüllt zutage. Diese verwandelt alle Beteiligten wider Wissen und Willen gleichsam in dumme Auguste, die sich selbst je nach der gespielten Rolle zu Opfertätern oder Täteropfern ihres eigenen Tuns, Duldens oder Unterlassens degradieren. Letztlich bleibt es hierbei gleichgültig, ob sie am Ende als Pyrrhussieger oder Unterlegene von der Seitensprungbühne abtreten.
Die Doppelzüngigkeit phallokratischer Pseudoethik zeigt sich auf den Brettern der Seitensprung-Schmierenkomödie gleich auf dreifache Weise:

• **Erstens** macht es einen erheblichen Unterschied, ob über den Seitensprung nur abstrakt, gleichsam platonisch nachgedacht und diskutiert wird, oder ob er sich bereits konkret durch die Hintertür der eigenen Lebensbeziehung eingeschlichen hat und somit zur faßbaren Wirklichkeit geworden ist.
Dem großzügigen Befürworter des Seitensprungs verschlägt es da meist unversehens die Sprache. Schließlich ist es nicht gleichgültig, ob man selbst Hörner aufsetzt oder aber welche trägt!

• **Zweitens** ist auffällig, daß sich Seitenspringer so lange im Recht wähnen, als ihr Tun Erfolg hat und sie das gesteigerte Ansehen genießen, das ihnen nicht zuletzt deshalb von einer erfolgs- und leistungsorientierten Mitwelt mehr oder minder unverhohlen entgegengebracht wird.
Wird das Seitensprunggeschehen jedoch früher oder später von einem Mißerfolg begleitet, empfinden sie dies häufig als einen ungerechten Schlag des Schicksals. Dies um so mehr, als sich nun eine wankelmütig-zwiespältige, nur mit den jeweiligen Gewinnern sympathisierende Umgebung schnell von den jetzt plötzlich gleichsam schuldig gewordenen Versagern abwendet, denen die Übertretung des elften Gebots vorzuwerfen ist: *Nie sich erwischen lassen.*
In dieser Verhaltensweise spiegeln sich unsere kaum verhüllten, inhumanen, sozialdarwinistischen Verhältnisse wider. Vor allem kommt hier unsere versteckte, irrationale, calvinistische Lebensphilosophie vom Recht des vom Schicksal geliebten Stärkeren und deshalb Fähigen und zu bewundernden Erfolgreichen zum Ausdruck. Ihm wird die Selbstschuld des vom Schicksal benachteiligten Schwächeren und deshalb Unfähigen und verachtenswerten Erfolglosen gegenübergestellt. Unsere Mitmenschen wollen sich jedenfalls stets auf seiten der Gewinner, doch keinesfalls in der Sünderecke der Verlierer wiederfinden. Der Mitläufereffekt ist deshalb allemal ausgeprägter als der Mitleidseffekt!
Diese nicht gern zur Kenntnis genommene Binsenweisheit ist unzähligen Seitenspringern schon zum sozialen Verhängnis geworden, da sie die isolierende Ellenbogenpraxis unserer Konsum- und Wegwerfgesellschaft zum Zeitpunkt ihres Erfolgs noch nicht wahrhaben wollten.

• **Drittens** kehren sich die Wertmaßstäbe aller Betroffenen um, sobald sich der Seitenspringer unversehens als selbst Gehörnter auf der gegenüberliegenden Seite der Seitensprungbühne wiederfindet. Der plötzlich selbst Betrogene macht jetzt wendehalsig eine gedankliche Kehrtwendung um 180 Grad, so daß nun von seinem konkreten und aktuellen Standort aus ein ursprünglich rechtes und somit richtiges Verhalten plötzlich als linkes und deshalb falsches erscheint. Dementsprechend fühlt er sich mit einem Mal vom »linken« Lebenspartner gleichsam gelinkt, d. h. auf schnödeste Weise belogen und betrogen. Ein mannesstolzer »Bumsbold« verwandelt sich so überraschend schnell in einen sich selbst bewimmernden Tugendbold in eigener Sache!

Ebenfalls in eigener Sache möchte der Autor vorsorglich auf einen Umstand hinweisen, der möglicherweise bei verschiedenen Leserinnen und Lesern Mißverständnisse und Irritationen auslösen könnte: Bei der nachfolgenden realistischen Darstellung der sozialen Rollenzuweisungen im Seitensprunggeschehen werden ungeschminkt persönliche Rollencharakterisierungen vorgenommen, die dem gedanklichen und verbalen Machoverständnis vieler beteiligter Männer entsprechen. Hieraus darf freilich nicht der falsche Schluß gezogen werden, daß das verwendete, weil in der Männerwelt weitverbreitete, oftmals zu Recht als anstößig empfundene Vokabular der Ausdrucks- und Denkweise sowie Gefühlslage des Autors entspräche. Dieser spielt hier vielmehr die stets undankbare Rolle des Boten, der lediglich eine unerfreuliche Botschaft überbringt und zum Lohn dafür gemäß dem meist unterbewußt wirkenden psychologischen Assoziationsprinzip irrtümlich mit der Botschaft identifiziert wird.
Die konkrete und realistische Darstellung wurde jedoch absichtsvoll gewählt, da vornehmlich Anstößiges notwendige Denkanstöße bewirkt. Solchermaßen wird die aktive eigene Auseinandersetzung mit allzu gerne verdrängten, weil unbequemen oder gar bedrohlichen Realitäten gefördert, was letztlich auch dem Sinn dieses Buches entspricht.

Die Rollenspiele auf der Seitensprungbühne

Nach diesen ausführlichen Vorbemerkungen, die für das Verständnis der Rollenspiele der Beteiligten nicht unwesentlich sind, wollen wir uns nun die einzelnen Duette der Seifenoper »Seitensprung« mit kritisch geschärften Ohren anhören:

Die Rolle des Ehemannes gegenüber seiner fremdgehenden Frau

In einer immer noch vorwiegend patriarchalisch geprägten Welt steht zweifellos die Rolle des gehörnten Ehemannes an der Spitze des allgemeinen Interesses. Denn männliche Herrschaft wird in diesem sensiblen Bereich am unmittelbarsten und tiefgreifendsten getroffen! Die Hörnung im Seitensprung kommt nach weitverbreitetem Machoverständnis einer schmachvoll verlorenen Schlacht im Geschlechterkrieg und im Konkurrenzkampf unter Männern gleich. Welche soziale Seitensprungfunktion wird nun

dem Ehegatten durch den eingedrungenen Rivalen und seine fremdgehende Frau gleichsam zwangsläufig auferlegt?
Kraft seiner immer noch üblichen Funktion als Haupt- oder gar Alleinverdiener verwandelt er sich in den zweckmäßigen Zahlvater seiner treulosen Frau. Denn er stellt die materielle Basis und den sozialen Rahmen für ihr Fremdgehen sicher. Der einschleichende Don Juan ist dagegen in aller Regel nicht bereit, sich an den Kosten und Folgen einer klammheimlichen Polygamie zu beteiligen, sofern der Seitensprung endgültig im Absprung endet. Infolge unseres heutigen – leicht mißbrauchbaren – Scheidungsfolgerechts ist es oftmals der Gehörnte, der selbst noch nach der Trennung für die früheren amourösen Abenteuer seiner Exgattin weiterhin die Zeche zu bezahlen hat.
Noch mehr mag ihn schmerzen, wenn er gegebenenfalls die weiter aufrechterhaltene, ehezerstörende Liaison auch noch über die Scheidung hinaus indirekt materiell unterstützen muß.
Mit der Befriedigung materieller Ansprüche hat der geprellte Ehemann seine Schuldigkeit aber noch längst nicht getan! Sowohl als Ehepartner wie auch als Vertreter des vermeintlich stärkeren Geschlechts hat er selbst heutzutage ihr gegenüber eine ethisch und rechtlich weit gefaßte Garantenstellung zu übernehmen. Diese drängt ihn in der Lebenspraxis häufig in die Rolle des Schutzpatrons seiner seitensprungfreudigen Frau.
Nicht wenige unter negativen oder falsch verstandenen Aspekten gleichberechtigungswütige Frauen ahmen kritiklos die Seitensprungaktivitäten der Männerwelt nach. Da sie auf diese Weise auch die parasitäre Grundhaltung vieler patriarchalisch geprägter Herren der Schöpfung übernehmen, finden sie folgerichtig nichts dabei, sich bequem ihrem nicht selten gutmütigen und ahnungslosen, deshalb leicht zu betrügenden Lebenspartner als unverdächtiges, angeblich hilfloses Schutzobjekt anzubieten. Diese so unfaire wie benachteiligende Praxis »bewährt« sich für sie auf den Kampfstätten des Alltags, wo sich letztlich das Schicksal jeder Lebensbeziehung entscheidet.
Hier ist zunächst an die Bewältigung des banalen, aber unabdingbaren täglichen Lebens- und beruflichen Existenzkampfes zu denken. Auf diesem Schlachtfeld verbluten unzählige Männer, denen deshalb die Kraft für das ausreichende Bemühen um ihre Frauen fehlt. Zudem ist diese Front zwangsläufig mit unerfreulichen Erlebnissen und Erinnerungen verknüpft, wovon natürlich auch die Ehefrau betroffen ist.
Demgegenüber bleiben ihr naturgemäß die wenigen vom Alltag

künstlich abgeschirmten Stunden in den Armen des heimlich Geliebten meist positiver im Gedächtnis haften. Das – bereits erwähnte – dabei wirksam werdende psychologische Prinzip der positiven bzw. negativen Assoziation überträgt sie nun weitgehend unbewußt auf die beiden männlichen Partner. Dies führt häufig dazu, daß der mit leidigen Alltagsproblemen sich herumschlagende Lebensgefährte im Unterbewußtsein seiner Frau, auch unabhängig vom Seitensprunggeschehen, ein überwiegend negatives Image annimmt. Da sie andernorts mit dem Geliebten meist unbeschwerte, positive Emotionen verbindet, tragen ihm diese eine unrealistische und überwertige Sympathie ein.

In diesem Wettrennen zwischen Märchenprinzen und Alltagsmann besitzt der Ehegatte zweifellos die weitaus schlechteren Karten! Cialdini faßt dieses Phänomen in den Worten zusammen: »Eine ohne unser Zutun zustande gekommene Assoziation mit einer schlechten oder guten Sache hat Einfluß darauf, wie die Menschen uns begegnen.« *(Einfluß)*

Diese unterschiedlichen Assoziationen entstehen in Dreiecksbeziehungen häufig ohne direktes Zutun zwangsläufig aus der vom Seitensprunggeschehen zudiktierten sozialen Funktionsrolle, die jedem Beteiligten zukommt. Somit ist nicht weiter verwunderlich, daß nicht nur die Warenwerbung, sondern auch die verführerische Anpreisung des prahlerischen Don Juans sich dieses Phänomens so ausbeuterisch wie erfolgreich bedient!

Aber der nichtsahnende Schutzpatron hat darüber hinaus auch als »Schmutzpatron«, d. h. als seelischer Schuttabladeplatz für den wechselweise aggressiven oder depressiven Frustmüll seiner fremdgehenden Herzallerliebsten zu dienen. Dieser stammt zum einen aus ihrer emotionalen Überforderung, die aus der geheimgehaltenen und riskanten Dreiecksbeziehung resultiert. Zum anderen ergibt er sich aus ihrer halbbewußten, zugleich intuitiven Erkenntnis, von ihrem Märchenprinzen gleichsam zur »Gratishure« degradiert worden zu sein.

Kommt sie schließlich auf ihrem schwindelerregenden Hochseilakt der Liebe zwischen zwei Männern ins Wanken oder droht sie gar zwischen beiden hindurch ins Bodenlose zu stürzen und beide Partner zu verlieren, so benutzt die hilfeheischende Erotikartistin ihren Gespons nicht selten als einzig noch zurückgebliebenen »Rettungspfosten«.

Die Zahlvaterschaft, das Schutz- und Schmutzpatronat sowie die Rettungspfosteneigenschaft des gehörnten Ehemanns verbinden sich so zur Universalfunktion des »nützlichen Idioten«, zu dem seine Ungetreue mehr oder minder sicher von ihren amourösen Abenteuern zurückkehren kann. Ihre Ehe betrachtet sie demgemäß vornehmlich als eine überaus praktische »Operationsbasis für außereheliche Aktivitäten«. Erfahrungsgemäß werden hierbei ihre Seitensprünge desto dreister und frivoler, je gutmütiger und vertrauensseliger ihr Mann ist. Der renommierte Literaturkritiker Jean Paulhan drückte dies treffend aus: »... sobald wir unsere Güte zeigen, beziehen sie daraus allen Elan, alle Freude, alle Leichtigkeit, die sie brauchen, um sich von anderen lieben zu lassen.«

Fazit: Der Ehemann bildet als nützlicher Idiot den Ast, auf dem seine betrügende Frau sitzt und an dem sie unbekümmert sägt.

Welche Aufgaben der einschleichende Don Juan dem betrogenen Ehemann zuweist

Noch weniger beneidenswert wird die Rolle des Ehemannes, die er gegenüber dem einschleichenden Don Juan spielt. Ein albanisches Sprichwort sagt hierzu im Machojargon derb: »Glaube nicht, daß die Milch dir gehört, nur weil du die Kuh gekauft hast!«

Während sich nämlich der Maul- und Frauenheld gleichsam als »Rittmeister« der Ehefrau betätigt, kommt dem gehörnten Ehemann die Zahlmeisterfunktion auch gegenüber dem Eheeinbrecher zu. Denn er ist es letztlich, auf dessen Rücken die amourösen Vergnügungen des Don Juan sowohl in materieller als auch ideeller Hinsicht ausgetragen werden.

Überdies gibt er für letzteren den Bürgen für den Fall ab, daß die Ehe infolge der Seitensprungaktivitäten zu Bruch geht. Auf diese Weise sichert sich der reißausnehmende Einschleicher vor der Übernahme eines »Sozialfalles« ab. Und die Bürgenrolle ist bekanntlich stets undankbar, bedeutet sie schließlich, durch die Bauchlandung anderer verpflichtet zu werden, ohne selbst Mitwirkungs- und Entscheidungsrechte geltend machen zu können.

Doch damit erschöpft sich die ungerechtfertigte Aufgabenteilung noch keineswegs! Von den beiden Betrügenden wird er mitunter zudem noch als »Schutzheiliger« auserkoren, der aus persönlichen, sozialen oder materiellen Zwängen heraus die aushäusige Liebesbeziehung seiner Frau zähneknirschend unter dem Schutz-

mantel seiner formell aufrechterhaltenen Ehe (»Kulissenehe«) weiter gedeihen lassen muß.
Und schließlich macht ihn der selbsternannte Aushilfsehemann noch zum doppelt Bestohlenen: Er nimmt ihm praktisch Herz, Hirn und Schoß seiner Frau weg und verlagert somit den emotionalen und sexuellen Schwerpunkt von der Ehe auf die Untergrundbeziehung. Shere Hite bestätigt in ihrem jüngsten, aufsehenerregenden Report *Frauen und Liebe* diese Situation, wenn sie davon spricht, daß sich Frauen in außerehelichen Beziehungen häufig emotional stärker angesprochen fühlen.
Außerdem stiehlt er dem Ehemann Stück für Stück seiner sexuellen und persönlichen Identität und damit auch seiner seelisch-körperlichen Potenz, da dieser nun zugunsten des Liebhabers nicht mehr von seiner eigenen Frau als Mann und Geliebter definiert und bestätigt wird. Es gibt erfahrungsgemäß nur sehr wenige selbstbewußte Männer, die diesem seelischen Zerstörungsmechanismus auf Dauer unbeschadet zu widerstehen vermögen: Er wird durch das veränderte Verhalten seiner Frau auch intuitiv-unbewußt wirksam, selbst wenn der betrogene Ehemann keine Kenntnis vom Seitensprung seiner Frau erhält. Er verstärkt sich jedoch, sobald er von der Untreue seiner Partnerin erfährt. Die dann meist drastischen Reaktionen der gehörnten Ehemänner sprechen eine deutliche, bestätigende Sprache!

Fazit: Der betrogene Ehemann wird zum mißachteten Zahlmeister des einschleichenden Don Juans, während umgekehrt der Maul- und Frauenheld zum angehimmelten Rittmeister seiner Zweitfrau avanciert.
Besteht nun der Ehemann weiter auf seiner Kulissenehe, so darf er gleichsam als unterwürfiger Liebesdiener des parasitären Paares auch noch den erniedrigten »Quartiermeister« für das eheliche Schlafzimmer und in der Öffentlichkeit den bespöttelten »Oberhofzeremonienmeister« spielen.
Manch prominenter gehörnter Ehemann gibt auf diese Weise Futter für die Leserschaft der Regenbogenpresse ab. Der Durchschnittsbürger hingegen dient als dankbarer Gesprächsstoff für schadenfreudig-mitleidvolle Stammtischgespräche.

Die Rollenverteilung zwischen der hintergangenen Ehefrau und ihrem fremdgehenden Lebenspartner

Der betrogenen Ehefrau wird gegenüber ihrem fremdgehenden Mann eine nicht minder negative Glanzrolle zugemutet: Als Bemutterin stellt sie eine weiterhin unentbehrliche »späte Mutter« (»Muhme«) für ihren ewig pubertierenden, infantilen Playboy (»Spieljungen«) dar, die letztlich erst seine Seitensprungaktivitäten ermöglicht. (Die Bezeichnung »Muhme« soll hierbei den betrüblichen, doch weitverbreiteten Umstand charakterisieren, daß der Frauenheld seine Lebenspartnerin zur mißbrauchten Pseudomama degradiert, die als parasitär ausgelutschte Nährmutter allmählich zur liebesentwöhnten, frustrierten seelischen Mumie vertrocknet.)

Denn ohne ihre umfassenden täglichen Versorgungsdienste (vom treulosen Ehemann geringschätzig als selbstverständliche Leistungen seines Hauslieschens betrachtet) und ohne ihren steten emotionalen Beistand in allen Lebenslagen würde ihrem faktischen Adoptivsohn die Lust am Seitenspringen schnell abhanden kommen. Nicht selten muß sie darüber hinaus auch noch durch Berufsarbeit erheblich zum familiären Unterhalt beitragen, den allein zu bestreiten ihr großmäuliger Sprößling häufig nicht in der Lage oder willens ist. Als Ausgleich für ihre allumfassende Befürsorgung ist er allenfalls noch gnädig bereit, sie im Rahmen einer verdeckenden Alibibegattung gelegentlich als ungeliebtes und heimlich mißachtetes eheliches Sexobjekt zu gebrauchen. Die sexuell-emotionale Beziehung wird so zur beschämenden Farce.

Selbst die Männeremporheberin Esther Vilar, die einst durch ihr Buch *Der dressierte Mann* Aufsehen erregt hat, muß bei dieser Sachlage eingestehen: »Den eigentlichen Sex mit allen seinen Nuancen praktiziert er von nun an ausschließlich mit seinem Sexualpartner.« *(Das polygame Geschlecht)*

Wie sieht der typische Werdegang einer betrogenen Ehefrau aus, deren tragisches Nichtwerden schließlich in der geschilderten Seitensprungrolle offen zum Ausdruck kommt?

Einst von der eigenen Mutter zum unkritischen, männerabhängigen Lieschen Müller erzogen; vom mutterverwöhnten Ehemann als fleißiges Lieschen in Haus und Beruf ausgebeutet; vom Göttergatten als unwilliger Pseudobegatter in seinem Machoverständnis zur wohlfeilen »Fickliesl« im Ehebett erniedrigt (die weit abgeschlagen hinter seiner aushäusigen Geliebten sowie seiner vierrädrigen Blechliesl rangiert!); vom ewig kindlich bleibenden

Schürzenjäger gleichsam zum Muhmenrock degradiert, unter dem er, hinterhältig-feige sich verschanzend, seinen außerehelichen Mummenschanz unter den heißen Höschen anderer Männer Frauen treibt!
Was bleibt? Für ihn bleibt sie jedenfalls seine unersetzliche »innere Schraube«, die sein brüchiges Seelengerippe emotional-fürsorglich zusammenhält. Zum Lohn dafür denunziert er sie oftmals bei der Geliebten weinerlich als unausstehliche Schreckschraube (Xanthippe), die ihn angeblich in die Arme der verständnisvolleren Geliebten treibt.

Fazit: Das Schicksal veruntreuter Ehefrauen in ihren eigentlich besten Jahren verhindert ihr Erblühen zu voller Weiblichkeit, da der kalte Reif männlicher Unreife die Blütenblätter ihrer ehelichen Hoffnungen zerstört.

Welche Charakterrolle der betrogenen Ehefrau gegenüber ihrer Rivalin zugemutet wird

Eng damit verknüpft ist die Charakterrolle, die die betrogene Ehefrau gegenüber der Außenpartnerin ihres Mannes spielt: Für diese stellt sie gleichsam eine ideale »Zahlmutter« dar.
Im jüngsten Hite-Report meint die Gespielin eines verheirateten Mannes mit entwaffnender Offenheit, hierbei auf die Hausliescheneigenschaft der betrogenen Ehefrau anspielend: »Manchmal hat es mir Spaß gemacht, mich mit verheirateten Männern zu treffen, während ich eine feste Beziehung hatte. Ich finde das sehr praktisch, weil sie ihre wesentlichen Bedürfnisse bei anderen befriedigen und wir uns eine schöne Zeit machen können.«
Außerdem bürgt die Ehefrau durch ihre Fürsorglichkeit gegenüber ihrem ewigen Muttersöhnchen dafür, daß das heimliche Seitensprungabenteuer, von Alltagssorgen abgeschirmt, für die Geliebte störungsfrei und scheinromantisch seinen Lauf nehmen kann.
Ist die Zweitfrau, wie in der Regel (in vier von fünf Fällen!), selbst »glücklich verheiratet«, das heißt, verfügt sie ihrerseits über einen »nützlichen Idioten«, so wird ihr leidenschaftliches Glück gleich von zwei arglosen Garanten abgesichert. Sie gibt sich deshalb klugerweise meist mit der gegebenen Lage zufrieden und möchte sie wohlweislich nicht verändern. Denn ihr schwant nicht zu Unrecht, daß der heimliche Geliebte als Ehemann vielleicht keine

so »nützliche Einrichtung« mehr darstellen würde. Ist ihr doch der eigene Gatte als materielle und in geringerem Maße auch emotionale Basis sicherer als der geliebte Lügner, dessen Windhundverhalten einer erfahrenen Frau auf Dauer nicht verborgen bleibt. Beim eigenen Mann weiß sie wenigstens, was sie an ihm hat. Was er nicht oder nicht mehr besitzt, das holt sie sich vom einschleichenden Don Juan. Und den üblen Unrat des Alltags soll lieber dessen treusorgende Gattin beseitigen. Denn als Wasch-, Koch- und Putzmamsell sowie Seelenmasseuse hält sie ihr schließlich den Geliebten körperlich in Form und seelisch im Gleichgewicht und garantiert somit, daß er weiterhin ihr potenter, gutgelaunter und vollmundiger Märchenprinz bleibt!
Ist sie hingegen ungebunden oder will sie aus ihrer unbefriedigenden Ehe endgültig flüchten, so möchte sie nicht selten ihren heimlichen Geliebten ausschließlich und möglichst auch offiziell für sich reklamieren. Die betrogene Ehefrau wird dann beinahe zwangsläufig zur lästigen und, falls sie sich auch noch zur Wehr setzt, zur verhaßten Konkurrentin, »die ihren Mann gar nicht verdient«. Jetzt gilt es deshalb für sie, die Ehefrau endgültig aus dem Felde zu schlagen. Wenn sie sich hierbei als die einzige begehrte Partnerin des Geliebten ansieht, so hat sie, seinen meist falschen Liebesschwüren vertrauend, aus ihrer Sicht gar nicht so unrecht. Sie ist jedenfalls für Konsequenz! Gerade diese aber geht ihrem »Seitensprungknaben« leider meist ab, wie sie bald zu ihrem großen Kummer feststellen wird.

Fazit: Als unfreiwillige Glücksstundengarantin werden der materiell und emotional ausgebeuteten Erstfrau von der ebenfalls sexuell und gefühlsmäßig ausgenutzten Zweitfrau günstigenfalls abschätziges Mitleid, im schlimmsten Fall aber Haß und Verachtung entgegengebracht. Im Originalton des jüngsten Hite-Reports hört sich das dann so an: »Es ist aufregend, von einem Mann begehrt zu werden, der eine Frau hat, die er ja irgendwann auch mal begehrenswert gefunden haben muß und die zu Hause auf ihn wartet.« (Shere Hite, *Frauen und Liebe*)
Daß hier zwei Frauen von einem schmarotzenden Don Juan zu seinem eigenen Vorteil gegeneinander ausgespielt werden, will meist keiner von beiden in ihrer blind machenden Konkurrenzhaltung einleuchten. Sie streiten sich lieber untereinander um ihren traurigen Helden, als seiner gezielten Übertölpelungspraxis gemeinsam ein unrühmliches Ende zu bereiten!

Die Starrolle des aushäusigen Frauenhelden gegenüber der Geliebten

Interessant ist die Traumrolle, die der Frauenheld in der Gefühlswelt der heimlichen Geliebten spielt.
Zumindest für eine Weile stellt er für sie den verhinderten Traummann dar, der leider in aller Regel noch von einer anderen beansprucht wird. In den wenigen Stunden (allenfalls seltenen Tagen) des fast ausschließlich erotischen Zusammenseins läßt sie sich von ihm allzugern eine nicht sogleich durchschaubare Traumkulisse aufbauen. Auf den verlogenen Brettern der Seitensprung-Schmierenkomödie verwandelt sich so mit suggestivem Charme ein feig-hinterhältiger Raubritter in einen edelmütig-selbstlosen Ritter auf romantisch-erotischer Walstatt. Denn die meist leicht beeinflußbare, heilsgläubige und unterwerfungsbereite Zweitfrau betrachtet ihren großmäuligen Märchenprinzen als Retter in ihrer emotionalen und sexuellen Not. Sie sieht ihn als verantwortungsbewußten, loyalen und verschwiegenen Gentleman, als Inkarnation geballter Männlichkeit.
Können denn gestandene Ehefrauen noch so träumerisch-kindisch sein? In dem Erfahrungsbuch fremdgegangener Ehefrauen *Mein Seitensprung* drückt eine Betroffene die Gespräche mit Seitenspringerinnen so aus: »In den Reden besteht zwischen diesen gestandenen Frauen von 35 bis 55 Jahren und Teenies kaum ein Unterschied. Ein wenig gewählter drücken sie sich nur aus.«
Bei soviel ungerechtfertigtem Vertrauensvorschuß verwundert es nicht mehr, daß er auch bald zu ihrem erlösenden Beichtvater avanciert, mit dem sie ungeniert ihre geheimsten Ehe- und Lebensschwierigkeiten bespricht und von dem sie sich vor allem auch beraten läßt. So dauert es nicht lange, bis er die Rolle des vermeintlich erfahrenen Ratgebers und ehrlichen Maklers skrupellos ausnutzt, um ihren ehelichen Geheimnisverrat weidlich gegen ihren Mann zu verwenden. Er erfüllt so letztlich die Funktion eines ihre Ehe noch mehr destabilisierenden Verhetzers. Denn er ist daran interessiert, in den Augen seiner Geliebten als der Überlegene gegenüber dem Ehemann zu gelten. Dies sichert ihm schließlich seine Favoritenrolle!

Fazit: Die seitenspringende Ehefrau läßt sich von ihrem verbale Nebelkerzen und verlogene Blendgranaten schleudernden Sprücheklopfer verwirren und verliert so immer mehr die Realität aus den Augen. Diese verstellt sie sich im übrigen auch selbst, da sie

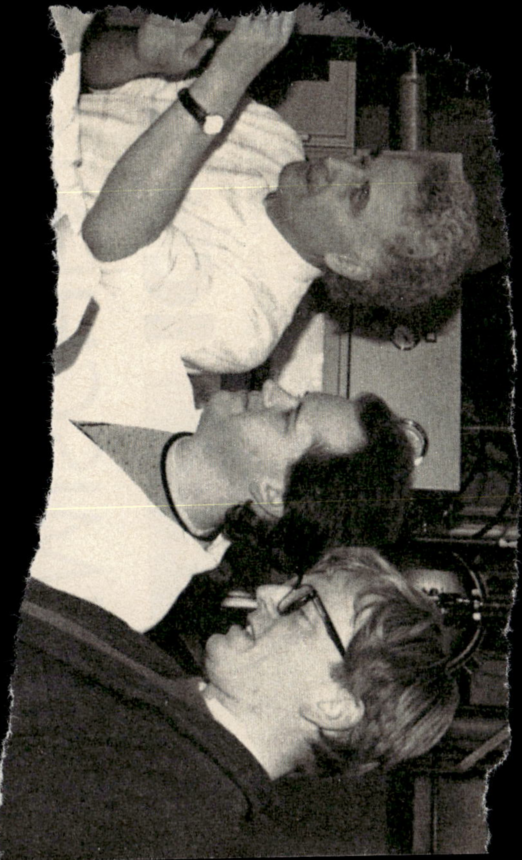

Gisela Steinhauer ist
Redaktion Religion/The
Kirche des Westdeutsch
Rundfunks in Köln tätig.

schmackhaft zu machen.
sanfte Art der Missionieru
gesichts dessen, was kurz

ICH SE

EINMISCHEN?

ihre oft kindlichen Wunschvorstellungen zum Nutzen ihres Don Juan in diesen hineinprojiziert, sich auf diese Weise mit ihm identifiziert und ihre abgehobenen Zukunftsträume vergeblich auf ihn konzentriert.

Warum die heimliche Geliebte nur eine Nebenrolle in der Inszenierung des passionierten Seitenspringers spielt

Die fremdgehende Ehefrau würde wohl aus allen Wolken ihres siebten Himmels fallen, erführe sie, daß sie von ihrem frauensüchtigen Ladykiller gleichsam als geringgeschätzte »Bumsmarie« angesehen wird, deren emotionale und sexuelle Hörigkeit in ihm den ersehnten Rausch seiner erotischen Machtausstrahlung auslöst. Unterschwellige Frauenverachtung und verborgener Frauenhaß werden von ihm auf diese Weise in vorübergehende, aggressiv ausgelebte Angstbewältigung und trügerische Pseudomännlichkeit umgemünzt: dieser Falschmünzer der Liebe benutzt unbewußt seine heimliche Geliebte als scheinstabilisierende »Persönlichkeitsprothese« seiner mangelhaften Geschlechtsidentität.
Wilfried Wieck hierzu: »Frauensucht und Frauenfeindlichkeit sind durch die Perversion der Selbstachtung des Mannes untrennbar verbunden.« *(Männer lassen lieben. Die Sucht nach der Frau)*
Zudem erniedrigt er sie zum wohlfeilen Sexobjekt, wie es zahlreiche Frauen erst im Rückblick zu erkennen vermögen. Hierzu zwei typische Frauenstimmen: »Am Ende hatte ich das Gefühl, daß ich nur zu seiner Unterhaltung da war – seine ›Gratishure‹.« – »Die sexuelle Revolution war der Blödsinn der sechziger Jahre. Es war eine männliche Befreiung; die Frauen, die vorher Privatbesitz waren, wurden nun zum Allgemeingut. Und wir wissen, welche Art Besitz besser behandelt wird.« (Shere Hite, *Das sexuelle Erleben der Frau*)
Da insbesondere identitätsschwache Frauenhelden Angst vor dem Ausleben ihrer Emotionen haben, müssen sie – nach richtiger Erkenntnis Esther Vilars – ihre Gefühle für die außereheliche Sexpartnerin »von Anfang an verleugnen, verniedlichen oder verteufeln« *(Das polygame Geschlecht)*. Seine Selbstaufwertung verstärkt er im übrigen noch dadurch, daß er seine Geliebte in schnöder und vertrauensbrechender Weise als Renommierobjekt seiner vorgeblichen Supermännlichkeit in aller Öffentlichkeit bloßstellt.
Esther Vilar hierzu: »Die Erlebnisse mit dem Sexpartner werden

öffentliches Eigentum. Er ist jederzeit bereit, seinen Freunden darüber Auskunft zu erteilen – drängt ihnen diese Auskunft zuweilen sogar auf, wie und wie oft er es mit ihm getan hat.« Diese üble Verhaltensweise degradiert die Geliebte zum billigen und geringgeschätzten Freiwild, auf das jeder solchermaßen Informierte und Interessierte nun Jagd zu machen versucht.

Fazit: Die Zweitfrau stellt für den passionierten Seitenspringer, den typischen Maul- und Frauenhelden (Don Juan) ein auf beschränkte Zeit ausbeutungswürdiges, kosten- und müheloses Sexobjekt dar, das er zumindest für eine Weile über seine wahren Absichten hinwegzutäuschen vermag. Er nutzt hierbei ihren übermächtigen, blind machenden Hunger nach Liebe und Anerkennung so geschickt wie skrupellos aus und stößt sie somit vom Regen ehelicher Gleichgültigkeit in die noch zerstörerischere Traufe seelenloser Sexausbeutung und oft erniedrigender Hörigkeit.
Versucht sie jedoch, ihren heimlichen Geliebten konsequenterweise ganz für sich zu gewinnen, so wird sie meist bald die enttäuschende Feststellung machen, daß dieser keineswegs an einer Veränderung der verfahrenen Situation interessiert ist.
Sofern sie jedoch – im Ausnahmefall – die Ehefrau besiegt, so erleidet sie fast sicher einen Pyrrhussieg der Liebe und verwandelt sich nun ihrerseits bald von der begehrten Geliebten zur betrogenen Muhme ihres Tausendsassas.

Der Rollentausch

Die beiden letzten geschilderten Rollenzuweisungen lassen sich umgekehrt auch auf die Beziehung zwischen einem frustrierten, emotional und sexuell ausgehungerten Gelegenheitsseitenspringer (Möchtegern-Frauenheld) und einer männersammelnden Konsumentin übertragen. Diese Konstellationen sind allerdings wesentlich seltener anzutreffen, da Frauen im allgemeinen aufgrund ihrer günstigeren Individuationsmöglichkeiten im patriarchalischen Erziehungsmilieu über eine ausgeprägtere Geschlechtsidentität verfügen, die sie seelisch nicht so verkrüppeln läßt. Eine kritische Seitenspringerin drückte diesen Umstand realistisch aus: »Es hat mich in der Tat erstaunt, welch große Anzahl seelischer Schrotthaufen männlichen Geschlechts herumläuft. Das sieht man aber erst auf den zweiten Blick.« (Margot Hoff, *Mein Seitensprung*)

Die selbstschädigende Rolle der Fremdgeher

Am Ende dieser – zwangsläufig recht makabren – Rollenbeschreibungen sollten noch zwei meist übersehene Aspekte betrachtet werden: nämlich die Beantwortung der Frage, was der/die Einschleicher/in der veruntreuten Lebensbeziehung, aber letztlich auch sich selbst antut.

Gleich einem ultramodernen Stealth-Bomber (von dem englischen Wort *stealthy* = verstohlen abgeleitet, deshalb auch als »Tarnkappenflugzeug« berühmt geworden) stiehlt er sich in die fremde Ehe hinein. Der Vergleich mit dieser fliegenden Wunderwaffe drängt sich auf, da er die innere Abwehr (»Seelenradar«) beider Lebenspartner durch Tarnung und Täuschung so geschickt wie unerkannt unterfliegt. Auf diese Weise verwandelt er sich selbst in einen hinterhältigen, schmarotzenden Einschleichdieb, der die fremde Lebensbeziehung gleichsam in einen erotischen Selbstbedienungsladen zum Nulltarif bei geringem Restrisiko umfunktioniert.

Denn der Gratissex mit der (oder dem) verheirateten Geliebten verpflichtet zu nichts, kostet nichts und läßt sich überdies so mühelos verwirklichen wie beenden. Selbst das verbleibende Restrisiko hält sich in engen Grenzen. Ernsthafte Schwierigkeiten mit dem betrogenen Ehepartner oder dem eigenen Lebensgefährten hat er (oder sie) im Falle des Entdecktwerdens grundsätzlich nur mit etwa 15 % zu veranschlagen. Dies geht aus einer Untersuchung des französischen Psychotherapeuten Lagache hervor.

Bei der üblichen Entdeckungsrate von etwa 10 % liegt somit seine (bzw. ihre) physische und soziale Bedrohung deutlich unter 2 %!

Ein – ohnehin fragwürdiger – Heldenmut des Maul- und Frauenhelden oder der Männersammlerin ist somit beim meist folgenlosen Davonstehlen nicht erforderlich. Trotzdem gilt er bei seinen meist zahlreichen Bewunderern als cleverer Heros, während allerdings die Männerverbraucherin in aller Regel negativ beurteilt wird.

Doch wie sieht die Bilanz für den bewunderten Gewinner wirklich aus? Als Hauptakteur der Seitensprung-Schmierenkomödie erniedrigt er sich selbst gleichsam zum verleugneten und versteckten »Mann im Schrank«, wird damit zum »Nichtvorzeigbaren«, stempelt sich nach außen letztlich zur Nichtperson, während die Seitenspringerin gleichzeitig zur »Frau ohne Bedeutung« verkommt. Beide machen sich somit selbst gleichsam zu »Parias der Liebe«.

Die Eheberaterin Hildegard Baumgart meint hierzu treffend: »Die Außenbeziehung muß bei jeder Gelegenheit zurückstehen, sich unterordnen, auch gedemütigt werden.« *(Liebe, Treue, Eifersucht)*
Dieser Umstand mag einem passionierten und identitätslosen Seitenspringer gleichgültig sein, da er sich unbewußt auch selbst verachtet. Für ihn gilt im Gefolge seiner permanenten Sexschlacht die Erkenntnis Rollo Mays: »Der Körper soll die Leere füllen, wenn die Person abdankt.« *(Antwort auf die Angst)*
Der Gelegenheitsfremdgeher hingegen dürfte auf Dauer von diesen Gegebenheiten nicht unbeeindruckt bleiben.

Zusammenfassendes Fazit der Rollenspiele: Wenn wir abschließend die dargestellten gegenseitigen unsichtbaren Rollenzuweisungen in der Tragikomödie Seitensprung kritisch überdenken, so fällt sofort auf, daß die Handelnden (Betrügenden) die von ihnen Behandelten (Betrogenen) ausnahmslos schlecht behandeln. Dies läßt die bereits erwähnte Tatsache begreiflicher erscheinen, daß unter günstigen Bedingungen fast alle betrügen wollen, aber selbst der größte Seelenmasochist nicht hinterhältig betrogen werden möchte.

Die Bedeutung der Treue im Seitensprunggeschehen

Der Seitensprung stellt jedoch nicht nur eine kriechende und parasitäre Liebe dar, sondern darüber hinaus auch eine veruntreute. Die Begriffe Treue und Untreue sind für den Zustand und den Verlauf einer Zweierbeziehung von gestaltender Kraft und ausschlaggebender Bedeutung. Schließlich stellt das Vertrauen gleichermaßen das Rückgrat jeder positiven Zweierbeziehung dar. Im Verlaufe des destruktiven Seitensprunggeschehens verkommt dieses hinter dem Rücken des Lebensgefährten somit zum »verlängerten Rücken«, sozusagen zum beschmutzten »Seelenhintern«, was fast jeder Lebensbeziehung früher oder später das Rückgrat verbiegt oder bricht.
Marina Gambaroff hat in ihrem beachtenswerten Buch *Utopie der Treue* das Spannungsverhältnis zwischen beiden Begriffen differenziert-kritisch beschrieben, während der bekannte Eheberater Theodor Bovet *(Die Ehe)* auf die primäre Bedeutung der Untreue außerhalb des erotisch-sexuellen Bereichs aufmerksam macht.

Treue bedeutet, eine eingegangene Bindung nicht um eigener Vorteile willen gedanklich, gefühls- und verhaltensmäßig aufzugeben oder aufs Spiel zu setzen. Auf diese Beständigkeit, die für jede wachstumsorientierte und stabile Zweierbeziehung unabdingbar ist, muß der Lebensgefährte vertrauen können. Treue bedeutet somit nichts anderes als sich gegenseitig trauen, sich offen und aufrichtig anvertrauen, sich letztlich gegenseitig auch preisgeben. Die beiden Partner müssen sich aufeinander verlassen können, ohne im Ernstfall verlassen zu sein, und an sich und aneinander glauben, ohne dabei einer Illusion zum Opfer zu fallen.
Hieraus entwickelt sich das im oft harten Lebensalltag unverzichtbare Gefühl der seelischen Geborgenheit, der inneren Heimat und der Achtung vor sich selbst und voreinander.
Die Aufgabe der Treue besteht somit im Zueinanderhalten, was jedoch ein vorausgehendes Zu-sich-selbst-Stehen auf der Grundlage persönlicher Identität und ein furchtloses und uneingeschränktes Sich-selbst-Einbringen in die gemeinsame Beziehung voraussetzt. Gerade an diesen Voraussetzungen mangelt es typischen Seitenspringern.
Treue bedeutet andererseits das Gegenteil von eifersüchtiger Einschränkung und Überwachung. Nicht auf blindem, vielmehr auf wachem Vertrauen fußend, dient Treue vornehmlich dem fürsorglichen Wachen über den Partner in den Fährnissen des Lebens und dem Fördern seiner persönlichen Wachstumsbemühungen.
Gerade dieses Fördern setzt zwingend voraus, daß ein individueller Freiheitsspielraum gewährt wird. Diese aktive und positive Treue ist somit kein festgefügter Zustand, der sich durch Lippenbekenntnisse oder etwa den formellen Akt einer Eheschließung gleichsam von selbst einstellt, sondern eine Errungenschaft, die nur gemeinsam und immer wieder aufs neue hart erkämpft werden muß.

Die destruktive **Untreue** stellt hierzu den Gegenpol dar und ist der ebenfalls negativen **Übertreue** enger verwandt als gemeinhin angenommen wird. Denn beide entstammen denselben Wurzeln: Im Falle der aktiven Untreue wird der Lebensgefährte an die zweite Stelle gesetzt und im Falle der passiven Übertreue nicht wirklich geliebt. Beide Male fehlt der Mut oder die Kraft, sich voll für die eigene Beziehung zu engagieren oder umgekehrt gegebenenfalls die Konsequenz der Trennung auf sich zu nehmen.

Die aktive Untreue ist gekennzeichnet durch die Flucht vor sich selbst und aus der Partnerschaft, indem man sich auf andere Menschen (nicht unbedingt nur sexuell!) oder bestimmte Aktivitäten übermäßig konzentriert.
Und im Falle der Übertreue wird vom Übertreuen (»Tugendbold«) umgekehrt infolge von Kontaktängsten, Unsicherheit, Mißtrauen und Eifersucht sowie gleichzeitiger zwanghafter Normabhängigkeit die rigide Forderung nach absoluter Treue gleichsam als ehernes Postulat anstelle lebendiger Partnerliebe gesetzt.
Untreue und Übertreue sind deshalb als ungeeignete Versuche zu begreifen, die Angst vor Selbstwerdung sowie die Unfähigkeit zur positiven, wachstumsorientierten Partnerbeziehung auszugleichen.

Treue und Untreue stellen Grundhaltungen (Denk-, Gefühls- und Verhaltensmuster) dar, die mit dem Seitensprung insofern verknüpft sind, als sie die gedanklichen und emotionalen Voraussetzungen und somit die innere Bereitschaft zum Fremdgehen schaffen oder umgekehrt das Nichtwahrnehmenwollen einer sich bietenden Gelegenheit zur Folge haben. Sie weden somit gleichsam zu »seelischen Weichen«, über die der partnerschaftliche Lebenszug rollt.
Wie eng Treue und Vertrauen, Vertrautmachen und Vertrautwerden mit persönlicher Identität durch wechselseitige Definition verflochten sind, hat Antoine de Saint-Exupéry in seiner Erzählung *Der kleine Prinz* mit unvergleichlicher dichterischer Ausdruckskraft dargestellt. Der parabelhafte Dialog zwischen dem lebensklugen Fuchs und dem noch unerfahrenen kleinen Prinzen macht offenkundig, daß die selbstbestätigende Einzigartigkeit jedes Lebensgefährten nur über den Weg des gegenseitigen Erkennens, Anerkennens und Vertrauens verwirklicht werden kann.
Unter diesem Aspekt wird der Seitensprung zum Symptom mangelhafter Selbstidentifikation der sich selbst entfremdeten Fremdgeher, während deren Eros und Sexus zur identitätslosen Liebe verkommt.

Fazit: Der Seitensprung erweist sich somit letztlich als seitlicher Fluchtsprung einer gesprungenen Seele.

Wer die verwirrende Bezugsvielfalt des soeben geschilderten tragikomisch-absurden Seitensprunggeschehens auf der trivialen Lebensbühne selbst erlebt hat, kann diese auf offener Bühne in dem Theaterstück *Betrayal* (»Verrat«) des englischen Dramatikers Harold Pinter bestätigend auf sich einwirken lassen. Dieses im Jahre 1978 uraufgeführte Stück stellt die stete und bedrohliche Unbestimmtheit des Seitensprungs ausdrucksstark und überzeugend dar. In ihm sind fast alle typischen, destruktiven Ingredienzien des Partnerbetrugs dramaturgisch brillant eingeflochten: vom romantischen Anfang bis zum bitteren Ende einer jahrzehntelangen verleugneten Untergrundbeziehung, vom schäbigen Freundesverrat des einschleichenden Ehebrechers bis hin zur weitverbreiteten, weil unauffälligen »Liebe am Nachmittag«, von der unbegreiflichen Passivität des erkennenden, offensichtlich sadomasochistischen Ehemannes bis zur schließlichen Verstoßung der fremdgehenden Ehefrau durch beide Männer.

Zusammenfassung:
Wenn wir ein abschließendes Resümee ziehen, so müssen wir meist selbstkritisch bekennen, daß uns Vielfalt und Brisanz des Seitensprungdramas bisher nur recht unvollständig bewußt geworden sind. Dies nicht zuletzt, weil ein Großteil des Geschehens unsichtbar und unbewußt unterhalb der rationalen Ebene abläuft.

Wie die meisten Beteiligten und Betroffenen das Fremdgehen in der üblichen, unreflektierten Weise motiviert und berührt, soll nun den vorhergehenden Ausführungen kontrastierend gegenübergestellt werden, um so zur weiteren Aufhellung des Symptoms Seitensprung beizutragen:

Der passionierte Fremdgeher stellt den Seitensprung vornehmlich unter das Motto *Genuß ohne Reue* – und das heißt für ihn im Klartext: Freude ohne Frust, Lust ohne Leid, Spaß ohne Strapaze, Vergnügen ohne Verantwortung. Der Seitensprung erscheint ihm als unerschöpflicher Dukatenesel der Liebe, die Untreue wird für ihn zum kostenlosen Schlaraffenland der Erotik, und den betrogenen Dritten läßt er gleichsam zur Kasse bitten!

Um ungefährdet in dieses Zauberreich der Lüste zu gelangen, hält er sich stets an das elfte Gebot unserer schmarotzenden Ellenbogengesellschaft: *Du darfst alles tun, aber dich nie dabei erwischen lassen!* Für den gewohnheitsmäßigen Seitenspringer bedeutet dies: heimlich aus der eigenen Lebensbeziehung hinaus- und hinterlistig in eine andere hineinschleichen. Denn es ist schließlich vorteilhafter und weniger anstrengend, sich etwas auf Kosten Dritter zu erschleichen, als es sich selbst in mühevoller Zweisamkeit erarbeiten zu müssen.

Und wenn es nach dem Entdecktwerden um das Beiseiteräumen

eines ehelichen Scherbenhaufens geht, heißt es für den duften Typ, schnellstens zu verduften, bevor er in die Verantwortung für sein Tun genommen werden kann. Das riskante Spiel mit dem elften Finger beginnt als Karneval der veruntreuten Liebe somit nicht erst am 11. 11. um 11.11 Uhr, sondern stets dann, wenn die günstige Gelegenheit Diebe macht!
Der vorbildgebende Elferrat der schmarotzenden Liebesnarren – kumpanhaft zusammengesetzt aus wenigen aktiven Maul- und Frauenhelden und adäquaten Männerverbraucherinnen – sorgt durch seine verlogenen Parolen dafür, daß seine liebesvernarrten Untertanen – bestehend aus zahllosen vernachlässigten und frustrierten Eheleuten voll naiver Heilserwartung – den Seitensprung wie zufällig »passieren« lassen, so, wie eben auch ein Unfall passiert. Nur mit dem Unterschied, daß es diesmal ein Umfall ist!
Doch was »passiert« dabei den Betroffenen?
Manch hoffnungsfrohe Elfe, die auszog, die heimliche Liebe zu genießen, fühlt sich bald ausgezogen, gleichsam ihrer Selbstachtung entkleidet, als Sexobjekt mißbraucht. Ihr Liebestraum wird jäh zum hoffnungslosen Alptraum, das Seitensprungdrama gerät unversehens zum Trauma.
Der gehörnte Ehemann hingegen empfindet sich vom hinterhältig einbrechenden Rivalen in seiner männlichen Ehre verletzt und gedemütigt, von seiner Lebensgefährtin gekränkt, bloßgestellt und verraten sowie von beiden in seiner persönlichen Identität und sexuellen Kompetenz bedroht. Seine mangelnde persönliche und geschlechtliche Identität als tiefere Ursache der Ehekrise nimmt er jedoch in aller Regel nicht zur Kenntnis.
Und die betrogene Ehefrau schließlich bangt um die Liebe ihres Ausreißers, beklagt den Verlust ihrer Geborgenheit und befürchtet den Zerfall ihrer Familie. Hilflos gleich einem hypnotisierten Kaninchen, bangt sie nicht selten den endgültigen Entscheidungen ihres seitenspringenden Herrn und Gebieters entgegen.

So unterschiedlich zeigt sich das patriarchalische Janusgesicht des Seitensprungs unter dem jeweiligen subjektiven Blickwinkel sowie auf Grund der individuellen Interessenlage von Betrügendem und Betrogenem, von Mann und Frau, von vorgezeigtem Lebens- und verleugnetem Liebesgefährten!
Solchermaßen gerät früher oder später fast immer des einen heimliche Lieb zu des anderen offenem Leid.

2. Wie verbreitet sind Seitensprünge?

Über die Verbreitung des Seitensprungs, konkret in Zahlen oder Prozenten ausgedrückt, läßt sich bei diesem delikaten Thema mangels konkreter Nachprüfbarkeit streiten. Keine Meinungsverschiedenheiten dürfte hingegen die durch gesicherte Untersuchungen fundierte Behauptung auslösen, daß er mit zunehmendem Lebensalter und damit auch zahlreicheren Ehejahren kontinuierlich ansteigt *(kumulatives Vorkommen)*. In der Lebenspraxis bedeutet dies zum Beispiel, daß fünfzigjährige Ehepartner überwiegend aktive und gegebenenfalls auch passive Erfahrungen als Betrügende bzw. Betrogene gesammelt haben.
Das *aktive Vorkommen* im Sinne einer aktuellen Ausübung (nicht mit dem lebenslang zusammenzurechnenden kumulativen Vorkommen zu verwechseln!) gipfelt altersmäßig in den deutschsprachigen Ländern etwa zwischen dem 35. und dem 45. Lebensjahr. Es bestehen deutliche Unterschiede im Verhalten der Geschlechter: Während die Frauen bereits um 35 die höchste Frequenz außerehelicher Beziehungen aufweisen, geschieht dies bei Männern erst um die 45. Hinsichtlich der allgemeinen Verbreitung des Seitensprungs gehen die zahlreichen in- und ausländischen Befragungs- und Untersuchungsergebnisse erheblich auseinander und umfassen gegenwärtig eine Bandbreite von etwa 50 bis 90 %. Diese Unterschiede sind das Ergebnis abweichender Befragungsmethoden und Fragestellungen (»Wie gefragt, so gesagt!«) sowie mehr oder weniger differenzierender Analysen und unterschiedlicher Zielsetzungen, die vom jeweiligen Auftraggeber vorgegeben werden (»Wes Brot ich eß, des Lied ich sing!«).
Die aufsehenerregenden Ergebnisse des umfassenden und jüngsten Hite-Reports *(Frauen und Liebe)* gehen zum Beispiel von etwa 70 % seitenspringenden Ehefrauen nach mehr als fünf Ehejahren aus. Bei länger als zehn Jahre verheirateten Frauen haben 25 % drei bzw. 21 % nur zwei Affären, aber 49 % einen ständigen Geliebten, während sich 15 % von mehreren Liebhabern gleichzeitig verwöhnen lassen.
Der länger zurückliegende Hite-Report I *(Das sexuelle Erleben des Mannes)* legt dar, daß Männer nach fünf Ehejahren eine Seitensprungfrequenz von etwa 75 % erreichen (kumulatives Vorkommen). Interessant ist in diesem Zusammenhang aber die Tatsache, daß Frauen nach zwei Ehejahren erst zu 13 % fremdgehen, während Männer zu diesem Zeitpunkt bereits Ergebnisse erzielen, die den weiblichen nach fünf Bindungsjahren angenähert sind.

Inwieweit lassen sich amerikanische Verhältnisse mit deutschen oder europäischen vergleichen? Erfahrungsgemäß zeigen moderne Industriegesellschaften in einer zunehmend uniformer werdenden Weltkultur gleiche, zumindest aber ähnliche, immer mehr sich gegenseitig anpassende Denk- und Verhaltensmuster, worauf beispielsweise auch der Sexologe Ernest Borneman ausdrücklich hinweist *(Die Neue Eifersucht)*. Eine vergleichbare, zeitlich etwa übereinstimmende und umfassende Untersuchung über das sexuelle Verhalten der Deutschen stellt der Playboy-Report *So treiben's die Deutschen* unter der Leitung von Dr. Habermehl und der Mitwirkung von Prof. Hofstätter und anderen Wissenschaftlern aus dem Jahre 1984 dar.

Unter Berücksichtigung der Tatsache, daß fast 20 % der Befragten keinen Dauerpartner besaßen, errechnet sich ein Anteil von etwa 50 % Seitenspringern, wobei die Frauen den Männern allenfalls um wenige Prozentpunkte hinterherhinken.

Alle diese Zahlen erhöhen sich jedoch nicht unerheblich, wenn wir bedenken, daß ein hoher Prozentsatz der Verheirateten im Laufe ihres Lebens mindestens zwei Ehen eingehen. Auf eine Ehe bezogen, beträgt die Seitensprunghäufigkeit nach den Berechnungen von E. Borneman etwa 72 %, und unter Berücksichtigung des Durchlebens mehrerer Ehen steigt der Prozentsatz der Fremdgeher auf 92 % an. Da nun aber mancher monogame Mensch nur aus Schüchternheit oder wegen mangelnder Attraktivität oder Gelegenheit auf den Seitensprung verzichten muß, beziffert Borneman die Zahl der freiwillig Monogamen auf nur etwa 6 %!

Rechnen wir jetzt noch die passiv betroffenen, selbst nicht fremdgehenden Betrogenen hinzu, so dürfte es nicht mehr sehr viele Menschen geben, die nicht im Laufe ihres Lebens auf direkte oder zumindest indirekte Weise (z. B. als Kind fremdgehender Eltern) wissend oder unwissend (aber verspürend!) mit dem Seitensprunggeschehen konfrontiert werden.

Aus jüngsten Befragungen in der Bundesrepublik geht im übrigen hervor, daß bei Frauen der Wunsch nach dem Fremdgehen mit seiner Realisierung in etwa übereinstimmt (50 %), während bei den Männern das Verlangen (74 %) die Verwirklichung (50 %) bei weitem übertrifft. Warum dies so ist, wird an geeigneter Stelle noch näher dargestellt.

Unabhängig von dem gegenwärtig vorliegenden, vielfältigen, sich zum Teil widersprechenden Statistikmaterial ist vor allem die Tatsache entscheidend, daß die Zahl der langfristig und anhaltend glücklichen Zweierbeziehungen von vielen Fachleuten auf nur etwa 3 bis 5 % geschätzt wird. Gleichzeitig schnellen jedoch die Seitensprungaktivitäten und, oft in deren Gefolge, die Scheidungsziffern in allen Industriestaaten in die Höhe.

3. Wie häufig sind Seitensprünge, und wie lange dauern sie an?

Neben der allgemeinen Verbreitung sind vor allem auch Häufigkeit und Dauer außerehelicher Beziehungen von Interesse und für den Bestand einer veruntreuten Ehe von erheblichem Belang. Die Beantwortung dieser Fragen ist freilich schwieriger, da hierzu weit weniger bekannt ist und überdies die individuelle Vielfalt nicht verallgemeinert werden darf.

Trotz der zum Teil beachtlichen Unterschiede je nach Alter, Geschlecht, Bildungsstand und sozialer Herkunft lassen sich jedoch bis zu einem gewissen Grad übereinstimmende Verhaltensgrundmuster erkennen. Seitensprünge haben nämlich entsprechend den jeweils gegebenen grundsätzlichen Möglichkeiten und den aktuellen Gelegenheiten häufig einen situativ verursachten unregelmäßigen Charakter. Deshalb treten sie meist spontan auf und enden ebenfalls nicht selten abrupt. Untergrundbeziehungen fehlt naturgemäß Kontinuität, Überschau- und Berechenbarkeit einer Lebens- und Dauerbeziehung. Dieser Umstand wird von den meisten Frauen bald als störend empfunden.

Der jüngste Hite-Report *(Frauen und Liebe)* geht von einer durchschnittlich vierjährigen Dauer außerehelicher Beziehungen von Frauen aus. Interessant ist die Tatsache, daß 79 % der verheirateten Frauen ein Verhältnis mit einem ebenfalls gebundenen Mann haben.

Wir können hier eine deutliche Differenzierung zwischen den Geschlechtern erkennen. Während nämlich viele Männer zu häufig wechselnden, kurzzeitigen und nur oberflächlichen Abenteuern neigen, bevorzugen Frauen eindeutig die möglichst lange Aufrechterhaltung einer emotional tiefer gehenden Untergrundbeziehung. Dies war zu Zeiten Kinseys aufgrund rigoroser Sexual- und Frauenunterdrückung noch völlig anders! Er bemerkt deshalb in seinem Report *Das sexuelle Verhalten der Frau* (1954): »Nur ein geringer Prozentsatz der befragten Frauen hatte jemals regelmäßig und langdauernde Beziehungen mit anderen Männern entwickelt.«

Aus jüngsten Untersuchungen eines deutschen Sexualforschungsinstituts geht hervor, daß 60 % aller Verhältnisse von verheirateten Männern länger als ein halbes Jahr dauern. Dies erscheint logisch, da sonst die erhebliche Dauer vieler weiblicher Seitensprungbeziehungen mit überwiegend verheirateten Männern nicht zu verwirklichen wäre. Andererseits steht diese Übereinstimmung nicht im Widerspruch zum männlichen Verlangen nach Sex mit möglichst vielen Frauen. Wie wir noch sehen werden, zählt es nämlich zur Liebespraxis vieler Frauenhelden, gleichzeitig mehrere Verhältnisse zu unterhalten, von denen einige länger und andere kürzer andauern.
Von wenigen primitiven Ein- oder Zweimalbumsern abgesehen, müssen heute die Männer zwangsläufig den erotischen Wünschen der meist selbstbewußter gewordenen Frauen entgegenkommen, wollen sie bei der beachtlichen Konkurrenz nicht ins Hintertreffen geraten. Neben dieser generellen Entwicklung sind noch bemerkenswerte situativ bedingte Verhaltensweisen zu erwähnen. So kann zum Beispiel eine deutliche Konzentration der Seitensprungaktivitäten im Urlaub beobachtet werden.

Fazit: Der Seitensprung nimmt zunehmend die Form einer dauerhaften Untergrund-Zweitehe an. Gleichzeitig erfreuen sich jedoch die kurzzeitige Affäre, das Urlaubsabenteuer sowie die einmalige Karnevalsepisode und ähnliche erotische Vergnügungen weiterhin großer Beliebtheit.

4. Die vielfältigen Erscheinungsformen und Ausprägungen der Seitensprungbeziehungen

In der täglichen Liebespraxis treten recht unterschiedliche Konstellationen auf. Je nach Ausgestaltung der eigenen Lebensbeziehung (konventionelle oder offene Ehe) und Bindungssituation des jeweiligen Außenpartners (verheiratet oder ungebunden) ergeben sich vielfältige Erscheinungsformen und qualitative Ausprägungen des außerehelichen Intimverhältnisses. Am weitaus häufigsten sind die folgenden drei Kombinationen anzutreffen:

- Ein fest gebundener Seitenspringer schleicht sich aus seiner Ehe hinaus und gleichzeitig in eine andere hinein. Dieser doppelte Ehebruch stellt den üblichen Standardfall dar, auf den ca. 80 % aller Seitensprünge entfallen.

• Ein Ehepartner nimmt mit einem Nichtgebundenen eine Außenbeziehung auf.

• Beide Lebenspartner unterhalten gleichzeitig oder zeitlich überschneidend eine Außenbeziehung zu einem gebundenen bzw. ungebundenen Partner.

Weitaus bedeutsamer als Häufigkeit, Dauer und Bindungskombination des Seitensprungs *(quantitative Gegebenheiten)* ist die *qualitative Ausgestaltung* eines Untergrundverhältnisses für den Verlauf und Bestand sowohl der Außen- als auch der veruntreuten Lebensbeziehung. Hier sehen wir in der Realität eine Reihe von typischen Ausprägungen, die häufig mit der Dauer der Beziehung in einem direkten Zusammenhang stehen.

• Zunächst ist an das oberflächliche, kurzfristige **Abenteuer** zu denken, das unter der Bezeichnung Eine-Nacht-Episode *(»one-night stand«)*, Urlaubs- oder Kurlaubserlebnis o. ä. firmiert.
Von vielen wird ein solches Fremdgehen als der klassische Seitensprung angesehen, was jedoch diesen nicht allgemein festgelegten Begriff schon aufgrund seiner ursprünglichen Wortbedeutung zu sehr verengt, denn es wäre völlig verfehlt, den verheimlichten Seitensprung, diesen Spagat zwischen zwei Intimpartnern, mit der zeitlichen Kürze eines Sprungs zu assoziieren und solchermaßen mit dem Zeitfaktor zu verknüpfen.
Um einen einheitlichen, übergeordneten Terminus zu erhalten, wird die Bezeichnung »Seitensprung« in diesem Buch deshalb gleichsam als Oberbegriff auf alle außerehelichen Intimbeziehungen angewandt.
Unter dem Blickwinkel der Folgenabschätzung ist festzustellen, daß oberflächliche Abenteuer meist nicht direkt zur Destabilisierung einer Lebensbeziehung beitragen. Ihr negativer Effekt liegt vielmehr in der allmählich sexsüchtig machenden Wirkung des *»Einmal ist keinmal«*, welche die Hemmschwelle für künftige Seitensprünge immer weiter herabsetzt. Denn beim Essen kommt bekanntlich der Appetit, und aus einem wiederholten »Probierhappen« wird nach und nach unversehens ein süchtig machendes Dauermahl. Dies vor allem dann, wenn es zunächst ohne nachteilige Folgen zu bleiben scheint.

• Ebenso häufig wie das Abenteuer dürfte die **Affäre** auftreten, die ebenfalls nur vorübergehenden Bestand hat, gleichwohl aber von mehr oder minder heftigen leidenschaftlichen Emotionen begleitet sein kann (schnell abbrennendes »Strohfeuer«).
Auch sie verstärkt langfristig die Neigung zum permanenten Seitensprung bzw. zum langfristig angelegten Untergrundverhältnis, ohne selbst eine bleibende Auswirkung zu besitzen.

• Von den oben geschilderten Ausgestaltungen deutlich zu unterscheiden ist die längerfristige Untergrundbeziehung, die von einer breiten Öffentlichkeit mehr oder weniger als **Verhältnis** akzeptiert oder zumindest geduldet wird. Sie stellt die für unsere patriarchalische Gesellschaft typische, wenn auch inoffizielle polygame Zweitehe dar. Ihre Sprengwirkung für die offizielle Lebensbeziehung kann nicht hoch genug eingeschätzt werden!

• Abschließend soll noch auf eine weitere Ausprägung des Seitensprungs eingegangen werden, die in unserer heutigen, werteverunsicherten, scheinfreiheitlichen Welt immer häufiger auftritt.
Ich möchte sie den **»U-Boot-Seitensprung«** nennen, und ich bezeichne damit ein spezifisches Seitensprungverhalten, das in einem abwechselnden Auf- und Abtauchen der geheimen Beziehung besteht. Von dieser Erscheinung sind besonders die sogenannten halboffenen Ehen (Kollusionsehen) betroffen, deren ungeschriebene Klauseln weitgehend unbewußt sind und die auf der schwankenden Basis stillschweigender Übereinkünfte meist weniger halten als im vorhinein von ihnen erwartet wird.
Erst die einseitige Verletzung dieser Klauseln dringt schmerzhaft in das Bewußtsein des Betrogenen und schafft überdies eine gefährliche Verhaltensunsicherheit. Je nach den augenblicklichen Umständen werden deshalb aktuelle Seitensprünge zugegeben, tauchen also vor dem betrogenen Lebenspartner offen auf – oder die Fortsetzung derselben wird geleugnet oder vorübergehend unterbrochen, sie tauchen also ab, sobald der Verdacht partnerschaftlicher Schwierigkeiten aufkommt.
Gerade dieses unsichere und schwankende Verhalten macht eine Lebensbeziehung noch unkalkulierbarer und verschärft deshalb die Gesamtproblematik nicht selten ins Unerträgliche.

Zweiter Teil: Der Sprung zur Seite – Wenn die Liebe »kreucht und fleucht« (kriecht und flieht)

Die Liebe kriecht, wo sie nicht gehen kann.
DEUTSCHES SPRICHWORT

Das hintergründige Gesicht des Seitensprungs – Ursachen, Motive und Rahmenbedingungen

1. Das Schicksals- und Konfliktdreieck des Seitensprungs

Das Herz hat seine Gründe,
die der Verstand nicht kennt.
BLAISE PASCAL

Die ersten Fragen des betrogenen Lebensgefährten, die er nach der schmerzhaft-schockierenden Entdeckung des Seitensprungs an seinen fremdgehenden Partner stellt, lauten bezeichnenderweise fast immer: Warum hast du das getan? Liebst du ihn/sie? Weshalb hast du den/die andere/n mir vorgezogen?

Entscheidend ist hierbei, daß sich so schon zu Beginn der Auseinandersetzung eine folgenschwere Einengung der Seitensprungproblematik auf die oberflächliche Motivation des Fremdgehers ergibt, während gleichzeitig die eheliche Kommunikation fast hypnotisch auf den Außenpartner fixiert wird. Die viel bedeutsamere und erhellendere Frage nach den tieferliegenden Ursachen, die letztlich in der Persönlichkeit der beiden Lebensgefährten sowie ihrer Partnerschaft zu suchen sind, wird so verhängnisvoll an den Rand der Betrachtungen gerückt oder gar völlig ausgeblendet! Diese weitverbreitete Denk- und Verhaltensweise steht nicht nur der spätestens jetzt unverzichtbar gewordenen Selbst- und Partnererkenntnis sowie einer darauf aufbauenden konstruktiven Problemlösung entgegen, sondern erhöht auch die destruktiven Folgen des Seitensprungs und verbaut überdies die Möglichkeit gemeinsamen Wachstums.

Hier stellt sich gleich zu Beginn die grundsätzliche Frage, weshalb sich das nunmehr veruntreute Paar einst zu einer Lebensbeziehung zusammengefunden hat und aus welchen Gründen es schließlich in die Kluft zwischen zu hohem Anspruch und real gelebter Wirklichkeit gestürzt ist.

Eine kürzlich erfolgte Umfrage ergab, daß zu hohe Erwartungen an den Lebenspartner sowie die Lebensbeziehung als Hauptursache für das Scheitern ungezählter Ehen anzusehen sind: Sie wollten miteinander und füreinander in der Liebe und im Leben glücklich werden, indem sie sich wechselseitig als Geschlechtspartner, aber auch als eigenständige Persönlichkeiten zu ergänzen trachteten.

Diese positive Zielsetzung bedarf jedoch zu ihrem sicheren und dauerhaften Gelingen zweier unabdingbarer Voraussetzungen: zum einen der kontinuierlichen Befriedigung originärer menschlicher Bedürfnisse über lange Zeiträume hinweg und zum anderen einer humanen, zugleich realitätsgerechten Gesinnung. Diese muß auf adäquaten Wertvorstellungen sowie einem hohen Grad an persönlicher Bewußtheit (Erkenntnis der Eigen-, Mit- und Umwelt) gründen.

Was die erste Bedingung betrifft, so bedürfen die körperlichen, seelischen und geistigen Kräfte des Menschen zu ihrer Erhaltung, vor allem aber zu ihrer Fortentwicklung *(Wachstum)* einer ausreichenden materiellen, erotisch-sinnlichen sowie emotionalen und spirituellen Nahrung *(physische und psychische Energie).*

Diese »Ernährung« von Körper und Seele kann im erforderlichen Ausmaß nur über den positiven zwischenmenschlichen Austausch der Lebenspartner untereinander erfolgen, der im gegenseitigen Geben sowie im wechselseitigen Annehmen ihrer einzigartigen Persönlichkeit besteht. Bedürfnisse lassen sich jedoch nur befriedigen, wenn dies mit einer lebensbejahenden Einstellung zum »Essen« dieser partnerschaftlichen »Liebeskost« und dem realistischen Akzeptieren eines zwangsläufig mühevollen »Erwerbs« dieser »Wachstumsnahrung« verknüpft ist.

Der namhafte Sexualwissenschaftler Volkmar Sigusch meint dazu treffend: »Liebe ist nicht einfach da wie die Begierde. Sie muß ständig, ununterbrochen, unermüdlich erlernt, erarbeitet, in Beziehung gehalten werden – als der Versuch zweier Menschen, einander jene Bedürfnisse zu befriedigen, die lebensgeschichtlich verbogen und gesellschaftsgeschichtlich zum Unding geworden sind.« *(Vom Trieb und von der Liebe)*

Diese innere Haltung muß auf einer verinnerlichten Werteskala basieren, die sowohl kooperativ als auch mitmenschlich ausgerichtet ist und dementsprechend eine destruktive Konfrontations- und Konsumhaltung (hedonistische Geschlechterkampfmentalität) ausschließt. Die gegenwärtig noch vorherrschende, feindbildorientierte, spätpatriarchalische Seins- und Lebensweise mit ihren so parasitären wie zwanghaften, so suchtbestimmten wie

letztlich inhumanen Strebungen des persönlichkeitsbegrenzenden Haben- statt des persönlichkeitserweiternden Seinwollens drängt uns jedoch prinzipiell von dem geschilderten Idealbild menschlicher und partnerschaftlicher Selbstwerdung weit ab!
Die nachfolgende Darstellung der für eine glückliche und dauerhafte Lebensbeziehung erforderlichen Voraussetzungen bemißt sich deshalb nicht an der krummen Elle inhumaner, patriarchalischer Wertvorstellungen, sondern vielmehr an einem menschengerechten Maßstab. Durch selbstkritische Vergleiche zwischen diesen beiden Meßgrößen können die eigene persönliche Entwicklung abgeschätzt und eine realistische Zielprojektion vorgenommen werden. Auf diese Weise vermag ein individueller Wachstumspfad im Gefolge selbst festgelegter Kriterien und im Rahmen individuell und kollektiv vorgegebener, vor allem aber auch erkannter und wahrgenommener Möglichkeiten beschritten werden. Der einzelne kann zwar den gesellschaftlichen und kulturellen Rahmen, in den er hineingeboren ist, in aller Regel nicht meßbar verändern. Trotzdem vermag er ihn aber im Bereich seiner eigenen Lebensgestaltung sinnvoll auszufüllen!
Deshalb wäre es allzu billig, die persönliche Verantwortung im Rahmen der Selbstbestimmung auf die berühmten »vier G«, nämlich den schicksalsbestimmenden Gott, die prädestinierende Geschichte des Menschen bzw. der Menschheit, die einengende Gesellschaft und die gegenwärtig so vielerwähnte »Diktatur der Gene« abwälzen zu wollen.
Der jedem modischen Zeitgeist gegenüber kantig-resistent gebliebene große Philosoph aus Königsberg, Immanuel Kant, hat dieses verborgene menschliche Dilemma erkannt und treffend auf den Punkt gebracht: »Faulheit und Feigheit sind die Ursachen, warum ein so großer Teil der Menschen, nachdem sie die Natur längst von fremder Leitung freigesprochen (...), dennoch gerne zeitlebens unmündig bleiben; und warum es Anderen so leicht wird, sich zu deren Vormündern aufzuwerfen. Es ist so bequem, unmündig zu sein.« (»Beantwortung der Frage: Was ist Aufklärung?«, Band VIII der Akademie-Ausgabe)
Nicht zuletzt aber ist darauf hinzuweisen, daß sich die positive und mutige, individuelle Auseinandersetzung zahlloser Menschen mit ihrer Eigen-, Mit- und Umwelt langfristig zu einer bestimmenden, da zusammenströmenden gesellschaftlichen Kraft entfaltet, die zu dauerhaften humanen Auswirkungen in allen Lebensbereichen führt. Auf diese hoffnungserweckende Möglichkeit allgemeinverständlich hingewiesen zu haben, ist das

bleibende Verdienst des großen Sozialpsychologen Erich Fromm *(Erich-Fromm-Lesebuch).*
Das zum Seitensprung hinführende Gesamtgeschehen können wir uns anschaulich als ein über die Zeitachse eines Menschenlebens sich erstreckendes **Schicksals- und Konfliktdreieck** vorstellen.

- Dessen erster Schenkel, aus übereinander gestaffelten subjektiven und objektiven *Primär-* und *Sekundärursachen* zusammengesetzt, verbindet sich mit dem

- zweiten Schenkel, der die zur Tat drängenden, individuellen Beweggründe *(antreibende Motive)* als drittrangige Ursachen umfaßt.

- Der dritte Schenkel des objektiven Bedingungsrahmens *(Möglichkeiten, Gelegenheiten, Anlässe)* schließt das Dreieck ab. Er läßt es zur bitter-süßen Honigfalle der Liebe werden, die bei sich bietender Gelegenheit lautlos zuschnappt und die aus der eigenen Lebensbeziehung ausbrechenden Seitenspringer gleichsam im goldenen Käfig der veruntreuten Liebe gefangenhält.

Das Fremdgehen übt nun seinerseits einen erheblichen Einfluß auf die Seelendynamik der Akteure und Betroffenen aus und wird selbst zur rückbezüglichen Ursache für die Fortsetzung des Seitensprungs. Denn das einmal entzündete Feuer der Leiden schaffenden Leidenschaft brennt nunmehr gleichermaßen von selbst munter weiter!
Zunächst sollten wir aber nochmals zum bereits erwähnten Schicksals- und Konfliktdreieck zurückkehren, dessen drei Schenkel in den folgenden Kapiteln näher betrachtet und eingehend erläutert werden. Wir können so erfahren, welchen Einfluß sie alle auf die Herzen der Beteiligten ausüben, und allmählich wird uns immer deutlicher bewußt, daß das Herz seine Gründe hat, die der Verstand nicht kennt. Pascals eingangs zitierte, so treffende wie lyrische Aussage macht uns neugierig, den verborgenen Herzenswinkeln, den geheimnisvollen seelischen Abgründen der Seitensprungakteure und der betrogenen Partner verständnisgewinnend nachzuspüren.
Um ein solches Verständnis zu erreichen, sollten wir uns bei den nachfolgenden Ursachenschilderungen von dem Grundgedanken der *unbewußten Motivation* leiten lassen, auf die – lange vor Freud –

bereits Spinoza und Leibniz hingewiesen haben. Diese nur sehr schwer erkennbaren, unbewußten Beweggründe werden nach primären und sekundären Ursachen gegliedert beschrieben und den drittrangigen, bewußten, allgemein bekannten Motivationen (*rationale* bzw. *rationalisierte Beweggründe*) vorangestellt.

2. Die unsichtbaren Gründe (Primärursachen) des Fremdgehens

Alles Wichtige geschieht in der Kindheit.
Was danach kommt, ist nur Wiederholung.
GEORG GRODDECK

Zum tieferen Verständnis komplexer, vor allem aber weitgehend unbewußter seelischer Vorgänge eignet sich erfahrungsgemäß eine bildhaft-analoge Darstellung besonders gut: Es bietet sich an (und wird deshalb im folgenden konsequent angewandt) die Vorstellung einer unsichtbaren seelischen Theaterbühne – entsprechend der Lebensbühne –, auf deren Brettern die verborgenen Verursacher des Seitensprungverhaltens agieren.
Die tragende Rolle – die Gründe oder Primärursachen, auf denen der Seitensprung beruht –, übernehmen in dieser imaginären Seifenoper der Fremdgeher fiktive Orchestermusiker, die die Ouvertüre dazu spielen. Sie selbst jedoch bleiben dem rationalen Auge des Verstandes – dem aufmerksamen Zuhörer – durch den Orchestergraben, das Unbewußte, verborgen. Als maßgebliche »Seelenmusikanten« dieses unsichtbaren Seitensprungorchesters ragen die **geringe Achtung** vor sich und anderen sowie die **mangelnde Bedürfnisbefriedigung** in der Lebensbeziehung besonders hervor. Dementsprechend werden sie in diesem Unterabschnitt ausführlich dargestellt.
Der verhängnisvolle Urquell des Seitensprungs, gleichermaßen der Ur-Sprung, sprudelt in unserer spätpatriarchalischen Seinswelt aus zwei munter-destruktiven Quellen:
Zum einen verhindert die immer noch ungebrochene Vorherrschaft des Mannes mit ihren zahllosen negativen Folgeerschei-

nungen, die sich aus dem unheilvollen Geschlechterkampf ergeben, eine ausgewogene, positive und natürliche Polarität der Geschlechter. Diese läßt die bei Mann und Frau noch ausstehende, die Seelentiefen durchdringende und alle Lebensbereiche umfassende Emanzipation nicht zu.
Und zum anderen trägt unsere mutterzentrierte Erziehungsstruktur *(dyadische Erziehung)* im unbewußten Zusammenspiel mit patriarchalischen Zielsetzungen zur identitätsgestörten Individuation und destruktiven Sozialisation jeder nachwachsenden Generation bei.
Was bedeutet diese Aussage in der alltäglichen Lebenspraxis?
Die Erziehung der Söhne und Töchter erfolgt auch heute noch, zumindest während der besonders prägenden ersten beiden Lebensjahre, fast ausschließlich oder zumindest überwiegend durch die Mütter, während Männer meist aus beruflichen Gründen als Feierabend- und Wochenendväter fungieren (müssen). Diese einseitige, mutterzentrierte Individuation muß unter dem Blickwinkel des seelischen Wachstums sowie der frühen Charakterorientierung und Ausprägung der Persönlichkeitsstruktur des Menschen betrachtet werden, um ihre weitreichenden, überwiegend negativen Auswirkungen voll ermessen zu können!
Mit der Vollendung des ersten Lebensjahres ist die seelische Grundstruktur des Kleinstkindes bereits weitgehend gediehen. Denn es ist menschlich-existentiell nun insoweit geprägt, als sein grundsätzliches späteres In-der-Welt-Sein, das heißt sein Verhältnis zu sich selbst und zur Mit- und Umwelt weichenstellend festgelegt ist.
Diese unbewußte Prägung bezieht sich nicht nur auf die seelische Struktur, sondern darüber hinaus auch auf die Nervenbahnungen des bei Geburt noch unfertigen Gehirns, wie der bekannte Biologe und Umweltforscher Frederic Vester überzeugend dargelegt hat *(Denken, Lernen, Vergessen).*
Mit eineinhalb Jahren wird die seelische Menschwerdung durch die Ausprägung der Geschlechtsidentität ergänzt. Diese stellt den Kern der noch unentwickelten persönlichen Identität *(Ichwerdung)* dar, die sich etwa mit Abschluß des zweiten Lebensjahres durch endgültige Differenzierung von den Eltern (insbesondere von der Mutter) herausbildet. Parallel zur eigenen Geschlechtsidentität formt und verfestigt sich das polare innere Bild vom jeweils anderen Geschlecht.
Mit diesen beiden entscheidenden Differenzierungen der geschlechtlichen und der persönlichen Identität wird auch das reali-

tätserkennende, für das Wachstum der Persönlichkeit ausschlaggebende Wechselspiel von Identifikation (zu etwas stehen, sich hineinversetzen) und Disidentifikation (kritisch erkennender innerer Abstand zu etwas) mit der Eigen-, Mit- und Umwelt in Gang gesetzt.

Von der frauenlastigen Erziehung sind vornehmlich die Söhne auf geradezu tragische Weise betroffen. Denn eine Frau vermag wohl ihre Tochter zur Frau (»Muttertochter«), nicht aber ihren Sohn identifikatorisch zum Manne zu erziehen. Dieser kann vielmehr nur mit Hilfe seines Vaters (oder einer häufig anwesenden und aktiv beeinflussenden männlichen Bezugsperson) durch dessen gelebtes Vorbild eine eigene Geschlechtsidentität im Verlaufe seiner prägenden ersten eineinhalb Lebensjahre erwerben. In der Regel aber verhindern, oder erschweren, sowohl diese generelle Erziehungssituation als auch die immer noch häufig anzutreffende gleichgültige oder gar verleugnende Einstellung vieler Männer zu ihrer natürlichen Erzieherrolle die unabdingbare Ausprägung der geschlechtlichen Identität der Söhne.

Jüngst ergab eine Umfrage in den USA, daß ein Vater aus der zahlenmäßig dominierenden Mittelschicht mit seinem einjährigen Kind pro Tag durchschnittlich 37,2 (!) Sekunden verbringt, und man kann davon ausgehen, daß es in der übrigen Welt – von einer dünnen Schicht gereifter Väter abgesehen – trotz des Märchens vom neuen, aufgeklärten Mann nicht viel anders aussehen dürfte.

Daraus ergibt sich eine Reihe einschneidender Konsequenzen, die mit großem zeitlichem Abstand auf die Geschlechterbeziehungen und letztlich auch auf das Seitensprunggeschehen entscheidend einwirken:

Da der Mensch aufgrund seiner differenzierten Entwicklung verhältnismäßig lange unmittelbare elterliche Betreuung benötigt, die erst mit zunehmender Ausbildung seiner geschlechtlichen und persönlichen Identität an Bedeutung einbüßt, wird er zunächst gleichsam nur physisch geboren, das heißt von seiner Mutter körperlich abgenabelt. Das seelische Einssein mit ihr findet hingegen erst durch die allmähliche psychische Abnabelung im Rahmen einer identifikatorischen Selbstwerdung ein Ende *(psychischer Ablösungsprozeß)*.

Mangels vollständig sich ausprägender Identität ist somit häufig keine emotionale Abnabelung von der Mutter und deshalb auch keine spätere psychische Geburt möglich, weshalb zahllose Söhne unter den geschilderten Umständen mehr oder minder deutlich seelisch in der Gebärmutter der sie gebärenden Mutter zurückbleiben. Denn ohne eigene Identität, und mithin ohne Geburt ihrer Persönlichkeit, werden sie außerhalb der Gebärmutter nicht wirklich existent und demgemäß auch nicht uneingeschränkt lebensfähig.

Das seelische Verharren in der Mutter bzw. später in seiner muttterersetzenden Lebensgefährtin macht den Sohn häufig zum hysterisch-überaktiven, zugleich hilflos-parasitären Muttersohn, der seine verdrängte Lebensangst großmäulig überkompensiert, was auf unbewußte Weise besonders die weibliche Mitwelt beeindruckt. Denn der hinsichtlich seiner Geschlechtsidentität noch ungeborene Mann gleicht einem aufgeblasenen, laut schreienden und wild strampelnden Riesenbaby, das mütterlicher Fürsorge bedarf. Er paßt solchermaßen genau in das angeborene Kindchenschema jeder sich für ihn interessierenden Frau.

Wilfried Wieck hat in seinem lesenswerten Buch *Männer lassen lieben. Die Sucht nach der Frau* die tendenzielle Abhängigkeit des Mannes von der Frau geschildert, während der Psychoanalytiker Fritz Riemann den Zusammenhang von hysterisch verleugneter Ängstlichkeit (»Feigheit vor der Angst«) und mangelnder Identität herausstellt: »Das zentrale Problem hysterischer Persönlichkeiten ist also, daß sie die Identität mit sich selbst nicht gefunden haben.« *(Grundformen der Angst)*

In diesem Zusammenhang wäre erhellend noch darauf hinzuweisen, daß sich der Ausdruck »Hysteriker« von dem griechischen Wort *hystera* ableitet, was übersetzt Gebärmutter bedeutet.

Volker Elis Pilgrim bemerkt sinnig, daß der Muttersohn zu allem fähig sei, nur nicht zum Leben *(Muttersöhne)*.

Vor allem hat sich der Sozialpsychologe und Philosoph Erich Fromm mit dieser destruktiven seelischen Mutterbindung und ihren verheerenden individuellen und gesellschaftlichen Folgen ausführlich in seinem Werk *Die Seele des Menschen* auseinandergesetzt. Er deckt darin den engen Bezug zwischen inzestuöser Mutter- bzw. Vaterbindung bei Söhnen und Töchtern einerseits und anal-destruktiver (nekrophiler) sowie narzißtischer (krankhaft selbstbezogener) Charakterorientierung andererseits auf.

Welche explosiven Folgen ein negatives Aufeinanderlaufen dieser Strebungen besitzt, ergibt sich aus seinen schlüssigen Ausführungen. Seine Erkenntnisse werden in diesem Buch anhand des Symptoms Seitensprung bestätigt. Da der Muttersohn als erwachsener Mann nicht fortwährend emotional in seine Mutter bzw. Ehefrau zurückkriechen kann, bedient er sich jetzt kompensatorisch der kriechend-verstohlenen Liebe des Seitensprungs, um so in möglichst vielen Gebärmüttern gleichsam polygam und scheinidentisch überleben zu können. Der Seitensprung wird unter diesem Aspekt zu einer männlichen Odyssee, gleichsam zu einer »Reise nach Hysteria«.

Erschwerend kommt aber für ihn jetzt hinzu, daß das Verbleiben in der Gebärmutter nicht nur in körperlicher, sondern häufig auch in seelischer Hinsicht zeitlich begrenzt ist. Dies gilt insbesondere auch für das Verhältnis zu seiner Lebensgefährtin, die ihm als späte Mutter (»Muhme«) häufig nur ein Überleben auf Zeit garantiert. Denn sie erträgt seine menschliche und männliche Unreife (das sprichwörtliche »Kind im Manne«) auf die Dauer oft nicht.

Wie aus dem Hite-Report *Frauen und Liebe* hervorgeht, sind bezeichnenderweise 98 % aller länger verheirateten Frauen mit ihren Ehemännern nicht zufrieden, weshalb bei uns immerhin 80 % aller Scheidungsbegehren von Frauen ausgehen!

Lange bevor er deshalb von seiner angetrauten »Leihmutter« womöglich verstoßen wird, stößt er selbst in unterschwelligem Erahnen das patriarchalische Liebeskarussell des steten Seiten-, Ab- und Wiederaufsprungs mit polygamen Rammstößen an, um sowohl gleichzeitig als auch nacheinander unter die vermeintlich sicheren Röcke der nächsten Muhme zu kriechen (und diese mag ihrerseits fälschlicherweise glauben, beim nächsten Manne würde alles besser werden). Er bedient sich dabei häufig eines mehr oder minder ausgeprägten, großmäulig-suggestiven und hysterisch anmutenden Renommiergehabes, das intuitiv-unbewußt, aber höchst wirksam von allzu vielen umsorgungssüchtigen Frauen völlig richtig als hilfloses, lautes Babygeschrei eines eigentlich noch Ungeborenen erspürt und deshalb auch erhört wird.

Robin Norwood hat in dem Bestseller *Wenn Frauen zu sehr lieben* dieses weitverbreitete Phänomen weiblicher Befürsorgungssucht beschrieben, das männliche Identitäts- und Schutzsuche so wirksam wie unbemerkt ergänzt.

Fazit: Der krähende Hahn auf dem Misthaufen erotisch-parasitärer Oberflächenbeziehungen erobert sich mit seinem so lautstarken wie hysterischen Seiten-, Ab- und Aufsprungkikeriki jeweils eine gutmütige und gutgläubige Gluckhenne auf Zeit, die ihm bis auf weiteres Schoßgeborgenheit, nährende Brüste sowie umhegende und umsorgende Mütterlichkeit garantiert.

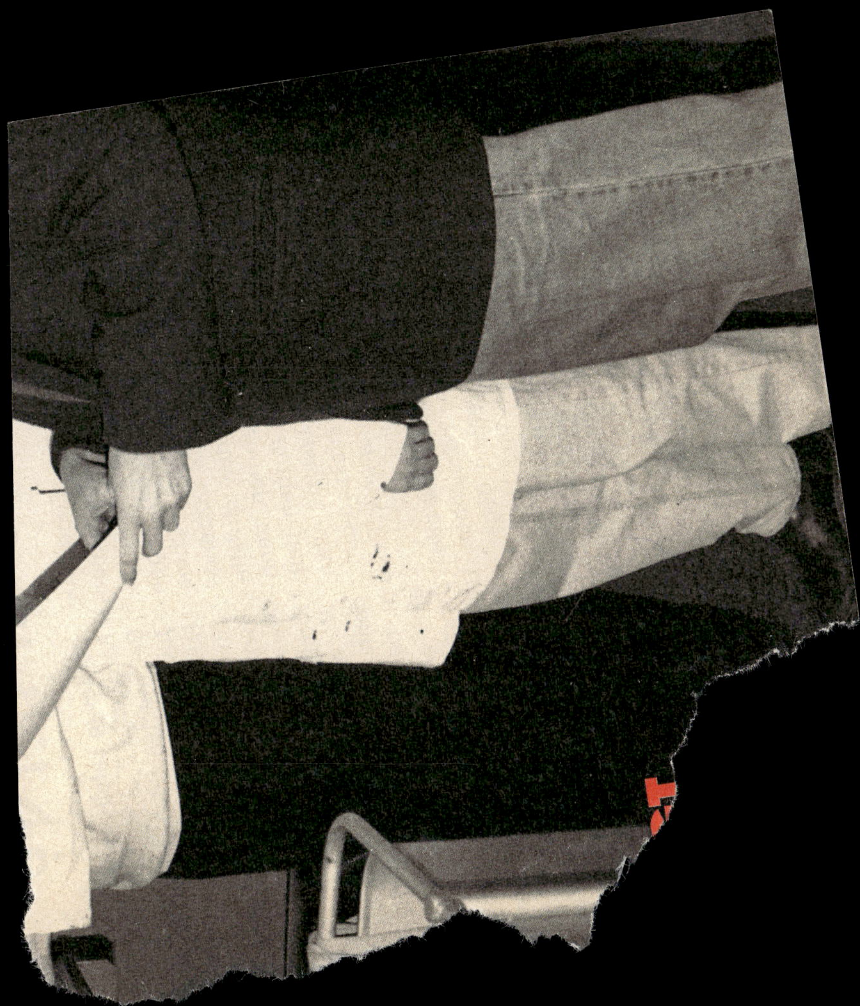

Schuld waren die Eunuchen. Wenn man in dem Zusammenhang überhaupt von Schuld reden kann. Ihren Botengängen war zu verdanken, daß im China des 17. Jahrhunderts Dutzende von Palastdamen den christlichen Glauben annahmen, denn nur die Eunuchen durften den Kaiserpalast verlassen und konnten dadurch Kontakt zu den europäischen Missionaren in Peking aufnehmen.

Diese Verschnittenen — wie alte Chroniken sie gerne bezeichnen — haben mir zu denken gegeben. Wie groß muß ihre Überzeugungskraft gewesen sein, eine Botschaft so weiterzugeben, daß Dritte davon fasziniert wurden — eine Botschaft, die sie ja erst einmal selbst begreifen mußten, um sie dann in langen Gesprächen den Damen bei Hofe

vorher in Lateinamerika geschehen war . . .

Bei meinen Recherchen für da
Jubiläum des Kölner Jesuite
Adam Schall (siehe auch Se
28) machte ich die Bekanntscha
mehrerer Priester und Bischöfe
die mir über die Situation ihr
Kirche in China Auskunft gabe
— eine vertrackte Situatio
denn die chinesische Kirche
gespalten in eine offizielle u
eine Untergrundkirche.
Jahre nach Gründung der Vol
republik hatten die Kommun
sten die „Chinesische Kathol
sche Patriotische Vereinigung"
geschaffen zur Kontrolle a
christlichen Aktivitäten
hängig vom Heiligen V
Rom. Die Partei prüft
jeden. Wer sic
Vereinigung
derte als K

Fritz Riemann hat den Zusammenhang von frauenheldischem Muttersohn (bzw. männerverbrauchender Vatertochter) und hysterischer Pesönlichkeit ausführlich beschrieben. Mit jeder Generation entstehen ungezählte, mehr oder minder ausgeprägte Muttersöhne, deren auf diese Weise geschaffene tendenzielle Unmännlichkeit sie zu unbewußten Selbsthassern ob ihrer mangelnden psychischen Manneskompetenz macht.
Gleichzeitig überkompensieren sie ihr eigenes Minderwertgefühl und ihren Neidkomplex gegenüber der weit ausgeprägteren Geschlechtsidentität der Frauen durch unterschwellige Frauenverachtung und seelensadistische Unterdrückung. Dies reduziert sie, zumindest potentiell, zu unglücklich machenden Ehemännern. Der dargestellten paradoxen Logik folgend, werden gerade sie zu desto erfolgreicheren selbstentfremdeten Fremdgehern und außerhäusigen Frauensammlern, je geringer ihre seelische Männlichkeit ausgebildet ist. Denn der hieraus entstehende, aggressiv nach außen gelenkte, aus dem Bewußtsein verdrängte Leidensdruck bricht um so gewaltiger und zur Realisierung drängend hervor, je größer das geschlechtliche Identitätsdefizit und je ausgeprägter deshalb die mangelnde persönliche Autorität des Seitenspringers ist.
Diese jeweils erst mit einer zeitlichen Verzögerung von mehreren Jahrzehnten zum Vorschein kommende Erziehungskatastrophe läßt verständlicherweise den Verursachungszusammenhang nicht mehr direkt erkennen. Eine nachträgliche Einsicht wird zudem noch dadurch erheblich erschwert, daß hier patriarchalische Herrschaftsinteressen fundamental berührt werden. Dies hat eine massive Verschleierung bzw. aggressive Ablehnung dieser Gegebenheiten zur Folge.
Unabhängig davon bemühen sich gegenwärtig jedoch viele jüngere Väter aufgrund eines gewandelten Vaterbildes verstärkt um die Erziehung ihrer kleinen Kinder. Diese wohlmeinenden Aktivitäten finden freilich dort ihre Grenzen, wo diese Väter als selbst identitätsgeschädigte Muttersöhne ihre männliche Vorbildfunktion nur im Rahmen ihrer gegebenen Möglichkeiten ausüben können.
Neben dem mehr oder minder großen Identitätsloch des muttergeprägten Sohnes entsteht bei der meist als Muttertochter vorgeprägten Frau eine weit schwächere Identitätslücke. Diese basiert zum einen auf der zumeist patriarchalisch-repressiv verursachten Unausgereiftheit weiblicher Persönlichkeit (was jedoch ihre Geschlechtsidentität kaum berührt!), zum anderen auf der mangeln-

den Ausbildung eines inneren, realitätsgerechten Mannesbildes. Das gerade in den ersten Lebensjahren meist fehlende väterliche und damit männliche Vorbild wird von der Mutter durch ein zwangsläufig verfälschendes, oft idealisiertes oder umgekehrt dämonisiertes Mannesbild ersetzt, das keinesfalls einem realen Mannsbild aus Fleisch und Blut entspricht. Dieses Auseinanderklaffen von jugendlich-weiblichem Mannestraum und späterem Ehemannstrauma führt als Ausdruck dieser Fehlerziehung schnurstracks zur späteren Ehepleite hin. – Ergänzend wäre noch hinzuzufügen, daß für väterdominierte Söhne (Vatersöhne) analog das über Muttertöchter Gesagte und für väterdominierte Töchter (Vatertöchter) umgekehrt das über Muttersöhne Dargestellte Gültigkeit besitzt.

Zusammenfassend läßt sich feststellen, daß der Sohn durch die einseitige mütterliche Früherziehung als Mann mehr oder minder seelisch verbogen wird, während für die Tochter dasselbe nur hinsichtlich ihrer persönlichen Identitätsfindung und der Ausprägung ihres inneren Mannesbildes gesagt werden kann. (Dieses Mannesbild darf jedoch nicht mit dem von Jung geprägten mythomanischen Begriff des *Animus* verwechselt werden!)
Da die Ausbildung der weiblichen Geschlechtsidentität im Gegensatz zur männlichen nur selten direkt behindert wird, führen all diese in sich widersprüchlichen Gegebenheiten in der späteren Paarbindung zu geradezu vorprogammierten Spannungen, die im Seiten- und späteren Absprung ihren symptomatischen Ausdruck finden. Diese prekäre Situation ergibt sich geradezu zwangsläufig, da der männliche Lebenspartner häufig zumindest tendenziell und partiell ein mehr oder minder geschlechtsloses Vakuum darstellt (»drittes Geschlecht«). V. E. Pilgrim umreißt diesen betrüblichen Umstand mit den treffenden Worten: »Muttersöhne sind weder weiblich noch männlich geworden.« *(Muttersöhne)*
Die Formel für die Seelenstruktur des Muttersohnes lautet, plakativ-überspitzt ausgedrückt:
Null-Mann plus Null-Frau ergibt einen Null-Menschen, gleichsam ein seelengeschlechtliches »Es«, das mit jeder Frau aus Fleisch und Blut, Gefühl und Verstand im konkreten Zusammenleben zwangsläufig nur schwerlich zurechtkommen kann.
Wie vermöchte umgekehrt eine Frau mit einem deshalb in Seitensprünge flüchtenden, mehr oder minder seelengeschlechtslosen Partner zufrieden sein?
Horaz drückte diesen Zusammenhang treffend aus: »Nullen sind wir, geboren allein zum Verzehren der Feldfrucht.«

Dieselbe Konstellation ergibt sich allerdings umgekehrt auch bei ausgesprochenen Vatertöchtern, die aufgrund gegebener Umstände von frühester Kindheit an von ihren Vätern dominiert wurden. In dieser partnerschaftlichen Schieflage kommt immer wieder die Versuchung hoch, außerhäusig auf die vergebliche Suche nach der vorenthaltenen sexuellen Identität zu gehen.
Im Fehlen dieser Selbstidentifikation sieht Rollo May, der Nestor der Existenzpsychologie, wohl zu Recht das Dilemma des heutigen Menschen sowie sein Unvermögen zu umfassender Humanität und Selbstwerdung begründet *(Antwort auf die Angst)*. Der bekannte Sozialpsychologe H.E. Richter drückt diesen Sachverhalt noch schärfer aus, wenn er von »Halbmenschen« spricht.
In der Lebenspraxis bedeutet dies: Männer unterdrücken oder drangsalieren ihre Frauen, während diese umgekehrt ihre Partner auf subtil-untergründige Weise gleichsam dressieren.
Die Formel für diesen verhängnisvollen patriarchalischen Geschlechterkampf, der darauf gerichtet ist, sich gegenseitig noch mehr »auf Null zu bringen«, lautet: Mann minus Frau ist Null, statt Mann plus Frau ist Mensch.
So bildet sich allmählich ein zunächst fast unbemerktes, scheinstabilisierendes, in Wirklichkeit aber polarisierendes eheliches »Gleichgewicht des Schreckens« aus, welches die ursprüngliche und natürliche positive Polarität der Geschlechter überlagert.
Ein alter Bauernspruch läßt dies deutlich werden: »Die Ehe ist ein Übel, ein bitter-süßes Joch. Sie gleicht fürwahr der Zwiebel, man weint und ißt sie doch.« Die Zwiebel kann in zweifacher Hinsicht als enttarnendes Sinnbild gelten: Zum einen ist sie aus mehreren, übereinander liegenden Schalen aufgebaut, was seine Entsprechung in der positiven, originären Geschlechterpolarität und dem darüber liegenden und verdeckenden, polarisierend-parasitären Geschlechterkampf findet. Und zum anderen reizt die Zwiebel die Geschmacksnerven an, während sie gleichzeitig die Tränendrüsen überreizt. Der heutige Mensch mit der wissenschaftlichen Bezeichnung *homo sapiens sapiens* (lat. *sápere* = schmecken; kennen) bekommt so gewissermaßen in seiner Lebensbeziehung die bittere Wahrheit seiner von ihm selbst verursachten geschlechter- und bruderkampfgeschüttelten Lebenswirklichkeit zu schmecken.

Fazit: Die mangelnde geschlechtliche und persönliche Identität sowie die daraus sich ergebende unzureichende menschliche Kompetenz und Autorität des heutigen Menschen lassen ihn insgesamt noch nicht reif für eine dauerhafte und glückliche, wachstumsorientierte Zweisamkeit erscheinen.
Hier gilt die altbewährte sozialpsychologische Grundregel:
Eine falsche *Er*ziehung führt zu einer falschen *Be*ziehung zu sich selbst, zum Mitmenschen und Partner sowie zur gesamten Umwelt. Oder anders ausgedrückt: Die jeweiligen kollektiven Verhältnisse bestimmen das individuelle Verhalten.

Volkmar Sigusch stellt diesen Sachverhalt prägnant dar: »Die individuelle Geschlechtsliebe ist eine Idee, die bisher noch nicht verwirklicht werden konnte, weil die eigentliche Menschheitsgeschichte noch nicht begonnen hat. Sie ist eine junge, instabile Fähigkeit des Menschen, deren er in menschlichen Verhältnissen nicht wird entraten können. In ihr überwintert Humanität.« *(Vom Trieb und von der Liebe)*
Diese betrübliche Erkenntnis akzeptierend, darf es uns nicht wundernehmen, daß die erdrückende Mehrzahl aller länger andauernden Lebensbeziehungen mehr oder weniger unbefriedigend bzw. unglücklich verläuft. Denn die unabdingbare, umfassende gegenseitige Bedürfnisbefriedigung sowie die glückverheißende Erfüllung in der Liebe und im Leben ist auf diesem schwankenden partnerschaftlichen Untergrund kaum möglich.
Hier gilt: Wer mangels eigener Identität und seelischer Zentriertheit nicht bei sich selbst zu Hause ist (ein sich selbst nicht lieben könnender, jedoch gleichzeitig blind um das eigene Ich kreisender Narziß), kann aus sich heraus auch für den Partner kein sicheres Zuhause schaffen! Denn als weitgehend Identitätsloser ist er nicht im Besitze seiner selbst. Demgemäß kann er auch nicht zu etwas stehen, was nicht vorhanden ist, nämlich zur gereiften eigenen Persönlichkeit. Noch viel weniger vermag ihm dies verständlicherweise gegenüber seinem Partner zu gelingen. Der vergebliche Ausgleich erfolgt deshalb über das seitenspringende Besitzergreifen häufig ausgewechselter Sexpartner.
Als zwangsläufige Folge ist er weder mit sich selbst zufrieden noch durch einen beliebigen Partner zufriedenzustellen. Schlimmer noch – er ist überhaupt nicht mehr zu befriedigen. Er wird zum Süchtigen, der vor sich selbst auf der Flucht ist.

Da nun aber andererseits kein Mensch auf Dauer ohne ausreichende Seelen- und erotische Sinnesnahrung zu existieren vermag, läßt der innere Leidensdruck den sexuell und emotional immer mehr ausgehungerten »Ehekrüppel« meist früher oder später nach der Verhaltensmaxime Bertolt Brechts handeln: »Erst kommt das Fressen und dann die Moral!« Dies bedeutet aber auch: Ein Bedürftiger nimmt auf die Bedürfnisse seines Lebensgefährten nun keinerlei Rücksicht mehr, da ein seelisch und sexuell Verhungernder und überdies auch noch werteverunsicherter Identitätsschwacher nach der Devise lebt: »Rette sich, wer kann!«

Da für jede Zweierbeziehung die gegenseitige Bedürfnisbefriedigung von entscheidender Bedeutung ist, müssen wir darauf ausführlicher eingehen.

Ein interessierter Blick in ein Lexikon kann hierbei zu einer verblüffenden Entdeckung führen: Das Wort Befriedigung fehlt dort in der Regel! Es existiert offenbar nicht als erklärenswerter Begriff, da eine menschengerechte Bedürfnisbefriedigung in unserer patriarchalischen Seins- und Lebenswelt offensichtlich erst gar nicht begriffen, weil nicht akzeptiert werden soll. In der Tat! Was im Gegensatz zum materiellen Bereich an zwischenmenschlichen und seelischen Bezügen im Sinne beglückender Befriedigung geboten wird, beschränkt sich weitgehend auf Sucht und Abhängigkeit erzeugende Schein- und Ersatzbefriedigungen. Demgegenüber stellt erst eine ausreichende Befriedigung seelischer Grundbedürfnisse die innere seelische Befriedigung und damit auch die individuelle Friedlichkeit her!

Wer sich mit vorenthaltenen oder fehlenden Befriedigungsmöglichkeiten bzw. mit scheinbefriedigenden Situationen zufriedengibt, wird trotz seines häufig verleugneten Unbefriedigtseins zwangsläufig immer unzufriedener. Der sich hierdurch immer mehr verstärkende persönliche und partnerschaftliche Unfriede wird nun leider meist nicht als krisenhaftes Warnsignal zum positiven gemeinsamen Wandel begriffen, sondern vielmehr als scheinrationales Argument und Gewissensberuhiger zur Flucht in den Seiten- und womöglich Absprung benutzt.

Die zwischenmenschliche Befriedigung, insbesondere der Liebesakt als deren Höhepunkt, stellt gleichsam ein bewegtes, sich stets erneuerndes, immaterielles Kunstwerk dar, das trotz seiner zeitlichen Vergänglichkeit in unseren Herzen unauslöschlich bewahrt bleibt. Echte Befriedigung umschließt somit körperlich-sinnliche Hingabe ebenso wie emotionale und spirituelle Preisgabe, und sie führt zum zärtlich-vertrauenden Ineinanderaufgehoben- und Geborgensein. Eine regelmäßige, dauerhafte, umfassende und intensive Befriedigung wird deshalb unmöglich, wenn die nackte körperliche Sexualität nicht in die wärmenden Kleider der Selbst- und Partnerachtung gehüllt und mit dem standfesten Schuhwerk der geschlechtlichen und individuellen Identität sowie dem Schmuck persönlicher Kompetenz und Autorität versehen wird.

Da diese für das partnerschaftliche Glück unerläßliche Grundausstattung nur mühevoll und langfristig zu erlangen, besser gesagt: selbst zu erarbeiten ist, versuchen oberflächensexinteressierte Fremdgeher auf schnelle und unbeschwerliche Weise ans Ziel zu gelangen. Denn der emotional und sexuell bereits Erfrierende nimmt sich weder in der Lebens- noch in der Außenbeziehung die nötige Zeit und besitzt nicht mehr die innere Kraft, sich im erwähnten Sinne seelenwärmend anzuziehen. Er wärmt sich vielmehr lieber am hektischen, wenn auch spärlichen Flämmchen des immer kürzer währenden und deshalb schneller wechselnden Partnerreizes. Da dieser ständige Neureiz ohne tiefere Reizbefriedigung schließlich zur frustrierenden Überreizung führt und den Weg in die abhängig machende Sexsucht freimacht, die einen wesentlichen Bestandteil des Seitensprunggeschehens darstellt, müssen wir uns zum näheren Verständnis mit dem **Suchtverhalten in der Liebe** auseinandersetzen!

Sex- und Sehnsucht (sexuelle Genuß- und emotionale Beziehungs- und Anerkennungssucht) stellen das unheilvolle Zwillingspaar der Liebessucht dar, welches sich gegenseitig negativ ergänzt.

Was kennzeichnet Sucht überhaupt? In der ursprünglichen Bedeutung ist Sucht *Siechtum* gleichzustellen, das althochdeutsche *suht* heißt Krankheit. In der Lebenspraxis ist Sucht das zwanghaftvergebliche Suchen nach dauerhafter persönlicher Befriedigung.

Im Seitensprunggeschehen bedeutet Sucht schließlich auch Flucht, stellt doch der Seitensprung letztlich nichts anderes als einen halbherzigen Fluchtsprung dar.

Das herausragende Merkmal jeder Sucht ist in dem Bestreben zu sehen, persönliche Befriedigung auf möglichst schnelle, mühelose und gegebenenfalls auch parasitäre Weise zu erlangen. Das Nichtertragenkönnen jeder Bedürfnisspannung ist besonders symptomatisch: es macht den Süchtigen zum hörigen Täteropfer

und gleichzeitig zum sich und andere schädigenden Opfertäter.
Während in einer wachstumsorientierten, reifenden Liebesbeziehung Lust, Freude und Glück gleichsam den Lohn für partnerschaftliches Bemühen darstellen, versucht der parasitäre Liebessüchtige, die mühsam gezogenen Früchte der Liebe aus fremden Ehegärten zu stehlen. Das eigene Mühen vermeidende Suchtverhalten führt jedoch früher oder später zur frustrierenden Befriedigungsunfähigkeit. Es stellt somit im Rahmen einer offensichtlich natürlichen emotionalen Selbstregulation gleichsam die Strafe für mangelndes persönliches Bemühen um Selbstwerdung und individuelles Wachstum sowie partnerschaftliches Glück dar.
Unter dem Blickwinkel unseres Themenkreises ist die verheimlichte, aushäusige Liebessucht von besonderem Interesse.
Je nach individueller Persönlichkeit hat sie ihren Schwerpunkt entweder in der erotischen Genuß- und sexuellen Anerkennungssucht *(Sexsucht)* oder in der Sehnsucht nach einer abhängig machenden leidenschaftlichen Beziehung *(Beziehungssucht)*, die letztlich Leiden für alle Beteiligten schafft.
Dazu gesellen sich noch als ergänzende Pendants häufig die seelensadistische *Herrschsucht* sowie ihre Zwillingsschwester, die seelenmasochistische *Unterwerfungssucht*.
Zusammen mit der neidischen Rachsucht und dem Ressentiment bündeln sie sich schließlich häufig in der verzehrenden *Eifersucht*.
Wie die berauschende Liebessucht in der trivialen Seitensprungpraxis insbesondere unter dem Aspekt der Dosissteigerung sowie des Wegwerfverhaltens häufig aussieht, schildert eine Ex-und-hopp-Fremdgeherin so typisch wie symptomatisch: »Es gibt durchaus Männer, mit denen möchte ich ein zweites Mal zusammensein oder noch öfter. Doch meistens ist der Rausch nach dem ersten Mal schon verflogen. Den Männern geht das ebenso.« *(Mein Seitensprung)*
Von besonderer Bedeutung ist der Umstand, daß den liebessüchtigen Seitenspringern die selbst- und partnerschädigenden Folgen ihres Tuns von Anbeginn nicht oder kaum bewußt werden. Dies ist aufgrund ihres sexuellen und emotionalen Ausgehungertseins durchaus verständlich. Der erste bzw. gelegentliche Seitensprung hat oft die Funktion einer animierenden Einstiegsdroge, woraus dann allmählich Gewohnheit und schließlich eine abhängig machende Sucht werden kann.
Die Verhaltensmuster eines rauschgiftsüchtigen Fixers und eines

allzu fixen, liebesberauschten Fremdgehers zeigen einen verblüffend ähnlichen Verlauf! Denn beide tragen die gleiche generelle Neigung zur Sucht unbewußt in sich, bevor sie ihr jeweiliges Suchtobjekt mehr oder minder zufällig gefunden haben. Dieses ist nach Person oder Art grundsätzlich austauschbar, was dem Seitensprunggeschehen häufig einen so erniedrigenden Waren- und Wegwerfcharakter verleiht.

Zunehmendes Suchtverhalten führt überdies zu einer geradezu grotesken Realitätsblindheit und Lernunfähigkeit der Liebessüchtigen. Der untergründige Seelenmasochismus bzw. korrespondierende Seelensadismus des Außenpartners beschleunigt vielmehr noch die persönliche Regression (Rückwärtsentwicklung), in deren Strudel die Abhängigen immer schneller versinken.

Sie selbst jedoch empfinden jede prickelnde Eroberung, jedes wiederholte, oberflächliche Verliebtsein, jedes selbstbestätigende Erobertwerden als einen weiteren verheißungsvollen Schritt nach vorn. Dieses Verhalten erinnert an den sprichwörtlichen Vogel, der im Maul des treppaufwärts strebenden Katers frohlockt: nun gehe es »aufwärts« mit ihm. Hier zeigt sich, wie weit rationalisierter Seelenmasochismus zur Realitätsferne beizutragen imstande ist!

Echte Befriedigung nicht wirklich kennend, versuchen die Süchtigen, diese vergeblich im begierdenbetäubenden Liebesrausch zu finden. Da aber bekanntlich auf jeden Rausch der ernüchternde Kater folgt, treibt sie ihre immer kürzer andauernde Scheinbefriedigung zu stets neuen und gewagteren Taten an.

Erich Fromm hierzu: »Die Psychoanalyse bestätigt die von den Gegnern der hedonistischen Ethik vertretene Auffassung, daß ein subjektives Befriedigungsgefühl an sich täuschen kann und kein gültiges Wertkriterium ist.« *(Psychoanalyse und Ethik)*

Kommt es schließlich aber zu einer nicht mehr verdrängbaren Enttäuschung, so wird kurzerhand der Außenpartner oder der eigene Lebensgefährte allein dafür verantwortlich gemacht. Mit anderen Worten: Der Vogel im Maul des Katers schimpft nun nicht auf seine eigene Dummheit, die ihn in das Maul des Raubtiers hat fliegen lassen, sondern er lamentiert, sich genüßlich im eigenen Seelenschmerz badend, über die Niederträchtigkeit seiner Umwelt und die Ungerechtigkeit seines Schicksals. Vor allem aber begreift er nicht, daß er sich durch sein scheinfreiheitliches Seitensprungverhalten auf selbstzerstörerische Weise gleichsam für »vogelfrei« erklärt und somit zur wohlfeilen Beute herum-

streunender, parasitärer, selbst suchtkranker Sexkater und -katzen gemacht hat.
Arthur Schopenhauer drückte diese weitverbreitete Denkweise in seiner bekannt sarkastischen Art so aus: »Was die Leute Schicksal nennen, sind meist nur ihre eigenen dummen Streiche.«

Die Befriedigung unabdingbarer menschlicher Bedürfnisse ist ohne wechselseitige partnerschaftliche *Achtung* nicht möglich: Sie stellt gleichermaßen den produktiven Dreh- und Angelpunkt jeder ideellen und sinnlichen Bedürfnisbefriedigung dar; und die Anerkennung der eigenen Person durch den Partner ist ein eigenes, vorrangiges Bedürfnis.
Erst durch gegenseitige Achtung kann die mangelnde, aber für eine umfassende Befriedigung unentbehrliche geschlechtliche und persönliche Identität und menschliche Kompetenz zumindest weitgehend nachreifen. Die dafür erforderlichen wärmenden Sonnenstrahlen entspringen zwar der anfänglichen gegenseitigen Sympathie und späteren Zuneigung. Sie stellen jedoch letztlich eine Frucht partnerschaftlicher Hochachtung dar. Erich Fromm zeigt diesen inneren Zusammenhang auf: »Ohne Achtung für den geliebten Menschen ... artet Liebe in Herrschsucht und Besitzgier aus.« *(Psychoanalyse und Ethik)*
Nur über den gegenseitigen Respekt vermag der negative Circulus vitiosus der Wachstumshemmung und des fehlenden persönlichen Glücks endgültig durchbrochen zu werden, der, von der mangelnden Selbst- und Partnerachtung ausgehend, weder eine kontinuierliche und erweckende Selbst- und Partnerliebe noch eine ausreichende Bedürfnisbefriedigung ermöglicht. Denn die mangelhafte geschlechtliche und persönliche Identität reicht dafür nicht aus. Und letztere kann wiederum nur durch partnerschaftliche Zuneigung und Bedürfnisbefriedigung nachreifen.
Wollen wir uns diesen Vorgang wegen seiner fundamentalen Bedeutung noch einmal bildhaft vorstellen!
Um eine Tür zu öffnen, benötigen wir bekanntlich einen Schlüssel, den wir im Schloß umdrehen. Haben wir den nicht zur Hand, kommt wohl niemand auf den absurden Gedanken, das Tor ausschließlich mit Hilfe des Schlosses zu öffnen, da jeder die unterschiedlichen, aber zusammenwirkenden Funktionen des Öffnungsmechanismus kennt.
Leider erinnern wir uns im Zusammenleben solcher Selbstverständlichkeit nur selten! Die weitverbreitete unterschwellige Mißachtung trivialer, d. h. alltäglicher zwischenmenschlicher Bezüge

führt zur Ausprägung so paradoxer wie inhumaner, überdies kaum noch wahrgenommener Denk- und Verhaltensmuster, die dem vergeblichen Versuch seelischen Türöffnens mit Hilfe des Schlosses, aber ohne Schlüssel gleichen. Mit anderen Worten: Auch in der Lebenspartnerschaft wird der Schlüssel der gegenseitigen (und damit auch eigenen) Achtung allzuhäufig vergessen oder für unwesentlich angesehen. Deshalb wird erfolglos versucht, das Tor zu dauerhaftem persönlichem und gemeinsamem Glück und Wachstum durch die unmittelbare Benutzung des Schlosses namens Sex und Erotik zu öffnen!

Die »Schlüsselerkenntnis« wird von maßgeblichen Persönlichkeiten gestützt. Ken Wilber, der hervorragende Beschreiber der historischen Entwicklung der menschlichen Seele, ergänzt hierzu: »Persönliche Identität läßt sich nur auf der Grundlage gegenseitiger Anerkennung erreichen.« *(Halbzeit der Evolution)*

Paul Watzlawick sagt dies mit ähnlichen Worten: »Da wir Menschen uns nur in dem Maße wirklich fühlen, in dem unser Selbstbild von einem anderen bestätigt und damit sozusagen ratifiziert wird...« *(Lösungen).*

Die eigene Identität jedoch basiert letztlich auf der Selbstachtung, die für uns fast ausschließlich ichzentrierte Menschen allerdings über andere durch deren Definition unser selbst immer wieder neu bestätigt werden muß. Ken Wilber drückt dies so aus: »Denn ohne andere kann man keine ichhafte Selbstachtung erwerben.« *(ebd.)*

Hier zeigt sich die Achillesferse unserer ichzentrierten Seelenstruktur, die so auf verhängnisvolle Weise vom positiven Austausch mit den Mitmenschen abhängig ist!

Da nun für den ichbezogenen heutigen Menschen die Bestätigung der geschlechtlichen Identität (im Gegensatz zu ihrer Begründung in den ersten eineinhalb Lebensjahren!) nur vom jeweils anderen Geschlecht erfolgen kann, sind viele Männer aufgrund ihrer diesbezüglichen Defizite in besonders hohem Maße darum bemüht, sich den Nachweis ihrer Männlichkeit bei möglichst vielen Frauen zu holen. Dies wird in der bei uns üblichen patriarchalischen Ehepraxis langfristig in der Regel über Seiten-, Ab- und Wiederaufsprünge (Untergrund-Zweitehen, Trennungen und Wiederverheiratungen) verwirklicht.

Die überragende Bedeutung der gegenseitigen partnerschaftlichen Anerkennung wird durch den jüngsten Hite-Report in geradezu bestürzender Weise bestätigt. Denn aus der Befragung Tausender Ehefrauen ging übereinstimmend und überzeugend her-

vor, daß die ständige Mißachtung des weiblichen Wesens sowie der fraulichen Bedürfnisse rund 98 % aller länger andauernden Ehen mehr oder minder stark belastet. Diese Klage dürften umgekehrt sicher auch Männer führen, wenn auch nicht in diesem erschreckenden Ausmaß.
Damit sich nun eine abstrakte Schlüsselerkenntnis in ein individuell erfahrbares und damit übereinstimmendes Schlüsselerlebnis gemeinsamen Glücks verwandelt, muß jeder seinen persönlichen Schlüssel der gegenseitigen Achtung hervorholen und so ausdauernd wie zuversichtlich im Schloß partnerschaftlicher Liebe drehen. Nur auf diese Weise vermag das Tor zum selbstgeschaffenen Paradies persönlichen und partnerschaftlichen Glücks in gemeinsamer Bemühung geöffnet zu werden.
Diesen glücks- und wachstumsorientierten Aufsperrmechanismus der wechselseitigen Achtung können wir uns nach dem bisher Gesagten sowohl abstrakt als auch bildhaft vorstellen.
Wenn wir diesen jedoch in seiner so umfassenden wie gleichzeitig entscheidenden gestalterischen Bedeutung für die Entwicklung der Lebensbeziehung sowie möglicherweise eines Seiten- oder Absprungs differenziert beurteilen wollen, bedarf es darüber hinaus auch einer konkret erfaßbaren, mit der persönlichen Lebenserfahrung übereinstimmenden Darstellung.

Wenden wir uns deshalb nun ausführlicher dem pyramidenförmig aufgebauten Grundprinzip der **Achtung** zu!
Dieses entspricht folgerichtig der *Bedürfnispyramide* des humanistischen Psychologen Maslow, da die Achtung ja ebenfalls ein originäres, vor allem aber ein überwertiges menschliches Bedürfnis darstellt.

- Die **erste** der aus acht Stufen bestehenden **Achtungspyramide**, die uns zum siebten Himmel der wachstumsorientierten Liebe hinaufführt, gründet auf unserem unbezähmbaren Bedürfnis, unsere Mit- und Umwelt sowie unsere innere Eigenwelt zu beobachten und somit sinnlich und intellektuell zu erkennen. Immanuel Kant drückt diesen häufig übersehenen Zusammenhang so aus: »Alle unsere Erkenntnis hebt bei den Sinnen an, geht von da zum Verstande und endigt bei der Vernunft.« *(Kritik der reinen Vernunft)*

Dieses Achtgeben entspringt unserer angeborenen, kreatürlichen Neugier sowie unserem menschlichen Wissensdurst und Informtionshunger. Von überragender Bedeutung ist die positive Neugier auch für die Liebe. Schon der lebens- und liebeserfahrene Casanova sprach deshalb davon, daß sie die Hälfte aller Erotik ausmache.

E. Borneman ergänzt: »Und die Keimzelle intellektueller Neugier ist... sexuelle Neugier.« (*Lexikon der Liebe*, Stichwort »Neugier«)

Die Neugier findet jedoch ihre Grenzen in unserer ebenfalls angeborenen Vorsicht (Achtung!), die mit der erkennenden Gefahrenabschätzung verknüpft ist.

Das mangelnde Beachten der inneren und äußeren Realität erweist sich deshalb in der täglichen Lebenspraxis als das denkbar größte individuelle und kollektive Gefahrenpotential für den Menschen. Denn nur eine umfassende, von den Sinnen vermittelte Spiegelung der Wirklichkeit in uns steuert die vitalen Antriebe in eine bedürfnisbefriedigende und existenzsichernde Richtung.

• Auf der **zweiten Stufe** der Achtungspyramide erweist sich das aufmerksame und konzentrierte Hinschauen (lateinisch *respicere*) somit als ein differenzierendes, *respekt*volles Wahrnehmen, das über das grundsätzliche Beachten weit hinausgeht. Erst hierdurch kann sich Respekt, also Hochachtung vor dem Mitmenschen, entwickeln.

Erich Fromm drückt diese so häufig mißachtete Tatsache deutlich aus: »Achtung vor einem anderen ist nicht möglich ohne ein wirkliches Kennen des anderen.« *(Die Kunst des Liebens)* Solange wir jedoch vom Partner mangels aufmerksamen Hinschauens sozusagen keine Ahnung haben, können wir ihm auch keine wirkliche Achtung entgegenbringen. Denn nur das über unsere Sinne bewußt und intensiv Wahrgenommene wird für uns erst richtig wahr und somit wirklich. Der Sinneseindruck wandelt sich auf diese Weise zum tieferen Sinn, macht alles erst sinnfällig, vermittelt dem Leben nunmehr einen überzeugenden und erkenntnismäßigen Sinn, verwandelt abstrakte Liebe in konkrete, erfühlbare Zuneigung.

Die zweite Stufe der Achtungspyramide besitzt deshalb eine weichenstellende Wirkung, weil das Respektiertwerden durch einen anderen das seelische Grundbedürfnis nach Anerkennung und Zugewinn an persönlicher Identität und Kompetenz befriedigt. Hinzu kommt, daß der hierdurch ermöglichte Abbau von gegenseitigen Informationsdefiziten partnerschaftliche Irritationen und Vorurteile vermindern hilft. Auf dieser seelischen Schiene wächst aus der gegenseitigen Achtung auch Sympathie, die wiederum

eine wesentliche Grundlage für eine sich entwickelnde oder auch erneuernde erotische und seelische Zuneigung darstellt.
Zusammen bilden sie gleichzeitig eine Barriere gegen den mißachtenden Partnerbetrug.

• Die **dritte Stufe** der Achtungspyramide darf als erweckendes Messen, gleichsam als Ausmessen und Ermessen des Lebens- und Liebespartners angesprochen werden, welches das körperlich-sinnliche sowie emotionale und geistige Maßnehmen an und in ihm ermöglicht.
Mit dieser aktiven und zugleich aktivierenden Maßnahme in des Wortes doppelter Bedeutung finden wir zugleich im Partner einen Maßstab für unsere Selbsterkenntnis und erfahren im partnerschaftlichen Austausch eine erotisierende Wiedervereinigung von körperlich-sinnlicher Sexualität und intuitiv-spontaner Emotionalität. Damit wird die leibseelische Einheit echter Liebe wiederhergestellt. Dieses gegenseitige, bewußte Ermessen macht den Liebesakt zu mehr als dem wechselseitigen Gebrauch der Geschlechtsorgane, auf den sich der typische Oberflächensex der meisten Seitensprungbeziehungen beschränkt.

• Aus dem gemeinsamen ermessenden Tun mit seiner körperlich-seelischen Enthüllung und gegenseitiger Preisgabe erwächst die **vierte Stufe** der Achtungspyramide, nämlich die übereinstimmende Erfahrung. Sie darf als die überzeugendste Form partnerschaftlicher Kommunikation auf der entscheidenden Bezugsebene angesprochen werden, die erst einen vertieften, nonverbalen, vor allem aber ehrlichen Austausch der Partner ermöglicht und das gemeinsame persönliche Wachstum voranbringt.

• Das Kennenlernen über die gemeinsam erlebte Erfahrung ermöglicht es nunmehr, den Partner in seinen tieferen menschlichen Dimensionen zu erkennen, d. h. ihn zu begreifen, so vorurteilslos wie realistisch zu beurteilen und in seiner individuellen Eigengestalt akzeptierend zu verstehen. Im gegenseitigen Sich-zu-erkennen-Geben öffnet sich so auf der **fünften Stufe** das Tor zur inneren Heimat, wodurch jeder im anderen und zugleich in sich selbst aufgehoben wird. Marina Gambaroff hierzu: »Das Erkennen des anderen wird seinerseits nun zum Zauberspiegel der Selbsterkenntnis.« Hora drückt diesen rückbezüglichen Wirkungszusammenhang noch poetischer aus: »Um sich selbst zu verstehen, muß man von einem anderen verstanden werden. Um

vom anderen verstanden zu werden, muß man den anderen verstehen.«
Da es in zahllosen Lebensbeziehungen am vertieften gegenseitigen Kennenlernen fehlt, entwickelt sich aus diesem wechselseitigen Nichtkennen und Nichtverstehen allmählich eine immer umfassendere Verständnislosigkeit, die sich in dem bekannten Ausspruch zusammenfassen läßt: »Dein Lebenspartner, das unbekannte Wesen.« (Vgl. hierzu das übernächste Kapitel über den fremdgehenden Lebensgefährten!)
Die gefährliche Dynamik dieser Entwicklung wird nur selten rechtzeitig oder überhaupt erkannt, da die erforderliche Selbsterkenntnis als Grundvoraussetzung fehlt. Daraus entwickelt sich ein Teufelskreis eigener und partnerschaftlicher Entfremdung, der schließlich im Fremdgehen einen vermeintlichen Ausweg sucht.

• Umfassende Selbst- und Partnererkenntnis führt zum unmittelbaren, subjektiv-originären Wissen aus erster Hand (**sechste Stufe** der Achtungspyramide), welches das wirklich eigene Sein und das des Partners widerspiegelt. Dieses ureigene Wissen festigt die eigene Identität und vermittelt über das gesteigerte Selbstbewußtsein auch Selbstsicherheit.
Zugleich aktiviert unmittelbar erfahrenes Wissen das Gewissen gegenüber dem Lebensgefährten und der gemeinsamen Partnerschaft. Es steigert zudem realitätsgerechtes Tun und fördert das gegenseitige Interesse. Dem Partnerbetrug wird durch die Pesönlichkeitsschranke des Gewissens und vor allem die sich steigernde gegenseitige Zuneigung die Grundlage entzogen.
Der Vater der Ganzheitsmedizin, Paracelsus, hat den Zusammenhang von Wissen und Lieben eindrucksvoll beschrieben: »Wer nichts weiß, liebt nichts. Wer nichts tun kann, versteht nichts. Wer nichts versteht, ist nichts wert. Aber wer versteht, der liebt, bemerkt und sieht auch. Je mehr Erkenntnis einem Ding innewohnt, desto größer ist die Liebe.«

• So leitet uns ein großer, überzeitlicher Denker schließlich hin zu den wachstumsfördernden, wärmenden Sonnenstrahlen der Liebe, die der Achtung entspringen und die ihrerseits beglükkende eigene Lebendigkeit und zugleich neues Leben zeugen, (**siebte Stufe** der Achtungspyramide).
Die mangelnde innere Lebendigkeit, die sowohl Seitenspringer als auch Betrogene in ihrer Lebensbeziehung oft auszeichnet,

trägt so nicht unmaßgeblich zum zunächst belebenden Seitensprung bei, welcher der eigenen Leblosigkeit wieder neuen Schwung verleihen soll.

• Die Achtungspyramide findet schließlich ihren Gipfelpunkt im persönlichen und partnerschaftlichen Wachstum durch mutigen und mühevollen Wandel (**achte,** zugleich **Endstufe** der Achtungspyramide).
Nur auf diese Weise vermag eine reifende, zufriedenstellende Zweierbeziehung in den wechselvollen Stürmen des Lebens zu bestehen (Bestand durch Wandel). Zum stetigen Wandel bereit sind jedoch nur wirklich Liebende, die sich weder ängstlich an die nicht wiederholbare Vergangenheit ihrer Flitterwochen klammern noch ihr Unvermögen zur positiven Auseinandersetzung mit sich und dem Lebensgefährten hinter der Attitüde des zynischen Realisten zu verbergen trachten.
Die Konsequenz dieser weitverbreiteten destruktiven Lebenseinstellung ist häufig der Seitensprung in die Irrealität einer verheimlichten Außenbeziehung, dem vorzugsweise »Realisten« frönen, die mit Erfolg ihre eigene Realität wegrationalisieren!

Fazit: Gegenseitiger Respekt stellt gleichsam den Schlüssel für eine dauerhafte und zufriedenstellende Partnerbeziehung dar. Denn nur aus der Befriedigung des erstrangigen Bedürfnisses nach partnerschaftlicher Anerkennung erwachsen Selbstachtung und Selbstliebe und wiederum partnerschaftliche Zuneigung, die erst die bei den meisten Menschen noch ausstehende Nachreifung der sexuellen und persönlichen Identität ermöglichen.
Diese wiederum erhöht sowohl die eigene als auch die partnerschaftliche Befriedigungsfähigkeit und damit den eigenen Seelenfrieden. Dadurch steigert sich die Liebesfähigkeit, die der Liebessucht des Seitensprungs den Boden entzieht. Wechselseitiges Bemühen führt schließlich zu kontinuierlichem und stabilem persönlichem und partnerschaftlichem Wachstum durch Wandel. Und Wachstum durch kreatives Handeln wird schließlich zur Quelle dauerhaften Glücksempfindens.
Erich Fromm: »Glück ist eine aus der inneren Produktivität des Menschen entstehende Leistung, kein Geschenk der Götter.« *(Psychoanalyse und Ethik)*

3. Die sekundären Ursachen

Wenn vorher vom Orchestergraben des Unbewußten die Rede war, dann wird die Rolle der sekundären Ursachen nun von den Sängern auf der Opernbühne des Seitensprungs übernommen.
Sie stehen jedoch selten im Rampenlicht, sondern verbergen sich lieber in den Kulissen der Rationalisierung (besser gesagt: der Wegrationalisierung der Rationalität mit Hilfe des belügenden Verstandes) und Verdrängung sowie einer Reihe weiterer, unbewußter Abwehrmechanismen der Seele.
Die Darsteller des Stückes können wir als den traurigen Mimen LAU (Labilität, Angst und Unsicherheit), seine Frau als personifiziertes Leid und ihre gemeinsamen Kinder als verkappt aggressiven Sadismus, depressiv unterschwelligen Masochismus (beide sind sadomasochistische, eineiige Zwillinge, die nicht selten ihre Rollen austauschen), Homoerotik sowie Wohlstandsuntreue bezeichnen.

Wollen wir uns zunächst den Hauptdarsteller LAU näher ansehen: **Labilität, Angst und Unsicherheit,** die eine unheilige Dreieinigkeit bilden, haben ihre Wurzeln meist in fortgesetzten Frustrationserlebnissen. Und diese wiederum sind als unmittelbare Folge der mißachteten Grundregeln der Achtungspyramide anzusprechen.
Die Verhaltensunsicherheit, verstärkt durch das Fehlen einer allgemein verbindlichen Werteskala, ist die Todesursche Nr. 1 für Paarbeziehungen! Denn sie schaltet gleichsam die innere Fluchtampel der negative Vorbilder nachahmenden Seitenspringer auf grün.
Zur heimlichen Seitensprung-Flucht aus der Lebensbeziehung mit absichernder Rückkehrmöglichkeit kommt es jedoch häufig erst, wenn der seelische Leidensdruck ein schwer erträgliches Ausmaß angenommen hat.
Als weitere Starthilfen dürfen eine kaum noch auszuhaltende innere Spannung sowie diffuse und konkrete, labilisierende Ängste gelten. Während es bei Männern vornehmlich Identitätsängste sind, leiden Frauen in erster Linie an Vernachlässigungsängsten.
Der **Leidensdruck** beginnt bei der Mehrzahl der Männer bereits nach zwei, bei Frauen nach etwa fünf Ehejahren mehr oder minder deutlich zu werden. Er wird symptomatisch markiert durch die zu diesem Zeitpunkt beginnenden Seitensprungaktivitäten.

Als unerträglich empfinden Männer ihre Liebessituation meist gegen Ende der Vierziger, während Frauen häufig bereits um die Fünfunddreißig in diese Seelenlage hineingeraten. Der Leidensdruck scheint im übrigen bei den emotional meist geweckteren Frauen größer, besser gesagt: weniger verdrängt zu sein, was wiederum auch ihr um das Vierfache höhere Scheidungsbegehren erklärlich macht.

Während viele Männer entweder als gut dressierte Pantoffelhelden unter dem häuslichen Tisch gelandet sind oder sich umgekehrt als Familientyrannen ins Abseits gestellt haben, fragt sich die Mehrzahl der Frauen, wo ihre partnerschaftliche Liebe geblieben ist, der sie oftmals ihre persönliche und berufliche Entwicklung vergeblich geopfert haben. Und beide meinen gleichzeitig: War denn das alles, was uns das Leben in der Liebe zu bieten hatte? Wo ist die aufwühlende Emotionalität geblieben, was ist aus der sinnlichen Lebendigkeit, aus der träumerischen Romantik längst vergangener Tage geworden? Ist dies wiederholbar, vielleicht mit einem anderen Partner, der liebesbereiter, respekt- und verständnisvoller ist, vor allem mehr Ausdauer und Kontinuität in der Liebe zeigt?

So wird allmählich die Hoffnung auf den heimlichen Außenpartner oder den neuen Lebensgefährten geboren. Der Seitensprung wird zum Ausdruck falscher Heilserwartung.

Heil bedeutet im ursprünglichen Wortsinn gesund sein, Geborgenheit, Vollständigkeit und Unversehrtheit. Dem Untergrundpartner wird nun diese Heilsbringerschaft mehr oder minder zugetraut, wofür suggestiv wirkend Maul- und Frauenhelden geradezu prädestiniert sind!

Tatsächlich jedoch erwächst Heil nur aus der Erlösung von Bedürfnisspannungen und Wachstumshemmnissen. Erlösung bedeutet somit letztlich das Lösen innerer Fesseln! Und Erlösung wiederum beruht auf verantwortungsbewußter Freiheit und gegenseitiger Offenheit, die zur unabdingbaren Selbst- und Partnererkenntnis führen. Erkenntnis hingegen bedeutet Liebe, Wachstum und Glück, wie wir bereits bei der Darstellung der Achtungspyramide gesehen haben. Da gerade diese unabdingbaren Voraussetzungen dem Seitensprunggeschehen fehlen, kann aus ihm statt des erwarteten Heils letztlich nur Unheil hervorgehen.

Bei den länger verheirateten Ehepartnern kommt jetzt noch hinzu, daß nunmehr die oftmals panikerzeugenden Wechseljahre vor der Türe stehen, die keinesfalls nur die Frauen, sondern auch das Seelenklima der Männer, vornehmlich der ausgeprägten Mutter-

söhne berühren. Denn ein immer häufiger vergeblich auf erotische Gelegenheiten wartender, unbefriedigter, alternder Macho, der unbewußt unter seiner nur schwach ausgeprägten Geschlechtsidentität leidet, gerät nun allmählich in Panik. Spürt er doch unterschwellig die reale Gefahr, vom seelisch präpotenten Dutterer (nach bayerischem Sprachverständnis ein unreif gebliebener Muttersohn, der innerlich noch immer nicht der Mutterbrust entwöhnt ist) zum sexuell postpotenten alten Tatterer zu verkommen. Und dies, bevor er jemals zum dauerhaften und überzeugenden Beglücker seiner oder irgendeiner anderen Frau geworden ist. Mit anderen Worten: Sein sinnlich-erotisches Fluchtleben droht nun sinnlos und letztlich ungelebt im Sumpfloch der eigenen seelischen Geschlechtslosigkeit zu versinken!
Damit zieht für ihn eine doppelte Gefahr über den Seelenhorizont herauf: Zum einen muß er damit rechnen, von seiner vernachlässigten und enttäuschten Frau gegen einen Rivalen ausgewechselt und damit als Mann gleichsam ausgemustert zu werden. Und zum anderen spürt er gleichzeitig seine Chancen im Seitensprung-Jagdrevier allmählich dahinschwinden.
Er sieht sich somit plötzlich im letzten Sommer der Erotik und setzt nun alles daran, die verboten-heimliche Herbstmilch belebender Omnipotenz gleichsam aus den Dutten fremder »später Mütter« zu saugen. Mehrere populäre Schlager widerspiegeln treffsicher diesen außerhäusigen Boom aushäusiger Boomer (Streuner). Hierzu ein typisches Beispiel:

Fritz, in seinem männlichen und weiblichen Bekannten- und gleichzeitigen Verehrerkreis anerkennend »der Große Fritz« genannt, hatte es schon nach wenigen Ehejahren mit der partnerschaftlichen Treue nicht mehr so genau genommen, wobei er auf dem Schlachtfeld der veruntreuten Liebe beachtliche Siege für sich verbuchen konnte. Doch mit Beginn seiner Wechseljahre, konkret im sechsten Lebensjahrzehnt, begann für ihn gleichsam eine versexte partnerschaftliche Auswechselzeit von bisher ungewöhnlichem Ausmaß.
Vor krankhaftem Selbstbewußtsein schier berstend, gab er schließlich seiner Frau gegenüber seine bisher geübte diskrete Praxis der verborgenen Liebe auf: er stellte seine Lebensgefährtin, die trotz der Erziehung dreier Kinder überwiegend berufstätig geblieben war, nach mehr als fünfundzwanzigjähriger Ehe gleichsam vor vollendete Tatsachen. Konkret ausgedrückt: Er erwartete von ihr nun unverblümt, daß sie künftig nur noch als »Hausliesl« zu seiner persönlichen Bedienung bereitstehen sollte, während er als Mann das Recht zum Seitensprung ausschließlich für sich reklamierte. Er zeigte ihr gegenüber von jetzt ab

eine unmißverständliche Mißachtung, die sich in dem Maße zur kränkenden Verachtung steigerte, als sich diese schließlich resignierend in die selbstschädigende Rolle der stummen Dulderin fügte.
Das ungebremste und deshalb sich immer schneller drehende Seitensprungkarussell kam jedoch unerwartet zum Stehen und Fritz somit ins plötzliche Schleudern, als sich seine mißbrauchte Frau nach langem Ringen mit Unterstützung ihrer Kinder schließlich zur Scheidung durchrang.
Gerade mit dieser Entwicklung hatte er ganz offensichtlich nicht gerechnet!
Nun geriet seine fein ausgeheckte Schlachtordnung durcheinander und er selbst bald in peinliche Seelennot. Denn jetzt zeigte sich bei Fritz schlaglichtartig seine nachhaltige Frauenabhängigkeit, die bei typischen Machos und Muttersöhnen paradoxerweise mit gleichzeitiger Frauenverachtung und Frauenhaß verknüpft ist. Plötzlich seiner allzu bequemen und sicheren Seitensprungbasis beraubt, von der er so ungefährdet wie wohlversorgt zu seinen »Feindflügen« aufsteigen konnte, flüchtete er nun umgehend in die weit ausgestreckten, schützenden Arme seiner Geliebten.
Diese gab mit typisch weiblicher Konsequenz ihre gesicherte soziale Existenz in einer allerdings längst langweilig gewordenen Ehe auf und ging eine Lebensbeziehung mit Fritz ein. Nach kurzer Zeit begann dieser jedoch sein gewohntes aushäusiges Spiel aufs neue, von dem er, längst sexsüchtig geworden, nicht mehr lassen konnte. Bei seiner zweiten Lebensgefährtin hatte er jedoch die Rechnung sozusagen ohne die Wirtin gemacht! Diese erwies sich nämlich als wesentlich unnachsichtiger, als es Fritz von seiner Verflossenen gewohnt war, und warf ihn kurzerhand aus dem Haus. Nunmehr ohne beschützende späte Mutter gleichsam im Regen der Lieblosigkeit stehend, geriet er sehr bald in eine seelische Krise, die sich auch auf seine berufliche Tätigkeit und seine soziale Situation nachteilig auszuwirken begann. Hinzu kamen drückende Unterhaltsverpflichtungen gegenüber seiner ersten und zweiten Frau sowie zwei seiner noch studierenden Kinder. Seine aus ehemaliger mütterlicher Befürsorgungssucht erwachsene Unfähigkeit, einen kostensparenden Haushalt zu führen, verschlimmerte seine Lage noch zusätzlich.
Schließlich langte Fritz am Ende seiner Seitensprungkarriere an, als mit steigendem Problemdruck seine erotische Anziehungskraft unverkennbar nachließ und damit seine selbstbestätigenden und deshalb für ihn unverzichtbaren Eroberungs- und Beutezüge auf dem Schlachtfeld der veruntreuten Liebe immer mehr zum Fiasko gerieten. Seine vorzeitige Verrentung infolge Arbeitsunfähigkeit rettete den nun zunehmend auch im Beruf Strauchelnden zu guter Letzt vor dem völligen persönlichen und sozialen Absturz. Doch sein Ansehen in der Öffentlichkeit war nun dahin, und seine zunehmend offensichtliche Erfolglosigkeit lichtete die Schar seiner Verehrer und Nachahmer.

> Wie sah nun das Ende seiner durchaus nicht untypischen Seitensprungkarriere aus, die zugleich das Spiegelbild eines von destruktiven Vorbildern fehlgeleiteten und somit verfehlten Manneslebens darstellt? Sich selbst und die gnadenlose Mitwelt nicht mehr verstehend, wurde er zum verbitterten Selbstbemitleider, dessen Isolierung zu zunehmender Vereinsamung führte. Schließlich endete er in chronischer Depressivität, die ihn gleichgültig gegenüber sich selbst und seinen Mitmenschen werden ließ, wodurch er allmählich in eine selbstausgrenzende, sich mehr oder minder deutlich manifestierende Verwahrlosung abglitt.

Über kurz oder lang stellt sich für fremdgehende, aber auch für betrogene Partner die Kardinalfrage: Wechsel des Lebenspartners in den Wechseljahren, die somit zu negativen Auswechseljahren verkommen – oder positiv-kreativer Wechsel im Sinne einer weiterführenden Veränderung durch gemeinsamen wachstumsorientierten Wandel?
Da sich die weitaus meisten für erstere, weil vor allem bequemere und auch interessanter erscheinende Lösung entscheiden, häufen sich jetzt die Seitensprünge und in ihrem Gefolge die endgültigen Absprünge. Die Zahl der gescheiterten Ehen erreicht deshalb um die Fünfzig einen Kulminationspunkt.

Wie ist es möglich, daß der Seiten- und Absprung für viele als letzte Rettung oder gar als Patentlösung vor dem angeblich altersbedingten Liebeswinter gesehen wird? Voll Torschlußpanik glauben sie, das Fremdgehen könne die jahrzehntelang aufgestauten, ungestillten Sehnsüchte und Hoffnungen gleich einem Dukatenesel der Liebe befriedigen und alle zwischenmenschlichen Versäumnisse und Defizite nachholen. Hinzu kommt verhängnisvoll die anfängliche und deshalb über die Realität hinwegtäuschende Verminderung des seelischen Leidensdruckes und der unterschwelligen Angst- und Bedürfnisspannung zu Beginn des Seitensprungabenteuers. Viele Fremdgeher suchen darüber hinaus riskante Ablenkungen, um die quälende innere Unruhe in eine scheinpositive, prickelnde Erwartungsspannung und Selbstbestätigung umzupolen.
Welches Geschehen könnte sich für die Erfüllung all dieser Wünsche besser anbieten als gerade der problemablenkende, zugleich stimulierende Seitensprungaktionismus mit der ihm eigenen erotischen Dynamik? Rollo May hierzu: »Die sexuelle Stimulierung des Partners ist nicht nur ein Ventil für nervöse Spannungen,

sondern auch eine Form der Selbstbestätigung: Wenn ein Mensch fähig ist, in einem anderen Menschen solche Gefühle hervorzurufen, beweist er damit, daß er selbst lebendig ist.« *(Antwort auf die Angst)*

Vor allem aber spielen zahlreiche, meist verdrängte Ängste, insbesondere die Verlust- und Versagensangst, eine überragende Rolle im Seitensprunggeschehen. Gerade diese spezifischen Ängste werden jedoch im Verlauf des Seitensprungs nicht abgebaut, sondern vielmehr langfristig erheblich verstärkt. Dies gilt nicht nur für die Betrogenen, sondern letztlich auch für die Betrügenden.

Am häufigsten werden Männer aufgrund mutterzentrierter Erziehungsbedingungen von diesen Ängsten geplagt. Hinzu kommt erschwerend, daß sie sich im Gegensatz zur Frau nicht zur eigenen Angst bekennen dürfen, da sie sonst Gefahr laufen, in der patriarchalischen Mitwelt ihr Gesicht zu verlieren. Somit in ihrer Geschlechtsidentität sowie im Ausagieren ihrer Emotionalität mehr oder minder stark eingeschränkt, können sie deshalb als Mann im Leben nur ungenügend zu sich selbst und zu ihrer Lebenspartnerin stehen.

Dies führt in der Liebespraxis dazu, daß auch das Symbol ihrer Männlichkeit nicht mehr verläßlich und meist nicht lange genug seinem allgemein vorausgesetzten »Liebesdienst im Stehen« nachkommen kann. Denn der seelisch-körperlichen Übereinstimmung entsprechend gebricht es in der Regel einer kontinuierlichen und ausdauernden körperlich-sinnlichen Potenz, wenn gleichzeitig eine ausreichende geschlechtliche und persönliche Kompetenz als Ausdruck gereifter Identität fehlt.

Die im allgemeinen zur Schau getragene, angeblich natürliche Sexgeilheit unzähliger Männer als Ausdruck ihrer übermächtigen sexuellen Potenz muß in Wahrheit als weitgehend unbewußtes Symptom ihrer überkompensierenden Renommiersucht und ihres Anerkennungshungers als Folge mangelnder Selbst- und Partnerachtung sowie von Verlust- und Versagensängsten gewertet werden. Gerade diese seelische Konstellation begünstigt die Eroberungsbesessenheit vieler als Ehemänner längst abgewirtschafteter Seitenspringer.

Umgekehrt kann innere Unsicherheit als Folge geringer geschlechtlicher und persönlicher Identität paradoxerweise auch zur überkompensierenden Superpotenz führen. Erich Fromm kommentiert dieses bei seitenspringenden Frauenhelden nicht seltene Phänomen so: »Die Ursache eines starken Sexualtriebs braucht

ebenfalls nicht immer physiologisch, sondern kann auch psychisch sein. Ein unsicherer Mensch, der sich selbst seinen Wert beweisen muß, der anderen seine Unwiderstehlichkeit zeigen oder sie sexuell beherrschen will, wird leicht ein starkes sexuelles Verlangen verspüren...« *(Psychoanalyse und Ethik)*
Der patriarchalische Verhaltenskodex, verhängnisvoll auf omnipotente Phallizität aufgebaut, erlaubt den betroffenen Männern freilich nicht die positive Verarbeitung ihrer tabuisierten Potenzängste. Auf diese Weise werden sie geradezu zum Selbstbelügen und zur Prahlerei gezwungen. Da nun jedoch Lügen aufgrund der physiologischen männlichen Gegebenheiten sehr schnell zusammenbrechen können, sind auch die persönliche Autorität und erotische Kompetenz zumindst tendenziell immer vom Zusammenbruch bedroht. Und schon dieses unterschwellige Damoklesschwert eines drohenden »Schlappschwanzes«, das sofort symbolträchtig auf die Gesamtpersönlichkeit des nun zum Versager gestempelten Liebhabers übertragen wird, bringt den Mann in unserer männerkultischen Gesellschaft schnell in Bedrängnis. Shere Hite geht auf diesen Zusammenhang treffsicher ein, wenn sie schreibt: »... das patriarchalische Modell setzt die Männer unter einen vierfachen Druck: eine Erektion zustande zu bringen (›ihn hochzubringen‹), sie zu erhalten (›ihn steifzuhalten‹), die Frau zum Orgasmus zu bringen und all das möglichst oft zu schaffen.« *(Das sexuelle Erleben des Mannes)*
Hinzu kommt bei vielen Männern die so hysterische wie gleichermaßen unbegründete Furcht vor einem zu kleinen Penis, obgleich dies im Einzelfall meist gar nicht zutrifft und überdies die Phallusgröße für eine Befriedigung der Frau physiologisch nahezu bedeutungslos ist.
Insgesamt erzeugen die heutigen sexuellen Leistungszwänge unserer Konsum- und Wegwerfgesellschaft zusammen mit dem besonders unter Männern weitverbreiteten und übersteigerten Wettbewerbsverhalten eine stete Verunsicherung, die schnell in ein Minderwertigkeitsgefühl umzuschlagen vermag.
Die Mehrzahl der Männer ist diesen Erwartungs- und Versagensängsten mehr oder minder hilflos unterworfen, was E. Borneman mit einem bezeichnenden Satz umreißt, der diese allgegenwärtigen männlichen Befürchtungen klar zum Ausdruck bringt: »... und daß der andere Mann ein geheimes Glockenspiel hat, das besser klingelt als sein eigenes.« *(Die Neue Eifersucht)*
Für einen von uneingestandenen oder unbewußten Potenzängsten geplagten Mann bietet sich gerade der Seitensprung als ein

vermeintlich bequemer und problemlösender Notausgang an. Denn mit Hilfe einer geheimen Geliebten läßt sich das Tabuproblem Nr. 1 zwar meist hinaus- und somit ungeklärt vor sich herschieben. Langfristig aber unterschiebt er sich auf diese Weise nur selbstbelügend eine Scheinpotenz, die in der Regel nach dem Abflauen des Neureizes bald in sich zusammensinkt und dementsprechend nach einem neuen Sexobjekt giert.
Allzu viele seitenspringende Männer übersehen in ihrem blinden Sexrausch überdies die vielfältigen Potenzhürden, die sich schon nach kurzer Zeit vor ihnen auftürmen: Einer halbwegs sexuell erfahrenen und anspruchsvollen Frau genügt es nämlich keineswegs, nur die phallische und orgastische Potenz gleichsam als körperliche Demonstration von Männlichkeit über sich ergehen zu lassen. Die meisten Frauen legen in ihrer ganzheitlichen Sinnlichkeit viel mehr Wert auf erotische Potenz, die vornehmlich auf persönlicher Ausstrahlung beruht und letztlich eine identitätsstarke Persönlichkeit oder zumindest den betörenden Charme und die nicht alltägliche Suggestivkraft eines ausgesprochenen Maul- und Frauenhelden erfordert.
Schließlich ist auch noch auf die virtuelle Potenz zu verweisen, welche die auf Erfahrung und Einfühlungsvermögen beruhende Liebeskunst darstellt, die nicht einfältigerweise auf »Liebestechnik« reduziert werden darf. Dies bedeutet in der Liebespraxis des Seitensprungs, daß die meisten süchtigen Seitenspringer früher oder später in ihrer Zweitbeziehung geradezu zwangsläufig dieselbe Bauchlandung vollführen wie ehedem in ihrer innerlich längst kaputten offiziellen Lebensbeziehung. Dies nicht zuletzt deshalb, weil sie auf Grund der bereits hinreichend dargestellten negativen mütterlichen Alleinerziehung und der damit zwangsläufig verbundenen mangelnden Geschlechtsidentität häufig zu potentiell Impotenten geworden sind.
Die Psychotherapeutin Catherine Herriger hat den Zusammenhang von erziehungsabwesendem Vater und deshalb dominierender, überdies oft aggressiv-fehlemanzipierter Mutter in ihrem Buch *Männer weinen nicht. Die programmierte Impotenz des Mannes* einprägsam beschrieben.

Die unbewältigte Lebensangst bietet gerade in der Liebe zwei, wenn auch nur scheinbare Möglichkeiten, sie auf negative Weise zu überwältigen, bevor man von ihr überwältigt wird: die nach außen zielende, **sadistisch getönte Aggression** und die nach innen gerichtete, **masochistisch ausgerichtete Depression**. Im ersten Fall wird die Angst schädigend auf andere übertragen, im zweiten zerstörerisch gegen sich selbst gerichtet (Aggression nach innen).

Die nach außen zielende Aggression stellt traditionell vornehmlich das Tummelfeld der Männer dar, während Frauen überwiegend die depressive Variante vergeblicher Angstbewältigung wählen.

Welche zunehmende Bedeutung die Aggression heutzutage in der Liebe besitzt, hat Prof. A. E. Meyer geradezu klassisch ausgedrückt: »Der Slogan ›Make love, not war!‹ muß oft gelesen werden als: ›Macht Liebe, es ist eine genußvollere Form von Krieg.‹« (Vorwort zu *Der Pornographie-Report*)

Er weist ferner darauf hin, daß die Sexualität eine verführerische und schwer widerstehbare Möglichkeit zum Mißbrauch menschlichen Machtstrebens darstellt. Das »Rumkriegen«, das »Fertigmachen« des Partners sieht er als ein getarntes bis offenes Kampfspiel der Verführung bis Vergewaltigung an. Auch auf das Bestreben, einem Dritten zu schaden, das ja im Seitensprunggschehen regelmäßig eine Rolle spielt, geht er mit folgenden Worte ein: »Schließlich können in der sexuellen Paarung Neid, Haß und Rache auf Dritte verwirklicht werden. Es geht nicht um die gemeinsame Lust, sondern darum, über einen Rivalen zu triumphieren.«

Allein das häßliche Wort »bumsen«, das sich für die Bezeichnung des Liebesakts mittlerweile selbst bei Frauen weitgehend durchgesetzt hat, zeigt sowohl in der sprachlichen Bedeutung als auch im klanglichen Ausdruck sehr anschaulich, daß das typische Bum-Geräusch des niederstreckenden Schusses nunmehr verbal-aggressiv Herz und Schoß der sexuell und emotional zu unterdrükkenden Frau erreicht hat.

Ähnlich entlarvend ist das Tätigkeitswort »umlegen« zu werten, welches das Töten weiblicher Würde und Identität ebenso unterschwellig ausdrückt, wie es überkompensierende Großmannssucht und lieblos-frauenverachtende Unmännlichkeit bestätigt.

Diese verbale Aggressivität stellt gleichsam einen unheilvollen und verräterischen Vorboten für zwischenmenschliche Aggressionen dar. Auf der Basis eines untergründigen Seelensadismus wird neurotischer Zwang gegenüber sich und dem Partner sichtbar, den es zu unterwerfen gilt. Dieser Sadismus zeigt sich in den Verkleidungen des untergründigen Frauenhasses, des Geschlechtsneides, des unbewußten Racheverlangens sowie des komplexbeladenen Ressentimentverhaltens vieler Männer gegenüber Frauen.

Besonders durch letzteres sollen sie gleichsam kleiner gemacht werden, damit sie auf diese Weise keine männlichen Minderwertigkeitsgefühle mehr zu erzeugen imstande sind. Denn für viele Männer ohne ausgeprägte Geschlechtsidentität stellt jede ihnen in dieser Hinsicht überlegene Frau einen stillen ewigen Vorwurf ihrer eigenen persönlichen Schwäche dar. Goethe bemerkte zum Verhalten von Ressentimentmenschen sinnig: »... denen das Wesen, wie du bist, im stillen ein ewiger Vorwurf ist.«

Das Seitensprunggeschehen stellt nun für seelensadistische Frauenhelden und deren Nachahmer eine überaus günstige Gelegenheit dar, ihre negativen Gefühle gegenüber anderen Frauen und deren Partnern auszuleben. Sie schonen auf diese Weise überdies ihre eigenen Lebensgefährtinnen und ihre Lebensbeziehungen, von denen sie emotional meist völlig abhängig sind: Der jüngste Hite-Report *Frauen und Liebe* spricht von 87 % abhängigen Männern.

Neurotische Aggressivität (Zerstörungssucht und das Streben nach Hemmung) und verkappter Sadismus (Herrschsucht) können jedoch nur auf einem für sie günstigen Nährboden gedeihen. Dieser ist dort gegeben, wo gleichzeitig seelenmasochistische, meist verdeckt depressive Partner bereit sind, sich bis zur Hörigkeit auszuliefern und demütigen zu lassen. Diese Unterwerfungssucht ist bei der Mehrzahl der Frauen mehr oder minder deutlich ausgeprägt. Insgesamt dürfte nach seriösen wissenschaftlichen Schätzungen etwa jeder vierte Mitbürger zumindest zeitweise als depressiv anzusehen sein.

Das allgemeine Unverständnis für die häufig anzutreffenden verkappt Depressiven liegt zum erheblichen Teil darin begründet, daß sie mit Ausnahme von oft nur kurzen, nach außen mit Erfolg verheimlichten, akut depressiven Phasen einen übersteigerten, blinden Aktionismus entfalten, mit dem sie sich selbst und ihre Mitwelt täuschen. Sie gleichen einem Ertrinkenden, der wild um sich schlägt, um nicht unterzugehen. Wir können deshalb hier von einer »maskierten Depressivität« sprechen.

Unter diesem Blickwinkel verwundert es nicht mehr, daß dieser untergründige, depressive Seelenmasochismus die Neigung zur Promiskuität verstärkt und zum Seitensprung hinlenkt. Maggie Scarf nennt dieses Verhalten ein antidepressives Manöver (in ihrem Artikel »Sex und hopp und dann?« in: *Psychologie heute*, Heft 4/1981).

Der Seitensprung stellt somit für viele Eheenttäuschte gleichsam ein erotisches Antidepressivum auf Zeit dar. Sie versuchen auf diese Weise, ihre unterschwellige, chronische Depression durch erotische Überaktivitäten zu verdrängen.

Als nächstes problematisches Kind der eingangs erwähnten Seitensprunghauptdarsteller darf wohl die ebenfalls meist **verkappte Homoerotik** vieler Männer herausgehoben werden. Im deutlichen Gegensatz zur geläufigen geschlechtlich praktizierten Homosexualität handelt es sich hier jedoch um einen verdrängten, gleichwohl latenten Wunsch, der allerdings nur eine sublimierte Erfüllung auf dem Umweg über die Frau des betrogenen Ehemannes findet: Sie stellt in der vom Lebenspartner unbewußt erwünschten Dreiecksbeziehung ihren Körper zur Verfügung, über den sich nun die beiden Männer indirekt vereinen. E. Borneman hierzu: »Auch bei solchen Szenen hat man den Eindruck, die erzählende Frau sei nur der Körper, nur die Vagina, die die beiden Männer miteinander verbindet.« *(Die Neue Eifersucht)* Diese triolisch-sublimierte Form der Homoerotik zeichnet sich durch ihren untergründig-verdrängenden Charaker aus.
Darüber hinaus erwarten viele Ehemänner weitgehend unbewußt, im Liebesakt ihrer Frau mit einem anderen, vermeintlich potenteren Mann selbst mehr sexuelle Kompetenz zu erlangen. Der fremde Phallus im Schoß der eigenen Frau gerät so gleichsam zum magischen Potenzübermittler, was sich, zumindest vorübergehend, infolge sexueller Spannung und intensiver, autosuggestiver Vorstellungskraft sowie einer sadomasochistischen Komponente oftmals als real erweist.
Der Hintergrund für diese »Gemeinschaft der Penisse« (um eine vielzitierte Äußerung Freuds zu wiederholen) ist häufig in der mangelhaften Geschlechtsidentität vieler Männer zu suchen.
Die deshalb aus einer fehlenden inneren Zentriertheit heraus sich entwickelnden, abwehrend-neurotischen Tendenzen (vgl. Rollo May in *Antwort auf die Angst*) fördern nun ihrerseits eine latente Homosexualität, was bereits Freud erkannt hatte. Wegen der auch heute noch bestehenden sozialen Ächtung wird sie von den meisten Männern jedoch unbewußt unterdrückt und verdrängt und somit weder ihnen selbst noch ihrer Mitwelt deutlich.
Aus dieser Situation heraus wünschen sich nicht wenige Männer eine Dreiecksbeziehung durch Hereinnahme eines fremden Mannes, jedoch mit ihrem Wissen und Wollen und möglichst eigener Mitbeteiligung (Triole). Günter Hunold geht in seinem Buch *Liebe zu dritt* sogar davon aus, daß mindestens 90 % aller Männer dies im Grunde wollen.

Eine andere Tatsache ist aber, daß dieser geheime Wunsch von der Gesellschaft weitgehend tabuisiert wird, was selbstverständlich die Realisierung erschwert. Hinzu kommt aber noch die durchaus realistische Überlegung, daß sich ein Ehemann, angesichts des gnadenlosen Konkurrenzverhaltens seiner Geschlechtsgenossen, damit selbst ans Messer einer ausplündernden und zerstörerischen Promiskuität liefern würde: Die deshalb gleichsam als natürlicher Sperriegel wirkende Verlustangst und die hieraus sich entwickelnde vorauseilende Eifersucht blocken dieses geheime Verlangen meist schon im Vorfeld der Lüste wirksam ab.
Vor allem läßt auch die Angst vor dem Vergleich mit dem Konkurrenten (Max Frisch: »Eifersucht ist Angst vor dem Vergleich«) sowie die häufig nicht unberechtigte Furcht des Verdrängtwerdens vor entsprechenden Aktivitäten zurückschrecken. E. Borneman erwähnt, daß die Triole eine der häufigsten Situationen in der erotischen Romanwelt darstellt (*Lexikon der Liebe*, Stichwort »Triolismus«). Dies dürfte wohl ebenfalls auf weitverbreitete, wenn auch meist verdrängte oder sublimierte homoerotische Sehnsüchte hinweisen!
Diese untergründige Homoerotik ist, obwohl selten praktiziert, für den Verlauf eines Seitensprungs von ganz erheblicher Bedeutung! Wenn auch die meisten Ehemänner aus den erwähnten Gründen die erwünschte Triole oder Dreiecksbeziehung ohne Selbstbeteiligung bewußt und gewollt in der Regel zu verhindern trachten, so sind sie doch in oft geradezu erstaunlicher Weise bereit, die Augen vor der Untreue ihrer Frauen aus offenbar unbewußten homoerotischen Triebregungen heraus lange zu verschließen bzw. durch passives Dulden günstige Voraussetzungen dafür zu schaffen. Dieser Umstand trägt zusammen mit den gleichgerichteten Interessen der Einschleicher nicht unerheblich zu den ungebremsten Seitensprungaktivitäten ausbrechender Ehefrauen bei.

Nun wollen wir uns noch einer letzten sekundären Ursache des Seitensprungs zuwenden, die bei nur oberflächlicher Betrachtung meist als **Wohlstandsuntreue** angesehen wird. In der letztlich maßgeblichen Lebenswirklichkeit stellt sich das Problem bei differenzierender Betrachtung jedoch komplexer dar, als es dieses Schlagwort vermuten läßt.
Das häufige Nachlassen des äußeren existenziellen und damit zusammenhaltenden Drucks in mittleren Lebensjahren führt zu erheblicher Ausbruchsgefahr. Denn die Kinder sind nun erwach-

sen und die materielle Basis, die berufliche und soziale Stellung längst geschaffen. Die damit verbundene psychische Druckminderung läßt den nun oft gravierenden Unterschied von materiellem Lebensstandard und zwischenmenschlicher Lebensqualität schmerzlich offenbar werden.
Da nun aber der Mensch nicht von der materiellen Befriedigung allein leben kann, vielmehr auch einen emotionalen und sinnlich-sexuellen Hunger hat, führen die gerade in den Wechseljahren bewußter werdenden Defizite zu einer oft erheblichen, kaum noch erträglichen inneren Drucksteigerung. Das Fehlen eines ausgleichenden äußeren (existenziellen) Gegendrucks zerstört nun oft die im labilen Gleichgewicht sich befindende Partnerbindung.
Die hieraus verstärkt resultierenden Seitensprungaktivitäten stehen unter dem Rechtfertigungsmotto: Wer im Leben materiell etwas geleistet hat, darf sich nun auch im emotional-erotischen Bereich etwas leisten. Hierbei wird allerdings meist übersehen, daß sich der Fremdgeher auf ideelle Kosten des betrogenen Lebenspartners ein inhuman-liebloses Verhalten leistet.

4. Die äußerlich erkennbaren Motive

Zu Beginn nochmals zurück zur bildhaft-analogen Darstellung des Seitensprunggeschehens!
Ganz vorne und deshalb gut sichtbar an der Rampe des Alltagslebens stehen die Clowns der Seitensprungoper: Sie charakterisieren die Beweggründe und antreibenden Motive des Fremdgehers, und sie haben die Aufgabe, die Zuschauer durch ihr umtriebiges Gebaren von den weit wirksamer im Hintergrund agierenden Darstellern (den sekundären Ursachen des Seitensprungs) abzulenken.
Die Motive bilden in psychischer Hinsicht die voll bewußten Bindeglieder zur realen Außenwelt. Da sie die Seitensprungwilligen direkt und rational antreiben, bedarf ihre reale Umsetzung nur noch konkreter Bedingungen, aktueller Gelegenheiten und unmittelbarer Anlässe.
Bevor wir uns mit den vielfältigen Einzelmotiven befassen, sollten wir uns zunächst dem übergeordneten und unmittelbaren Surrogats- und Subventionszweck des Seitensprungs zuwenden.

A. Die generellen Motivationen und ihre Rechtfertigung

Wer sich zum Seitensprung entschließt, verfolgt damit ja bestimmte Ziele und Zwecke, die sich jenseits der konkreten Einzelmotive letztlich auf drei übergeordnete Bereiche der Bedürfnisbefriedigung konzentrieren. Diese stellen gleichsam die generellen Beweggründe dar, die durch rationalisierende Rechtfertigungsargumente abgesichert werden.

• Der Seitenspringer sucht zunächst vor allem einen **Ersatzpartner** für alle immateriell-zwischenmenschlichen Bedürfnisbereiche, die vom eigenen Lebensgefährten nicht oder nicht mehr ausreichend abgedeckt werden. Bereits mit dieser Denk- und Sichtweise bereitet er eine Selbst- und zugleich mehrfache Partnerschädigung vor. Diese Gefahr erkennt er jedoch meist nicht, da er sich blindwütig auf die Überwindung seiner ideellen und sexuellen Defizite konzentriert. Er übersieht deshalb in aller Regel, daß er sich solchermaßen neue Defizite aufhalst, die sich aus dem Seitensprunggeschehen speisen.
Zum einen wird nämlich der eigene Lebenspartner in den wesentlichen Kernbereichen zwischenmenschlichen Austausches durch einen Außen- und zugleich in Konkurrenz Stehenden ersetzt, zum anderen damit der Ersatzpartner unter Umständen für den abhängig werdenden Fremdgeher unersetzlich. Und zum dritten schließlich wird der Untergrundgefährte zum verleugneten Ersatz degradiert, da jede Form des Ersatzes unbewußt den Charakter der Nothilfe und der Zweitrangigkeit assoziiert.

Hinsichtlich der Auswirkungen hat sich der Seitenspringer somit, statt des ursprünglich gewünschten einzigen Lebensgefährten mit Format, einen ersatzrangigen Geliebten sowie einen gleichzeitig deklassierten Lebenspartner eingehandelt! Diese weitreichenden Folgen der Ersatzsuche wollen sich die Fremdgeher jedoch selbst meist nicht eingestehen, um ihr Gewissen nicht zu belasten.
Die Ersatzsuche wird überdies von den Seitenspringern nur selten zugegeben, um auf diese Weise weder den Lebensgefährten – im Falle der Entdeckung – zu sehr zu kränken noch dem Außenpartner die eigene Zwangslage offenkundig werden zu lassen.

• Eine Hauptrolle in der Rechtfertigung der Seitenspringer gegenüber dem Lebensgefährten wie auch dem Außenpartner spielt

deshalb meist das auf Beruhigung zielende harmlosere Argument der notwendigen **ideellen Ergänzung,** die im Seitensprung liegt. Diese zweite generelle Motivation umfaßt alle Möglichkeiten, die der eigene Lebenspartner auch prinzipiell nicht zu bieten hat. Diese Form der Rechtfertigung hat zwei argumentative Vorzüge aufzuweisen:
Zum einen appelliert sie an die Großzügigkeit und Weltoffenheit des Lebensgefährten, ohne ihn zugleich zum abgehalfterten Liebhaber zu stempeln. Und zum anderen wird die zwangsläufig beschränkte gegenseitige Ergänzung in jeder Lebenspartnerschaft mit Absicht überhöht und negativ dramatisiert. Dem Betrogenen wird so suggeriert, ohne Zweitbeziehung wäre das persönliche Wachstum des Fremdgehers gefährdet.

• Als dritte generelle Motivation und deren Rechtfertigung wird der Gesichtspunkt der **individuellen, gegenseitigen Bereicherung** angeführt.
Diese unterscheidet sich prinzipiell von der passiv empfangenen persönlichen Ergänzung dadurch, daß hier Impulse des Außenpartners den fremdgehenden Lebensgefährten innerlich anregen und zu dessen individuellem Wachstum beitragen (ideelle Anschubfinanzierung!). Diese schöpferischste Form zwischenmenschlichen Austausches bedarf jedoch zu ihrer Verwirklichung eines hohen Maßes an persönlicher Reife und partnerschaftlicher Stabilität, gegenseitiger Offenheit, Vertrautheit und Kontinuität.
Gerade diese Grundvoraussetzungen fehlen in parasitären und verleugneten Untergrundbeziehungen!
Die Seitenspringer wollen jedoch mit ihrer unrealistischen, selbstbelügenden Argumentation das weite Auseinanderklaffen von Wunsch und Wirklichkeit nicht wahrhaben, um auf diese Weise sowohl ihr Gewissen zu beruhigen als sich ihre trügerischen Illusionen zu bewahren. Nicht zuletzt soll aber damit der betrogene Lebenspartner besänftigt werden.

Welches **Fazit** können wir hinsichtlich der drei dargestellten generellen Motivationen ziehen?
Sie stellen in dem partnerschaftlichen Argumentationsgerangel, darüber hinaus aber auch in der Auseinandersetzung mit sich selbst einen vorteilsbedachten Griff in die Trickkiste der rechtfertigenden Seitensprungideologie dar: damit sollen sowohl die Ursachen als auch die Folgen des Seitensprunggeschehens verschleiert

und ins Gegenteil verkehrt oder doch zumindest verharmlost werden.
Wer möchte schließlich den hintergangenen Lebensgefährten mit konkreten Einzelmotiven konfrontieren, die das ganze Ausmaß der partnerschaftlichen Misere offenkundig werden ließen?

B. Die Einzelmotive und deren Rechtfertigung

Wir sollten uns nun den in Umfragen und Untersuchungen vornehmlich oder ausschließlich erwähnten Einzelmotiven zuwenden, mit denen die Öffentlichkeit am besten vertraut ist.
Da Beweggründe nur sehr oberflächliche Phänomene darstellen, dürfen sie hinsichtlich einer umfassenden Ursachenerkenntnis nicht allzu hoch bewertet werden! Dies aus zwei Gründen: Erstens liegen, wie wir bereits gesehen haben, die maßgeblichen Ursachen tiefer. Und zweitens untersteht die vollbewußte Motivationsebene dem verzweigten System eigener Lebenslügen und komplexer seelischer Abwehrmechanismen. Sie wird demzufolge vom selbstbetrügenden Verstand durch weitgehend unbewußtes Wegrationalisieren der Realität manipuliert. (Peter Lauster hat in seinem fesselnden Buch *Lassen Sie sich nichts gefallen* eine umfassende Darstellung des seelischen Lügenarsenals gegeben.)
Motivforschung kann deshalb nur insofern der Überwindung von Beziehungskrisen dienen, als sie die offenliegenden Brennpunkte der vorhandenen Bedürfnisdefizite aufscheinen läßt.
Aus zahlreichen Veröffentlichungen wissen wir, welche Motive bei Frauen und Männern hauptsächlich vorliegen. Hier sind sowohl sexuelle als auch emotionale Beweggründe zu unterscheiden, wobei die nur bedingte Verläßlichkeit dieser Massenbefragungen allenfalls eine Annäherung an die Realität ermöglicht.
Über vier Jahrzehnte hinweg lassen Umfragen und Untersuchungsergebnisse weitgehend unveränderte Motive erkennen, die sich auf eine verhältnismäßig kleine Zahl von seelischen und sinnlich-sexuellen Bedürfnissen konzentrieren:

- Weit an der Spitze steht das **Verlangen nach Abwechslung.**

Hier zeigen sich ganz unverhüllt Defizite in der Öffnung der Partner sowohl zueinander als auch zur Außenwelt.
In solchen Dauerbeziehungen ist deshalb die unabdingbare Lebendigkeit abhanden gekommen, fehlt der Austausch von Impul-

sen und seelischer Energie, ist die wechselseitige Bedürfnisbefriedigung zwangsläufig ins Stocken geraten. Spätestens zu diesem Zeitpunkt schlägt die Stunde der keineswegs uneigennützigen »Aushelfer«.

- An zweiter Stelle, mit weitem Abstand zur ersten, folgt die **Lust** – die motivierende Erfahrung, daß Sex in geheimgehaltenen Außenbeziehungen lustvoller ist als in der festgefahrenen Dauerbeziehung. Er macht mehr Spaß und wird als befriedigender empfunden. Aus dem großen Abstand zum erstrangigen Motiv der Abwechslung darf geschlossen werden, daß sich in vielen Fällen die an das Fremdgehen geknüpften Erwartungen des Lustgewinns offenbar nicht einmal kurzfristig erfüllen!

Neben diesen eindeutig sexuellen Interessen spielen jedoch **emotionale Bedürfnisse** eine fast ebenso große, mit Sicherheit aber eine wesentlich breiter gefächerte und differenziertere Rolle.

Es ist vor allem die **Aufregung**, die immer wieder vorrangig genannt wird. Hier läßt sich häufig die bereits erwähnte, auf aktive Weise verdrängte maskierte Depressivität erkennen. Insbesondere aber soll das Fehlen einer positiven erotischen Spannung in der Lebensbeziehung durch eine euphorische Erwartungshaltung im Seitensprunggeschehen ersetzt werden.

- Das strohfeuerartige **Verlieben** in den Außenpartner folgt dicht an dritter Stelle, was die destabilisierende Wirkung des Seitensprungs für die Ehe verdeutlicht. Dies trifft vornehmlich für die emotional meist noch intakteren Frauen zu, die im Gegensatz zu vielen Männern Sex und Emotionalität nicht voneinander trennen.

- Ein Bedürfnis von gleichem Gewicht ist die **Attraktivität** für andere – der Wunsch, als noch anziehend und begehrenswert zu gelten. Der Seitensprung soll hier die Bestätigung bringen.

- Ferner ergeben sich noch vielfältige, weitere Motive, die jedoch nicht so sehr im Vordergrund stehen: der gesellschaftliche Druck zum Beispiel, der Männer veranlaßt, ihre Männlichkeit immer wieder aufs neue und vor anderen unter Beweis zu stellen. Oder die Möglichkeit, gegenüber dem Partner Vergeltung für angetane seelische Verletzungen zu üben. Immer wieder genannt werden ferner: mehr entgegengebrachte Achtung und einfühlsameres

Verständnis durch den Außenpartner, größere Offenheit, mehr Ausgelassenheit, entspannteres Zusammensein, neue Formen sexuellen Erlebens, die Hebung der gesellschaftlichen Stellung, einem geschätzten Freund einen Gefallen zu tun sowie der Wunsch nach mehr Unabhängigkeit vom und gleichzeitig deutlichere Distanz zum eigenen Lebenspartner.

Auffallend bei der Motivwahl sind die beachtlichen Unterschiede zwischen den Geschlechtern!
Während bei Frauen die Abwechslung von zweitrangiger Bedeutung ist, spielt bei ihnen neben der Selbstbestätigung als Frau und Persönlichkeit vor allem das Verlangen nach Verstanden- und Angenommenwerden eine weit größere Rolle.
Männer hingegen suchen vor allem häufige Abwechslung, um – vergeblich – den Nachweis ihrer oft angeschlagenen Geschlechtsidentität zu erhalten.
Vor allem aber verlieben sich etwa die Hälfte aller Frauen in den Außenpartner (48,8 % lt. *Playboy-Report*). Es darf in diesem Zusammenhang jedoch davon ausgegangen werden, daß sich fast alle fremdgehenden Frauen verlieben *wollen*, wozu es jedoch infolge des negativen Verhaltens der männlichen Zweitpartner häufig erst gar nicht kommt.
Hingegen unterdrücken die meisten Männer ihre Emotionen ängstlich. Dies zeigt deutlich, daß Frauen den Seitensprung weitaus ernster nehmen als Männer und gegebenenfalls auch bereit wären, weitgehende Konsequenzen daraus zu ziehen (vgl. hierzu *Playboy-Report*).
Was hingegen den häufig lustvolleren Sex ohne Gewohnheit und Routine in der Untergrundbeziehung anbetrifft, sind sich beide fremdgehenden Geschlechter ausnahmsweise einig.

5. Das Seitensprunggeschehen als sich selbst erhaltender Prozeß

Neben den geschilderten Gründen wird schließlich der Seitensprung selbst zu seiner eigenen rückbezüglichen Ursache.
Denn ähnlich einem einmal angefachten Brand erzeugt das Seitensprunggeschehen stets neue, sich gleichsam von selbst schaffende, nicht mehr rückgängig zu machende Fakten, die ihrerseits

weiterführende Ursachen und Beweggründe für die Fortsetzung des Seitensprungverhältnisses darstellen. Auf diese Weise wird ein bestimmtes Verhalten zu einem nunmehr bestimmenden Gebaren, das zum verfestigten Stützpfeiler seiner selbst gerät.
Somit spiegelt sich im Seitensprunggeschehen zugleich eine Grunderfahrung der kognitiven Verhaltenspsychologie! Hierzu ein illustrativer Einzelfall:

> Maria, die ihre als langweilig empfundene Ehe gelegentlich durch ein Abenteuer mit einem der sie zahlreich umschwirrenden Kollegen und Vorgesetzten aufzufrischen suchte, fand allmählich immer mehr Gefallen an dem männlichen Interesse, das ihr dabei zuteil wurde. Dieses bald zur süchtigen Gewohnheit gewordene Verhalten ging so lange gut, bis ihr eines Tages ein blendend aussehender, überdies faszinierender Charmeur über den Weg lief, der das Herz der bisher nur sehr oberflächlich Liebenden bald lichterloh entzündete.
> Von dieser nicht erwarteten emotionalen Sturzflut überrascht und zugleich überfordert, ließ er ihre Zuneigung jedoch bald anbrennen, indem er sich fluchtartig zurückzog. Die tief Enttäuschte stürzte sich daraufhin in immer zahlreichere, vergessen machende Kurzabenteuer, was ihr in der feixenden Männerwelt bald den abwertenden Beinamen »Quicky« einbrachte: die liebesfrustrierte Frau, sollte das heißen, war leicht zu erobern und gerade noch gut genug zu einem schnellen und mühelosen, deshalb nicht sehr geschätzten »Aufstieg«.
> Als ihr Mann schließlich hinter das bewegte Geschlechtsleben seiner Herzallerliebsten kam, konnten langwierige eheliche Auseinandersetzungen nicht mehr ausbleiben, in die am Ende die halbe Firma auf peinliche Weise verwickelt wurde. Letztlich blieb ihr nichts anderes übrig, als den sicheren und überdies gut bezahlten Arbeitsplatz aufzugeben und mit einem weit weniger attraktiven zu vertauschen. Die Lebensbeziehung selbst blieb zwar erhalten, degenerierte jetzt aber zur ausschließlichen Kulissenehe.
> Soweit mir bekannt wurde, verzichtete sie hinfort auf weitere außereheliche Betätigungen, da ihr der Schock über die unliebsamen und nicht enden wollenden Querelen wohl zu tief in den Knochen saß.

6. Die Rahmenbedingungen des Seitensprungs – Möglichkeiten und Grenzen, Gelegenheiten und Anlässe

A. Die grundsätzlichen Möglichkeiten

»Wer suchet, der findet!« heißt ein bekanntes Sprichwort.

Der volkstümliche Stenz, diese sympathische, identifikatorische Mischung aus tolpatschigem Gelegenheitsseitenspringer und gewohnheitsmäßigem Frauenhelden meint hoffnungsfroh: »A bisserl was geht immer!« Womit er sicher recht hat. Doch wer sucht wen beim Seitensprung, und was geht da immer?

Eine unsichtbare, aber kampfstarke sexuelle Reservearmee steht im sozialen Nahraum in Lauerstellung bereit, um im geeigneten Augenblick loszuschlagen, d. h. in eine Lebensbeziehung einzubrechen.

In einer aufschlußreichen Studie der Gesellschaft für erfahrungswissenschaftliche Sozialforschung wurde bestätigt, daß bei partnerschaftlich gebundenen Frauen und Männern wichtige Personen außerhalb der Lebensbeziehung im Durchschnitt zu etwa 13 % eine erotische sowie zu rund 30 % eine emotionale Bedeutung besitzen. Hinzu kommt noch eine Beziehung auf Vertrauensbasis mit durchschnittlich 55 %.

Diese Daten ergeben eine sich überschneidende, zahlenmäßig nicht genau abgrenzbare, doch hohe sexuell-emotionale Gesamtbilanz. Dies um so mehr, wenn wir davon ausgehen, daß ein emotionales Engagement, in Vertrauen eingebettet, in vielen Fällen geschickt in eine erotische Richtung gelenkt zu werden vermag.

Diese Zahlen variieren im übrigen nur geringfügig mit dem Lebensalter, wenn von der Zunahme der erotischen Bedeutung mit steigendem Alter abgesehen wird.

Eine holländische Untersuchung kommt zu dem bestätigenden Ergebnis, daß 44 % der Einschleicher dem Freundeskreis des Ehepaares zuzurechnen sind.

Aus diesen Ergebnissen dürfen wir schließen, daß es im Gegensatz zu den in vielen Filmen propagierten Aussagen weder der Briefträger noch der Vertreter ist, der von der Haustür unmittelbar ins Ehebett der tagsüber einsamen Frau hineinplumpst.

Wesentlich wahrscheinlicher ist der Einschleicher vielmehr unter

den besten Freunden, den Geschwistern und Eltern des Partners, den Vorgesetzten, den Kollegen oder Mitarbeitern, den Sportskameraden oder den guten Bekannten zu suchen. Denn dieser Personenkreis hat zwei wesentliche Platzvorteile gegenüber ganz fremden Konkurrenten: zum einen besitzt er bereits die Sympathie des zu Erobernden, und zum anderen genießt er meist noch das blinde Vertrauen von dessen betrogenem Lebensgefährten. Die meisten Eheleute halten deshalb diese Situation, zumindest in ihrem ganz persönlichen Fall für undenkbar, ja völlig unvorstellbar.
Gerade wegen dieses verständlichen »Schlafmützeneffekts« haben Einschleicher im Vertrauensgewand, alle sich bietenden Gelegenheiten und Anlässe hinterlistig ausnützend, meist ein verblüffend einfaches und überdies meist unentdecktes Spiel! So wird der bekannte Freund des Hauses bei sich bietender Gelegenheit oftmals zum unbekannten Hausfreund, was den Satiriker Robert Lembke zu dem sinnigen Wortspiel veranlaßte: »Der Freund des Hauses kommt, wenn er will. Der Hausfreund hingegen will, wenn er kommt.«
Was die allgemeinen Rahmenbedingungen für die Geschlechter anbetrifft, so sind sie für Mann und Frau höchst unterschiedlich!
Während Frauen bekanntlich ohne großen Aufwand einen erotischen Gespielen ins Bett bekommen können, müssen die meisten Männer auf diesem Feld wesentlich mehr Zeit und Bemühen investieren. Nicht zuletzt nimmt deshalb ein Mann fast jede Frau, wenn sie sich ihm anbietet, während eine Frau in aller Regel nur mit einem Partner schläft, der ihr gefällt.
Der Liebesmarkt für Gratissex im Rahmen des Seitensprungs ist mithin für Frauen so weit, wie er für Männer wegen der hieraus entstandenen nachfrageorientierten Konkurrenz auch heute noch verhältnismäßig beschränkt bleibt. Dies entspricht der bereits erwähnten Kluft zwischen männlichem Wunsch und konkreter Wirklichkeit.
Eine Ausnahme stellen neben sehr unattraktiven Frauen vor allem die ausgesprochenen Maul- und Frauenhelden dar. Letztere machen zwar nur eine kleine Minderheit aus. Wegen ihrer Wettbewerbsvorteile sowie der daraus resultierenden vorbildgebenden Marktführerschaft schmälern sie jedoch die ohnehin beschränkten Chancen der zahllosen Gelegenheits- und Möchtegern-Seitenspringer noch zusätzlich.

B. Die situativen Gelegenheiten

»Gelegenheit macht Diebe!« Diese Spruchweisheit hat im Seitensprunggeschehen eine überragende Bedeutung und führt die geheimen, oft nur angedeuteten Absichtserklärungen Untreuewilliger zusammen. Die situative Gelegenheit ist meist eng an die generellen Möglichkeiten der jeweiligen Lebensumstände geknüpft; sie konkretisiert sozusagen den vorgegebenen Rahmen.

• Das so Paradoxe wie gleichermaßen Tragische liegt hier in der Tatsache, daß Seitensprünge häufig in einer **Krise des Partners** ihren Anfang nehmen: wenn sich der Betrogene in einer schwierigen Lebenslage befindet und deshalb das besondere Verständnis und die umfangreiche emotionale Unterstützung des Lebensgefährten am nötigsten bräuchte. In der rauhen Wirklichkeit jedoch wird die vorübergehend eingeschränkte Abwehrmöglichkeit des Ehepartners häufig schnöde ausgenutzt!
Von den vielfältigen schwierigen oder außergewöhnlichen Umständen sollen nur zwei beispielhaft dargestellt werden, da sie in der Lebenspraxis wider Erwarten häufig anzutreffen sind: Befindet sich die Ehefrau beispielsweise »in anderen Umständen«, so steigt die Neigung vieler werdender Väter zum Seitensprung erheblich an. Welche Auswirkungen dies bei Erahnen oder Entdecktwerden auf eine betrogene Frau hat, bedarf wohl keiner näheren Erläuterung! Die möglichen katastrophalen Auswirkungen mütterlicher Seelenqualen auf das werdende Kind nimmt man freilich nur selten zur Kenntnis, da neuere Forschungsergebnisse der pränatalen Psychologie bisher kaum ins öffentliche Bewußtsein gedrungen sind. Katharina Zimmer geht in ihrem so einfühlsamen wie gleichermaßen anschaulichen Buch *Das Leben vor dem Leben* auf die weichenstellende seelische und körperliche Entwicklung im Mutterleib ausführlich ein.
Umgekehrt fühlt sich ein Mann im höchsten Maße in seiner Identität und Existenz bedroht, wenn er während einer nervenaufreibenden beruflichen Phase von seiner Frau betrogen wird. Denn er steht nun gewissermaßen in einem Zweifrontenkrieg, wobei ihm die »Heimatfront« hinterrücks den Dolch in den Rücken stößt.
Der Sexologe Borneman erläutert diese Situation treffend: »Auch die Selbstsicherheit des relativ Stabilen kann unter bestimmten Umständen angeschlagen werden. Geschieht dies einmal im Arbeitsbereich, wird sofort auch der sexuelle Bereich erschüttert.« *(Die Neue Eifersucht)* Kommt es deshalb beim Mann zu einem

emotionalen und sexuellen Leistungsabfall, ist seine Lebensbeziehung nicht selten von lauernden Einbrechern bedroht, welche die vorübergehend mangelnde Bedürfnisbefriedigung seiner Partnerin geschickt zu ihren Gunsten ausnutzen.
Die in vielen Ehen fehlende offene und klärende Kommunikation erleichtert den geheimen Ausweg durch die Hintertür des Partnerbetrugs noch zusätzlich.
Der Anreiz zum Seitensprung hängt aber auch von einer Reihe situativer Beweggründe ab, die sich mit den psychologischen Gesetzen der Beeinflussung in Beziehung setzen lassen:

- So erhöht beispielsweise die zeitliche und situative **Knappheit der Gelegenheiten** zum Seitensprung das Verlangen, eine Intimbeziehung aufzunehmen. Dafür sind gerade die beschränkten Tage eines allein verbrachten Urlaubs bzw. Kurlaubs oder des zu Hause Zurückgebliebenen bekannt.
Dieser Reiz steigert sich noch beträchtlich dadurch, daß der gebundene Partner quasi eine **verbotene Frucht** darstellt, die man aus des Konkurrenten Garten stiehlt. Solche verbotenen Früchte schmecken am besten, weil sie dem ständigen Rivalitätsstreben der wildernden Muttersöhne und Frauenhelden entgegenkommen.

- Aber auch die Auswirkungen des **Kontrastprinzips** dürfen hier nicht vergessen werden. Lernt nämlich ein Seitenspringer einen Untergrundpartner kennen, so neigt er dazu, dessen in bestimmten Bereichen vorhandene oder auch nur angenommene Überlegenheit im Vergleich zum Lebensgefährten überzubewerten. Dieser Vergleich aber muß deshalb besonders ungünstig ausfallen, weil der Seitenspringer aufgrund des relativ seltenen Zusammentreffens mit dem Außenpartner dessen negative Charakterseiten nicht oder nur ungenügend kennenlernen kann, was verständlicherweise den eigenen, weit besser bekannten Partner in ein unverdient abträgliches Licht rückt.

- Nicht zuletzt der **Wert der Eroberung:** Der Mensch schätzt am meisten, was er unter besonderen persönlichen Anstrengungen und großem Risiko erobert und verteidigt. Gerade diese Voraussetzungen sind beim Seitensprung zumindest anfangs nicht selten gegeben. Denn während der eigene Lebensgefährte fast immer und ohne besondere Bemühung sexuell zur Verfügung steht, ist dies beim Untergrundpartner anfangs mit reizsteigernden Ungewißheiten, Manövern und Abenteuern verbunden. Ist er allerdings einmal für eine gewisse Zeit erobert, so ereilt ihn früher oder später ebenfalls häufig das Schicksal des betrogenen Lebensgefährten.

In der Liebespraxis kommen nun meist mehrere dieser psychologischen Gesetze der Beeinflussung zur Geltung, die sich häufig gegenseitig aufschaukeln.
So ist beispielsweise die Kombination von knapper Gelegenheit, verbotenem Tun, erfolgreicher Rivalität, vorübergehendem Falscheinschätzen der beiden Partner sowie Hochschätzen des unter Mühen Eroberten geradezu üblich. Sie trägt in nicht unerheblichem Maße zur unheilvollen Eskalation des Seitensprunggeschehens bei.

C. Die unmittelbaren Anlässe

Unmittelbare Anlässe gibt es viele, sobald die Hintertür der Untreue einmal gedanklich angelehnt oder gar emotional weit geöffnet ist.
Ob bei Feiern oder Betriebsausflügen, bei Karnevalsveranstaltungen oder gezielten Einladungen, ob durch charmant-gekonntes Anmachen oder zufällig-spontanes Ins-Gespräch-Kommen – immer sind die augenblickliche persönliche Stimmung, die erotische Ausstrahlung der Agierenden sowie die zeitlichen und örtlichen Gegebenheiten ausschlaggebend dafür, ob der Zündfunke überspringt. Und die Stimmung ist dabei meist ausgelassen oder zumindest gelöst, der Wunsch nach gegenseitigem Näherkommen oft schon jahrelang unterschwellig vorhanden, und der Alkohol beseitigt schließlich noch letzte Hemmungen.
Im beruflichen Bereich kommt noch hinzu, daß Höhergestellte nicht selten einen versteckten Druck auf Mitarbeiterinnen ausüben. Bestürzend sind in diesem Zusammenhang die Ergebnisse eines Kongresses über heimliche sexuelle Gewalt, der 1987 in Köln stattfand. Sie werden vollauf bestätigt durch eine im März 1991 von der Bundesfrauenministerin veröffentlichten Untersuchung über sexuelle Belästigungen am Arbeitsplatz. Ihr bschämendes Fazit lautet: 72 % aller befragten Frauen hatten bereits sexuelle Belästigungen an ihrem Arbeitsplatz erlebt, wobei selbst vor sexueller Erpressung (7 % Versprechen beruflicher Vorteile, 5 % Androhen von Nachteilen) und direkter sexueller Nötigung (5 %)

nicht zurückgeschreckt wurde. 47 % der betroffenen Frauen erlitten hierdurch berufliche Nachteile, was nicht zuletzt auch damit zusammenhängt, daß immerhin 21 % der Belästigungen von einfluß- und direkt machtausübenden Vorgesetzten ausgingen.

Diese offensichtlich weitverbreiteten Vorgänge werden überdies in aller Regel von den Personalverwaltungen und Betriebsräten bagatellisiert, während gleichzeitig die Verantwortung den betroffenen Frauen zugeschoben wird.

Da der größte Teil der unter Druck gesetzten Frauen ebenso in einer festen Beziehung lebt wie die Mehrzahl der belästigenden Machos, die ihre aus der Institution und Hierarchie erwachsene Macht gleichsam als phallische Waffe mißbrauchen, kommt es hier meist zu doppelten Seitensprüngen, wobei das erhebliche Risiko in aller Regel den abhängigen Frauen aufgebürdet wird.

Dieses *Fremdgehen ungleicher Partner* gleicht in der kombinierten Liebes- und Berufspraxis somit für viele Frauen einer mehr oder minder subtilen Vergewaltigung bzw. erzwungenen Quasiprostitution, während bei immerhin 10 % aller Fälle von einer massiven sexuellen Bedrohung gesprochen werden muß (5 % Nötigung, 5 % Androhung von fühlbaren Nachteilen). So kann zum Beispiel schon eine vom Chef mit durchaus erkennbarer Absicht ausgesprochene Einladung dazu führen, daß sich eine verhaltensunsichere Frau durch einen indirekt ausgeübten, aber höchst wirksamen psychologischen Zwang ihres Disziplinarvorgesetzten zum Seitensprung verführen läßt.

Volkmar Sigusch stellt in diesem Zusammenhang die berechtigte Frage: »Wie sollte entschieden werden, wer entwürdigter ist: die Prostituierten oder die Journalistinnen, Krankenschwestern, Psychologinnen, die wegen einiger kurzweiliger Vorteile ihrem Chef zu Diensten sind?« *(Vom Trieb und von der Liebe)*

Ganz allgemein sollte noch auf das Phänomen der Einladung eingegangen werden. Der bereits erwähnte Sozialpsychologe Cialdini spricht hier generell vom »Beschaffungsdinner«, mit dessen dezenter Hilfe man sich das jeweils Gewünschte leichter zu verschaffen vermag. Der untergründige Bedürfniszusammenhang von Essen und Erotik kommt hier ebenso zum Tragen wie die Tatsache, daß ein leckeres Mahl die Menschen aufgeschlossen für sinnliche Beeinflussungen stimmt. Vom Naschen zum Vernaschen ist der Weg oft kurz, vor allem dann, wenn der Abend des »open end« auch noch angemessen kulturell umrahmt wird.

Ist der Verführer ein Vorgesetzter, so ist die Zeitspanne vom Stellungswechsel auf der erotischen Walstatt bis hin zum beruf-

lich erforderlich werdenden Stellungswechsel der Mißbrauchten oft nicht viel länger, dafür aber um so bitterer.
Um beispielsweise allein die Bedeutung von Feiern für das Seitensprunggeschehen näher zu illustrieren, sei auf die vorweihnachtlichen Betriebsfeste unseres Nachbarlandes Dänemark verwiesen. Von diesen *Julefrokost* (Weihnachtslunch) genannten Eß-, Trink- und Sexorgien wird jährlich das gesamte Land mit nahezu ritueller Gesetzmäßigkeit heimgesucht. Von den negativen zwischenmenschlichen Auswirkungen wird von den Massenmedien so regelmäßig wie vergeblich gewarnt. Die Süddeutsche Zeitung kleidete dieses nationale »Massenficken« in die vornehm-zurückhaltenden Worte: »In seinem Kielwasser haben Rechtsanwälte, Psychologen und Sozialarbeiter im ersten Monat des nächsten Jahres alle Hände voll zu tun, denn die enthemmten Festteilnehmer beschränken sich oft nicht nur auf die Freuden des Tisches... Die Zahl der Scheidungsanträge steigt in Dänemark in jedem Januar regelmäßig sprunghaft an und kann direkt von der jeweiligen Julefrokost abgeleitet werden.« (SZ vom 10. 11. 1988)
Es darf angenommen werden, daß dänische Verhältnisse, allenfalls unauffälliger auf das gesamte Jahr verteilt, auch bei uns und anderswo herrschen.
Aber nicht nur Vorgesetzte nutzen im Berufsleben vielfach ihre Stellung zum subtil-erpresserischen Seitensprung gegenüber Abhängigen aus. Wie unlängst aufsehenerregende Untersuchungen ergeben haben, stehen ihnen offenbar nicht wenige Psychotherapeuten kaum nach. Die hohe Dunkelziffer, die sich aus dem schützenden Helfer-Patienten-Verhältnis ergibt, ist ein fast undurchdringlicher Schleier, der sich tarnend über Verhältnisse legt, die offensichtlich Tradition haben. Dazu nur ein berühmt-berüchtigtes Beispiel: Der so bedeutende wie seitensprunggeübte Tiefenpsychologe C. G. Jung hat mit der ausnahmsweise der Öffentlichkeit bekanntgewordenen Verführung seiner Patientin und späteren Kollegin Sabina Spielrein gleichsam einen wegweisenden Markstein gesetzt, der nicht leichtfertig als außerordentlicher Einzelfall abgetan werden darf. Seine darauf folgende Diffamierungskampagne gegen das sich wehrende Opfer im trauten Zusammenspiel mit seinem Freund Sigmund Freud weist auf die übliche beschämende Kumpanei seitensprungbejahender Patriarchen hin.

Das Janusgesicht des Seitensprungs – Die verlogene Moral des Partnerbetrugs

1. Das pharisäerische Gesicht der patriarchalischen Liebesauffassung

Werte legte erst der Mensch in die Dinge.
Durch das Schätzen erst gibt es Wert:
und ohne das Schätzen wäre die Nuß des Daseins hohl.
FRIEDRICH NIETZSCHE

Unsere heutige monogame Ehe stellt seit über zwei Jahrtausenden eine Form der Zweierbeziehung dar, die vornehmlich von patriarchalischen Vorstellungen geprägt wird. Aus diesem zwiespältigen Konstrukt wuchs zwangsläufig der Seitensprung als konkret wahrgenommener Sprung, gleichsam als trennender Spalt zwischen den Geschlechtern hervor. Die patrizentrische Lebensbeziehung stützt sich hierbei auf das verwirrende, vielfältig sich überkreuzende Wurzelgeflecht ihrer widersprüchlichen historischen Entwicklung.
Wir wollen deshalb erkenntnisgewinnend bis zu den geschichtlichen Wurzeln hinabgraben, um solchermaßen mit Hilfe eines zeitüberspannenden Bogens den einleuchtenden Gesamtzusammenhang herzustellen, der einen verständlichen Bezug zur gegenwärtigen Situation ermöglicht. Nur auf diese Weise läßt sich die rücksichtslose Vorgehensweise unserer patriarchalischen Seinswelt in ihrer verblüffenden historischen Kontinuität anhand ihrer ideologischen Wurzeln aufzeigen. Und nur auf diese Weise wird die zunehmende Radikalität (lat. *radix* = Wurzel) der Männerherrschaft in ihrem tieferen Sinne verständlich.

Als die **drei ideologischen Wurzeln** der heute weltweit herrschenden, vom abendländischen Geist geprägten monogamen Ehe können wir das jüdische, das griechisch-römische und, als deren Synthese, das christliche Bild der Zweierbeziehung ausmachen. Hieraus erwuchs im Verlaufe von mehr als zwei Jahrtausenden ein extrem ausladender, vielfach verzweigter Stammbaum der Sexual-, Ehe- und Frauenunterdrückung hervor.

• Zunächst wollen wir uns dem **biblischen Ursprung** unserer heutigen Geschlechtergemeinschaft zuwenden: Das jüdische Schrifttum wie auch die Lebenspraxis der antiken Epoche sind von einer unübersehbaren Zwiespältigkeit geprägt. Während einerseits die monogam organisierte Kernfamilie zu Zeiten Jesu längst gebräuchlich war und gleichzeitig die Ehe pharisäerisch wie eine monogame, lebenslange Partnerschaft gepriesen wurde, betrachteten andererseits orthodoxe Juden und Judenchristen die Ehefrau als traditionellen Besitz des Mannes. Dementsprechend galt der Ehebruch lediglich als eine besonders verwerfliche Form des Diebstahls an einer lebenden Sache. Sklaven wurden damals zivilrechtlich bezeichnenderweise ebenso beurteilt!
In der patriarchalischen Lebenspraxis bedeutete dies, daß der Mann sehr wohl ohne Sanktionsmöglichkeiten seitens seiner Frau aus der Ehe ausbrechen konnte, während die Frau umgekehrt mit dem Scheidebrief des Mannes sowie mit einer Verurteilung zum Tode durch Steinigen rechnen mußte. Der Eheeinbrecher indessen ging in seiner Eigenschaft als Dieb das Risiko ein, vom gehörnten Ehemann ertappt und nach damaligem Rechtsverständnis »zu Recht« getötet zu werden.

• Auf ähnlich pharisäerische Weise postulierte die **griechisch-römische Rechtssphäre** offiziell die lebenslange, monogam ausgerichtete Ehe, die jedoch in der nicht minder patrizentrischen Lebenswirklichkeit fortwährend durch außereheliche hetero- und homosexuelle Verhältnisse der Eheleute gebrochen wurde. Taten sich hierbei zwar die Männer als besonders aktiv hervor, so wurde andererseits den Frauen doch zunächst ein wesentlich liberalerer, geradezu bürgerlicher Freiraum zugestanden. Im Vollzug platonischen Denkens kam es vor allem darauf an, nach außen hin den schönen Schein zu wahren und keinen Schatten auf die angeblich so hehren Ideale der römischen Kultur fallen zu lassen.
Als die laxe Sexualmoral zu einem Rückgang der Geburtenrate führte und überdies die Frauen immer mehr von ihren libertinären Rechten Gebrauch machten, erließ der reaktionäre römische Herrscher Augustus im Jahre 18 v. Chr. das Gesetz »über die Sittlichkeit und die Bekämpfung des Ehebruchs«.
Dieses Strafgesetz war insbesondere gegen die Frau gerichtet, die nunmehr bei Fremdgehen verurteilt und verbannt wurde und

überdies ihre Mitgift verlor. Da es jedoch andererseits die Ehemänner zur Denunziation ihres untreuen Weibes bei der Obrigkeit verpflichtete, konnte es sich nicht durchsetzen. Die römischen Familienpatriarchen dachten schließlich nicht im entferntesten daran, sich ihre familiäre Hausmacht vom Staat beschneiden zu lassen. Sie wollten vielmehr weiterhin die Bestrafenden und Verzeihenden ihrer Frauen bleiben und dies keinesfalls den Bütteln des Augustus überlassen!

• Unter dem prägenden Einfluß des hellenisierten, streng im Geiste des Pharisäertums erzogenen Juden Schaul von Tarsus verschmolzen die verlogenen griechisch-römischen und jüdischen Zweisamkeitsentwürfe zur unauflöslichen **christlichen Einehe,** die den lockeren Libertinismus der römischen Liebespraxis ebenso verwarf wie die polygame Seitensprungtradition der Juden. Diese neue, sittenstrenge Monogamie wurde bald zum verbindlichen Modell für alle mehr oder minder freiwillig bekehrten nichtjüdischen Heidenchristen.
Die sprichwörtliche Doppelzüngigkeit des Pharisäers erlaubte es dem suggestiv-tyrannischen, zugleich wortgewaltigen Schaul, die janusgesichtigen phallokratischen Vorstellungen seines judäischen Umfeldes in das alternative, jesuanisch geprägte Urchristentum einzubringen. Nachdem die von ihm eifrig betriebene Christenverfolgung zu keinem greifbaren Ergebnis geführt hatte, gelang es dem Selbstbekehrten, sich an die Spitze der neuen, hoffnungserweckenden Emanzipationsbewegung zu stellen und diese schon in ihren Anfängen weitgehend auf hellenistisch-römisches und jüdisches Niveau zurückzuschrauben.
Diese meisterhafte Verbiegung der so humanistisch wie realistisch ausgerichteten jesuanischen Geistesrichtung wurde allerdings nur möglich, weil der in der latinisierten Namensform zur geschichtlichen Gestalt und zum übermächtigen Gestalter des christlichen Glaubens gewordene Paulus die bereits in der Antike sich ausbreitende Leib- und Sinnenfeindlichkeit noch verstärkte und sie überdies mit seinem alles erstickenden neurotischen Sündenbewußtsein vermengte.
Ein untrügliches Kennzeichen patriarchalischer Sexualunterdrükkung stellt stets die Benachteiligung der Frau dar. Bezeichnenderweise tat sich hier Paulus im krassen Gegensatz zu Jesus besonders hervor (1. Korinther 11,3–6).
Da er, ähnlich den Evangelisten, Jesus nie persönlich kennengelernt hatte und erst nach dessen Tod seine mündlich überlieferte

Lehre nach seinem eigenen, verbogenen Machoverständnis zu interpretieren begann, konnte er solchermaßen zum hellenistisch-pharisäerischen trojanischen Pferd der jesuanischen Bewegung werden und diese gleichsam von innen heraus auf typisch narzißtische (krankhaft selbstbezogene) Weise nach rückwärts ausrichten.

Damit waren verhängnisvoll die Grundlagen für eine die Männer bevorzugende, christlich-pharisäerische Doppelmoral geschaffen! Denn das von Plato entscheidend beeinflußte paulinische Machodenken verkehrte die auf innerer Einsicht und Freiwilligkeit beruhende jesuanische Monogamie in der konkreten Lebenssituation in eine nunmehr zwangsläufig verlogene Polygamie des versteckten Seitensprungs. Die bisher offen zur Schau getragene Promiskuität der Juden und Römer wurde nun durch eine verleugnende Geisteshaltung und adäquate Lebensgestaltung ersetzt, die den Seitensprung sowie die Zweitehe erfolgreich in den Untergrund abdrängte.

Wie kam es zu dieser zwangsläufigen Entwicklung?

Einer de facto unverändert weiterbestehenden patriarchalischen Seinswelt, die die Sexualität, die Frauen und die Ehe unterdrückte, wurde durch Paulus und seine Nachfolger einfach das Ideal des absoluten und abstrakten monogamen Anspruchs übergestülpt, das der kulturell geprägten polygamen Seelenstruktur der Männer nicht entsprach und deshalb trotz guten Willens von den meisten Gläubigen nicht lebenslang praktiziert werden konnte. (In diesem Zusammenhang ist eine kurze gedankliche Rückblende auf die primären Ursachen des Seitensprungs auf S. 62 ff. angebracht. Nähere Ausführungen zur Polygamie finden sich überdies noch in diesem Kapitel auf S. 118.)

Diese damalige Weichenstellung wirkt verhängnisvoll bis heute fort!

Jesus, der sowohl den Seiten- als auch den Absprung (Ehebruch und Scheidung) ablehnte, war sich der gußeisernen Realität einer längst zementierten und die Herzen verhärtenden Machoherrschaft durchaus bewußt. Um deshalb eine zwangsläufig pharisäerisch-heuchlerische Scheinwelt jenseits der konkreten Wirklichkeit zu vermeiden, versuchte er erst gar nicht, dieses Ideal mit Hilfe von Schuld- und Schamgefühlen oder gar Strafforderungen durchzusetzen. Als seine patriarchalisch ausgerichteten Jünger ob seines monogamen Liebesideals fassungslos erstarrten, antwortete er deshalb so klug wie realistisch: »Wer es fassen kann, der fasse es!«

Die phallokratische (männerzentrierte, frauenfeindliche, autoritäre) Stoßrichtung des paulinisierten und damit patriarchalisch ideologisierten Christentums zeigt sich beispielsweise deutlich im Matthäusevangelium. Dieses erlaubt, die Frau zu verstoßen, sofern ihr Unzucht im Sinne des Ehebruchs vorgeworfen werden kann. Gleiches wird jedoch gegenüber dem Ehemann nicht gefordert!
Eine auf so zwiespältig-verlogener historischer Basis sich gründende, vornehmlich Männerinteressen wahrnehmende, inhumane und emanzipationsfeindliche Ideologie der Zweisamkeit mußte in der Liebes- und Lebenspraxis zwangsläufig den Keim des Scheiterns in sich tragen. Sie bildete gleichzeitig ein pharisäerisches Denk- und Verhaltensmuster aus, das sich in ungezählten, frömmelnden christlichen Seelen unheilvoll einnistete und in schroffem Gegensatz zur eindeutigen Stellungnahme Jesu zum Ehebruch steht (vgl. hierzu Jesus und die Ehebrecherin, Joh. 8, 1–11).

Das gegenwärtige unwürdige Schauspiel des ständigen Aufspringens in die Ehe, des Seiten- und Abspringens aus ihr ist also das Ergebnis weniger von individuellem Unvermögen als vielmehr einer sich historisch allmählich entwickelnden, unsichtbar zementierten seelischen Konditionierung der Lebenspartner. Diese beruht nun ihrerseits auf einer patriarchalisch ausgerichteten doppelbödigen Werteskala, welche die Männer und die Mächtigen (große und kleine Machos) gegenüber den Frauen, den Machtlosen und Schwachen bevorzugt.
Das Scheitern der meisten Zweierbeziehungen ist solchermaßen schon vorprogrammiert. Persönliche Schuldzuweisungen sind deshalb hier grundsätzlich genauso grotesk und letztlich als unsinnig einzuschätzen wie der vergebliche Versuch, beispielsweise einen technisch einwandfrei funktionierenden Computer für eine fehlerhafte Anwendung verantwortlich machen zu wollen. Wem dieser zugegeben drastische, aber gerade deshalb besonders eingängige Vergleich inhuman und zu mechanistisch erscheint, sollte sich jedoch vergegenwärtigen, daß der Mensch zu seiner individuellen und kollektiven Selbststeuerung im Gegensatz zum instinktabhängigen Tier auf selbstgesetzte, allgemein anerkannte und verbindliche, vor allem aber auch eindeutige ethische Werte angewiesen ist. Diese stellen für ihn gleichsam eine Wertetafel dar, die ihm einen verläßlichen Orientierungs- und Ordnungsrahmen für die Gestaltung seiner Eigen-, Mit- und Umwelt ermöglicht.

Basiert nun eine Gesellschaft auf widersprüchlichen, deshalb nicht mehr akzeptierten Wertmaßstäben, so gerät sein eigenes Denken und Verhalten im Zuge seiner unabdingbaren Trieb- und Bedürfnisbefriedigung in einen spiegelbildlichen Zwiespalt. Diese Situation erhöhter Verhaltensunsicherheit finden wir am deutlichsten im Seitensprunggeschehen.
Da der Mensch ein vernunftbegabtes Wesen ist, verschärft sich die Situation noch mehr. In seiner seelischen Not gegenüber einer ihn dominierenden, widersprüchlich-inhumanen Realität benutzt er nun seinen Verstand als verdrängende, die Realität wegrationalisierende Totschlagwaffe, die er gegen sein Gewissen richtet. Dieses ist dem geschliffenen Intellekt mit seiner beeindruckenden »Logik des Wahnsinns« in keiner Weise gewachsen und gibt sich schließlich notgedrungen geschlagen. Eine unerträgliche ethische Widersprüchlichkeit wird auf diese Weise zwar vordergründig aufgehoben, doch der Preis dafür ist hoch, zu hoch, wie wir noch sehen werden.

Die offiziell noch heute gültige Idee der liberalen monogamen Zweierbeziehung ging im 19. Jahrhundert aus der ersten sexuellen Revolution des sich emanzipierenden Bürgertums hervor.
Somit wurde erst in der Epoche der Romantik das nun allgemein akzeptierte Ideal der individuellen Liebesehe geschaffen.
Die freie Gattenwahl im Rahmen des nunmehr erkämpften allgemeinen Heiratsrechts führte zu einer Aufwertung der partnerschaftlichen Liebe, der dauerhaften Zweierbeziehung und nicht zuletzt auch der Frau.
Trotz dieses unbestreitbaren humanen Fortschritts gelang es jedoch nicht, damit die ehern verankerte, jahrtausendealte sexuelle Zwangsmoral des Patriarchats im Kern zu brechen.
Im Gegenteil!
Im Verlauf der beginnenden Industrialisierung steigerte sich diese im nachfolgenden prüden viktorianischen und wilhelminischen Zeitalter geradezu ins Groteske!
Die auf dieser vorgegebenen Situation mit Erfolg aufbauende, die Verhältnisse extrem radikalisierende nationalsozialistische Heuchelherrschaft verlängerte diesen Zustand schließlich bis in die Mitte dieses Jahrhunderts hinein.
Erst im Rahmen der allgemeinen Demokratisierungs-, Liberalisierungs- und Emanzipationsbestrebungen der Nachkriegszeit kam es im Gefolge der sogenannten zweiten sexuellen Revolution zum längst überfälligen Abbau strafrechtlicher und sittlicher Zwänge.

Nach diesem orientierenden Überblick nochmals zurück zur Idee der monogamen Liebesbeziehung, die unter dem Druck patriarchalischer Zwänge bald zur verlogenen Ideologie und damit zur wirksamen Stütze der Männerherrschaft verkam: Die zunehmend indirekt und damit unsichtbar werdenden, verinnerlichten gesellschaftlichen Zwänge ignorierend, geht diese Auffassung von der illusionären Annahme aus, daß die auf der freien Entscheidung beider Partner beruhende monogame Zweierbeziehung den an sie gestellten Anforderungen ohne weitere substantielle Voraussetzungen und gesellschaftliche Rahmenbedingungen zu entsprechen vermag.
Gleichsam zur Stützung dieser These postulierte sie die Naturgegebenheit der menschlichen Monogamie sowie die ungehinderte individuelle Möglichkeit und Freiheit zu gemeinsamem partnerschaftlichem Wachstum. Partnerschaftliches Glück wurde demgemäß ausschließlich dem Geschick und Erfolg des einzelnen zugeschrieben, während umgekehrt jedes Scheitern als persönliches Versagen der Lebensgefährten interpretiert wurde.
Die liberale Gegenwart mit ihren bedrohlich hochschnellenden Scheidungsziffern, zahllosen Seitensprungbeziehungen und kaputten Ehen offenbart jedoch, daß Anspruch und Wirklichkeit der patriarchalisch geprägten Ideologie der Zweierbeziehung heute weiter denn je auseinanderklaffen.
Fachleute schätzen, daß *etwa 95 % aller länger bestehenden Ehen und Dauerbeziehungen von den Partnern mehr oder weniger unglücklich oder zumindest unbefriedigend erlebt werden.* Die Behauptungen der patriarchalisch geprägten monogamen Ideologie mußten nach dem Wegfall der restriktiven gesetzlichen Scheidungs- und Seitensprunghindernisse folgerichtig endgültig und für jedermann deutlich sicht- und fühlbar zerplatzen.
Nunmehr zeigte sich, daß freie Gattenwahl und anfängliche Zuneigung sowie der Glaube an die Naturgesetzlichkeit menschlicher Monogamie keine Garantie für dauerhaftes Glück in der Zweisamkeit abgeben, solange ausreichende individuelle Entwicklungsbedingungen für persönliche Reifung im patriarchalischen Lebensentwurf fehlen. Denn eine beständige und wachstumsorientierte monogame Liebesbeziehung bedarf zu ihrer Verwirklichung reifer Menschen mit ausgeprägter Ichstruktur auf der Basis geschlechtlicher und persönlicher Identität und Kompetenz. Nur diese können dem hohen Anspruch der Monogamie gerecht werden.
Wie bereits dargelegt, ist offenbar der Zeitpunkt für die breite

Verwirklichung des Ideals der monogamen Liebesehe aufgrund des historischen Entwicklungsstands der menschlichen Seele sowie der vorgegebenen hemmenden patriarchalischen Rahmenbedingungen zumindest für die große Mehrheit der Paare noch nicht gekommen. Individuelle oder kollektive Schuldzuweisungen gehen deshalb völlig in die Irre. Sie verwirren nur und tragen zur Selbstverunsicherung und Verschlechterung der Gesamtsituation statt zum Verständnis der Verhältnisse und zur Selbsterkenntnis bei.

In den sechziger Jahren unseres Jahrhunderts bahnte sich im Gefolge der allgemeinen Liberalisierung die zweite sexuelle Revolution an. Sie beseitigte die vielfältigen Formen sexueller Unterdrückung und begünstigte somit eine freie persönliche Entwicklung. Doch auch dieses Mal wurde ein positiver Aufbruch ideologisch verfälscht und in eine inhumane Richtung umgebogen. Das bereits erwähnte Zerplatzen der monogamen Ideologie mußte nun zu einer neuen, glaubwürdigeren Ideologie der sexuellen Scheinfreiheit führen, welche die alten Auffassungen ersetzen und somit die Herrschaft der patriarchalischen Zwangsmoral in einem neuen, unauffälligeren und gleichzeitig gefälligeren Gewand sichern konnte.

Im Gegensatz zur früheren Ideologie, die auf der angeblichen Naturgegebenheit der Monogamie beruhte, wurde nun umgekehrt die Natürlichkeit der Polygamie postuliert. Und an die Stelle der sexuellen Unterdrückung wurde jetzt die scheinfreiheitlich verbrämte sexuelle Selbstausbeutung zugunsten Dritter gesetzt. Der direkte Zwang wandelte sich auf subtile, kaum noch durchschaubare Weise in einen verinnerlichten Leistungs- und Konsumzwang in der Liebe.

Diese Ideologie der Scheinfreiheit »befreite« den Sex von Eros und Zuneigung, die Sex- und Beziehungssüchtigen von jeder Verantwortung und Bemühung und bewahrte die Eheein- und -ausschleicher vor eindeutigen Konsequenzen. Die Quantität des Oberflächensex und des sexuellen Leistungswahns ersetzte die Qualität der Lebens- und Liebesbeziehung, die Partner wurden zur wechselseitigen, gleichsam vermarkteten Tauschware und die Frauen selbst de facto zu Sexualobjekten eheeinbrechender Männer »liberalisiert«. Der frühere Zwang zur Sexmoral verwandelte sich nun in einen indirekten, aber höchst wirksamen Zwang zur Unmoral im Interesse ausbeuterischer Sexabenteurer.

Die von der jahrzehntelangen sexuellen Unterdrückung Ausgehungerten griffen begierig nach dieser neuen Scheinliberalität auf ihre Kosten. Sie begriffen jedoch in ihrer überwältigenden Mehrheit nicht, daß diese »Revolution des Parasitismus« letztlich den patriarchalischen Wunsch verfolgte, einer sexbesessenen und seitenspringenden, vorbildgebenden Minderheit die unbeschränkte, vor allem aber kostenlose Verfügbarkeit der bereits gebundenen Partner zu ermöglichen.

Doch die Euphorie der angeblich Befreiten dauerte nicht lange an und machte bald der Enttäuschung und Wut Platz! Verständlicherweise waren es meist Frauen, die sich nunmehr kritisch zu Wort meldeten, während betrogene Ehemänner nicht den Mut besaßen, gegen ihre eigene Ideologie Front zu machen, deren unzählige Opfer als Betrogene sie nun geworden waren. Dies ist andererseits aber auch verständlich, da eine betrogene Frau auf Mitgefühl hoffen darf, während ein gehörnter Ehemann in einer patriarchalisch geprägten Umwelt meist Schadenfreude, Spott und Ansehensverlust in Kauf nehmen muß. Die Männerwelt hatte sich somit ein hochkarätiges Eigentor geschossen, das nur wenigen skrupellos und erfolgreich zwischen fremde Pfosten ballernden Seitensprungmatadoren auf Dauer zum Vorteil gereichte.

Wir wollen zur Illustration einige deutliche Aussagen von betroffenen Frauen wiedergeben, die Shere Hite in ihrem Report *Das sexuelle Erleben der Frau* aufgenommen hat: »Die sexuelle Revolution ist für die Frau die größte Farce des Jahrhunderts. Vorher hatte sie nämlich noch das Recht, nein zu sagen. Jetzt nennt man sie prüde oder noch Schlimmeres, wenn sie sich nicht hinlegt, wann immer einer es von ihr verlangt. Hat sie aber mehrere kürzere sexuelle Affären, wird sie als Hure betrachtet. Die sexuelle Revolution ist eine männliche Erfindung, ihre Prinzipien sind immer noch auf männlichen Werten aufgebaut, zum Beispiel: Wozu heiraten, wir können ja jetzt jede Menge Betthasen kriegen.« Eine andere erkennt: »Die sexuelle Revolution setzte ein gewaltiges Maß männlicher Bestialität, Feindseligkeit und Ausbeutung frei.« Und eine dritte meinte desillusioniert: »Die sexuelle Revolution hat etwas ausposaunt, was ich schon längst gewußt habe. Frauen werden als Objekt behandelt. Nur daß die Unterdrückten in dieser Revolution nicht das mindeste gewonnen haben.« (Aus den vorstehenden Aussagen geht aber auch hervor, daß ihnen die notwendige Differenzierung zwischen positiver sexueller Revolution und deren nachträglicher ideologischer Verfälschung fehlt.)

Fazit: Die zweite sexuelle Revolution hatte ihrem Namen, nämlich der »radikalen Umkehrung«, volle »Ehre« gemacht! Nur wurde hierbei nicht Negatives in Positives verkehrt, wie leider oftmals blauäugig angenommen wird, sondern vielmehr ein hoffnungsvoller Lebensentwurf zum Schaden der Betroffenen nach dem teuflischen Motto *den Spieß umdrehen* ins inhumane Gegenteil verbogen.
Ins Unmenschliche verkehrte Verbesserungen stellen somit letztlich nur eine Addition des Destruktiven, wenn auch im gefälligen Gewand des Neuen dar, dessen Löchrigkeit jedoch meist übersehen wird.

Die irrealen Grundaussagen beider Sexideologien wurden so zu zwei tödlichen ethischen Dolchstößen in den Rücken ungezählter Zweierbeziehungen.

- Die Beständigkeit ihrer falschen Behauptungen beruht letztendlich auf einem Umstand, den Francis Bacon mit den Worten beschrieb: »Der Mensch glaubt am liebsten das, was ihm die liebste Wahrheit ist.«

- Herbert Spencers blauäugige Philosophie des mühe- und verantwortungslosen Genusses als wundersamer Motor menschlicher Entwicklung machte auf diese Weise alle potentiellen Seitenspringer zu Münchhausens, die sich vergeblich am Schopf ihrer Sexgier aus dem Sumpf ihrer eigenen Lieblosigkeit zu ziehen versuchten.

Die renommierten Sozialpsychologen und Kulturphilosophen Erich Fromm und Rollo May hatten schon vor Jahrzehnten darauf hingewiesen, daß die letztlich parasitäre Ideologie der sexuellen Befreiung unter der vorgetäuschten Flagge der Humanität und Emanzipation das schon bestehende Elend der Paarbeziehungen noch weiter vertiefen müßte.
Und Amitai Etzioni prägte in diesem Zusammenhang den Begriff *Inauthentizität*. Er beschreibt damit die vom unkritischen Durchschnittsmenschen kaum noch zu durchschauende moderne Form der Entfremdung zwischenmenschlicher Beziehungen unter dem Schein der Offenheit. Dieser vermittelt erfolgreich die Illusion von individueller Freiheit und Problemlosigkeit bei der Ausübung

dieses vorgeblichen Freiheitsspielraumes. Vor allem aber wird der Anschein erweckt, die polygame Liebe in Verbindung mit Untreue sowie mühe- und verantwortungslosem, oberflächlichem Sexgenuß sei dem heutigen, von monogamen Fesseln befreiten Menschen angemessen und mache ihn überdies glücklich. An historischen oder aktuellen Einzelbeispielen wird überdies von zahlreichen selbsternannten Freiheitsaposteln zu demonstrieren versucht, daß es genug glückbringende, eifersuchtsfreie polygame Dauerbeziehungen gebe, denen es lediglich nachzueifern gelte.
Diese oberflächliche Sichtweise vermengt jedoch undifferenziert drei historisch aufeinanderfolgende seelische Entwicklungsstufen, wovon sich zwei unter- bzw. oberhalb der gegenwärtigen, mehr oder minder ausgeprägten ichhaften Durchschnittsnorm befinden: Nicht ausschließlich partnerzentrierte Beziehungen können auf Dauer und mit Erfolg entweder nur von ichschwachen, noch überwiegend im Gruppenbewußtsein verhafteten, deshalb polygam ausgerichteten Akteuren (Partnertauscher, Gruppensexler, gewohnheitsmäßige Seitenspringer) oder, im Gegenteil, von ichüberschreitenden, sehr reifen Menschen bewältigt werden.
Denn für gruppenbezogene Partner stellt sich die Frage nach der Monogamie (die Ichstärke voraussetzt!) im Grunde noch gar nicht, während hingegen die Selbstbewußten und sich selbst Steuernden der sie einengenden und normierten Monogamie (bzw. Polygamie) sowie der Ichabgrenzung bereits entwachsen sind.
Letzteres bedeutet jedoch nicht zwangsläufig promiskes Verhalten. Denn sie haben das für die meisten Menschen unauflösliche widersprüchlich-destruktive Spannungsverhältnis von vorwärtsweisendem, aber noch unausgereiftem Ich und gleichzeitig rückwärtsgerichteter Gruppenbezogenheit und somit von Monogamie und Polygamie bereits überwunden.
Zum näheren Verständnis dieser Zusammenhänge möchte ich auf die Ausführungen des bekannten Psychologen Paul Watzlawick hinweisen, der die weitverbreitete, Verwirrung verursachende gedankliche Vermischung unterschiedlicher geistiger Entwicklungs- und Abstraktionsebenen und die daraus zwangsläufig entstehenden paradoxen Folgen eingehend darstellt *(Lösungen)*. Ferner hat Ken Wilber in seinem Buch *Halbzeit der Evolution* ergänzend und veranschaulichend die weithin noch unbekannte, gleichwohl rasante historische Entwicklung der menschlichen Seele in den letzten Jahrtausenden dargestellt.
Vor diesem evolutiven Hintergrund löst sich die zeitgenössische überwiegend behavioristisch ausgerichtete Individualpsycholo-

gie in ihre weitgehend scheinwissenschaftlichen Bestandteile auf und macht einer ganzheitlichen transpersonalen Psychologie Platz. Einen Überblick hierüber verschafft beispielsweise das Gemeinschaftswerk von Abraham Maslow, Ken Wilber u. a. mit dem Titel *Psychologie in der Wende*.

Zusammenfassung:
Dem individuellen Gruppenbewußtsein adäquat ist die Polygamie.
Dem heutzutage vorherrschenden, noch unausgereiften Ich als der problematischen Brücke zwischen Gruppen- und Ichbewußtsein entspricht das unbefriedigende, verwirrende und selbstentfremdende Pendeln zwischen Monogamie und Polygamie, das im Seiten-, Ab- und Wiederaufsprung seinen zeitgemäßen Ausdruck findet.
Demgegenüber bilden das entwickelte Ich und die Monogamie eine zusammengehörige Einheit.
Das ichüberschreitende Selbst hingegen strebt nach einer wachstumsorientierten Beziehung jenseits des Spannungsverhältnisses von begrenzender Monogamie und rückwärtsgerichteter Polygamie.
Diese Beziehung überschreitet nach den Worten des Anthropologenehepaares O'Neill *(Die offene Ehe – Konzept für einen neuen Typus der Monogamie)* die Grenzen unserer bisherigen Erfahrungen. (Zur Klarstellung sei jedoch darauf hingewiesen, daß der dort verwendete Begriff der offenen Ehe nicht mit dem in diesem Buch verwendeten Terminus übereinstimmt!)
Da sich gegenwärtig die überwältigende Mehrheit der Menschen in einem mehr oder minder entwickelten, in sich gespaltenen Ichstadium befindet (verwirrtes »Wirrich«, zwischen Wir- und Ichbewußtsein bzw. Gruppen- und Individualbewußtsein pendelnd), taugen die oftmals angepriesenen Beispiele reifer und freier Liebe nicht als allgemein nachahmenswerte Vorbilder. Denn sie werden meist mit den bekannten Formen patriarchalischer Polygamie verwechselt und gaukeln somit Möglichkeiten vor, die dem einzelnen aufgrund seiner seelischen Struktur sowie seiner individuellen Lebensbedingungen im einschränkenden patriarchalischen Lebensrahmen auch bei noch so großem Wollen nicht zur Verfügung stehen.
Der weitverbreitete voluntaristische Kinderglaube, durch bloßes Wollen und Überzeugtsein in einer allseits beglückenden freiheitlichen Polygamie leben zu können, gleicht deshalb dem Verhalten eines die eigene Muttersprache nicht beherrschenden Einfaltspinsels, der glaubt, eine Fremdsprache ohne eigene Bemühungen bereits bewältigen zu können, sobald er seinen Willen dazu erklärt.

Auf das Seitensprunggeschehen übertragen hieße dies: Der Fremdgeher gleicht einem Piloten, der die Räder seines Flugzeugs voreilig und ungeduldig einzieht, bevor er vom Erdboden abgehoben hat, weshalb er notgedrungen eine Bauchlandung vollführt.
Das Problem der verunsichernden Doppeldeutigkeit und der ungerechtfertigten Doppelwertigkeit haftet jeder ausbeutungsorientierten und unterdrückungsinteressierten Ideologie grundsätzlich an und läßt sie deshalb zur sprichwörtlichen verlogenen Doppelmoral werden.
Diese Entwicklung verstärkt sich noch erheblich durch die gleichzeitige Konkurrenz der beiden beschriebenen, in sich und auch untereinander widersprüchlichen Sexideologien (monogam und polygam). Da die erste immer noch offiziell verkündet, die zweite jedoch für die Mehrheit mehr oder minder offen propagiert und von ihr auch überwiegend praktiziert wird, führt dies zu einer tiefgreifenden Werteverunsicherung. Daraus entwickeln sich zwangsläufig persönliche Verhaltensunsicherheit, Frustrationen und unterschwellige, aggressiv oder depressiv ausgelebte Ängste.
Rollo May hierzu: »... Mensch, das ist: der Schätzende, und die Bedrohung seiner Werte verursacht dem Menschen Angst.« *(Antwort auf die Angst)*

Die widersprüchlichen Aussagen der beiden patriarchalischen Ideologien hinsichtlich der natürlichen Geschlechterbeziehung des Menschen bedürfen wegen der großen Bedeutung für die Rechtfertigung des Seitensprungs noch einer näheren Erörterung:
Diese komplexe Frage läßt sich nicht mit einem eindeutig beweisbaren Ja oder Nein beantworten – die darin nicht immer neutrale Wissenschaft hat bis heute die Nuß der Ungewißheit nicht überzeugend zu knacken vermocht. Somit bleibt die Beantwortung weiterhin ungeschützt dem Zugriff interessenbestimmter Ideologien ausgesetzt.
Viele Anzeichen deuten jedoch darauf hin, daß der Mensch ein sehr flexibles und extrem anpassungsfähiges Wesen ist, das je nach den vorgegebenen, vorwiegend kulturell beeinflußten Umweltbedingungen individuell sehr unterschiedlich geprägt werden kann. Entscheidend dürfte deshalb die jeweils übliche Form der Geschlechtsgemeinschaft sein sowie die Tatsache, ob hierbei die unabdingbare Befriedigung der sexuellen und emotionalen Grundbedürfnisse entsprechend der historisch jeweils vorherrschenden seelischen Struktur sichergestellt wird. Dies kann je-

doch offenbar auf recht unterschiedliche Weise geschehen, wie die ethnologische und anthropologische Forschung überzeugend festgestellt hat.
Der gegenwärtige Entwicklungsstand der menschlichen Seele mit einer mehr oder minder ausgereiften Ichstruktur neigt jedoch offenbar zur Monogamie, ohne sie in der Regel auch schon längerfristig durchzuhalten. Der angesehene Sexualwissenschaftler Haeberle dazu: »Wo jedoch die Umstände ›normal‹ sind und alle Menschen ungefähr die gleichen Chancen haben, neigen sie dazu, der Monogamie den Vorzug zu geben.« *(Die Sexualität des Menschen)* Leider sind in unserer konkreten gesellschaftlichen Situation die Umstände sowie die Chancenverteilung häufig noch nicht ausreichend, um der Monogamie endgültig und dauerhaft zum Durchbruch zu verhelfen.
Frank Pittman meint in diesem Zusammenhang: »Selbst wenn sie einer natürlichen Neigung entsprechen sollte, erfordert die Monogamie ›bessere Menschen‹, die sich dem verkrüppelnden Einfluß negativer gesellschaftlicher Kräfte, die uns zu ungeeigneten Partnern machen, widersetzen.« *(Angenommen mein Partner geht fremd)*
Der Monogamie bedarf der ichstrukturierte Mensch um so mehr, als er hauptsächlich durch den Geliebten definiert und somit immer wieder aufs neue in seiner abgegrenzten Ichidentität bestätigt werden muß. Solange jedoch unsere einseitig mutterdominierende Erziehung die Geschlechtsidentität insbesondere der Männer nur unzureichend ausprägt, reicht diesen *ein* bestätigender Partner häufig nicht aus. Es entsteht somit eine widersprüchliche und komplizierende Konstellation: Die entwickelten Ichanteile der Seele streben bereits nach der Monogamie, während sich gleichzeitig die noch erhalten gebliebenen Reste des rückwärtsgerichteten Gruppenbewußtseins polygam und schutzsuchend an die notwendigen Stützpfeiler zusätzlich definierender Geschlechtspartner klammern.
Der Seitenspringer sucht deshalb durch einen unbewußten Spagat die beiden so gegensätzlichen wie unversöhnlichen Seelen in seiner Brust vergeblich miteinander zu vereinen. Auf diese Weise entsteht immer wieder aufs neue das typische Erscheinungsbild der doppelzüngigen Moral, des janusgesichtigen Seitensprungverhaltens.
Auf die beiden Geschlechter bezogen, ließe sich auch sagen: Während die Frau vergeblich nach ihrem innerlich verankerten, idealisierten Mannesbild Ausschau hält, sucht der Mann verzweifelt

nach seiner eigenen Identität, wofür möglichst viele Frauen den bestätigenden »Seelenspiegel« abgeben müssen.

Mit diesen grundsätzlichen und bestimmenden psychosozialen Gegebenheiten steht die Entwicklung und Wertschätzung des **Privateigentums an Menschen** in einem unauflöslichen Zusammenhang. Wie wir gleich sehen werden, sind das Patriarchat, die Geschlechterbeziehung und der Seitensprung eng mit dem Besitz eines Partners verflochten. Darauf näher einzugehen ist deshalb sinnvoll, um die Wurzeln des Seitensprungs freizulegen.

Der noch keineswegs abgeschlossene Übergang vom Gruppen- zum Ichbewußtsein (also vom Herdenmenschen zur sich selbst steuernden Persönlichkeit) mußte zwangsläufig auch eine neue, so problematische wie widersprüchliche Form (bzw. Verformung) des Subjekt- und Objektbezuges zur Eigen-, Mit- und Umwelt nach sich ziehen. Das mit dieser Entwicklung aufgekommene Privateigentum anstelle des Gruppeneigentums stellt deshalb lediglich eine spiegelbildliche materielle Reflexion der sich allmählich ausbildenden Ichstruktur des heutigen Menschen dar.

Der Privatisierung der menschlichen Seele entsprach folgerichtig die Privatisierung der individuell gewordenen Umweltbeziehungen. Und damit stellte sich gebieterisch eine Neuinterpretation der Macht-, Herrschafts- und Eigentums- bzw. Besitzfrage – letztlich also der Frage individuellen Einflusses, die sich nun ebenfalls vom Wir zum Ich verlagerte. Die damit zusammenhängenden, im gegenwärtigen Übergangszeitraum noch keinesfalls überwundenen Schwierigkeiten der Machthandhabung führten zu einer so unversöhnlichen wie auf beiden Seiten undifferenzierten ideologischen Betrachtung von Macht und Herrschaft, von Einfluß und Eigentum.

Da jedoch jeder Begriff stets eine positive sowie eine negative Variante besitzt, ist es verhängnisvoll, eine einseitige Pro-oder-Kontra-Haltung einzunehmen und solchermaßen »das Kind mit dem Bade auszuschütten«.

Rollo May spricht den selten dargestellten Zusammenhang von persönlicher Identität und positiver Machtausübung bzw. Einflußnahme deutlich aus: »Macht ist das Geburtsrecht jedes Menschen. Sie ist die Quelle seiner Selbstachtung, die Wurzel seiner Überzeugung, daß er in zwischenmenschlichen Beziehungen von Bedeutung ist« *(Die Quellen der Macht)*. Er unterscheidet ausbeuterische, manipulierende und konkurrierende Macht ausdrücklich von der sorgenden und integrierenden.

Und Heinz-Rolf Lückert ergänzt: »Macht ist ein Mittel der Selbstverwirklichung. Sie macht einen Menschen freier und sein Leben produktiver.« *(Lebensführung und Selbstkontrolle)*

Der Mißbrauch von Macht stellt somit einen Ausfluß des schrittweisen und deshalb schwierigen Übergangs vom Gruppen- zum individuellen Ichbewußtsein dar, der die individuelle und kollektive Labilität und Unsicherheit zusätzlich fördert und somit einer regressiven Tendenz Vorschub leistet.

Dem heutigen, vermaßten, gleichzeitig atomisierten, isolierten und vereinsamten Menschen fehlt einerseits die Geborgenheit der Gruppe, während er sich andererseits nicht auf eine starke eigene Persönlichkeit verlassen kann. Noch viel weniger vermag er sich an das ichtranszendierende Selbst eines voll entwickelten Menschen zu halten.

Der Philosoph und Dichter Johann Gottfried Herder zeigt deshalb den einzig möglichen, wenn auch mühsamen Ausweg aus diesem menschlichen Dilemma: »Vergiß dein Ich, dein Selbst verliere nie!«

Noch deutlicher drückt der größte Psychotherapeut aller Zeiten, Gautama Buddha, diesen Zusammenhang aus: »Das höchste Glück ist die Befreiung vom Ichbewußtsein.«

Die renommierte Biologin Lynn Margulis als beispielgebende Vertreterin einer zukunftsweisenden, ganzheitlichen wissenschaftlichen Betrachtungsweise läßt schließlich die verblüffende Übereinstimmung uralter östlicher Weisheit mit moderner westlicher Wissenschaft erkennen. Die Illusion des ichhaften Individuum-Begriffs aufzeigend, meint sie: »Das Individuum ist wirklich etwas Abstraktes, eine Kategorie, ein Begriff. Und die Natur hat eine Tendenz, das zu entwickeln, was über alle engen Kategorien oder Begriffe hinausgeht.« (J. Briggs, F. D. Peat, *Die Entdekkung des Chaos*)

Da die Voraussetzungen zur Überwindung des Ichbewußtseins gegenwärtig in aller Regel noch nicht gegeben sind, muß sich der heutige Mensch als ängstlicher »Klemmi« an seinen Lebenspartner wie an einen materiellen Besitz klammern. Dies birgt stets die Gefahr des Machtmißbrauchs aus aggressiver Verlust- und Versagensangst, der Verantwortungslosigkeit aus persönlicher Schwäche, der parasitären Ausbeutung aus Sex- und Habsucht sowie der Freiheitseinschränkung und Wachstumshemmung aus Herrschsucht mit sich.

Erst Machtausübung im Sinne positiver Einwirkung auf die Lebenspartnerschaft führt zur Überwindung der negativen Aspekte

persönlichen Einflusses. Dieser verliert damit seine Funktion als zwischenmenschliche Waffe Angstbesessener.
Der Philosoph Ernst Bloch drückt dieses menschliche Versagen, aber auch seine Lösungsmöglichkeit überzeugend aus: »Ich bin. Aber ich habe mich nicht. Darum werden wir erst.«
Damit sagt er, daß der sich selbst souverän Besitzende keinen anderen Menschen mehr als Besitztum benötigt. Denn er besitzt ja sich selbst in des Wortes positiver Bedeutung.
Und wer sich selbst besitzt, beherrscht sich auch selbst. Er benötigt keine Fremdbeherrschung im Sinne einer orientierenden Fremdsteuerung mehr, die ihm unter Berücksichtigung eigennütziger Fremdinteressen allzu leicht zum Verhängnis werden kann. Dieses Ziel des Zu-sich-selbst-Findens läßt sich jedoch nur über das »Wir« einer wachstumsorientierten Zweierbeziehung erreichen. Diese heutige Erkenntnis deckt sich, wie wir bereits gesehen haben, mit den Partnervorstellungen Jesu.
In welchem Zusammenhang steht nun die Eigentumsfrage zu den beiden erwähnten patriarchalischen Partnerschafts- und Sexanschauungen?
Mit der gegenwärtigen Freiheitsideologie änderte sich die Haltung zum männlichen Besitzanspruch an die Frau. Während die überkommenen Anschauungen mit der Unauflöslichkeit der Ehe noch den lebenslangen Privatbesitz postulierten, gebärdeten sich die neuen libertinären Auffassungen wesentlich flexibler.
Haeberle drückt dies so aus: »Der lebenslange Besitz eines Menschen durch einen anderen entspricht auch unserem heutigen Rechtsdenken nicht mehr.« *(Die Sexualität des Menschen)*
Die Ideologie der sexuellen Freiheit ersetzte deshalb den lebenslangen Besitz durch einen Besitz auf Zeit, der in der »Bigamie auf (Scheidungs-)Raten« und in der parallelen Untergrund-Zweitehe seinen zeitgemäßen, zugleich ausufernden Ausdruck fand. Der Besitz an einem anderen Menschen wurde damit zwar zeitlich limitiert, aber faktisch keineswegs aufgehoben.
Somit gilt weiter, was Erich Fromm in Übereinstimmung mit der Wirklichkeit geradezu klassisch formulierte: »Der Ehevertrag gibt beiden das exklusive Besitzrecht auf den Körper, die Gefühle, die Zuwendung des anderen. Niemand muß mehr gewonnen werden, denn die Liebe ist zu etwas geworden, was man hat, zu einem Besitz. Die beiden lassen in ihrem Bemühen nach, liebenswert zu sein und Liebe zu erwecken, sie werden langweilig, und ihre Schönheit schwindet... In anderen Fällen sehnen sich die Beteiligten weiterhin nach dem Wiedererwachen ihrer früheren Ge-

fühle, und der eine oder andere gibt sich der Illusion hin, daß ein neuer Partner seine Sehnsucht erfüllen werde.« *(Haben oder Sein)*

Doch die libertinäre Ideologie hatte noch einen weiteren »Fortschritt« parat. Dieser ist als Fort-Schreiten im Sinne des entfremdenden Entfernens von sich selbst und voneinander zu verstehen, wofür selbstentfremdete Fremdgeher am augenscheinlichsten Zeugnis ablegen. Denn mit der Legitimation der Untergrund-Zweitehe kraft Seitensprungs wurde die faktische Bigamie nach zweihundertjähriger Unterbrechung wieder offen gesellschaftsfähig.

Die eheeinschleichenden Frauenhelden von heute unterscheiden sich allerdings erheblich von ihren meist galanteren Vorgängern der Rokokozeit! Während die damaligen Mätressen durchwegs noch angesehen waren und keineswegs in der Öffentlichkeit verleugnet, sondern in jeder Hinsicht liebevoll verwöhnt wurden, werden die heutigen fremdgehenden Ehefrauen meist als kostenlos benutz- und verbrauchbare, überdies verleugnete Sexobjekte im Gemeineigentum der Konsumgesellschaft betrachtet und demgemäß auch behandelt.

Fazit: Wenn abschließend zum Thema »persönliche Freiheit in der Lebensbeziehung« ein Resümee gezogen wird, so läßt sich feststellen: Das Eigentum am Lebenspartner, letztlich seine Beherrschung, wurde mit dem Wechsel zur Ideologie der Scheinfreiheit keineswegs aufgehoben, sondern lediglich in einer verschleierten und noch schwerer durchschaubaren Form neu legitimiert und abgesichert.

Die zeitgenössische Freiheitsideologie hat bewirkt, daß die angebliche Befreiung der Frau im nun möglichen Wechseln des Besitzers sowie in der Einführung zweier Besitzvarianten (Erst- und Zweitfrau) ihren mehr als zweifelhaften Ausdruck gefunden hat.

Trotz aller Widersprüchlichkeiten befinden sich die beiden patriarchalischen Sexideologien in einer Hinsicht in bemerkenswertem Einklang miteinander: nämlich in der übereinstimmenden Bewertung des Liebesaktes selbst.

Shere Hite kennzeichnet ihn treffend mit folgenden Ausführungen: »Der Geschlechtsverkehr ist einer der schönsten, doch zugleich auch am stärksten mit Unterdrückung und Ausbeutung verknüpften Akte in unserer Gesellschaft. Er ist, wie eben beschrieben, seit annähernd drei Jahrtausenden Symbol für die Besitzansprüche des Mannes gegenüber der Frau. Er ist das zentrale Symbol der patriarchalischen Gesellschaft; ohne ihn könnte es kein Patriarchat geben ... der Geschlechtsverkehr ist ein Zelebrieren der ›männlichen‹, der patriarchalischen Kultur.« *(Das sexuelle Erleben des Mannes)*

Diese zutreffende Wertung zeigt die Bedeutung des Seitensprungs sowohl für den betrügenden als auch den betrogenen Mann. Sie zeigt damit vor allem seine wertebedingte Brisanz und seine zerstörerischen Risiken.

Besonders auffällig ist in diesem Zusammenhang die häufig zu beobachtende destruktiv-sadistische Konkurrenzhaltung einschleichender Seitenspringer gegenüber den betrogenen Ehemännern, die es vor der Mitwelt auszustechen und zum »Gehörnten«, zum »Hahnrei« zu erniedrigen gilt.

Hildegard Baumgart hat die sprachliche Herkunft sowie die patriarchalische Bedeutung dieser beiden Worte für unsere immer noch männerzentrierte Kultur illlustrativ dargestellt und damit zugleich die destruktive Hintergrundmotivation zahlloser Seitensprünge enttarnt: »›Hahnrei‹ ist eigentlich ein ›Hahnreh‹, ein Hahn mit Geweih. So bezeichnete man Kapaune, kastrierte Hähne, weil man früher die merkwürdige Angewohnheit hatte, Kapaunen die abgeschnittenen Kampfsporne in den Kamm als Hörner einzusetzen. ›Hörner tragen‹, ›Hörner aufsetzen‹ ist in vielen Sprachen der Ausdruck, der den betrogenen Ehemann charakterisiert, und hat zweifellos eine herabsetzende, denunzierende phallische Bedeutung. Die Entwicklung ist also: kastrierter Hahn – impotenter Mann – einer, der sich betrügen läßt – einer, der ohne sein Wissen betrogen wird.« *(Liebe, Treue, Eifersucht)*

2. Wenn die Liebe zur Prostitution verkommt

Wahre Vereinigung, eigentliche Liebe
findet nur unter Lebendigen statt,
die an Macht sich gleich
und also durchaus füreinander Lebendige,
von keiner Seite gegeneinander Tote sind.
GEORG WILHELM FRIEDRICH HEGEL

Die Prostitution als eine der Hauptstützen des Patriarchats tritt uns in mehreren Varianten entgegen, die jedoch alle trotz ihres sehr unterschiedlichen äußeren Erscheinungsbildes auf denselben inneren, deshalb unsichtbaren Grundstrukturen beruhen.

Prostitution bedeutet im ursprünglichen Wortsinn »sich preisgeben« (lat. *prostituere*).

In den zwischenmenschlichen Beziehungen gibt es jedoch zwei völlig entgegengesetzte Möglichkeiten der Preisgabe!

Während die Hingabe in echter Liebe auf Gleichheit der Partner, Freiwilligkeit, gegenseitiger Hochachtung und ausgeglichenem, wechselseitigem Austausch aufgebaut ist, beruht die Prostitution als negatives Pendant hierzu auf der Ungleichheit der Beteiligten, unmittelbarem oder indirektem Zwang, versteckter oder offener Mißachtung sowie Ausbeutung in sexueller, emotionaler und manchmal auch materieller Hinsicht.

Welche Formen der Prostitution treten uns nun in der alltäglichen Lebenspraxis entgegen?

Die *klassische Prostitution,* also die körperliche Selbstpreisgabe an beliebige Personen zu deren sexueller Befriedigung gegen Entgelt stellt eine zwar auffällige, aber in unserer heutigen Zeit nur mehr zweitrangige und überdies immer noch anrüchige Variante dar.

Demgegenüber ist die *Edelprostitution,* d. h. die exklusive Zurverfügungstellung an nur einen oder zumindest wenige Partner gegen materielle Leistungen bereits als ein Übergang zu den beiden häufigsten und allgemein nicht als solche erkannten Formen der Prostitution anzusehen.

Die patriarchalische Ehe wird zur *faktischen Prostitution,* wenn die Beziehung auf persönlicher Ungleichheit (infolge unterschiedlicher Abhängigkeit) sowie unausgewogenem zwischenmenschlichem Austausch (Ausbeutung und Mißachtung) beruht. Nietzsche bedachte deshalb die klassische patriarchalische Ehe mit dem Ausspruch: »Die Ehe ist die verlogenste Form des Geschlechtsverkehrs, und eben deshalb hat sie das gute Gewissen auf ihrer Seite.«

Diese Grundsituation ist auch noch heutzutage in vielen Ehen real vorhanden. Und die potentielle Gefahr wird so lange bestehen bleiben, wie die Emanzipation beider Geschlechter im dreifachen Sinne des Wortes, nämlich der Befreiung, der Selbständigkeit und der Gleichheit, nicht umfassend hergestellt ist!

Eingedenk der bereits im zweiten Kapitel (S. 34 ff.) geschilderten unsichtbaren Funktionsrollen der am Fremdgehen Beteiligten, stellt die heimliche Untergrundbeziehung die wohl makaberste, zugleich unsichtbarste Form der Prostitution dar. Hier zeigt sich das Phänomen, daß extrem negative Geschehnisse mangels eines geeigneten Wertmaßstabs nicht mehr realitätsgerecht erfaß- und beurteilbar sind, wenn sie gleichzeitig durch suggestiv vermittelte ideologische Argumentation überzeugend in einem positiven Licht dargestellt werden.

Darauf beruht letztlich jedwelche betrügerische Form zwischenmenschlicher Übervorteilung!

Während nämlich die als anstößig geltende klassische Prostitution weder auf Belügen noch auf Betrügen beruht, sondern offen den Austauschvorgang *Sex gegen Geld* erkennen läßt, kann dies von der Seitensprung-Prostitution nicht behauptet werden. Denn bei ihr werden in der Regel sowohl die fremdgehende Ehefrau als auch ihr Mann betrogen, da ein wechselseitig ausgeglichener Austausch nur vorgetäuscht wird: Die Ehefrau wird zur überwiegend gewährenden »Gratishure«, ihr Mann zum materiellen, zugleich übervorteilten »Aushälter« seiner fremdgehenden Herzallerliebsten, und der einschleichende Liebhaber als Scheinbefreier (»Freier«) zum »Zuhälter« umfunktioniert, der dem Ehegatten dessen eigene Frau zur gelegentlichen Alibibegattung zur Verfügung stellt.

Da der Begriff »Hure« in direktem Bezug zur Prostitution und auch zum Seitensprung steht, soll wegen des aufdeckenden Zusammenhangs näher darauf eingegangen werden.

Er besaß ursprünglich die Bedeutung »Geliebte«, während er erst auf dem Umweg über das ähnlich lautende althochdeutsche Wort *hor* = Schmutz die mittelhochdeutsche Bedeutung *huore* = Dirne annahm. Da im Altnordischen *hor* gleichzeitig auch Ehebruch, als Glossenwort jedoch auch Lust und Liebe bedeutete, war die »Hure« somit zu Anbeginn gleichsam die geliebte Ehebrecherin.

Die patriarchalische Zwangsmoral machte aus ihr jedoch eine verachtenswerte, eine schmutzige Person, wozu sich offenbar die sprachliche Assoziation ähnlicher Wortstämme anbot.
Der Begriff Hure in seiner negativen Wortbedeutung wurde somit erst im Laufe der Zeit auf die fremdgehende Ehefrau angewandt, um sie im Sinne patriarchalischer Doppelmoral zur insgeheim verachteten und geheimgehaltenen Geliebten stempeln zu können. Unter diesem Gesichtspunkt nimmt es nicht wunder, daß für fremdgehende Ehemänner nie ein ähnlich verachtender Ausdruck gebraucht wurde!
Esther Vilar stellt den schäbigen Liebeslohn des vermeintlichen Liebhabers an seine »Gratishure« treffend dar: »Damit er ja nie in den Verdacht gerät, seine Geliebte zu lieben, wird er sein überwältigendes Verlangen, dieser so nahe wie nur möglich zu sein, in sie einzudringen, sie immer wieder zu berühren und von ihr immer wieder berührt zu werden, vor sich und anderen zu etwas Minderwertigem, Niedrigem, Primitivem, Billigem und Zweitklassigem machen – zu ›nur Sex‹.« (*Das polygame Geschlecht*)

Zusammenfassung: Der beherrschende phallokratisch-pharisäerische, vor allem aber prostituierende Sex spiegelt sich letztlich in sechs Janusgesichtern, die wir uns als die sechs Pleitenpaare mit jeweils demselben Anfangsbuchstaben »P« leicht zu merken vermögen:

- Das erste Doppelgesicht zeigt das kulturell bedingte, verhängnisvolle Verkehren der evolutiven, wachstumsorientierten **Polarität** der Geschlechter in die hemmende und zerstörerische **Polarisierung**. Diese führte zunächst zum Krieg der Geschlechter und in seinem Gefolge zum Generationen-, Rassen-, Klassen- und Nationenkampf.

- Im zweiten Janusgesicht spiegelt sich das Entsetzen der in den erwähnten Kämpfen Unterlegenen, denen nun von den Siegern der ursprüngliche Status der **Partnergleichheit** (Parität) geraubt wurde, so daß sie sich fortan mit dem Zustand der **Prostitution** (Disparität) abfinden mußten.

- Im Zuge des sich hierdurch verfestigenden Machtungleichgewichts verwandelte sich die **Partnerschaft** zwischen Mann und Frau immer mehr in die häßliche Fratze des unterschwelligen bis offenen gegenseitigen **Parasitismus**.

• Dieser ließ eine versteckt-verlogene **Promiskuität** anstelle offener und ehrlicher **Paarbeziehungen** entstehen, wofür der janusgesichtige Seitensprung ein beredtes Beispiel abgibt.

• Zur Durchsetzung und Aufrechterhaltung dieser parasitären Promiskuität mußte die ursprüngliche **Permission** (Restriktionsfreiheit) der Geschlechterbeziehungen durch eine umfangreiche sexuelle und soziale **Prohibition** (Verbote) für die jeweils Unterlegenen ersetzt werden, die sich in der sprichwörtlichen doppelten Moral für Sieger und Besiegte widerspiegelt.

• Um nun diese prohibitive, doppelgesichtige Moral der Macht wirksam durchsetzen zu können, trat an Stelle persönlicher und partnerschaftlicher **Prävention** von Fehlentwicklungen die fast alle Lebensbereiche umfassende **Pönalisierung** (Bestrafung nach dem fiktiven Schuldprinzip), um solchermaßen die patriarchalische Ordnung mit Hilfe des destruktiven Kreislaufs von Sünde und Sühne, Schuld und Strafe sowie von Schmach und Scham effektiv abzustützen.
Diese verhängnisvolle Entwicklung verstärkte fortwährend die **Paralyse** aller partnerschaftlichen und zwischenmenschlichen Beziehungen, wofür die zahllosen Seiten-, Ab- und Wiederaufsprünge ein unübersehbares Signal setzen.
Als gleichsam negative Vorkämpfer dieser zweifelhaften Fortschrittsbewegung taten sich schon seit jeher viele im Rampenlicht der Öffentlichkeit stehende promiske Prominente (Promis) hervor. Es diesen gleichzutun war stets das besondere Anliegen ungezählter Nachäffer.

3. Wie sich die Seitenspringer eine selbstrechtfertigende Scheinwirklichkeit aufbauen

Die Rechtfertigungen der Seitenspringer zeichnen sich meist durch eine undifferenzierte und absichtsvoll verwirrende Vermengung unterschiedlichster Begriffe, einseitig und überzogen dargestellte Halbwahrheiten, aber auch raffinierte und verharmlosende Lügen und aggressiv-suggestive Dreistigkeit aus – schon die Patriarchen im alten Rom übten sich nach bewährter Machoart in diesem Sinne, indem sie erklärten: *Femina vult decipi!* (»Die Frau will betrogen werden!«)
Mit einem Gemisch aus unredlichen Pseudoargumenten und un-

ausrottbaren Vorurteilen wird so seit Jahrtausenden eine absichtsvoll errichtete Scheinwirklichkeit gegenüber den Opfern aufrechterhalten, welche bei diesen häufig eine defätistische Unterwerfungs- oder aber blindwütige Protesthaltung auslöst.
Zu Zeiten der noch ausschließlich herrschenden unterdrückenden Sexideologie hatten Ehefrauen meist nur beschränkte Möglichkeiten, gegen das Seitensprungverhalten ihrer Männer anzugehen. Für sie galt deshalb die Verhaltensmaxime aller hoffnungslos Unterdrückten: *Es ist halt so!* Und sie steckten resigniert den Kopf in den Sand, darauf hoffend, daß alles einmal vorübergehen und ihr Familienernährer nicht endgültig davonlaufen würde.
Unter dem negativen Einfluß der gegenwärtig dominierenden Freiheitsideologie hingegen reduzieren viele Frauen emanzipatorische Fortschritte auf die letztlich für alle Beteiligten destruktive Losung: *Wie du mir, so ich dir!* und heizen damit lediglich den Geschlechterkampf an.
Im übrigen gilt heute für männliche und weibliche Seitenspringer die verharmlosende Formel *Was ist schon dabei?*, die im Falle des Selbstbetrogenwerdens allerdings häufig dem alttestamentarischen Racheverlangen *Aug um Aug, Zahn um Zahn* weicht.
Es fällt auf, daß diese Handlungsweisen trotz ihrer oberflächlichen Gegensätzlichkeit Wesentliches gemeinsam haben: nämlich die verleugnende Mißachtung der ureigenen und der partnerschaftlichen Interessen, die Verharmlosung bzw. Verkennung des Geschehens – und letztlich die konfliktscheue Resignation gegenüber einer schleichenden Demontage des Selbstwertgefühls und der Lebensbeziehung. Und genau diese Auswirkungen werden mit einem Bündel von rechtfertigenden Behauptungen bestritten und argumentativ ins Gegenteil umgebogen!
Wir wollen deshalb die häufigsten Rechtfertigungsthesen zugunsten des Seitensprungs betrachten, die immer wieder vorgebracht und nicht selten auch geglaubt werden:

- Eines der häufigsten Argumente lautet, der Seitensprung bekomme allen Beteiligten gut und stelle damit letztlich auch eine Bereicherung der eigenen Ehe dar. Denn die hierdurch ausgelöste, gesteigerte erotische Spannung übertrage sich vermittels des betrügenden Lebensgefährten auf den übergangenen Partner und führe zur Aktivierung und Verjüngung der eigenen Lebensbeziehung. Dem Übervorteilten wird somit der Partnerbetrug gleichsam als eine Wohltat angedient, deren Nutznießer er sei!

Sofern dieser Effekt überhaupt auftritt, ist er erfahrungsgemäß nur

von kurzer Dauer und steht in keinem Verhältnis zu den langfristigen negativen Auswirkungen. Vor allem wird hier unterschlagen, daß die eigene Lebensbeziehung durch das Untergrundverhältnis allmählich sexuell und emotional ausgeplündert wird und deshalb immer mehr verarmt.
Eine Untersuchung der Gesellschaft für erfahrungswissenschaftliche Sozialforschung über das Thema »Auflösungserscheinungen der Ehe in der Bundesrepublik« kommt zu dem Ergebnis, daß der Seitensprung die Ehe nicht nur desorganisiert, sondern darüber hinaus auch die ohnehin schon gestörte Eheharmonie noch weiter verringert.
Glaubt man jüngsten Umfragen, so befürwortet dennoch jede zweite Frau den Seitensprung, und jede vierte vertritt die irrige Meinung, daß das Fremdgehen der eigenen Ehe förderlich sei.

• Ein weiteres Argument beruft sich auf das persönliche Recht der sexuellen Selbstbestimmung, der individuellen Selbstverwirklichung und der partnerabgrenzenden Emanzipation, die allesamt das Eingehen von Außenbeziehungen einschlössen.
Diese Rechtfertigung zeigt, daß der Freiheitsbegriff zu den am meisten mißverstandenen und mißbrauchten Werten zählt!
Wesentliches Merkmal persönliches Freiheit ist die *Entscheidungsfreiheit*, die zwangsläufig eine Selbstbeschränkung auf selbst ausgewählte Zielsetzungen und Alternativen nach sich zieht. Eine Entscheidung zur Zweierbeziehung schließt damit eine gleichzeitige Zweitbeziehung aus, da sich beide Ziele diametral widersprechen. Dieser Widerspruch vermag allenfalls im Wege persönlicher und partnerschaftlicher Reifung auf einer höheren Lösungsebene jenseits von beschränkender Monogamie und rückwärtsgerichteter Polygamie aufgehoben zu werden.
Vor allem aber kann individuelle Freiheit niemals von der persönlichen Verantwortung für sich und den Partner sowie die übrigen Familienangehörigen getrennt werden. Dies beinhaltet auch, den eigenen Freiheitsspielraum nicht parasitär auf Kosten Dritter auszudehnen.
Des weiteren erhebt sich die Frage, weshalb der auf seine individuellen Rechte pochende Fremdgeher diese nicht offen von Anbeginn verteidigt, obgleich er angeblich von ihnen überzeugt ist. Eine Geheimhaltung der Außenbeziehung würde sich damit erübrigen.
Die Geheimhaltung des Partnerbetrugs wird deshalb meist mit

der Behauptung gerechtfertigt, dies geschehe aus Rücksichtnahme gegenüber dem Lebensgefährten und diene seiner Schonung. In Wirklichkeit geht es dem betrügenden Partner vornehmlich darum, seinen Seitensprungaktivitäten einen ungestörten Verlauf zu sichern. Außerdem zeigt dieses Verhalten, daß der Fremdgeher nicht von seinem Tun überzeugt ist und deshalb auch nicht nachdrücklich dazu stehen kann.

Die beiden Eheforscher O'Neill charakterisieren seine Absichten deutlich: »Es ist leicht, zu behaupten, daß man seine wahren Gefühle oft aus Rücksicht auf den Partner für sich behält, aber im allgemeinen ist man ebensosehr um sich selbst besorgt. In Wirklichkeit handelt es sich dabei um einen Mangel an Persönlichkeitsbewußtsein und um ein Gefühl der Unsicherheit, das damit verbunden ist.« *(Die offene Ehe)*

Wenn nun der Betrogene auf ebendiesen Umstand hinweist, so wird häufig zum entlastenden Gegenangriff übergegangen und ihm zum Vorwurf gemacht, er gönne dem fremdgehenden Lebensgefährten keine gelegentlichen schönen Stunden mit einem fremden Partner.

Dieser Neidvorwurf entbehrt in vielen Fällen nicht einer gewissen Berechtigung, da viele Betrogene selbst potentielle Fremdgeher sind und es deshalb am allerwenigsten ertragen können, selbst betrogen zu werden.

Entscheidender für die abwehrende Reaktion des Betrogenen dürfte jedoch in der Regel sein, daß er sich primär gegen die Mißachtung durch den Lebensgefährten sowie gegen die parasitäre Ausplünderung und drohende Zerstörung der gemeinsamen Lebensbeziehung wendet.

• Häufig finden noch zwei weitere Argumente Anwendung, die wegen ihrer banalen Widersprüchlichkeit ins Auge fallen:

Die erste Behauptung lautet: Die außereheliche sexuelle Betätigung beeinträchtige die Treue zum Partner in keiner Weise. Denn die körperliche Untreue bedinge keine seelische und soziale Treulosigkeit.

Gleichzeitig wird jedoch häufig auch umgekehrt argumentiert: Wenn es bereits zur seelischen Untreue durch innerliche Entfremdung gekommen sei, so komme es auf körperliche Untreue nicht mehr an.

Bei der ersten Behauptung wird schlicht außer Betracht gelassen, daß Untreue immer eine spezifische innere Haltung darstellt, die gegen den Lebensgefährten gerichtet ist und die im Seitensprung

folgerichtig nur ihren körperlichen und damit realen Vollzug erfährt.
Aus diesem Grund wird der zunächst gedankliche Treue- und Ehebruch durch das fortgesetzte Untergrundverhältnis auch emotional und sozial vorangetrieben, da der stets wiederholte Liebesakt den Entfremdungsprozeß zwischen den Lebenspartnern beschleunigt. Denn die Sinnlichkeit körperlicher Liebe verleiht den Strebungen der Seitenspringer einen neuen Sinn außerhalb der Lebensbeziehung. Dies gilt insbesondere für Frauen, die körperliche und emotionale Liebe meist nicht voneinander trennen.
Eine Frauenstimme im jüngsten Hite-Report legt dies offen: »Liebe ist auch die tiefste Verschmelzung von Körpern. Irgendwie ist die Körpererinnerung an einen geliebten Menschen stärker und nachhaltiger als alle anderen Erinnerungen.«
Und der bekannte Eheberater Theodor Bovet meint: »Je mehr der Leib, die Sinnesempfindungen an ihr beteiligt sind, desto schwerer ist eine Bindung zu lösen.« (*Die Ehe*)
Die Auswirkungen körperlicher Liebe auf die Bindungskräfte einer Lebensbeziehung machen sich deshalb bei bereits angeknacksten Ehen verständlicherweise besonders destruktiv bemerkbar. Das zweite Rechtfertigungsargument heißt also nichts anderes, als Öl ins Feuer zu gießen – was gleichzeitig allerdings als folgenlos hingestellt wird.
Gegenüber letzterem Argument läßt sich überdies einwenden, daß selbst in einer innerlich schon zerbrochenen Kulissenehe der Lebenspartner durch Seitensprungabenteuer durchaus in vielfach negativer Weise betroffen werden kann. Wir brauchen uns nur an die bereits geschilderten funktionalen Rollenverteilungen im Seitensprunggeschehen zu erinnern!

• Schließlich behauptet der Fremdgehende häufig, ohne eine emotional und sexuell entlastende und ergänzende Beziehung zu einem Außenpartner halte er es in der Ehe nicht länger aus und würde seelisch verhungern und letztlich zugrunde gehen.
Hier muß er sich die Frage gefallen lassen, weshalb er dann nicht den Mut zur endgültigen Trennung besitzt, wenn er schon nicht die Kraft zur positiven Fortsetzung der Lebensbeziehung aufbringt, gleichzeitig aber den Elan zum Ausbruch demonstriert.

Das befremdende Seitensprunggesicht des fremdgehenden Lebensgefährten – Der Lebenspartner als unbekanntes Wesen

1. Das gefährliche Spiel mit dem Feuer der Liebe

Wer mit dem Leben spielt,
kommt nie zurecht;
wer sich nicht selbst befiehlt,
bleibt immer Knecht.
JOHANN WOLFGANG V. GOETHE

Welches Spiel spielen eigentlich die Seitenspringer? Läßt sich Goethes Einsicht auch auf sie anwenden?
Der Nobelpreisträger Luigi Pirandello hat in seinem Roman *Mattia Pascal* dem verlogenen Doppelleben eines typischen Seitenspringers und gleichzeitigen Glücksspielers in seiner so treffsicheren wie gleichermaßen tiefsinnig-spöttischen Art ein literarisches Denkmal gesetzt, das überdies mit der eingangs zitierten Goetheschen Erkenntnis in Einklang steht.
Auf den passionierten Seitenspringer bezogen heißt dies: Er ist gleichermaßen ein Glücks- wie ein Falschspieler in der Liebe und im Leben, denn er spielt *mit* statt *in* der Liebe, und er lebt nicht sich selbst, sondern mit Hilfe und auf Kosten anderer.
Ein Glücksritter ist er sich selbst und seinem Lebens- wie auch seinem Untergrundpartner gegenüber, da er dem einen die Fiktion von Zufriedenheit und Geborgenheit in der Lebenspartnerschaft und dem anderen die suggestive Illusion des Glücks in der Zweitbeziehung vorspielt, woran er in selbstbelügender Weise nicht selten auch noch glaubt. Die eigene Ehe wird so gleichermaßen als »Spieltisch« für die spielerische Untergrundbeziehung und letztere als Fluchtort vor sich selbst und damit der eigenen Selbstwerdung mißbraucht.
Da jedoch Glück und Zufriedenheit auf diese Weise nicht erreichbar, allenfalls für eine kurze Zeit auf Vorschuß von seiten anderer

gleichsam »vorfinanzierbar« sind, werden die Seitenspringer zwangsläufig zu nicht kreditwürdigen Falschspielern in der Liebe. Denn sie belügen und betrügen beide Liebesgefährten und beuten sie zugleich im gegenseitigen Ausspielen emotional und sexuell, manches Mal auch noch zusätzlich materiell aus.

Doch selbst die Seitenspringer werden früher oder später als Selbstbetrüger zu Opfern ihrer lebenslügnerischen Spielleidenschaft und verspielen nach anfänglichen Erfolgen häufig auch das hinterhältig geraubte bescheidene Glück und die Zukunft aller Betroffenen und deren Familien.

Da die Fremdgeher mehr dem Glücksspiel des Seitensprungs vertrauen als ihrer eigenen Fähigkeit, sich und den Lebensgefährten glücklich machen zu können, und es ihnen überdies an der nötigen Selbstdisziplin in allen Lebenslagen fehlt, kommen sie, Goethescher Voraussage entsprechend, auch im Leben nie zurecht. Deshalb sind sie weder zum Ledigbleiben noch zur dauerhaften Bindung fähig. Den noch komplexeren Auswirkungen und Folgen ihrer paradoxen Flucht in eine gleichzeitige Zweitbeziehung und damit in ein noch unübersichtlicheres Dreiecksverhältnis können sie demgemäß erst recht nicht gewachsen sein! Ja, meist sind sie nicht einmal in der Lage, ihre endgültig kaputte Lebensbeziehung durch eine unumgängliche Trennung zu einem notwendigen Abschluß zu bringen. Denn sie kommen weder mit dem ungeliebten Lebenspartner noch ohne ihn zurecht.

Von einer patriarchalischen, parasitären Umwelt geprägt, in der zu oft in allen erdenklichen Lebenslagen und unterschiedlichsten Seinsbereichen falsch gespielt wird, gerät auch der einzelne allzu leicht zum Falschspieler, der den Unterschied von Wunsch und Wirklichkeit, von Mögen und Möglichkeit, von Mein und Dein, von Lüge und Wahrheit nicht mehr deutlich zu unterscheiden bereit oder fähig ist.

2. Wie sich die »seelische Landkarte« der Seitenspringer entschlüsseln läßt

Nur das Konkrete ist das Wirkliche.
GEORG WILHELM FRIEDRICH HEGEL

Wer sind die Glücksspieler der Liebe? Wie stehen sie uns als Menschen aus Fleisch und Blut gegenüber? Wie können wir sie in ihrem Denken, ihrem Fühlen und ihrem Verhalten erkennen, um sie letztlich auch in ihrer individuellen Eigengestalt besser verstehen zu lernen? Welche archetypischen und gesellschaftlich realen Vorbilder haben sie, und in welchem Umfang passen sie sich diesen an?

Was sie hinter ihrer Stirn denken und in ihrem Herzen fühlen, bleibt uns letztlich verborgen, solange sie sich uns nicht freimütig offenbaren. Doch wie sie sich verhalten, das heißt, was sie tun, dulden oder unterlassen, wird für uns sichtbar und manchmal berauschend, nicht selten aber schmerzlich fühlbar.

Erkennen und verstehen läßt sich der Seitenspringer deshalb nur, wenn wir kritisch den Unterschied zwischen seinen Worten und seinem konkreten Handeln wahrnehmen. Nur hier zeigt sich die tatsächliche menschliche Bilanz von »Soll«, nämlich verkündetem Anspruch und »Haben«, letztlich der realisierten Wirklichkeit. Die Differenz ist Glaubwürdigkeit, die wir uns bildlich als gefährlich schmale Meerenge zwischen der Skylla verlogener Rhetorik und der Charybdis verschleierter Realität vorstellen müssen.

Das Verhalten eines Menschen stellt somit gleichsam die »Visitenkarte« seiner Seele dar. Da Menschenkenntnis bekanntlich schwierig zu erlangen ist und die meisten in erstaunlich geringem Maße darüber verfügen, müssen wir mühsam lernen, die persönliche Verhaltensbotschaft des Fremdgehers zu entschlüsseln.

Noch plastischer und somit aussagekräftiger wird das Verhalten des Seitenspringers, wenn wir uns dieses als eine differenzierte »Landkarte seiner inneren Seelenlandschaft« vorstellen, auf der wir uns orientieren können. Auf diese Weise erreichen wir unseren Zielort, nämlich eine gemeinsame positive Konfliktlösung, am schnellsten. Beim »Kartenlesen« tun wir gut daran, zunächst im erklärenden Text, der Legende, nachzusehen, um ihre symbolischen Zeichen richtig zu deuten. Auf diese Weise unterlaufen wir das irreführende Verhalten des Fremdgehers und enttarnen gleichzeitig seine Märchen als lügnerische Legende.

Im Seitensprunggeschehen müssen wir deshalb zunächst die historisch gewachsenen **Archetypen**, d. h. die geistigen Vorbilder richtig einzuordnen verstehen. Denn diese beeinflussen unser kollektiv Unbewußtes ebenso, wie sie sich auf die rationalisierende Argumentation und reale Verhaltensweise auswirken.

Anschließend können wir den eingegrabenen »Flußläufen« der weitverbreiteten und ebenfalls prägenden **Charakterorientierungen** sowie den meeresgrundigen »Gebirgszügen« und »Tälern« des dunklen »seelischen Ozeans«, nämlich den individuellen **Persönlichkeitsstrukturen**, folgen.

Aus diesen drei fundamentalen, sozialpsychologisch grundierten und ideologisch glasierten Bausteinen erwächst die unverwechselbare, individuell ausgeprägte Seelenlandschaft des einzelnen. Diese ist in ihrer Struktur so einmalig, wie sie paradoxerweise gleichzeitig frappierende Ähnlichkeit mit häufig vorkommenden Charaktertypen (*kollektiven Gesellschaftscharakteren*) besitzt, deren individuelle Persönlichkeitsstruktur in herausragendem Maße und auffälliger Weise von gesellschaftlichen Vorbildern und aktuellen Zeitströmungen geprägt ist. Erich Fromm hat das so komplexe wie paradoxe Phänomen des vielgesichtigen und gleichwohl in seinen Grundzügen verblüffend einheitlichen Gesellschaftscharakters entdeckt und wissenschaftlich bearbeitet (*Erich-Fromm-Lesebuch*).

Kurz und prägnant faßt die kritische Schriftstellerin und jüngst als mutige Bürgerrechtskämpferin bekannt gewordene Christa Wolf diese gesellschaftliche Erscheinung in ihrem Roman *Kindheitsmuster* zusammen: »Wer Ähnlichkeiten zwischen einem Charakter der Erzählung und sich selbst oder ihm bekannten Menschen zu erkennen glaubt, sei auf den merkwürdigen Mangel an Eigentümlichkeit verwiesen, der dem Verhalten vieler Zeitgenossen anhaftet. Man müßte die Verhältnisse beschuldigen, weil sie Verhaltensweisen hervorbringen, die man wiedererkennt.«

A. Der historische Archetyp des Seitenspringers

Wollen wir uns zunächst dem historisch gewachsenen, zugleich vorbildgebendem *Archetyp* des Seitenspringers zuwenden. Er

tritt uns in Gestalt des Macho entgegen, der mit seiner überlegenen, omnipotenten Männlichkeit protzt und gleichsam das ideologische Leitbild der patriarchalischen, frauenverachtenden Gesellschaft in seiner deutlichsten Ausprägung darstellt (Machismo). Dieser besitzt seine historische und mythologische Heimat im europäischen Stammland des Machismo, im männerstolzen Spanien. Es ist der legendäre Don Juan. Er liebt und lebt eiskalt und knallhart nach der altbewährten Devise des Altmachos Cäsar, der seinen Sieg bei Zela mit stolzgeschwellter Brust so ankündigte: *»Veni, vidi, vici!«* (»Ich kam, sah, siegte!«)
Doch wo Sieger lauthals prahlen, müssen naturgemäß auch zum Schweigen verurteilte Verlierer zu finden sein.
Letztere werden allerdings nicht wahrgenommen, da nun eine bedeutsame psychologische Wirkung zum Tragen kommt, die Nietzsche so beschreibt: *»Wovon man nicht laut spricht, das ist nicht da.«*
In unserer feindbildorientierten, wahnsinns-optimistischen und siegestrunkenen Machowelt wird jedoch die Kehrseite dieser Losung meist vergessen. Sie lautet: *Vae victis!* (»Wehe den Besiegten!«)
Der Knackpunkt zwischenmenschlicher Auseinandersetzungen inmitten einer seit fünf Jahrtausenden traditionell herrschenden patriarchalischen Gewaltkultur liegt nun darin, daß sich die den Sieg parasitär auskostenden Gewinner und deren schmarotzende Hilfswillige als lautstarke und deshalb beachtete und geachtete Schwätzer numerisch betrachtet in einer unbeachtlichen Minderheit befinden.
Hingegen ist es die breite Mehrheit der ideologisch gegängelten und materiell übervorteilten, ängstlich schweigenden Besiegten (eben die sprichwörtliche »schweigende Mehrheit«), die in der phallokratischen, den Erfolg fetischisierenden Ellenbogengesellschaft neben dem Schaden auch noch den verachtenden Spott zu tragen hat.
Für sie mag es freilich wenig tröstlich sein, sich daran zu erinnern, daß jeder Sieg nach Machoart stets einen Pyrrhussieg darstellt, der den gnadenlosen Siegern früher oder später selbst zum Verhängnis wird, gleichgültig, ob er auf dem Schlachtfeld des Geschlechter-, Klassen-, Rassen-, Generationen- oder Nationenkampfes errungen wurde.
Don Juan tritt uns in Literatur und Oper archetypisch als die oft behandelte, dämonische Gestalt des unersättlichen und zugleich skrupellosen Liebhabers entgegen. Wörtlich übersetzt ist er der

»Herr Johann«, dessen Phallus zum Symbol omnipotenter Männlichkeit überkompensiert wird. Dies zeigt sich nicht zuletzt auch darin, daß selbst in unserer Sprache der »Johann« ein Synonym für das männliche Glied darstellt. In einem auch noch heute vorherrschenden Rollenverständnis ist *man* nur als *Mann mit Glied* gleichsam *Mitglied* unserer phallokratischen Gesellschaft, die letztlich den in allen Lebensbereichen zu bevorzugenden »Penisbonus« garantiert. Entgegen einer weitverbreiteten Ansicht darf unser Don Juan jedoch nicht nur als literarische Sagengestalt angesehen werden. In der Funktion eines Oberkellermeisters des kastilischen Königs Peter des Grausamen, der von 1350–1369 herrschte, wurde Don Juan de Tenorio vielmehr zum Sinnbild des mit vorauseilendem Gehorsam dienernden Untertanen. Als zuhälterischer Erfüllungsgehilfe inszenierte er für seinen unbeherrschten Herrscher zahllose außereheliche Liebesabenteuer und sadomasochistische Orgien, wofür er schließlich geadelt wurde.
Gegenüber Frauen tritt der personifizierte Don Juan als charmant-frecher, heiter-selbstbewußter »Hoppla-ich-bin-da-Mann« auf. Er erscheint ihnen deshalb kurzweilig, und sie ergeben sich seiner suggestiv-unbekümmerten Verführungskunst meist schnell. Aber ebenso kurzweilig ist seine jeweilige Liebesaffäre, und ebenso schnell und unbekümmert wirft er die leicht eroberte Beute achtlos beiseite, sie seelenbekümmert zurücklassend.
Auf weiblicher Seite fehlt das eindeutige archetypische Vorbild der erotischen Freibeuterin. Dies ist unter patriarchalischen Verhältnissen auch nicht weiter verwunderlich, obgleich es vereinzelte Männerverbraucherinnen und -verderberinnen zu allen Zeiten gegeben hat.
Frauen neigen im übrigen, im Gegensatz zu Männern, weit weniger dazu, sich an Vorbildern zu orientieren, da sie in erhöhtem Maße aus sich selbst heraus leben.

B. Grundsätzliches zur Charakterorientierung und individuellen Persönlichkeitsstruktur

Wenden wir uns nun den beiden weiteren seelischen Bausteinen persönlicher Individualität zu, die gleichzeitig auch die verbindende Mörtelfuge zu den Menschen der Umwelt darstellen.
Jeder Mensch setzt sich auf eine ganz bestimmte, unverwechsel-

bare Weise zu seinen Mitmenschen in Beziehung. Wir können diese deshalb als die Basis seiner sozialen Kompetenz bezeichnen. Den wegweisenden Kompaß hierzu bildet seine *Charakterorientierung* als gleichsam fundamentaler zweiter Baustein. Die Kompaßnadel wird hierbei unbewußt auf den psychologischen Pol der vorbildgebenden gesellschaftlichen Archetypen sowie der unzähligen, in der Realität nachgelebten Abziehbilder derselben ausgerichtet (suggestive Psychologie der Massen).
Dieser jeweiligen Art des »In-der-Welt-Seins« entspricht spiegelbildlich eine individuelle *Persönlichkeitsstruktur*, die als dritter seelischer Baustein am Maßstab der Angst und damit auch der Lebensbewältigung am deutlichsten erkennbar gemacht werden kann.
Die Angst darf in diesem Zusammenhang als die wohl bedeutendste lebensbewahrende Persönlichkeitsschranke des Menschen angesehen werden. Wird Angst als ernst zu nehmendes Warnsignal, gleichsam als Aufforderung zum Handeln jedoch vom Menschen abgelehnt, verleugnet oder verdrängt, weil der einzelne Angst vor der Angst hat, so führt dies zu letztlich destruktiven Folgen.
Diese negative Einstellung zur Angst ist symptomatisch für unsere patriarchalische Gesellschaft, die sich auf diese Weise eine notwendige, wenn auch oft schmerzhafte und mühevolle Angst- und Problemverarbeitung erspart, indem sie Angst, völlig absurd, als unmännlich abqualifiziert und vor ihr letztlich nur feige die Augen verschließt (Vogel-Strauß-Verhalten).

Zusammenfassend kann gesagt werden:
Die *Charakterorientierung* stellt gleichsam eine seelische Weichenstellung gegenüber der Mitwelt dar, während sich die *Persönlichkeitsstruktur* in der Ausrichtung der individuellen »Lebensgeleise« widerspiegelt. Weichen und Geleise zusammen bilden das dynamische »seelische Verkehrssystem«, über das der Lebenszug des einzelnen rollt. Anders ausgedrückt: Charakterorientierung und Persönlichkeitsstruktur, durch erzieherische und kulturelle Vorbilder (Archetypen) geprägt, bestimmen zusammen maßgeblich das Denk-, Gefühls- und Verhaltensrepertoire eines Menschen (Gesellschaftscharakter).
Sie bilden somit auch die Basis seines individuell unterschiedlichen Seitensprungpotentials.

C. Die Charakterorientierung

Hierzu eignet sich die Darstellung des Sozialpsychologen Erich Fromm trefflich, die er in seinem Werk *Psychoanalyse und Ethik* wiedergibt. In der Lebenspraxis mischen sich selbstredend diese Typisierungen individuell miteinander und sind von jeweils unterschiedlicher Ausprägung.

• Im Zusammenhang mit dem Seitensprunggeschehen fällt vornehmlich die **ausbeuterische Charakterorientierung** auf.
Menschen dieses Charaktertyps erwarten die Quelle alles Guten und Schönen außerhalb ihrer selbst und dementsprechend auch jenseits ihres von ihnen völlig vereinnahmten Lebenspartners und der deshalb erstickten Lebensbeziehung.
Sie warten nun nicht darauf, etwas von anderen geschenkt zu bekommen oder im wechselseitigen zwischenmenschlichen Austausch zu erwerben, sondern sie nehmen sich das Erstrebte mit List und Betrug, notfalls auch mit Gewalt.
Erich Fromm schreibt hierzu: »Auf dem Gebiet der Liebe und Zuneigung besteht bei diesem Typus die Tendenz, an sich zu reißen und zu stehlen. Er fühlt sich nur zu einem Menschen hingezogen, den er einem anderen wegnehmen kann. Selten verliebt er sich in jemanden, der ungebunden und frei ist... ›Gestohlene Früchte sind die süßesten‹, ist ihre Lebensregel. Und da sie ausnutzen und ausbeuten wollen, ›lieben‹ sie auch nur den, bei dem die Möglichkeit des Ausbeutens vorausgesetzt werden kann, oder werden derjenigen ›überdrüssig‹, bei denen nichts mehr zu holen ist.«

• Im täglichen Leben ist die ausbeuterische Grundhaltung häufig mit dem weitverbreiteten, erfolgsabhängigen, **marktorientierten Menschen** verknüpft, der sich selbst auf großmäulige und lügnerische Art und Weise so teuer wie möglich, seine Mitmenschen jedoch so betrügerisch wie billig »verkauft«. Von der Differenz, dem seelischen oder auch materiellen Profit, läßt es sich für ihn auf Kosten Dritter gut leben.
Der typische marktorientierte Zeitgenosse sieht sich deshalb selbst, und noch mehr seine Mitmenschen, vornehmlich als austauschbare Ware sowie als gebrauch- und verbrauchbaren Konsumartikel an. Demgemäß verkommen bei ihm Liebe und Sexualität zum genußvollsten Konsumgut (erotischer Luxuskonsum) und die jeweiligen Partner zu Sexualobjekten, die er nach Gebrauch

wegwerfen kann. Wichtig ist für ihn vorzuweisende Leistung auf dem Liebesmarkt, die sich am Partnerumsatz gleich einem Warenumschlag messen läßt. Letztlich zeigt sich hier spiegelbildlich unsere herrschende, ausschließlich materiell ausgerichtete Konsum- und Wegwerfideologie.
Diesen Menschen fehlt vor allem persönliche und geschlechtliche Identität, was Fromm zu der Feststellung veranlaßt: »Da der Mensch nicht leben kann, wenn er an der eigenen Identität zweifelt, muß er in der Marktorientierung die Gewißheit der eigenen Identität nicht in sich oder seinen Fähigkeiten suchen, sondern in dem, was andere über ihn denken. Prestige, Stellung, Erfolg und die Tatsache, daß er anderen als eine bestimmte Person bekannt ist, sind der Ersatz für das echte Identitätsgefühl.«

• Den dritten, für Seitenspringer ebenfalls relevanten Charaktertypus stellt die **Hamsterorientierung** dar. Menschen mit dieser Ausrichtung besitzen einen zwanghaften Selbstbestätigungsdrang, der bei gleichzeitig sexorientierten Sammlern im adäquaten Sammeln von Liebespartnern und amourösen Abenteuern seinen bestimmenden Ausdruck findet. Fromm hierzu: »Sie schaffen sich ein Gefühl der Sicherheit, indem sie etwas hamstern.«

Auf der Gegenseite, bei den Betrogenen, finden sich durchaus dieselben Charakterbilder, da sie schließlich nicht selten ebenfalls als Betrügende und somit in Personalunion von *Täteropfer* und *Opfertäter* auftreten.

• Bei den typischen Hintergangenen, d. h. den passiven Nur-Betrogenen (Täteropfer) oder den beim Partnerbetrug selbst immer wieder Betrogenen (Opfertäter) hingegen steht eindeutig die **rezeptive**, d. h. die **empfangende Orientierung** im Vordergrund. Diese Menschen glauben nun umgekehrt nur an das Geliebtwerden durch den Partner, ohne jedoch Vertrauen in ihre eigene aktive Liebeskraft zu haben. Deshalb vermögen sie letztlich weder sich selbst noch andere zu lieben. Von der Lieblosigkeit der bisher geschilderten Charaktertypen unterscheiden sie sich vornehmlich durch ihre illusionäre Gutgläubigkeit sowie das Fehlen parasitärer Bestrebungen.
Diese innere Einstellung setzt sie der Gefahr der emotionalen Abhängigkeit, ja der Hörigkeit von anderen Menschen aus, denen sie sich auf Gedeih und Verderb ausliefern. Erich Fromm hierzu:

»Von irgend jemandem geliebt zu werden, bedeutet für sie ein so überwältigendes Erlebnis, daß sie jedem ›zufallen‹, der ihnen Liebe gibt oder doch etwas, das wie Liebe aussieht.« Ihre promiske Anfälligkeit für Seitensprünge umreißt er anschließend so: »Sie sind stets auf der Suche nach dem ›Zaubermittel‹. Sie beweisen eine besondere Art und Treue, welcher die Dankbarkeit für die Fürsorge und die Angst vor dem Verlust zugrunde liegen. Diese Anhänglichkeit müssen sie vielen bezeugen, da sie viele brauchen, um das Gefühl der Sicherheit zu haben.«

D. Die individuelle Persönlichkeitsstruktur

Wir wollen uns nun dem dritten seelischen Baustein jeder Persönlichkeit zuwenden, der *individuellen Persönlichkeitsstruktur*. Hier können wir ebenfalls von vier Grundmustern ausgehen, die individuell unterschiedliche Ausprägungen sowie Vermischungen erkennen lassen.
Der Psychologe Fritz Riemann hat im Rahmen einer fundierten tiefenpsychologischen Studie diese Strukturtypen ausführlich und lebensnah dargestellt (*Grundformen der Angst*).

• Am interessantesten erscheint im Zusammenhang mit dem Seitensprung die **hysterische Charakterstruktur**. Riemann schildert sie treffend: »... Vater-Töchter und Mutter-Söhne, die sich nicht vom Familienroman abgelöst haben – hysterische Unechtheit, Rollenspiel und Realitätsflucht bis zur Hochstapelei – ewige Backfische und Jünglinge, – männer- oder frauenfeindliche Persönlichkeiten, die ihre Geschlechterrolle nicht annehmen, nicht selten in die Homosexualität ausweichen, – ›kastrierende‹, destruktive Frauen mit ausgesprochenem Männerhaß, und Don-Juan-Typen mit Rachehaltungen der Frau gegenüber ...«
Um so paradoxer wie gleichzeitig tragischer für ihre Opfer ist es deshalb, daß Hysteriker häufig über betörenden Charme und unwiderstehliche Suggestivkraft verfügen, denen jeder nur schwer zu widerstehen vermag. Dies weist sie bei oberflächlicher Betrachtung zunächst fälschlich als geborene Liebhaber und Geliebte aus. Riemann hierzu: »Er versteht es, eine erotische Atmosphäre zu schaffen und kann auf vielerlei Weise bezaubern, ist oft ein Meister der Erotik... Er versteht es meisterhaft, dem Partner das Gefühl der eigenen Liebenswürdigkeit zu geben, was viel zu

seinem Charme und seinem Sexappeal beiträgt. Er besitzt große Suggestivkräfte, denen man sich schwer entziehen kann, – das Bewußtsein seiner Vorzüge und Reize wird so überzeugend dargelegt, daß man sie ihm glauben muß.«
Auf diese Weise erzeugt er oder sie den bekannten *Casanova-Effekt*, der darin besteht, seiner bzw. ihrem Geliebten das erhebende Gefühl zu vermitteln, sie sei die schönste und bewundernswerteste Frau bzw. er der strahlendste Held der Welt. Wenn diese bzw. dieser dann auch noch vom begehrtesten Mann bzw. der begehrenswertesten Frau der Welt angehimmelt wird, kann und will sie seinem Liebeswerben bzw. er ihrer Hingabebereitschaft um keinen Preis der Welt widerstehen.
Riemann bestätigt sodann die Erfahrungstatsache, daß hysterische Menschen Dreiecksbeziehungen bevorzugen und deshalb unbewußt stets nach gebundenen Partnern Ausschau halten: »Sie sind daran fixiert geblieben, in die Beziehung zweier Partner einzudringen und dem einen den anderen wegzunehmen, indem sie mit dem gleichgeschlechtlichen Partner rivalisieren und ihn auszustechen versuchen, scheuen aber zugleich eine Beziehung, in welcher der Partner frei ist, weil sie dann ernsthafter, verbindlicher und ganzheitlicher gefordert würden.«

• Den Gegenpol zur ausufernden, schillernden und verzaubernden hysterischen Persönlichkeit stellt der **Zwanghafte** dar.
Dieser wird gerne zum Sammler von sexuellen »Skalpen«, um damit seinem zwanghaften Leistungswillen auch in der Sexualität Ausdruck zu verleihen. Riemann hierzu: »Die sexuelle Beziehung wird dann für ihn zur Bewährung seines Leistungsvermögens, seiner Potenz, die Partnerin damit zum Objekt seiner Leistungsprüfung.«
Erfolgreich als erotischer Jäger kann ein Zwanghafter jedoch letztlich nur sein, wenn er, wie häufig der Fall, gleichzeitig auch hysterische Persönlichkeitsanteile in sich vereinigt. Denn dem Nur-Zwanghaften fehlt die charmante Leichtigkeit, die er durch leistungsorientierte Verbissenheit und verkrampftes Verhalten vergeblich zu kompensieren sucht.

• Während eine jeweils unterschiedliche Ausprägung und Vermischung hysterischer und zwanghafter Persönlichkeitsanteile vor allem bei männlichen Seitenspringern im Vordergrund stehen, spielt bei fremdgehenden Frauen das häufig verkappt auftretende **depressive Moment** eine meist nicht erkannte, jedoch beachtliche Rolle. Seitensprungabenteuer erzeugen bei ihnen die ersehnte belebende Spannung, die sie vorübergehend aus ihrer unterschwellig-depressiven Unbefriedigtheit förmlich herauskatapultiert.

• Schließlich darf auch die vierte typische Charakterstruktur nicht unerwähnt bleiben, obgleich sie im Seitensprunggeschehen keine so vordergründige Rolle spielt.
In einer zunehmend sich entfremdenden, atomisierenden und somit letztlich inhumaner werdenden Gesellschaft, die mit ihren unbeseelten Tätigkeiten und Vermassungsprozessen Menschen immer einsamer, ungeborgener und frustrierter werden läßt, ist der **schizoide Charaktertypus** unaufhaltsam auf dem Vormarsch.
Diese besonders unter Liebes- und Hingabeangst leidenden Menschen vermitteln einen intellektualisierten, gleichzeitig aber gefühlsarmen Eindruck. Als betont »Sachliche« spalten sie ihre Sexualität am erfolgreichsten vom Gefühlsleben ab, erniedrigen sich damit unbemerkt selbst zur Sache und stempeln ihren jeweiligen Partner zum dazu passenden spiegelbildlichen Sexualobjekt. Im Schizoiden spiegelt sich patriarchalisch-sexistischer Überlegenheitswahn in seiner krankhaften Übertreibung am deutlichsten, zeigt sich die bei Männern mehr oder minder ausgeprägte Zerstückelung von körperlicher und seelischer Liebe am extremsten.
Der altrömische Ausspruch *Omne animal post coitum triste,* d. h. der Mann sei gleich dem Tier nach dem Geschlechtsakt traurig, bestätigt unfreiwillig die eigene Emotionsunterdrückung und die Angst vor den Gefühlsansprüchen der Partnerin in seiner historischen Kontinuität. Er erweist vor allem aber auch, daß der patriarchalisch vollzogene Geschlechtsakt nicht gleichzeitig ein Liebesakt genannt werden darf, da er überwiegend eine kultische Unterwerfungshandlung darstellt.
Da der Schizoide wegen seiner ausgeprägten Kontaktschwierigkeiten sowie seiner Hingabeangst als Betrügender kaum in Erscheinung tritt, ist er hauptsächlich als Betrogener von Interesse. Dies um so mehr, als Menschen diesen Charaktertyps zu den Aggressiven zählen, die das Bewußtsein ihrer mangelnden Liebesfähigkeit zu extremer und extrem aggressiver Eifersucht treiben kann.
Riemann hierzu: »Daher muß er überall Rivalen wittern, die er oft mit Recht für bessere Liebende und für liebenswerter hält.« Der

hysterische Don Juan mit seinem charmant-einschmeichelnden Wesen stellt deshalb eine willkommene Zielscheibe für seine ungebremsten und ausdauernden Attacken dar, die nicht selten in einer Tragödie enden. Im allgemeinen geht der feige Maul- und Frauenheld deshalb dem Schizoiden instinktiv aus dem Weg.

3. Ein Blick hinter die Fassade des Augenscheins – Typische Seitenspringer stellen sich vor

Gott hat Euch ein Gesicht gegeben,
und Ihr macht Euch ein anderes.
WILLIAM SHAKESPEARE *(Hamlet)*

Grundsätzliches

Nachfolgend werden typische Seitensprungcharaktere so dargestellt, wie sie uns in der alltäglichen Liebespraxis als konkret im Seitensprunggeschehen Handelnde entgegentreten.
Über ihr seelisches Innenleben haben wir mittlerweile genug erfahren, um sie uns in der individuell unterschiedlichen Ausprägung und Vermischung ihrer jeweiligen Charakterorientierung und psychischen Struktur vorstellen zu können. Mithin kommt es nunmehr vor allem darauf an, ihr konkretes Denken, Fühlen und Verhalten hinter der tarnenden Maske ihrer suggestiven Rhetorik, ihrer überzeugenden Mimik, ihrer unterstreichenden Gestik zu erkennen. Dies ermöglicht es schließlich, das vorgetäuschte Rollenspiel von der wirklich gespielten Rolle im Seitensprunggeschehen zu unterscheiden.
Erst auf diese Weise wird das zweite Gesicht, nämlich das wirkliche Gesicht unter der Maske des schönen Scheins sichtbar, worauf das Eingangszitat Shakespeares eindringlich verweist: Zusammen ergeben diese beiden gegensätzlichen Gesichter das typische *Janusgesicht des Seitensprungs.*
Die meisten Fremdgeher stellen somit in letzter Konsequenz die selbstentfremdeten, weil nachahmenden, mehr oder minder »ge-

glückten« Abziehbilder ihrer von der Allgemeinheit weitgehend akzeptierten ideologischen Archetypen sowie der mit ihnen fast deckungsgleichen, real gelebten Vorbilder (Gesellschaftscharaktere) dar.

A. Der Maul- und Frauenheld (»MuF«)

Im Brennpunkt unserer Betrachtungen steht hier zweifellos der ausgesprochene Maul- und Frauenheld, nachfolgend verkürzt MuF genannt, der eine recht unheilige Dreieinigkeit aus identitätsschwachem Muttersohn, hysterisch-zwanghafter und autistisch-schizoider Kind-Persönlichkeit (Narzißt) sowie einer destruktiven Mischung aus merkantiler, ausbeuterischer sowie hortender Charakterorientierung darstellt.

In vergangener Zeit meist augenzwinkernd-zustimmend als Don Juan, Schwerenöter oder Casanova betitelt, wird er heute von kritischen Betrachtern überwiegend mit den zeitgemäßeren, seinen Sexismus ausdrückenden Begriffen Macho oder Chauvi bedacht, sofern ihn nicht deftigere Bezeichnungen wie Ladykiller oder Sexprotz charakterisieren.

Im allgemeinen herrscht jedoch gegenwärtig in verstärktem Maße die infantil-regressive Tendenz vor, die heutige Spielart des MuF, nämlich den leichtfertig mit der Liebe und dem Leben anderer spielenden, ewig jugendlichen Spieljungen, den lässig-unbekümmerten, fortwährend pubertierenden Playboy unkritisch nachzuäffen. Dieser stellt nach Goethescher Erkenntnis den zum humanen und damit zum wirklichen Leben Unfähigen dar, der seine persönliche Unreife und Mutterbindung erfolgreich hinter der unverfänglichen Maske des »Berufsjugendlichen« verbirgt. Dieses Image deckt sich nahtlos mit dem heutigen Idealbild ewiger Jugend und macht ihn deshalb zum trügerischen Hoffnungsträger unzähliger im Leben und in der Liebe zu kurz gekommener Möchtegern-Playboys.

Der Sexualwissenschaftler Ernest Borneman stellt diesem ewigen Don Juan jenseits aller Zeiten ein Zeugnis persönlicher Unreife aus, wenn er von dessen Unfähigkeit spricht, seine Mutterbindung zu durchbrechen, ferner seiner unentwegten, süchtigen Suche nach einem Muttersurrogat, dem lebenslangen Vaterhaß, der sich darin äußert, daß er anderen Männern die Frauen stiehlt (*Lexikon der Liebe*, Stichwort »Don Juan«).

Seine krankhafte Unersättlichkeit beim Partnerwechsel entspringt der seelischen Löchrigkeit und dem inneren Abgrund eines in identifikatorischer Hinsicht noch ungeborenen »aufgeblasenen Riesenbabys«, das alles Weibliche gleich einem Krater zerstörend verschlingt. Ein abgrundtiefes Loch läßt sich aber bekanntlich nicht stopfen. Dies gilt nicht minder für das geschlechtliche Vakuum eines typischen MuF. Erinnern wir uns nochmals der treffenden Charakteristik durch Volker Elis Pilgrim, der das Dilemma der mutterabhängigen Existenz in einem Satz zusammenfaßt: »Muttersöhne sind weder weiblich noch männlich geworden.« (*Muttersöhne*).

Um nun in einer die Männlichkeit vergötternden patriarchalischen Welt bestehen zu können, bedarf es deshalb gewaltiger tarnender Anstrengungen, um diesen geradezu tödlichen Makel der Unmännlichkeit abzustreifen und womöglich ins überkompensierende Gegenteil der heldischen Supermännlichkeit zu verwandeln. Welche sexistische Rolle könnte sich hierfür besser eignen als die eines von Eroberung zu Eroberung eilenden, herzensbrechenden Frauenhelden, der gleichzeitig seine Siege vollmundig in die ihm zu Füßen liegende Männer- und Frauenwelt hinausposaunt?

Wenn dem Maul- und Frauenhelden schon keine seelische Geburt durch identifikatorische Abnabelung von seiner Mutter gelingt, so wird er wenigstens auf diese Weise im nachhinein schein- und fehlgeboren!

Der Liebesakt mit vielen, möglichst fremden Männern angehörenden Frauen entfaltet in ihm eine gewaltige, selbstsuggestive, gleichzeitig für Dritte hypnotische Wirkung, die sein embryonales Ego jeweils kurzzeitig mächtig wie einen luftgefüllten Ballon aufbläht. Eben dieses »aufgeblasene Riesenbaby« gibt somit sein Debüt auf den rutschigen Brettern der Seitensprung-Tragikomödie.

So gerät der Geschlechtsakt in der kriechenden Liebe für ihn zu einem mehrfachen, wenn auch letztlich vergeblichen Akt des Ausfüllens eigener und partnerschaftlicher Defizite: Das Verstopfen der emotionalen und sexuellen Bedürfnislücke vernachlässigter und deshalb ausgehungerter Ehefrauen dient dem Hörigmachen seiner Partnerinnen ebenso, wie es den Rausch seiner erotischen Machtausstrahlung und emotionalen Machtausübung über seine Geliebten befriedigt.

Des weiteren soll das körperliche Eindringen in den weiblichen Schoß unbewußt das Verstopfen sowohl seines männlichen Identitätsloches als auch seiner verborgenen Identifikation mit dem

Mütterlich-Weiblichen bewirken. Da dies auf solche Weise jedoch nicht zu verwirklichen ist, wird er nach der so weitverbreiteten wie bei gedankenloser Anwendung erfolglosen Devise *Viel bringt viel* zum unersättlichen Frauenverschlinger, gleichsam zum erotomanischen Kannibalen.
Und schließlich wird hierdurch auch noch der restliche sexuelle und emotionale Verbindungsstrang zwischen der betrügenden Ehefrau und ihrem Lebensgefährten in konkurrierend-verdrängender Weise förmlich ins Abseits gestoßen.
Reichen alle diese unbewußten, magisch-symbolischen Stopfakte schließlich nicht aus, sein männliches Identitätsloch abzudichten, so wird ihm doch wenigstens sein größter, hysterisch-embryonaler Muttersohntraum erfüllt: nämlich das Zurückkriechen in den weiblichen Schoß, den Vorhof der *hystera* (Gebärmutter), welcher der passionierte Seitenspringer seelisch ja nicht wirklich entsprungen ist. Und da er somit nie zum selbständigen Mann geworden ist, treibt es ihn schutzsuchend stets aufs neue dorthin zurück.
Die Lochmann-Eigenschaft der an männlicher Löchrigkeit leidenden stopfwütigen MuFs zeigt sich überdies deutlich im stetigen Offenhalten ihres Mundes. Prahlerisches Maulhelden- und skrupelloses Frauenheldentum sind stets untrennbar miteinander verknüpft und stellen somit ein weithin sichtbares, wenn auch meist fehlgedeutetes Erkennungszeichen für ihre haifischartige Meisterschaft des Ladykillens dar.
Ihr so erfolgreiches wie gleichermaßen zerstörerisches Gebaren faßt Pilgrim in die Worte zusammen: »Muttersöhne treten kraftvoll-optimistisch auf, sind Blender, ruhen nicht, bis sie und alle um sie herum verloren sind.« *(Muttersöhne)*
Der Männerforscher Wolfram Kowalewksy bezeichnet den MuF als einen Sexualprotz, und er weist gleichzeitig darauf hin, daß sein Verhalten für die meisten Männer und Frauen eine kaum bestrittene Vorbildfunktion besitzt: »Die Wirkungen des sexistischen Mannes auf Frauen sind natürlich eindeutig. Er signalisiert drastisch, daß es nur um seinen Schwanz geht – daß er von Liebe und Zuneigung wenig Ahnung hat und daß ihm die Person seiner jeweiligen Partnerin gleichgültig ist. Die Wirkung auf Frauen aber liegt in dem großen Ansehen, das solche Leute in der allgemeinen Öffentlichkeit – also nicht nur in Kreisen der Männer – besitzen. Er wird insgeheim doch sehr bewundert, und daraus ergibt sich seine Machtposition.« *(Zwischen Chauvi und Softi)*

Fazit: Der typische MuF stellt eine brisante, vor allem aber zerstörerische Mischung aus identitätsgestörtem Muttersohn und hysterisch-zwanghafter infantiler Persönlichkeit ohne Verantwortungsbewußtsein dar. Seine erfolgsorientierte Lebenspraxis wird durch eine sich gegenseitig negativ ergänzende ausbeuterische, merkantile sowie hortende Charakterorientierung bestimmt.
Auf der erotischen Walstatt ist er verhältnismäßig selten anzutreffen. Gerade diese Seltenheit läßt ihn zur Kostbarkeit, zur legendären, unwirklich überhöhten Figur des erotischen Märchenprinzen werden, die es, aus der Sicht der Möchtegern-Frauenhelden, nachzuäffen und, vom Standpunkt vernachlässigter Ehefrauen aus, zu besitzen gilt.
Auf diese Weise wird er zur gefährlichen Identifikationsfigur zahlloser unbefriedigter und deshalb frustrierter Ehefrauen und ebenso eines Millionenheers gelangweilter und meist erfolgloser erotischer Langweiler.

B. Der Möchtegern-Frauenheld (»MöF«)

Der patriarchalische Phänotyp des MuF wird durch den nachahmenden Möchtegern-Frauenhelden – mit der analogen Kurzbezeichnung MöF – komplementär ergänzt und durch sein häufiges Vorkommen auf breiter gesellschaftlicher Basis stabilisiert.
Mit blind-linkischer Kerligkeit versucht er, sein bewundertes Vorbild zu imitieren, was ihn zwangsläufig zum karikaturesken Abziehbild des MuF, letztlich zum meist glücklosen Schmalspurcasanova werden läßt. Denn es fehlt ihm an Temperament, Witz, Redegewandtheit und sicherem Auftreten. Er ist im Grunde so brav wie fad; ein langweiliger Frauenheld eben, und so erscheint er den umworbenen Frauen auch. Deshalb stellt sich sein erotischer Erfolg lange nicht ein, weshalb er bei einer einmal eroberten Frau auch meist lange verbleibt. Seine eheliche Treue ist somit weder Ausdruck tiefer Partnerliebe noch das Ergebnis innerer Reife und Überzeugung, sondern vielmehr der Mangel an all den Eigenschaften, die einen so erfolgreichen wie skrupellosen Eroberer in der parasitären Liebe ausmachen.
In diesem Zusammenhang ist vor allem die Tatsache hervorzukehren, daß MöFs im Gegensatz zu MuFs meist einen zwanghafteren Charakter besitzen. Ihre verkrampfte Überangepaßtheit und ihr verbissener Leistungswahn sowie ihre zu auffällige Sammler-

leidenschaft für »erotische Skalpe« stoßen die holde Weiblichkeit häufig ab.
Nicht zuletzt aber fehlen ihnen die einnehmende Suggestivkraft und der Charme des charismatischen Hysterikers.

C. Die Manneszerstörerin (»MaZ«)

Das weibliche Gegenstück zum männlichen MuF stellt die seitenspringende Manneszerstörerin dar, die wir der einheitlichen Kurzbezeichnung wegen einprägsam MaZ nennen wollen.
Frank Pittman charakterisiert die eheeinbrechende Sexabenteurerin mit den treffenden Worten: »Sie genießt es, Männer auf eine Weise zu verführen, die ihnen die größtmögliche Demütigung bereitet. Wenn es möglich ist, zerstört sie die Ehen anderer Männer oder unterminiert ihre Freundschaften und Karrieren.« *(Angenommen mein Partner geht fremd)*
Für die MaZ gilt prinzipiell das für den MuF Gesagte. Der Hauptunterschied liegt jedoch in der Tatsache begründet, daß sie als Vatertochter überwiegend von ihrem Vater dominiert und damit auch seelisch geprägt worden ist.
Sie will unbewußt ein Mann sein, und da dies nicht möglich ist, versucht sie, das für sie Unmögliche, nämlich die Männlichkeit, in Gestalt der leibhaftigen Männer zu vernichten. Da sie sich andererseits in ihrem tiefsten, unbewußten Innern aber auch nicht als Frau fühlt, ist sie bestrebt, anderen Frauen den Lebensgefährten wegzunehmen, um sie solchermaßen für ihre Weiblichkeit zu bestrafen.
Die aus- und gleichzeitig einbrechende Ehezerstörerin ist damit geradezu vorprogrammiert!
Frank Pittman hierzu: »Sexuelle Abenteurerinnen sind oft die Affärenpartnerinnen verheirateter Männer; manche genießen die Gelegenheit, die Ehe einer anderen Frau zu ruinieren und das Leben eines Mannes in ein Chaos zu verwandeln. Wenn es zur Scheidung kommt, brechen manche dieser Frauen die Beziehung plötzlich ab und lassen alle anderen Beteiligten in Verwirrung und Demütigung zurück.« *(Angenommen mein Partner geht fremd)*

D. Die Möchtegern-Geliebte (»MöG«)

Ungleich häufiger als die MaZ ist in den Seitensprunggefilden allerdings die Möchtegern-Geliebte, analog MöG genannt, anzutreffen. Sie ersehnt sich, nach dem zeitgenössischen Motto *Wie du mir, so ich dir*, einen fremden Liebhaber, weil sie vom eigenen fremdgehenden oder sonst uninteressierten Ehegatten kaum noch liebgehabt wird. Hierbei läßt sich die MöG heilserwartend und nicht selten unbedarft gleichsam zur wohlfeilen »Bumsmarie« degradieren, die mehr oder minder zufällig einem langweiligen Gelegenheitsdieb (MöF) oder gar einem skrupellosen und passionierten Einschleicher (MuF) in die habgierig-steif ausgestreckten elf Finger gerät.

Die Möchtegern-Geliebte darf als die weitaus häufigste Seitenspringerin angesehen werden.

Sie gehört vorzugsweise dem rezeptiven, d. h. dem empfangenden Persönlichkeitstyp an und leidet oft unbewußt an einer meist verkappten chronischen Depressivität. Dieser versucht sie mit einer illusionären Erwartungshaltung durch außerhäusige erotische Aktivitäten zu entfliehen, die sie zumindest vorübergehend aus ihrer Lethargie zu reißen vermögen.

Ihre Depressivität ist meist Ausdruck ihrer stummen Verzweiflung über das lautlose Scheitern ihrer Lebensbeziehung, in der sie anfangs häufig ihren Lebenssinn und ihr Lebensglück zu finden glaubte: Sie gehört zu den zwei Dritteln aller Frauen, die es nach mehrjähriger Ehe aufgegeben haben, ihre Männer aus dem Winkel der Lieblosigkeit herauszulocken. Der fortgesetzten emotionalen Distanzierung ihrer Männer folgt schließlich ihr gefühlsmäßiger Rückzug sowie ihr sexuelles Desinteresse – der jüngste Hite-Report *Frauen und Liebe* stellt diese Situation in aller Deutlichkeit dar.

So nimmt es schließlich nicht wunder, daß sie sich willig zum Seitensprung verführen läßt, wenn sie ein großsprecherischer Märchenprinz aus ihrem erotischen Dornröschenschlaf wachzuküssen verspricht. Sie tut dies in ihrer Seelennot, obgleich sie im Grunde ihres Herzens eine zufriedenstellende monogame Beziehung einem verborgenen Dreiecksverhältnis vorziehen würde. – Bezeichnend ist in diesem Zusammenhang, daß nach den Erkenntnissen des letzten Hite-Reports 98 % aller in ihre Männer verliebten Ehefrauen monogam bleiben, was den oft bestrittenen Zusammenhang von Lieblosigkeit und Seitensprungverhalten schlagend beweist.

Viele MöGs sind bei genauem Hinsehen unselbständig gebliebene, deshalb partnerabhängige, wenig selbstbewußte Frauen, die einst von ihren Müttern zu männerhörigen Muttertöchtern erzogen worden sind. Aus ehelichen, unbefriedigten Angsthasen liebloser Ehemänner werden oft willfährige Betthasen ausbeuterischer einschleichender Muttersöhne.
Die Erkenntnisse des erwähnten Hite-Reports untermauern im übrigen die Unselbständigkeit und Abhängigkeit vieler Seitenspringerinnen durch die Feststellung, daß von ihren Männern völlig abhängige Nur-Hausfrauen mehr außerehelichen Sex praktizieren als berufstätige Frauen. Hier scheint sich neben entgegengebrachter Lieblosigkeit auch partnerschaftliche Abhängigkeit zu kompensieren. – Aber auch die berufstätige Frau wird allein ihrer größeren beruflichen und finanziellen Freiheit wegen nicht gleichsam automatisch zur wirklichen – nicht nur gespielten –, selbstbewußten und selbstbestimmten, gleichgewichtigen Partnerin des Mannes.
Marina Gambaroff stellt in ihrem Buch *Utopie der Treue* modellhaft mehrere, nach objektiven und üblichen Kriterien selbständige Frauen vor, die sich jedoch auf der subjektiven Ebene mit ihrer persönlichen Autonomie sowie der Unabhängigkeit gegenüber Männern schwertun.
Die Erkenntnisse der Autorin zeigen vielmehr, daß sich die Folgen patriarchalisch bestimmter repressiver Erziehung später nicht mehr ohne weiteres durch berufliche oder gesellschaftliche Aktivitäten und Erfolge in entscheidendem Maße rückgängig machen lassen. Denn diese haben sich längst unbewußt verinnerlicht und damit irreversibel (unumkehrbar) verselbständigt.

4. Das unbewußte Zusammenspiel der Seitensprungakteure

Die individuelle Ausprägung der Charakterorientierung wie auch der Persönlichkeitsstruktur sorgt gleichsam synergetisch (zusammenwirkend und selbstorganisierend) dafür, daß die psychologisch zusammenpassenden Ein- und Ausschleicher meist mit der Präzision von Schlüssel und dazugehörigem Schloß zueinanderfinden. Daraus entwickelt sich bald ein so wirksames wie gleichermaßen folgenreiches Zusammenspiel, das vor allem unterhalb der Bewußtseinsschwelle abläuft. Dieser tückische Umstand macht es den Akteuren weitgehend unmöglich, das selbstverursachte Geschehen zu erkennen und in seiner Tragweite zu beurteilen.

So paßt beispielsweise die verkappt depressive, seelenmasochistische, leicht beeinflußbare Möchtegern-Geliebte (MöG) beinahe nahtlos zum hysterisch-zwanghaften, suggestiv-charmanten Frauensammler (MuF), dessen krankhaftem Bedürfnis nach Bestätigt- und Bewundertwerden als Supermann sie kritiklos entspricht.

Umgekehrt erfüllt er ihr – freilich nur scheinbar – die »drei großen B« jeder erfüllenden Partnerschaft: nämlich die *Bestätigung* als begehrens- und liebenswerte Frau, den – angeblichen – *Beweis* der Liebe in Wort und Tat und die *Befriedigung* ihrer aufgestauten emotionalen und erotischen Bedürfnisse. Mit anderen Worten: Er verschafft ihr Ratifikation (Anerkennung), Gratifikation (Vergütung in Form von meist nur täuschend vorgespielter Zuneigung) und schließlich Satisfaktion (oberflächliche Befriedigung übermächtig gewordener sexueller Bedürfnisse).

5. Die Seitenspringer zwischen krank machender Norm(alität) und Krankheit

Jeder Gesunde ist in Wirklichkeit
ein Kranker, der nichts von seiner Krankheit weiß.
FRANZÖSISCHES SPRICHWORT

Gesundheit ist nicht alles,
doch ohne Gesundheit ist alles nichts.
ARTHUR SCHOPENHAUER

Da wir gegenwärtig allesamt in einer physisch und psychisch krank machenden Zivilisation leben, dürfen wir auch diesen, von der Allgemeinheit weitgehend verdrängten und tabuisierten Aspekt bei der Vorstellung der Seitenspringer und ihrer betroge-

nen Gegenspieler nicht außer Betracht lassen. Auf diese Weise werden Liebes- und Sexsucht sowie zahlreiche weitere, bereits beschriebene krankhafte Verhaltenssymptome der Seitenspringer in einen größeren psychosozialen Zusammenhang gestellt.
Konrad Lorenz formuliert diesen bedrückenden Tatbestand unmißverständlich: »Wir sind mit Erich Fromm der Meinung, daß nur ein völlig abwegig veranlagter Mensch unter den Lebenszwängen der heutigen Zivilisation schweren psychischen Störungen entgehen kann.« *(Der Abbau des Menschlichen)*
F. S. Perls, der Begründer der Gestalttherapie, drückt es ähnlich drastisch aus: »Ich bin der Meinung, daß die Grundform der Persönlichkeit von heute die neurotische ist.«
Bestätigt wird diese Ansicht durch kritische Expertenschätzungen, die, jenseits üblicher Verharmlosungstaktik, davon ausgehen, daß bis zu 40 % unserer Bevölkerung im Laufe ihres Lebens mit ernsthaften psychischen Störungen zu kämpfen haben. Dieser realistischen Einschätzung entspricht die jüngste Studie des renommierten Max-Planck-Instituts für Psychiatrie in München, das von 25 % Bundesbürgern spricht, die im Laufe ihres Lebens psychisch erkranken. Die Studie geht ferner von 13 % Süchtigen aus, die ebenfalls als seelisch krank eingestuft werden müssen, und bestätigt damit die erwähnte Expertenschätzung – die durch umfangreiche Untersuchungen nun auch wissenschaftlich verifiziert wird.
Diese unerfreuliche Situation muß allerdings mit differenzierendem Blick auf die breite Skala gleitender Übergänge von der prinzipiell und potentiell krank machenden Normalität (besser gesagt: inhumanen Norm) über den partiellen psychischen Defekt (der sich in neurotischen Persönlichkeitsanteilen ausdrückt) bis hin zu schweren Formen seelischer Erkrankung betrachtet werden.
Letztendlich ist jedoch eine Unterscheidung zwischen gesund und krank genauso problematisch wie der vergebliche Versuch, die unterschiedlich hellen Grautöne einer Schwarzweißfotografie in weiße und schwarze einteilen zu wollen. Hierauf hat bereits der berühmte Seelenarzt Bleuler hingewiesen.

Das tragikomische Gesicht des Seitensprungs – Seine »kriegerische« Realisierung und sein kriecherischer Verlauf

1. Der Seitensprung als spezifischer, zugleich symptomatischer Ausdruck des patriarchalischen Geschlechterkampfes

Wir sind, was wir denken.
Alles, was wir sind,
ersteht mit unseren Gedanken.
Mit unseren Gedanken machen wir die Welt.
GAUTAMA BUDDHA

Mit der Realisierung des Seitensprungs tritt nach dem Motto *An ihren Taten sollt ihr sie erkennen* die verborgene gedankliche und emotionale Selbst- und Partnerentfremdung des Fremdgehers offen zutage. Dies um so mehr, als nun auch die üblicherweise angewandten unfairen Mittel zur Durchsetzung der veruntreuten Liebe sicht- und fühlbar werden, die mit dem angestrebten Ziel deckungsgleich übereinstimmen.
Dabei bilden der *Weg* (Wahl der Mittel und deren Einsatz) und das *Ziel* (Zweck) im realen Vollzug stets eine zusammenhängende und logische innere Einheit. Denn das jeweilige Ziel stellt gleichermaßen nur den gedanklich-abstrakten Endpunkt eines einmal eingeschlagenen und konsequent weiterverfolgten Weges dar.
Die Anwendung unredlicher Mittel führt langfristig freilich am angestrebten Ziel vorbei. Vor allem aber zerstört sie eine Lebensbeziehung in weit stärkerem Maße, als es das Faktum der außerehelichen Liebe selbst je zuwege bringen könnte! Denn ein großzügiger Betrogener mag vielleicht noch über die aushäusige Beziehung selbst hinwegsehen. Die dabei angewandten Mittel der Lüge, des Betrugs, der kränkenden und verunsichernden Ausnut-

zung des Partnervertrauens und die hieraus resultierende persönliche *Mißachtung* wird er jedoch meist nicht mehr zu tolerieren bereit sein. Es ist eben der Mißton der negativen Begleitumstände, der hier letztlich die kreischende Seelenmusik macht! Eine gedankliche Rückblende zu den Ausführungen über die Achtungspyramide (3. Kapitel, S. 77 ff.) ist in diesem Augenblick sinnvoll, da diese gleichsam den Querverbund zu den tieferen Ursachen des gesamten Geschehens herstellt.

Mit der realen Umsetzung seiner negativen Gedanken »macht« insbesondere der passionierte und rücksichtslose Maul- und Frauenheld, dieser agierende »Macher«, dem eingangs erwähnten Zitat Buddhas entsprechend aus seiner persönlichen Umwelt langfristig ein Machomachwerk, nämlich eine kaputte Welt.

Dies gilt prinzipiell aber auch für den gelegentlichen, nachahmenden MöF, der, mit Skrupeln behaftet, durchaus bestrebt ist, die Folgen seines Tuns einzugrenzen und den seelischen Flurschaden für alle Beteiligten möglichst gering zu halten. Denn beiden ist letztlich gemeinsam, daß sie die weitgehenden Konsequenzen des Geschehens nicht zur Kenntnis nehmen wollen. Dies ergibt sich nicht zuletzt aus ihrer übereinstimmenden Rechtfertigung, daß der Zweck die Mittel heilige, solange sie *nur ihr persönliches Heil* in der Befriedigung ihrer aufgestauten emotionalen und sexuellen Bedürfnisse außerhalb der Lebensbeziehung suchen.

Mit dieser bemerkenswert blauäugigen Argumentation binden sie sich letztlich selber einen Bären auf. Denn sie glauben allen Ernstes, sich den seelenverkrusteten Pelz mit dem belebenden Shampoo der veruntreuten Liebe waschen zu können, ohne hierbei sich selbst und alle Umstehenden naß zu machen. Mit einem solchermaßen gedanklich reingewaschenen Gewissen springen sie erleichtert ins Untreuebad und erwarten, daß ihre eigene Lebensbeziehung keinesfalls dabei »baden geht«.

Die folgende bildhafte Schilderung des »Seitensprungkrieges« ist im Interesse der Anschaulichkeit mit Absicht überzeichnet dargestellt. Sie markiert also vornehmlich die äußersten Grenzen eines alltäglichen Geschehens, in dem sich Menschen gegenseitig, wenn auch meist unbeabsichtigt, oft unerträgliches Leid zufügen.

Denn die meist hoffnungsvoll und sehnsuchtstrunken auf fremden Wiesen aufgelesenen Blumen heimlicher Liebe verwelken oft überraschend schnell in der Vase der verleugneten Untergrundbeziehung. Ihnen fehlen die Nährstoffe Offenheit, Zueinanderstehen und Vertrauen, ohne die keine Pflanze auf Dauer gedeihen

kann. Diese vermögen sie nur im Boden einer dauerhaften Bindung zu finden.
Andererseits vergiften verwelkende Blumen sowohl die veruntreute Lebensbeziehung als auch die verleugnete Untergrundpartnerschaft. In dieser Atmosphäre stickig gewordener Luft geht eine giftige Saat auf, die den Boden der Liebe in ein Schlachtfeld verwandelt, auf dem sich erfolgreich Bettschlachten-Napoleons und Liebesamazonen tummeln.
Siegreiche Schlachten werden bekanntlich mit überlegener Strategie und mit der Taktik des Tarnens und Täuschens gewonnen. Wollen wir die Augen nicht vor der oft unbehaglichen Realität verschließen, so müssen wir uns nunmehr wohl oder übel mit den Einzelheiten des Seitensprungkrieges befassen.

Die so zerstörerische wie nicht minder parasitäre Strategie des Seitenspringers wird schnell deutlich, wenn wir seine faktische Handlungsmaxime kritisch reflektieren. Sie entspricht nämlich verblüffend der so scharfsinnigen wie zynisch-skrupellosen Betrachtungsweise des bedeutendsten Kriegsphilosophen des abendländischen Patriarchats: Carl von Clausewitz sah im Krieg bekanntlich die Fortsetzung der Politik mit anderen Mitteln. Er stellte für ihn sozusagen die Ultima ratio, das letzte Mittel dar, mit dessen Hilfe das jeweils angestrebte außenpolitische Ziel einer den Staat okkupierenden feudalen Machtclique (Motto: *L'Etat c'est moi!*) ohne Rücksicht auf Verluste schließlich doch noch erzwungen werden soll.
Da dies jedoch regelmäßig auf Kosten Dritter erfolgte, die als Kanonenfutter für die Kriegsabenteuer ihrer beute- und machtgierigen Herrscher mißbraucht wurden, ist hier der prinzipielle Bezug zwischen einem politischen und einem privaten Seitensprung offensichtlich. Denn beide Vorhaben stellen den persönlichen Vorteil über das Wohl der Untertanen bzw. der Familienangehörigen und finden ihren bestimmenden Ausdruck in einem unverantwortlichen Beutefeldzug auf Rechnung Abhängiger, denen die seitenspringenden Patriarchen als Staats- bzw. Familienoberhaupt verantwortlich vorstehen.
Destruktive Clausewitzsche Lösungsmuster für zwischenmenschliche Konflikte können mithin sowohl auf das kollektive Kriegsgeschehen als auch analog auf die individuellen »Kriegsschauplätze« Ehe und Untergrundbeziehung im Vollzug des Geschlechterkampfes angewandt werden! Letztere stehen zwar unter dem verharmlosenden Motto *Make love, not war*. Doch eine

realitätsgerechte Interpretation dieser Losung muß vielmehr heißen: »Macht Liebe, dies ist eine genußvollere Form von Krieg!«
Wie sehr sich diese von Prof. A. E. Meyer offengelegte (bereits erwähnte) Einstellung schon in der Antike durchgesetzt hatte, schildert der Sexualanthropologe E. Borneman ausführlich in seinem Werk *Das Patriarchat*: »Die griechische Sprache vergleicht den Geschlechtsverkehr in vielen Metaphern und Katachresen mit dem Krieg. Im Vers 894 des Friede nennt Aristophanes den Verkehr Klinopale, ›Bettkampf‹... Dies mag spielerisch, poetisch, sogar lustig klingen, sagt aber in Wahrheit viel über die gespannten Beziehungen zwischen den Geschlechtern aus.«
Letztlich müssen wir von der meist übersehenen Tatsache ausgehen, daß erst der originäre sexistische Geschlechterkampf des Mannes gegen die Frau innerhalb der Familie (die bekanntlich die gestaltende Keimzelle des Staates bildet!) die historischen und psychosozialen Voraussetzungen für alle weiteren patriarchalischen Raub- und Vernichtungsfeldzüge der Weltgeschichte geschaffen hat. In der die Menschheitsgeschichte nacherzählenden Bibel kommt dies klar zum Ausdruck: »Feindschaft setze ich zwischen dich und die Frau, zwischen deinen Nachwuchs und ihren Nachwuchs...« (Genesis 3,15).
Aus dem zerstörerischen Geschlechterkampf zwischen Mann und Frau entwickelten sich folgerichtig alle kainhaften Bruderkriege vom ödipalen Generationenkampf über den sozialdarwinistischen Klassen- und nazistischen Rassenkampf bis hin zum wahnwitzigen Stammes- und nationalistischen Völkerkampf. Der gegenwärtig mit allen Mitteln der Technik geführte Umweltkrieg gegen unsere eigene Mutter Erde, die ein weibliches Symbol darstellt, schließt letztendlich den Kreis phallokratisch-sexistischer Verblendung.

Doch nach dieser so sinnvollen wie notwendigen thematischen Abschweifung, die das Phänomen des Seitensprungs in einen größeren, untrennbar miteinander vernetzten Bezugsrahmen stellt, zurück zum aktuellen Ablauf des Seitensprungs.
Die »kriegerische« Realisierung des Seitensprungs zeigt sich gleichzeitig an zwei Fronten: zum einen an der »Feindesfront«, d. h. im hinterhältigen Überfall auf die Ehe eines fremden Konkurrenten, und zum anderen an der »Heimatfront«, d. h. in der Auseinandersetzung mit dem eigenen, fremdgehenden Lebensgefährten. Doch dem Fremdgehen ist zunächst die persönliche und vor allem auch partnerschaftliche *Entfremdung* vorgeschaltet!

Der ursprünglich intern ausgefochtene patriarchalische Kampf der beiden Ehepartner in der eigenen Lebensbeziehung wird wegen seiner frustrierenden Erfolglosigkeit vom flüchtenden Seitenspringer unter der bereits hinreichend dargelegten Losung *Make love, not war* gleich einer Brandfackel in eine fremde, unbeteiligte Partnerschaft hineingeschleudert. Damit verwandelt sich der »kalte Krieg« der Eheleute in einen untergründig-heißen Guerillakampf ohne klare Fronten, der sich nun in der Regel über zwei veruntreute Lebensbeziehungen erstreckt.
Die Absicht des Seitenspringers besteht nun darin, eine wegen mangelnden Bemühens gescheiterte emotional-sexuelle »Befriedungspolitik« innerhalb der Lebensbeziehung mit den inhumanen Mitteln des eskalierenden Konflikts außerhalb der Ehe auf kriegerisch-erobernde Weise kompensatorisch fortzusetzen.
Diese Handlungsweise des Seitenspringers entspricht der altbekannten Flucht eines politischen Führers in den Krieg, wenn er sich als unfähig erwiesen hat, die Bedürfnisse seiner aufbegehrenden Bevölkerung zu befriedigen. Deshalb versucht er, auf der Flucht nach vorn, das eheliche »Gleichgewicht des Schreckens« mit so ungeeigneten wie gleichermaßen unberechenbaren, sich letztlich jeder Steuerung entziehenden Mitteln und Maßnahmen zu durchbrechen. Hierdurch soll das primäre »Kriegsziel«, nämlich die eigene Befriedung durch aggressiv-expansionistische Befriedigung der ungestillten seelisch-sexuellen Bedürfnisse herbeigeführt werden.
Genau dies entspricht analoger Clausewitzscher Erkenntnis, daß über den destruktiven Umweg des Krieges ein aufgezwungener »Siegfrieden« errungen werden kann.
Anstelle einer offenen und positiven Auseinandersetzung mit dem eigenen Lebenspartner tritt deshalb die heimliche Eröffnung einer zweiten Front, nämlich der Seitensprungfront.
Um Ziel und Verlauf des erotischen Kampfgetümmels im »Seitensprungkrieg« in seiner psychosozialen Dimension deutlicher zu erkennen, müssen wir uns die Strategie der Eros-Feldherren und Liebesamazonen näher ansehen: Diese handeln entsprechend dem Clausewitzschen Grundsatz, mit Hilfe strategischer Gefechte den Sieg über den erotischen Gegner zu erringen, um so das bereits erwähnte Endziel des »Liebeskriegs«, nämlich einen diktierten, ungleichen Frieden zwischen Beherrscher und Beherrschtem durchsetzen zu können.
Dieser parasitäre Friede, der den angreifenden Sieger befriedigt und solchermaßen auch befriedet, hat jedoch seinen Preis, wie

alles im Leben und in der Liebe. Es fragt sich nur, wer die Zeche dafür zu bezahlen hat. In diesem Falle sind es jedenfalls die Partner, Opfer und Konkurrenten des Seitenspringers, die auf diese Weise meist unwissend oder unbewußt ideelle, nicht selten auch indirekte materielle »Liebesreparationen« entrichten müssen: *Wehe den Besiegten!*

Einer der größten Strategen und erfolgreichsten Feldherren der Militärgeschichte, der chinesische Feldherr Sun Tzu, umriß das hierzu erforderliche Vorgehen mit einem bezeichnenden Satz: »Alle Kriegsführung beruht auf Täuschung!« Sein zweites »Erfolgsrezept« lautete sinngemäß: Ein Krieg wird jeweils von demjenigen Gegner gewonnen, der sich selbst und seinen Feind mit allen seinen Stärken und Schwächen am besten kennt und dies in seiner angewandten Strategie und Taktik gebührend berücksichtigt.

Eine kritische Analyse des Vorgehens aller erfolgreich aus- und einschleichenden »Bettschlachten-Napoleons« zeigt, daß sie weitgehend intuitiv im Sinne Sun Tzus handeln! Sie tun dies mit der zerstörerischen Konsequenz, die ihnen bezeichnenderweise bei der positiven Aufarbeitung partnerschaftlicher Probleme abgeht. So wird auch hier schließlich Wahnsinn zur erfolgreichen Methode, wie wir dies aus dem historischen Kriegsgeschehen ja hinlänglich kennen.

2. Tarnen und Täuschen – Die Taktik der erfolgreichen Seitenspringer

Die *Taktik des Tarnens und Täuschens* gemäß Sun Tzu wenden erfahrene MuFs und zielorientierte MaZen zur Verwirrung ihrer Konkurrenten wie auch der zu erobernden Sexobjekte im Rahmen einer ausgeklügelten psychologischen Kriegsführung ausgiebig an. Wenn hingegen die in abgeschwächtem Umfang und zögerlicher Weise nachahmenden MöFs mit dieser Vorgehensweise auch meist nur bescheidene Erfolge erzielen, so stabilisieren und rechtfertigen sie doch diese übervorteilende Lebenspraxis auf breiter Front. Nicht zuletzt sind es aber die sehnsüchtig auf Liebe hoffenden MöGs, die als heilsgläubige und willfährige Opfer erst das zerstörerische Treiben der mehr oder minder destruktiven Seitensprungaktivisten ermöglichen.

Da das Kriegshandwerk – im übertragenen Sinne auch auf die

Geschlechterbeziehungen angewandt – stets das bevorzugte Metier der Männer gewesen ist, soll, der allgemeinen Verbreitung entsprechend, hauptsächlich auf die Vorgehensweise der MuFs eingegangen werden: Strategie und Taktik sind bei ihnen nicht zuletzt deshalb so durchschlagend, weil sie blitzschnell die Seelenstruktur und das voraussichtliche Verhalten ihrer Mit- und Gegenspieler aus Intuition und Erfahrung zu erkennen vermögen und ihre Verführungskünste sowie Übertölpelungsmanöver nahtlos darauf abstimmen.

Vor allem bei verkappt-depressiven, zugleich seelenmasochistischen und deshalb unterwerfungsbereiten Seitenspringerinnen hat die dominant-suggestive, kunstvoll in bestrickenden Charme eingepackte Beeindruckungsstrategie durchschlagenden Erfolg. Sie führt nicht nur schnell zum Ziel, sondern darüber hinaus auch in die baldige emotionale Abhängigkeit oder gar Hörigkeit der scheinautoritätsgläubigen Partnerin.

Kowalewsky umreißt die Situation, die sich im Gefolge dieser Blitzkriegs- und Blitzsiegsstrategie ergibt, treffend mit den Worten: »Die unmittelbarste Bedrohung der Persönlichkeit der Frau geht von dem Dominanten aus. In Sekundenschnelle kann er seine Partnerin in Verwirrung bringen, verunsichern, im schlimmsten Fall sogar zerstören.« *(Zwischen Chauvi und Softi)*

Bei der hysterisch orientierten Frau mit geringer persönlicher Identität (Vatertochter) bewährt sich hingegen vornehmlich die Beweihräucherungsmasche. Sie vermittelt ihr das Gefühl, die Schönste und Begehrenswerteste für den Geliebten zu sein. Ferner sieht sie in ihm zugleich einen unersetzlichen »Seelenspiegel«, in dem sie ihr angeknackstes Ego fortwährend selbst bewundern kann. Diese Situation schafft somit auf andere Weise ebenfalls eine starke Abhängigkeit vom einschleichenden MuF.

Sofern die zu erobernde Frau als zwanghaft-depressiv erkannt wird und deshalb häufig dem »Helfersyndrom« zuneigt (vgl. Robin Norwoods Buch *Wenn Frauen zu sehr lieben. Die heimliche Sucht, gebraucht zu werden*), schlüpft der MuF in die Rolle des hilfeheischenden Selbstbewimmerers hinein. Der von seiner eigenen Frau Vernachlässigte, der vom Leben Benachteiligte, letztlich der weibliche Hilfe Suchende hat auf diese Weise die größten Chancen, möglichst bald in eine fremde Ehe einbrechen zu können. Robin Norwood faßt diese häufige Situation in die treffenden Worte: »Der aggressive Mann braucht unser Verständnis, der unglückliche Mann braucht unseren Trost. Der Versager braucht unsere Ermutigung und der Eisklotz unsere Wärme.«

Jeder erfolgreiche Stratege der parasitären, destruktiven Verführung bedarf einer ins einzelne gehenden Taktik, da der Teufel bekanntlich meist im Detail steckt. Die hierbei angewandte Taktik des Tarnens und Täuschens schafft erst die Voraussetzungen, um die strategische Stoßrichtung in die Realität umsetzen zu können. Um nochmals auf die Clausewitzsche Kriegsphilosophie zurückzukommen: Die Taktik des MuF stellt gleichsam seine »Streitkraft« dar, mit deren Hilfe er die Bettschlachten gewinnen und damit letztlich den Liebeskrieg strategisch zu seinen Gunsten entscheiden kann. Diese Taktik basiert auf einer Reihe von Prinzipien der Beeinflussung, besser gesagt der psychologischen Kriegsführung:

- Am weitesten verbreitet ist die **verbergende Maskierung**, die gleichsam den Urtyp der Tarnung darstellt.

Der einschleichende MuF zeichnet hierbei von sich das einnehmende Bild eines Mannes, der fast alles weiß und kann und dem deshalb im Leben so gut wie alles gelingt. Diese Verkehrung der Tatsache, daß er als Glücksspieler der Liebe auf Dauer nie und nirgends zurechtkommt, gelingt nach dem altbewährten Rezept unserer überkompensierend-neurotischen Leistungs- und Erfolgsgesellschaft: *Mehr scheinen als sein.*
Ein solches Vorgehen macht sich bei der weitverbreiteten, oberflächlichen unkritischen Denkweise meist bezahlt, da viele Frauen auf Männer fliegen, die anscheinend oder auch nur scheinbar Erfolg im Leben haben und deshalb über allgemeines Ansehen in der Öffentlichkeit verfügen. Ihr Glanz soll nun auf die selbst meist glanzlose ausbrechende MöG abstrahlen.
Da der MuF, vom unstillbaren Geltungsstreben aller Identitätslosen angetrieben, mit schauspielerischer Begabung und dem sprichwörtlichen suggestiven Charme des Frauenhelden reichlich aufwarten kann, fällt es ihm leicht, seine Prahlereien fürs erste wahr erscheinen zu lassen. Und was später einmal kommt, interessiert ihn nicht, da er als »Münchhausen der Liebe« inzwischen nach dem Motto *Nach mir die Sintflut* auf der Kanonenkugel des Seitensprungs längst in die Arme der Nächsten geflogen ist. In den nachfolgenden Worten einer Fremdgeherin spiegelt sich die Erwartungshaltung zahlloser verblendeter MöGs gegenüber Männern, die in ihrer großen Mehrzahl im Seitensprunggenre nur blenden: »Völlig unwichtig ist dabei, welcher persönliche Background hinter diesen Männern steht. Sie müssen nur gut aussehen. Ausstrahlung haben, Persönlichkeit, Temperament. Erfolg

repräsentieren. Ja, ich fliege auf Männer, die Erfolg haben, der auf den ersten Blick sichtbar ist.« (Margot Hoff, *Mein Seitensprung*)
Welche unbefriedigte, von ihrem eigenen Ehegespons mittlerweile bitter enttäuschte Ehefrau möchte sich nicht von solch einem Tausendsassa, einem so phantasievollen Märchenerzähler in das Reich romantisch-erotischer Träume entführen lassen? Die immaterielle Hochstapelei des Blenders wird nur von sehr wenigen liebesdurstigen und sexhungrigen Frauen rechtzeitig durchschaut.
Denn der blendende Tarner ist auch ein hervorragender Täuscher!

• Als eines der erfolgreichsten Täuschungsmanöver erweist sich die **Nutzung des Sympathieprinzips.** Es fällt auf, daß insbesondere vernachlässigte Frauen auch auf plumpeste Schmeicheleien und selbst auf den »Holzhackercharme« eines Primitivlings hereinfallen, der unverhohlen auf schnelles erotisches Beutemachen abzielt.
Da Sympathie vor allem auf innerer Übereinstimmung und Vertrautheit beruht, versteht es der MuF trefflich, gleichartige Meinungen, Erfahrungen und Vorlieben hervorzukehren oder auch nur vorzutäuschen. Seine mangelnde eigene Identität erweist sich hier als seine Stärke, denn sie läßt ihn ohne innere Hemmungen gleich einem Chamäleon sozusagen die »Seelenfarbe« seines Gegenübers annehmen, läßt ihn gekonnt in die Identität eines anderen Menschen hineinschlüpfen.
Nicht zuletzt sind es aber auch körperliche Attraktivität und erotische Anziehung (Sex-Appeal), die hier als durchschlagende Waffe eingesetzt werden. Dies um so mehr, als die Mehrzahl der Männer nicht das gepflegte Abbild eines betörenden Adonis darstellt! Fritz Riemann charakterisiert den liebesaktiven, hysterischen MuF bzw. die MaZ folgendermaßen: »Angeborener Charme und oft auch Schönheit bringen es mit sich, daß sie von früh an Sympathie erwecken.« *(Grundformen der Angst)*
Und Cialdini verweist auf die unbewußte, wenn auch falsche Annahme der meisten Menschen, daß »gutaussehend gleich gut« sei *(Einfluß)*.
Der Wissenschaftler Alan Feingold hat kürzlich alle bisherigen Untersuchungen zu diesem Thema zusammengefaßt und einer vergleichenden kritischen Metaanalyse unterzogen. Die Ergebnisse seiner Arbeit gipfeln in der bestätigenden Erkenntnis, daß gutaussehende Fremde in aller Regel einen Sympathievorschuß

erhalten, wobei es völlig gleichgültig ist, ob dieser objektiv auch gerechtfertigt erscheint. Er bestätigt jedenfalls im nachhinein Schopenhauers Ausspruch: »Schönheit ist ein offener Empfehlungsbrief.«

• Aber ein richtiger Maul- und Frauenheld kann noch mehr taktische Streitkräfte in Form kampferprobter *psychosozialer Mechanismen* ins Feld führen! Das **Prinzip der sozialen Bewährtheit** ausnutzend, schleicht er sich unter dem Deckmantel des **guten Freundes** der Familie ungestört hinter dem Rücken des Betrogenen in eine Lebensbeziehung ein.

• Der Erfolg wird für den Eindringling um so wahrscheinlicher, je bewußter er das **Konsequenzprinzip** sowie die **»Salamitaktik«** anwendet: Während ersteres nach dem Motto *Klein anfangen und geduldig ausbauen* funktioniert, gehorcht letztere dem Grundsatz *Steter Tropfen höhlt den Stein*. Dazu gehört selbstverständlich eine geduldige Abwartehaltung, um im günstigsten Augenblick zuzuschlagen.

• Ist dann der »Einstieg« durch die eheliche Hintertür erst einmal gelungen, so kann das **Autoritätsprinzip** erfolgreich zum Tragen kommen. Da die meisten Menschen in geradezu beunruhigender Weise autoritätsgläubig sind, läßt sich das Opfer bei gut gespielter Scheinautorität verhältnismäßig schnell auf die persönlichen Ziele und individuellen Bedürfnisse des bald dominierenden Einschleichers »umprogrammieren« (vgl. Milgram-Studie). Dies stellt schließlich ein Verfahren dar, das in Natur und Kultur von allen Parasiten mit denkbar größtem und dauerhaftem Erfolg seit undenklichen Zeiten praktiziert wird!
Das Umprogrammieren bedarf jedoch einer suggestiven und geradezu hypnotischen Kraft, über welche die meist *psychopathisch* geprägten, parasitär ausgerichteten Verführer in reichlichem Maße verfügen.
Natalie Shainess weist darauf in ihrem Buch *Keine Lust zu leiden* deutlich hin: »Wie ich sagte, verstehen es Psychopathen häufig, Charme zu entwickeln. Das ist ihr Rüstzeug, ihr Passierschein, und wird als solcher zu dem einen, überdeterminierten Charakterzug, der fast überwältigend sein kann.«

• Schließlich nutzt der Eindringling auch noch das **Redundanzprinzip**: das Prinzip der Informationsüberfülle.

Während nämlich die Ausbruchswillige über ihren eigenen Lebensgefährten fälschlich alles zu wissen glaubt, was unter patriarchalischen Ehebedingungen den Effekt der Langeweile und der Überflüssigkeit hervorrufen kann, herrscht im Verhältnis zum neuen Partner die Neugier gegenüber dem noch Unbekannten vor. Das Niederreißen sexueller Schranken inmitten einer allenthalben einengenden patriarchalischen Seinswelt sowie das Erleben spontaner Intimität und das Enträtseln erotischer Geheimnisse haben zweifellos etwas Stimulierendes an sich.
Die Grenzen dieses Geschehens jedoch zeigt Erich Fromm in seinem Buch *Die Kunst des Liebens* deutlich auf: »Aber wie bereits dargelegt, ist das Erlebnis einer plötzlichen Intimität seinem Wesen nach kurzlebig... Aber alle diese Arten von ›Nähe‹ verschwinden mit der Zeit mehr und mehr. Die Folge ist, daß man nun bei einem anderen Menschen, bei einem neuen Fremden Liebe sucht.«

Feig und fesch, faul und frech, falsch und frömmelnd – die »sechs unheilvollen f« des Seitensprungs

Wie läßt sich nun so einfach wie einprägsam das destruktive Seitensprungverhalten der MuFs und MaZen sowie der mehr oder minder geschickt und erfolgreich nachahmenden MöFs schlagwortartig verkürzt ausdrücken? Wie muß demnach der charakteristische »Steckbrief« dieser Falschspieler der Liebe lauten?
Er läßt sich auf sechs klassische Verhaltensweisen und Eigenschaftsbeschreibungen reduzieren, die wir uns als die **sechs unheilvollen f** gut merken können: Die Ironie des Seitenspringerschicksals will es, daß sich die Fremdgeher mit dem selbstkarikierenden Spruch von Machos über Machos bereits gegenseitig und letztlich unfreiwillig darstellen: »Tapfer sind wir nicht, aber fesch sind wir!« Diese enttarnende Charakterisierung des feigen Feschseins müssen wir allerdings noch um vier weitere spezifische Eigenschaften der typischen Seitenspringer ergänzen, so daß der zitierte Spruch in seinem zweiten Teil lauten würde: Faul sind wir auch, aber das gleichen wir mit Frechsein wieder aus! Und wenn das alles noch nicht reicht, so sind wir vor allem auch falsch, sprich listig, verlogen und betrügerisch. Unseren menschenverachtenden Parasitismus tarnen wir überdies mit dem schönen Schein des frömmelnd-anständigen, verantwortungsbewußten Liebhabers und Ehemanns.

Was ist mit diesen sechs Eigenschaften bzw. Verhaltensweisen gemeint, die jeder menschengerechten Ethik höchst gefährlich zu werden vermögen?

• Die Beschreibung **fesch** bezieht sich hier sowohl auf das oft als Waffe eingesetzte ansprechende Äußere als auch den suggestiven, geradezu hypnotisierenden Sex-Appeal der MuF, während **frech** ihre charmant-anziehende und letztlich auch ausziehende Unbekümmertheit sowie ihr rücksichtsloses Draufgängertum umreißt.

• Der mangelnden Tapferkeit, genauer: der **Feig**heit entspricht ihr hinterhältiges **(falsches)** Vorgehen als Ausdruck ihrer konflikt- und verantwortungsscheuen Fluchtmentalität.

• Und das Eigenschaftswort **faul** drückt schließlich die Tatsache aus, daß sie selbst zu bequem oder zu schwach zum mühevollen Aufbau einer eigenen beglückenden Lebensbeziehung sind und deshalb lieber auf parasitäre Weise »verbotene Früchte« aus des Nachbarn Garten stehlen. Und all dies geschieht hinter dem tarnenden und täuschenden Schild der Lüge und des Betrugs sowie des blendenden Scheins eines **frömmelnden** anständigen Familienvaters im Pharisäergewand.

3. Das Wo, Wann und Wie des Seitensprungverlaufs

Aus der Sicht des abwehrbereiten Betrogenen, nicht zuletzt aber auch unter dem Gesichtspunkt der Vorbeugung ist das Wissen um den zeitlichen und örtlichen Rahmen und ebenso um den erotischen und emotionalen Verlauf des Seitensprungdramas von erheblicher Bedeutung.
Das gilt allerdings nicht minder für die betrügende und meistens vom Einschleicher zugleich betrogene Opfertäterin!
Der Ablauf des Untergrundverhältnisses wird einerseits von den spezifischen persönlichen Gegebenheiten der beiden Akteure, d. h. von den bereits dargestellten situativen Gelegenheiten des individuellen Bedingungs- und Möglichkeitenrahmens bestimmt, während er andererseits von der qualitativen Ausgestaltung der Seitensprung-Zweitehe abhängig ist. Der unmittelbare Anlaß ist demgegenüber für den Verlauf des Seitensprungs in aller Regel von geringer Bedeutung.

• Wir wenden uns nun der Frage zu, wo die veruntreute Liebe ihre örtliche Heimstatt und somit erotische Walstatt, letztlich ihre Bettstatt findet, damit der Seitensprung schließlich konkret stattfinden kann.

Mit geschärftem Blick auf das Wort »Heimstatt« gilt es, gleich vorweg eine grundsätzliche Feststellung zu machen:

Schon Alfred Kinsey hat, vor nunmehr vier Jahrzehnten, völlig zu Recht erkannt, daß gebundene Frauen infolge ihrer früheren ehelichen Erfahrungen im allgemeinen Wert darauf legen, daß der außereheliche Liebesakt unter Bedingungen stattfindet, die auch in ihrer Ehe üblich sind (*Das sexuelle Verhalten der Frau,* Abschnitt »Wesen und Bedingungen des außerehelichen Koitus«). Damit entspricht die ausbrechende Ehefrau nicht nur ihren liebgewordenen, Sicherheit vermittelnden Gewohnheiten, der Bequemlichkeit und auch dem Bedürfnis, in ihrer Vorstellungskraft den Geliebten träumerisch mit dem täglich benutzten Ehebett zu verknüpfen, – sondern sie legt gleichermaßen auch die Grenzen für einen örtlichen »Mindeststandard« fest. Sie will somit die Wahl eines oft desillusionierenden räumlichen Umfeldes vermeiden.

Diese wohl jedem gewieften Seitenspringer geläufige Tatsache hat eine Reihe von höchst prekären Konsequenzen:

Zum ersten findet die veruntreute Liebe viel wahrscheinlicher und auch öfter im Ehebett oder zumindest in der ehelichen Wohnung statt als in der Stundenhotelatmosphäre einer Absteige, der unerotischen Enge eines unbequemen Autos, im oft feuchten, kühlen und von Dritten leicht beobachtbaren Freien oder in einem nüchternen Büro- bzw. Geschäftsraum.

Diese Liebespraxis entspricht im übrigen der so paradoxen wie gleichermaßen bekannten Tatsache, daß der Einschleicher in der »Höhle des Löwen« am relativ sichersten vor Entdeckung oder Störung ist. Was deshalb zunächst nach tollkühnem Unterfangen der Fremdgeher aussieht, entpuppt sich in Wahheit als fast bombensicheres Unternehmen, welches das zu kalkulierende Restrisiko bei Einhaltung eines erfahrungsmäßigen zeitlichen »Sicherheitsabstands« in verhältnismäßig engen Grenzen hält.

Die Anonymität unserer heutigen Großstädte tut ein übriges, um die Aufdeckung partnerschaftlicher Untreue unwahrscheinlich werden zu lassen. In der Publikation der Gesellschaft für erfahrungswissenschaftliche Sozialforschung »Auflösungserscheinungen der Ehe in der Bundesrepublik« heißt es hierzu treffend: »Die Anonymität bildet einen schwer durchdringbaren Vorhang, hinter dem sich vieles verbergen läßt.«

Zu diesen allgemeinen Rahmenbedingungen kommt aber noch die verblüffend einfache Tatsache, daß der jeweils Betrogene in völliger Fehleinschätzung der Lage das für ihn Undenkbare nicht zu denken und das für ihn Unfaßbare nicht zu fassen vermag, weshalb er die Betrügenden meist auch nicht zu fassen kriegt!
Dies erklärt schließlich die völlige Fassungslosigkeit gerade vieler Männer, sobald sie Kenntnis von der außerehelichen Munterkeit ihrer Göttergattin erhalten. Vor allem dieses im vorhinein Nichtdenken- und Nichtfassenkönnen des Übervorteilten verleitet die Ausbrecherin zum bedenkenlosen Handeln und den meist aus dem sozialen Umfeld stammenden Einbrecher zum allzu beherzten Zufassen.
Mag den Betrogenen die besonders geschmacklose Untreue im Ehebett aufs tiefste empören, so steigert sich meist noch seine Wut durch den keineswegs seltenen Umstand, daß er zu allem Überdruß auch noch durch einen dem Ehepaar Nahestehenden gehörnt wird, dem er sein volles Vertrauen geschenkt hat.

- Aber es kommt für ihn noch schlimmer, wenn wir uns nun mit dem Zeitpunkt der veruntreuten Liebe befassen!

Nach dem Motto des bekannten Schlagers *Night- und daytime, always playtime*... wird jede sich bietende zeitliche Gelegenheit wahrgenommen, den eigenen Lebensgefährten bzw. Rivalen auf möglichst unerwartete und pfiffige Art und Weise auszutricksen. Den Dreh- und Angelpunkt jeder geheimen Zusammenkunft stellt deshalb seine Abwesenheit dar, die, recht bequem, eine kostenlose und sturmfreie Bude garantiert. Besonderer Beliebtheit erfreut sich die unauffällige, da unvermutete »Liebe am Nachmittag«. Noch weniger Verdacht erregt eine ganztägig berufstätige Ehefrau, wenn sie beispielsweise ihre dienstlichen Überstunden gelegentlich tagsüber auf erotische Weise zu Hause »abfeiert«. Schließlich sind erotische Überstunden in nüchterner Büroatmosphäre auf Dauer nicht nach dem Geschmack der meisten Frauen, ganz im Gegensatz zu den hier weit »praktischer« veranlagten Männern.
Neben der im doppelten Wortsinn oft sonnigen Liebe am Nachmittag wird selbstverständlich auch die Liebe am Abend als durchaus erquickend und labend empfunden, sofern aufgrund tatsächlicher oder aber schlafmütziger, d. h. seelischer Abwesenheit des Lebensgefährten (bzw. der Lebensgefährtin) kaum unerquickliche Folgen zu befürchten sind.
Die geschilderten raum-zeitlichen Gegebenheiten gelten im allge-

meinen allerdings nur für den fortgesetzten Seitensprung. Beim ersten Mal »passiert« der außereheliche Liebesakt erfahrungsgemäß meist mit einer gewissen Spontaneität und Zufälligkeit im Rahmen einer sich bietenden Gelegenheit überwiegend außerhäuslich und zu unterschiedlichsten Tages- oder Nachtzeiten. Hierbei wird den Umständen entsprechend häufig auf eine mehr oder minder romantische Atmosphäre verzichtet, was seelisch und sexuell ausgehungerte Frauen zumindest für den Anfang durchaus hinnehmen.

• Neben dem Wo und Wann des Seitensprungs stellt sich natürlich auch die Frage nach dem qualitativen Wie des Vollzugs.
Schon bei der Darstellung der Motive des Fremdgehens (vgl. S. 97 ff.) wurde erwähnt, daß viele Seitenspringer den Liebesakt zumindest in der ersten Zeit der geheimnisumwitterten Begegnungen intensiver, damit lustvoller und befriedigender als den ehelichen Routinesex erleben. Dies nicht zuletzt auch deshalb, weil das intime Zusammensein jeweils nur etwa der Dauer eines Liebesfilms entspricht: Die solchermaßen künstlich konservierte Scheinromantik jenseits partnerschaftlicher Alltagsrealität vermag durchaus für eine gewisse Zeit Hollywoodillusionen aufkommen zu lassen.
In der späteren kritischen Rückschau gleicht der Verlauf der Untergrundbeziehung allerdings auf verblüffende Weise dem Ablaufmuster aus der Frühzeit der offiziellen Lebensbeziehung: Auf die Balzzeit und die anschließenden Flitterwochen folgt allmählich, fast unmerklich, die Entfremdungs- und gedankliche Untreuephase, die schließlich bei sich bietender Gelegenheit in den Zeitabschnitt des Partnerbetrugs einmündet und folgerichtig mit der Ablösungs- und Trennungsperiode endet.
Die Gelegenheit zum gegenseitigen, tieferen Verstehenlernen, zum gemeinsamen Wachstum, zum wechselseitig bereichernden Geben und Annehmen jenseits von subtil ausgeübtem Zwang und infantilem Habenwollen bleibt somit genauso ungenutzt wie in der offiziellen ehelichen Erstbeziehung – schlimmer noch: eine wirkliche Zweisamkeit entwickelt sich in der Untergrundbeziehung infolge der ungünstigeren Bedingungen in aller Regel in noch geringerem Maße, als dies in der Anfangsphase einer Ehe möglich ist.
Noch zu beantworten ist ferner die Frage nach den Faktoren, die das Seitensprunggeschehen stabilisieren oder umgekehrt destabilisieren.

Als Stützpfeiler kommen vor allem der Spielraum der gegenseitigen und kontinuierlichen emotionalen und sexuellen Bedürfnisbefriedigung, die Wahrung der Geheimhaltung und das Fortbestehen hierfür günstiger äußerer Rahmenbedingungen in Betracht.
Als destabilisierend hingegen erweisen sich auf Dauer nichterfüllbare Erwartungen, der Bruch oder das sonstige Ende der Geheimhaltung und eine Veränderung der Lebenssituation zumindest eines Fremdgehers, welche die günstige Gelegenheit zum Seitensprung raubt oder diesen nun zu risikoreich erscheinen läßt.

Doch wie sieht das wechselvolle Auf und Ab des Seitensprungverlaufs tief im Seeleninnersten der Akteure aus?
Die erste Zeit einer verborgenen Außenbeziehung hat vor allem für Frauen meist etwas Romantisches an sich, während es den Männern das Gefühl vermittelt, wieder ein aktiver und lebenskräftiger Vollblutmann zu sein: Mitreißende Leidenschaftlichkeit, erotische Spannung, sexuelle Neugier und das erhebende Gefühl, wieder jemand zu sein, beim heimlich Geliebten als die Nummer eins zu gelten, lassen den Seitenspringer zunächst sich wie neugeboren fühlen. Die Flitterwochen längst vergangener Zeit scheinen geheimnisvoll wiedergekehrt zu sein und lassen selbst den grauen Alltag in einem geradezu unwirklichen Glanz erstrahlen.
Doch das Hochgefühl, das diese Scheinwelt vermittelt, dauert meist nicht allzu lange an. Erste Enttäuschungen über das Verhalten des Geliebten stellen sich ein. Der seelische Druck der geheimzuhaltenden Beziehung und das emotionale Hin- und Hergerissensein zwischen zwei Partnern fordern ihren emotionalen Tribut, und der Reiz des Neuen verblaßt allmählich.
Die engen zeitlichen, räumlichen und situativen Grenzen der Dreierbeziehung treten immer deutlicher zutage und frustrieren vor allem tiefer empfindende Frauen, die eine dauerhafte und geschützte Zweitbeziehung aufbauen und erhalten wollen. Und auch der Reiz des Verbotenen kann auf Dauer meist nicht die Angst vor dem Entdecktwerden und den drohenden, unkalkulierbaren Folgen und möglichen Konsequenzen ausgleichen.
Schließlich tritt Ernüchterung anstelle romantischer oder abenteuerlicher Gefühle, und für so manchen Akteur erhebt sich früher oder später die Frage, ob sich die Aufrechterhaltung der Außenbeziehung nach Abwägung aller Umstände, Vorzüge und Nachteile weiterhin lohnt.

Vor allem sind es meist die Männer, die von der Zweitfrau bald wieder genug haben, nachdem das reizvolle Eroberungs- und wechselseitige Entdeckungsspiel sein natürliches Ende gefunden hat. Gerade sie empfinden die steigenden emotionalen Ansprüche ihrer Geliebten als zunehmende Belastung. Dieser sind sie als nunmehr polygam Doppelbelastete noch weniger gewachsen, als dies in der eigenen Lebensbeziehung meist ohnehin der Fall ist.

Völlig anders und meist wesentlich dramatischer wird der Seitensprung hingegen vom betrogenen Lebensgefährten erlebt!
Dies ist um so verständlicher, als er in aller Regel unvermittelt und deshalb auch völlig unvorbereitet erkennt oder erfährt, daß sein Lebensgefährte fremdgeht. Im Gegensatz zum betrügenden Partner bekommt er zudem nur die Passivseite des Seitensprunggeschehens zu spüren.
Ein Schwall ungezügelter, widersprüchlicher und schmerzhafter Gefühle kommt eruptiv hoch, ergreift betäubend von ihm Besitz, läßt ihn nicht mehr los: Zunächst ist es meist das Empfinden des Unglaublichen, des Unfaßbaren – ähnlich dem plötzlichen Tod eines geliebten und vertrauten Menschen. Das ist verständlich. Denn in diesem Augenblick stirbt schließlich etwas Wesentliches in seiner inneren Beziehung zum Lebenspartner, nämlich das gegenseitige Vertrauen, die Basis jeder lebendigen Verbindung.
Doch dann überschwemmen ihn meist bittere Enttäuschung, aber auch kochende Wut und bohrende Eifersucht, vielleicht sogar unterschwellige Rachegefühle. Diese ungeordnet wogenden Emotionen schlagen nicht selten in Verlustangst um, während sich gleichzeitig aggressive und depressive Stimmungen abwechseln.
Nach einer Zeit der überfordernden Anspannung übermannt den Betrogenen häufig das Gefühl der Mut- und Kraftlosigkeit. Die peinigende Frage nach dem selbstverunsichernden Warum tut sich auf, und vielleicht greift die selbstkritische Überlegung Platz, ob und inwieweit eigenes Zutun oder Unterlassen für diese Entwicklung mitbestimmend war.
Unterlegenheitsgefühle gegenüber dem Konkurrenten bzw. der Zweitfrau drängen unbewußte Versagensängste und Minderwertgefühle plötzlich und ungezügelt an die Oberfläche und erhöhen noch die schon bestehende allgemeine persönliche Unsicherheit. Auch die Denk- und die Entschlußfähigkeit werden gelähmt oder zumindest eingeschränkt.

Letztlich wird dem Betrogenen nun klar, daß sich seine Lebenssituation plötzlich und unerwartet verändert hat und die Beziehung zum ausgebrochenen Partner mit Blick auf die Vergangenheit und Gegenwart neu definiert und hinsichtlich der Zukunft nach anderen Gesichtspunkten und veränderten Maßstäben geordnet werden muß. Eine Entscheidung über das künftige eigene Verhalten dem Lebensgefährten gegenüber ist mithin unausweichlich geworden. So ist zu überlegen, wie er ihm unmittelbar begegnen soll, ob und gegebenenfalls welche Maßnahmen sinnvoll und angemessen sind, welche Ziele damit angesteuert werden können und welche Konsequenzen aus der veränderten Lage zu ziehen sind.

All diese Fragen, die ihm nun durch den Kopf wirbeln, erzeugen Zukunftsängste vor einer nicht mehr überschaubaren und noch weniger kalkulier- oder von ihm selbst beeinflußbaren Entwicklung, angesichts eines nicht mehr einschätzbaren, wenig Vertrauen erweckenden Lebensgefährten und der Last kaum noch verdrängbarer Selbstzweifel. Drückend erweist sich jetzt auch die Unkenntnis der wirklichen Hintergründe, Umstände und des Verlaufs der eben entdeckten Außenbeziehung.

Hinzu kommt der verunsichernde Umstand, daß ihm das tatsächliche innere Erleben des Lebensgefährten in der Seitensprungbeziehung und die Intensität seiner seelischen Beziehung zum Außenpartner in aller Regel vorenthalten wird. Die deshalb fast zwangsläufige Orientierungs-, Hilf- und Ratlosigkeit, der zusätzliche Verlust an innerer Geborgenheit und persönlicher Identität erweisen sich meist als schlechte Ratgeber, hingegen leider allzuoft als ziellose, widersprüchliche und sprunghafte Antriebskräfte oder auch als depressiver Hemmschuh.

In den nun folgenden Auseinandersetzungen zwischen den beiden Ehepartnern kommen für den Betrogenen häufig noch weitere emotionale Keulenschläge hinzu. Zunächst packt ihn die Wut über Verleugnungen und Lügen des Partners. Er fühlt sich für dumm verkauft, mißachtet und beleidigt, nicht zuletzt auf schäbig-feige Weise verraten und betrogen.

Treibt er nun den Leugnenden in die Enge und muß dieser schließlich die fremde Beziehung eingestehen, so schockiert den Betrogenen häufig die nicht erwartete, oft mitleids-, ja ausgesprochen herzlose Art, mit welcher der betrügende Lebenspartner ohne Spur von erhoffter Reue sein Verhalten nunmehr in strategischer Vorwärtsverteidigung engagiert vertritt. Nicht selten werden nun zu allem Überfluß auch noch der Betrogene zum ausschließlich Schuldigen erklärt und zu guter Letzt die Fortsetzung der Außenbeziehung angekündigt.

Für den zunächst häufig zum Verzeihen bereiten betrogenen Lebensgefährten ist damit eine schnelle Lösung auf der Grundlage des beschwichtigenden Bereuens und großzügigen Vergebens verbaut. In diesen enttäuschenden Augenblicken ahnt der Hintergangene, wie falsch er den Lebenspartner und die gemeinsame Beziehung, aber auch seine persönliche Stellung in ihr eingeschätzt hat. Er fragt sich deshalb verblüfft, wer eigentlich sein Lebensgefährte ist, den er fälschlicherweise so gut zu kennen geglaubt hatte. Auch an sich selbst mag er jetzt mehr und mehr zweifeln.

Das zerstörerische Gesicht des Seitensprungs – Seine unmittelbaren Auswirkungen und verkannten Spätfolgen

Die Treuen kennen nur die triviale Seite der Liebe.
Es sind die Untreuen, die die Tragödie der Liebe kennen.
OSCAR WILDE

1. Wenn Seitensprünge Geschichte machen – Was das Fremdgehen bedeutender Persönlichkeiten bewirken kann

Wer nicht von dreitausend Jahren
sich weiß Rechenschaft zu geben,
bleib im Dunkeln unerfahren,
mag von Tag zu Tage leben.
JOHANN WOLFGANG V. GOETHE

Die weitreichenden sozial- und gesellschaftspolitischen Folgen hoher Scheidungsquoten (Absprünge) im indirekten Zusammenhang mit zahllosen Seitensprüngen dürften jedermann mehr oder minder bewußt sein.

Die nicht selten lebensentgleisenden individuellen Auswirkungen des Fremdgehens werden hingegen meist verdrängt.

Noch weniger bekannt ist, in welch verblüffendem Ausmaß einzelne Seitensprungaffären, in die maßgebliche historische Persönlichkeiten verwickelt waren, unter bestimmten, politisch instabilen Rahmenbedingungen (Umbruchszeiten) über Jahrhunderte, ja selbst Jahrtausende hinweg unserer gesamten kulturellen und gesellschaftlichen Entwicklung ihren negativ prägenden Stempel aufgedrückt haben.

Absolutistische Herrscher und tyrannische Despoten vermochten nach dem Motto *L'Etat c'est moi!* (»Der Staat bin ich!«) ihre höchst persönlichen amourösen Leidenschaften durchaus in Aktionen mit politischer Dimension umzusetzen! Wenn hierbei im wahrsten Sinne des Wortes Leiden geschaffen wurde, so waren es vornehmlich ihre Untertanen, die gleichsam als Sündenböcke für das emotionale Seelenchaos ihrer seelenmatschigen »Obermachos« Leben und Gut verloren.

Die moderne Chaostheorie in Verbindung mit der Synergetik, der Wissenschaft vom universellen Zusammenwirken, weist überzeugend nach, daß unter bestimmten Rahmenbedingungen (z. B. instabiles übergeordnetes Gleichgewicht) selbst kleinste Ursachen zu gewaltigen Veränderungen mit unkalkulierbaren Spätfolgen führen können. Dieser Umstand wird als »Schmetterlingseffekt« bezeichnet, der vornehmlich im Zusammenhang mit einem unmittelbar bevorstehenden Symmetriebruch (d. h. einer qualitativen Veränderung eines Gesamtsystems) steht.

Wenn wir diese Situation auf das Seitensprunggeschehen übertragen, so müssen wir uns bildlich vorstellen, daß der Fremdgeher infolge eines drohenden partnerschaftlichen Symmetriebruchs in seiner Lebensbeziehung bereits häufig unmittelbar am steilen Abbruch steht und deshalb ein kleiner Schritt zur Seite (Seitensprung) genügt, um tatsächlich in den Abgrund zu stürzen, d. h. den Abbruch seiner Partnerschaft durch Absprung bzw. Zusammenbruch zu riskieren.

Wie wir in diesem Kapitel sehen werden, entscheiden bei einem Verkehrsunfall auf der Straße oder auch im Ehebett oft Millimeter und Zehntelsekunden oder wenige Promille (Liebes-)Trunkenheit über Sein oder Nichtsein der Verkehrsteilnehmer.

Was bereits für den isolierten Einzelfall zutrifft, bekommt eine potenzierende qualitative und quantitative Dimension, wenn Seitenspringer mit unbeschränkter Machtbefugnis über ungezählte Menschen am Werke sind! Entnehmen wir deshalb dem Buch der Geschichte willkürlich sechs anschauliche Beispiele, die dem Seitensprungsex gekrönter und ungekrönter Häupter in negativer Hinsicht die sprichwörtliche »Krone aufsetzen«.

Der gegenwärtige, so unvermittelte wie unerwartet schnelle Zusammenbruch der spätstalinistischen Zwangsherrschaft in den Staaten des Ostblocks sollte uns daran erinnern, daß es möglicherweise nicht zur Aufrichtung einer rotlackierten nazistischen Despotie in der Sowjetunion gekommen wäre, wenn nicht ein Seitensprung des narzißtischen Gründervaters des kommunistischen Rußlands gleichsam den psychologischen Geburtshelfer gespielt

hätte: Ohne das verhängnisvolle Wirken Wladimir Iljitsch Uljanows, genannt Lenin, die machtbesessene zentrale Persönlichkeit der geschichtsgestaltenden bolschewistischen Fraktion der Revolutionäre, hätte die Oktoberrevolution im Jahre 1917 mit großer Wahrscheinlichkeit eine halbwegs demokratische Richtung einschlagen können.
Um dies nachzuvollziehen, müssen wir das Buch der Geschichte sieben Jahre weit zurückblättern!
1910 erlebte Lenin, der sich damals als politischer Flüchtling in Paris aufhielt, sein persönlich düsterstes Jahr voller Enttäuschungen und Rückschläge. Hätte in dieser hoffnungslosen Situation nicht noch rechtzeitig ein heller Sonnenstrahl namens Inès Armand in sein von schweren Depressionen geschütteltes Leben hineingeleuchtet, so wäre sein endgültiger psychischer Zusammenbruch wohl nicht mehr aufzuhalten gewesen. Nach einhelliger Meinung seiner nächsten Umgebung machte er nämlich damals, als er vorübergehend sogar sein Gedächtnis verlor, den deprimierenden Eindruck, am Ende seiner seelischen Kraft angelangt zu sein. Seine getreue, aber nicht eben vorteilhaft aussehende und wenig Sex-Appeal ausstrahlende Frau Nadja Krupskaja war wohl zuwenig Frau, um ihn jetzt aus seiner Lebenskrise herausführen zu können.
Gerade in dieser aussichtslosen Lage bedeutete die erste Begegnung mit Inès, einer Russin durch Heirat und Pariserin durch Geburt, *den* Wendepunkt in Lenins Leben.
Seine Bitte an die so attraktive wie intelligente, so charmante wie bezaubernde Frau, sein Leben mit »ein paar netten Dummheiten« zu bereichern, wurde erhört. Erstaunlich schnell kehrte mit seiner Manneskraft auch sein Lebensmut zurück. Was keiner seiner Angehörigen und Freunde noch zu hoffen gewagt hatte, trat unvermittelt ein: Seine seelische Gesundheit richtete sich nach diesem sexuellen Aufstieg steil auf, was ihm den endgültigen politischen Aufstieg und schließlich die Aufrichtung der roten Diktatur über das russische Proletariat ermöglichte. In den revolutionsgeschwängerten Jahren zwischen 1910 und 1920 war Inès seine wichtigste seelische Stütze, bis sie von einer Choleraepidemie hinweggerafft wurde und er ihr, nicht einmal vier Jahre später, in den Tod nachfolgte.
Die von ihm mit harter Hand durchgesetzte Parteidiktatur des »demokratischen Zentralismus«, die für sieben Jahrzehnte zur unumstößlichen Staatsdoktrin der gesamten kommunistischen Welt wurde, basierte somit nicht zuletzt auf einem der Öffentlich-

keit stets vorenthaltenen Seitensprung des kommunistischen Säulenheiligen.

Doch Lenin war nicht nur der politische Ziehvater Stalins, sondern bekanntlich auch der geistige Ziehsohn eines nicht minder berühmten Mannes, dessen ideologisches Erbe gegenwärtig ebenfalls weltweit zerfällt, nämlich von Karl Marx.
Beleuchten wir dessen Seitensprungkarriere näher, so zerfällt freilich auch das von seinen Anhängern bisher sorgfältig gepflegte Image des vorbildlichen Ehegatten und Familienvaters: Dem übernächsten Kapitel über die Seitensprungverhütung ist ein Zitat Marxens vorangestellt, das in scharfem Kontrast zu seiner ehelichen Lebenswirklichkeit steht und ihn als einen heuchlerischen Phallokraten ausweist. Denn der Vater des wissenschaftlichen Sozialismus entpuppt sich bei näherem Hinsehen als der typische Ehemacho und patriarchalische Familientyrann der bürgerlichen Epoche, die er lebenslang so wortgewaltig wie kompromißlos bekämpft hat, und der schöne Schein seiner Gattenliebe, sein pharisäerisches Hohes Lied auf die Monogamie, erweist sich als genauso doppelzüngig wie die ausschließlich »platonische« Treuemoral seiner damaligen Geschlechtsgenossen: Das jahrzehntelange moralische Vorbild unzähliger gläubiger Genossen brachte es fertig, zwei sozial und wirtschaftlich völlig von ihm abhängige Hausangestellte innerhalb der eigenen sicheren vier Wände mehr oder minder »freiwillig« in ein Seitensprungabenteuer hineinzuzwingen, – der prostituierende Charakter derartiger ungleicher »Liebesbeziehungen« wurde bereits im vierten Kapitel (S. 127 ff.) näher beschrieben, so daß sich weitere Ausführungen erübrigen.
Das Mannesbild Marxens verdüstert sich jedoch noch zusehends, wenn wir sein so feiges wie parasitäres Verhalten betrachten, sobald es um das mannhafte Mittragen der Liebesfolgen geht. Denn er wälzte nach bewährter Machoart die Folgen seines Fehltritts auf die geschwängerten Frauen bzw. seinen illegitimen Nachkommen sowie seinen Busenfreund ab: Sein Sohn Frederick Demuth wurde unmittelbar nach der Geburt klammheimlich außer Haus gegeben und die Vaterschaft Friedrich Engels aufgehalst. Marxens anschließende amouröse Abenteuer mit der zweiten Dienstmagd Marianne endeten für diese tödlich, da der große Geschichtsum- und Problemabwälzer die Geburt eines weiteren unehelichen Kindes nicht riskieren wollte und deshalb seine Geliebte das zur damaligen Zeit außerordentlich hohe Risiko einer

Abtreibung tragen ließ. Nach diesem tragischen Ereignis aber war Marx offensichtlich ein seelisch gebrochener Mann, denn er war von diesem Zeitpunkt an nicht mehr in der Lage, sein Lebenswerk effektiv fortzuführen.

So sorgte gerade der lautstarke Befreier des geknechteten Proletariats selbst eifrig für die Plünderung weiblicher Würde, die das einzige noch verbliebene persönliche Kapital wirtschaftlich und sexuell mißbrauchter Frauen der sozialen Unterschicht darstellte. Damit wies sich Marx als erotischer Flegel und ideeller Ausbeuter entrechteter Frauen aus, der sich in seinem gesamten Werk vornehmlich mit den ungestümen Flegeljahren des noch pubertären Frühkapitalismus, jedoch nur ungenügend mit dem von ihm kreierten humanitären Sozialismus auseinandersetzte. Bezeichnenderweise wurde *Das Kapital* zu seinem Hauptwerk, während *Der Kommunismus* wohlweislich ungeschrieben blieb.

Im Marxschen Seitensprungverhalten wurde bereits der »reale Sozialismus« im familiären Bereich vorexerziert, der sich einige Jahrzehnte später im gesellschaftlichen Rahmen auf brutale und menschenverachtende Weise in den stalinistischen Oststaaten austobte. Der Prophet menschlicher Selbstentfremdung entpuppte sich als selbstentfremdeter Fremdgeher. Als solcher konnte Marx weder zu sich selbst noch zu seiner Frau und Familie stehen. Der verzweifelte Selbstmord von zweien seiner drei vaterabhängigen Töchter, das stille Seelenleid seiner Frau und seiner Geliebten dürfen als Menetekel für das familiäre Seelenchaos im Hause Marx gelten. Unfreiwillig wurde er zum historischen Zeugen und gleichzeitig tragikomischen Opfer einer partriarchalischen Seinswelt, der er selbst angehörte und von der er sich trotz seines kämpferischen Elans nicht zu lösen vermochte. Seine zwiespältige, letztlich inhumane Grundeinstellung zum weiblichen Geschlecht übertrug sich unbewußt, aber zwangsläufig auf seine Ideologie und politische Bewegung. Auch hier bekannte er sich nicht zu dem persönlich von ihm entwickelten Marxismus. Er versteckte sich vielmehr hinter dem Tarnvorhang des »wissenschaftlichen« Sozialismus. Damit hatte er Erfolg in einer Zeit, in der eine zunehmend ideologisierte Wissenschaft in steigendem Maße anstelle der Kirche zur neuen, heilsbringenden Diesseitsreligion mißbraucht wurde. Solchermaßen konnte er schließlich, selbstverleugnend, behaupten, selbst kein Marxist zu sein. Anstelle eines in die Realität umsetzbaren, humanen Welt- und Menschenbildes hinterließ er ein irreales, Chaos verursachendes Glaubensbekenntnis (szientistische Ideologie), das die alleinige menschliche Verantwortung für das eigene und gemeinsame Schicksal den angeblich ehernen Gesetzen der menschlichen Geschichte und Gesellschaft zuschob. Die Antwort auf diesen ideologischen Seitensprung ließ nicht lange auf sich warten! Sie zeigt sich derzeit im gesellschaftlichen Chaos des »Wilden Ostens«, in dem die kollektive Verantwortungslosigkeit Trumpf geworden ist.

Letzten Endes spiegelt sich in diesem Beispiel die beklemmende Parallelität von Marxens persönlichem und ideologischem Schicksal. Sie zeigt auf, wie untergründig und intensiv der individuell ausgefochtene patriarchalische Geschlechterkampf mit dem kollektiven Klassen-, Rassen- und Nationenkampf verflochten ist, der einer kleinen Machtelite jeweils zur Herrschaft verhilft. Es sind nicht zuletzt in der Familie eingeübte Denk- und Verhaltensmuster, die sich auf der gesellschaftlichen Ebene verhängnisvoll wiederholen.

Nun wollen wir einen historischen Sprung zurück um eineinhalb Jahrtausende wagen, der die Entwicklung der christlichen Kirche unter dem Blickwinkel des Seitensprungs zeigt.

Im 4. Jahrhundert n. Chr. wurde der römische Kaiser Konstantin der Große offensichtlich von seiner Frau Fausta und seinem ältesten, aus seiner ersten unehelichen Verbindung hervorgegangenen Sohn Krispus betrogen. Als die Affäre ruchbar wurde, ließ Konstantin beide Seitenspringer hinrichten und führte gleichzeitig die Todesstrafe für Ehebruch ein.

Vom eigenen Sohn und der Gemahlin Hörner aufgesetzt zu bekommen muß ihn so unsagbar verletzt haben, daß er von diesem Zeitpunkt an ein seelisch gebrochener Mann war, der sich unmittelbar nach dem gravierenden Ereignis dem seelentröstenden christlichen Glauben zuwandte. Er bahnte dessen Entwicklung zur Staatsreligion an und sorgte mit der ganzen Kraft eines Weltreichbeherrschers und oft höchst unchristlichen Mitteln für die rücksichtslose Verbreitung des Christentums und die Installierung einer kaisertreuen, hierarchisch-undemokratischen Kirchenherrschaft.

Ein anderer Seitensprung von historischer Dimension wurde für ein ganzes Staatsvolk jahrzehntelang zur leidvollen Realität. Die ständigen Seitensprünge des bayerischen Kurfürsten Max Emanuel, der seine Frau Maria Antonia, eine Tochter des österreichischen Kaisers, immer wieder vor der feinen Hofgesellschaft düpierte, trugen in erheblichem Maße zu einer unglücklichen politischen Entwicklung bei. Denn der Spanische Erbfolgekrieg darf unter anderem auch als gleichzeitiger Rachefeldzug des schwer gekränkten Schwiegervaters interpretiert werden, der Tod, Verwüstung und Armut über das bayerische Volk und Land brachte. Der kurfürstliche Fremdgeher aber wurde militärisch geschlagen, moralisch geächtet, vom Thron verstoßen und in die Fremde vertrieben.

Nach diesen vier gravierenden Beispielen sollen noch zwei weitere Seitensprungaffären Prominenter dargestellt werden, die zwar in ihren Auswirkungen weniger weitreichend ausfielen, deren gesamtgesellschaftliche Spätfolgen und negative Vorbildfunktion jedoch nicht unterschätzt werden dürfen.
Der sagenumwobene, heute noch verehrte König David der Juden legte ein besonders hinterhältig-feiges historisches Zeugnis für einen Einbruch in eine fremde Ehe ab. Er schickte den Ehemann Uria der von ihm begehrten Bathseba mit einer geheimen Botschaft in den Krieg, die faktisch sein eigenes Todesurteil enthielt: Es war die Anweisung, ihn an vorderster Front einzusetzen, – eine geschickte Verschleierung, die den Rivalen auf übelste Weise beseitigte. Denn bekanntlich gelang das böswillige Vorhaben, und David ehelichte Bathseba, die ihm später den für seine Gerechtigkeit sprichwörtlichen König Salomo gebar.
Dieses negative Verhaltensvorbild wird deshalb angeführt, weil es ein exemplarisches patrizentrisches Grundmuster für unzählige skrupellose Eheeinschleicher darstellt, das in vielfältigen Variationen immer wieder aufs neue praktiziert wurde: Wenn die Machtfülle der agierenden MuFs nicht ausreichte, den Konkurrenten zu beseitigen, so gelang es doch häufig, zumindest den schleichenden Tod seiner Ehe und seiner männlichen Ehre im Sinne der patriarchalischen Gesellschaft zu bewerkstelligen.

Schließlich soll noch eine Seitensprungaffäre aus der jüngsten Zeitgeschichte erwähnt werden, die zugleich zur lächerlichen Staatsaffäre gedieh.
Der griechische Ministerpräsident Andreas Papandreou vollführte seine Seitensprünge nach vierzigjähriger Ehe so undiplomatisch wie prahlerisch vor den Augen einer konsternierten Weltöffentlichkeit, als er an der Seite seiner um Jahrzehnte jüngeren Geliebten die politischen Spitzen zu einem Gipfeltreffen auf Kreta empfing.
Nun zeigte sich das Paradoxe des Seitensprunggeschehens gleich-

sam auf nationaler Ebene! Wer nämlich geglaubt hatte, diese geschmacklose Machodemonstration würde dem politisch ohnehin bereits schwer Angeschlagenen in der nachfolgenden Wahl nun endgültig das Genick brechen, sah sich getäuscht. Ein Politiker, der sein Land nach nur siebeneinhalbjähriger Amtszeit an den Rand des Staatsbankrotts geführt hatte und dessen Regierung in aufsehenerregende Affären und Skandale verwickelt war, erhielt vom Wählervolk für seine persönlichen Eskapaden und Verfehlungen in allen Lebensbereichen keinen Denkzettel, sondern vielmehr ein recht respektables Wahlergebnis zu Füßen gelegt.
Auf dem zeitgleich stattfindenden Athener Weltkongreß für Psychiatrie gab der griechisch-amerikanische Wissenschaftler Albertos Levis dafür eine Erklärung ab, die mit den grundsätzlichen Darlegungen in diesem Buch in Einklang steht: Ein richtiger Grieche, führte er aus, glaube sich nach der Mentalität seines übersteigerten Selbstbewußtseins im Recht, zu lügen, zu stehlen und Ehebruch zu begehen. Andreas Papandreou sei deshalb für viele Griechen ein Heros, weil er nicht nur sich selbst, sondern auch viele Mitglieder der Gemeinschaft vertrete, die Gesetze umgehen und sich selber Gesetze für die eigene Person machen.
Mit dieser Analyse ist sowohl die parasitäre Persönlichkeitsstruktur Papandreous als auch seine identifikatorische Faszination auf die Massen der griechischen Machos und unzählige ideologieverwirrte, selbst betrogene Frauen überzeugend erklärt worden. Er ist eben der Held einer sich mit Hilfe ihrer Ellenbogen rücksichtslos fortbewegenden modernen Konkurrenz- und Konsumgesellschaft, deren vorrangiges Ziel allenthalben der persönliche Erfolg darstellt, der nicht auf dem gerechten eigenen Anteil, sondern vielmehr auf dem persönlichen Vorteil durch Übervorteilung der Mitmenschen beruht.

Nach diesen sechs mehr oder minder weitreichenden Sexaffären Prominenter noch ein grotesker »Nachschlag«, der ob seiner Aktualität ein Nachschlagen im Buch der Geschichte erübrigt! Im ausgesprochenen Macholand Brasilien erklomm im Herbst 1990 die Seitensprungaffäre des bereits angegrauten, verheirateten Justizministers mit der noch unbemannten wesentlich jüngeren Finanzministerin einen absoluten Gipfelpunkt lächerlicher Geschmacklosigkeit. Der Staatspräsident, um sein eigenes Saubermann-Image besorgt, ließ nämlich sein 140-Millionen-Volk darüber abstimmen, ob die prominente Regierungsliebschaft als Rücktrittsgrund zu gelten habe. Das Volk entschied sich zu 90 %

dagegen, womit sich eine erneute Gesinnungskumpanei nach dem hinreichend bekannten Motto »Ein Vok, ein Reich, ein Führer« ergab, die der griechischen Tragikomödie aufs Haar glich! Der Justizminister wurde trotzdem geschaßt – wodurch die Abstimmung überdies auch noch einen mehr als zweifelhaften humoresken Wert erlangte. Denn mit dieser Handlungsweise wurde dem Wahlvolk zuerst die präsidiale Verantwortung aufgehalst, und anschließend wurde es durch die Konterkarierung seiner Entscheidung auch noch zum Narren gehalten!

2. Wie der Ehezug aus dem Gleis springt

Auch wenn uns die Seitensprünge historischer Persönlichkeiten mit ihren weitreichenden gesellschaftlichen Auswirkungen noch so faszinieren, stehen dennoch die individuellen Folgen des alltäglichen Fremdgehens im Mittelpunkt des Interesses. Denn geschichtliche Reminiszenzen dienen vornehmlich der Unterhaltung, während beim persönlich erlebten Fremdgehen nicht selten die Lebensbeziehung auf dem Spiel steht.
Im konkreten Einzelfall werden die Betroffenen vor drei grundsätzliche Fragen gestellt, die zunächst meist verdrängt werden:

- Inwieweit sind die möglichen oder wahrscheinlichen Folgen des Seitensprungs überhaupt abschätzbar, um den partnerschaftlichen Konflikt wirksam eingrenzen und konstruktiv lösen zu können?

- Welche vielfältigen, im voraus meist nicht hinreichend bedachten Probleme und Schwierigkeiten ergeben sich voraussichtlich im einzelnen auf Grund der konkreten Sachlage für die Beteiligten und im weitesten Sinne Betroffenen?

- Welcher Zwiespalt tut sich zwischen den beiden Lebensgefährten auf, und welche Konsequenzen sind damit aller Voraussicht nach verbunden?

Bildlich gesprochen: Auf welche Weise droht der Ehezug aus dem Gleis zu springen?

Der aus der Lebensbeziehung halbherzig Herausspringende gleicht einem leichtfertigen Lokführer, der heimlich und ohne langes Überlegen den eigenen Führerstand für jeweils kurze Zeit verläßt, um den lockenden »Untreueexpreß« zu besteigen, der zur günstigen Stunde auf dem benachbarten Bahnsteig einen Zwischenaufenthalt einlegt. Eine Fahrt ins prickelnde Abenteuer voll spannender Ungewißheit, aber lockender Verheißung beginnt!
Vornehmlich von drängenden Wunschvorstellungen beseelt, gaukelt er sich nun eine Reise ins erotische Ausland vor, die über die *parallel verlaufenden Schienenstränge von persönlichem Wollen und analogem Verwirklichen* geräuschlos und störungsfrei in den Untergrundbahnhof einer heimlichen Zweitbeziehung einmündet. Vom Druck starker Motive angetrieben, will er indes nicht wahrhaben, daß er schon sehr bald auf ein höchst unübersichtliches Gleisgewirr von sich vielfältig überschneidenden Interessen und gegensätzlichen Emotionen zufährt (vgl. S. 187 ff.). Er läßt deshalb den Untreueexpreß mit unverminderter Geschwindigkeit über schicksalsbestimmende Weichen rollen, die den Zug konfliktträchtig auf die *auseinanderstrebenden Schienen von Wunsch und Wirklichkeit* leiten.
Sind diese Weichen erst einmal passiert, wird es zunehmend schwierig, den eskalierenden Folgen der Irrfahrt zu entgehen, während gleichzeitig in steigendem Maße Unvorhergesehenes, Ungewolltes und Unumstößliches passiert.
So drohen nun bald vielfältige Gefahren für die veruntreute Lebensbeziehung. Denn ehe es der leichtfertige Lokführer gewahr wird, hat er diese bereits auf ein unsichtbares Abstellgleis geschoben und damit auch seine langfristige Lebensperspektive ins Abseits gedrängt. Ist der Zug für die noch rechtzeitige Rückverlagerung des emotionalen und sexuellen Schwerpunkts in die Ehe erst einmal abgefahren (vgl. S. 192 ff.), wird ein verspätetes Wendemanöver häufig nicht mehr erfolgversprechend sein.
Bedeutsam erscheint in diesem Zusammenhang auch die Frage, wie die Insassen des veruntreuten Ehezuges reagieren, sobald sie bemerken, wohin für sie selbst die Reise geht. Wie sich noch herausstellen wird, verfechten hier beide Geschlechter nicht selten unterschiedliche Standpunkte (vgl. S. 198 ff.).
Verirrt sich der Untreueexpreß schließlich völlig auf seinen Abwegen, so landet er früher oder später mit einem gewaltigen Krachen an einem Prellbock. Der Verkehrsunfall ist nun unwiderruflich geschehen, während gleichzeitig Zuginsassen nachhaltig geschädigt oder gar ernsthaft verletzt werden (siehe S. 201 ff.). Wer über-

nimmt hierbei die undankbare Funktion des geprellten Prellbocks, der mitunter einfach zur Seite geschoben wird?
Gelegentlich rast der Untreueexpreß infolge falscher Weichenstellungen seitlich in den Ehezug hinein.
Welche gesteigerten Risiken tun sich in diesem Falle für alle Beteiligten auf? (Vgl. S. 206 ff.)
Wie groß ist schließlich die Gefahr, daß der aus den Schienen gesprungene Ehezug in einen Sackbahnhof fast unlösbarer Spätfolgen einfährt, aus dem es kaum noch ein Entrinnen gibt? (Vgl. S. 217 ff.)
Schließlich ist auch noch überlegenswert, welchen Effekt sperrangelweit geöffnete Zugfenster einer modern gestalteten offenen Ehe besitzen, um im gegenseitigen Einvernehmen die miefige Langeweile einer festgefahrenen Lebensbeziehung aus dem Eheabteil zu blasen (vgl. S. 227 ff.).

In den folgenden acht Unterabschnitten wird der Leser gedanklich in den geschilderten Untreueexpreß einsteigen und hierbei die so abenteuerlichen wie mitunter leidvollen Stationen kennenlernen, die dieser passiert. Wie beim Reisenden ziehen vielfältige und komplexe Sachverhalte an seinem geistigen Auge vorüber und verdeutlichen ihm zugleich, warum das Motto zahlloser Fremdgeher *Es muß etwas geschehen, aber es darf nichts passieren!* in der zwiespältigen Seitensprungpraxis nur selten zum erstrebten Ziel führt.
Denn die Akteure übersehen in ihrem erotischen Überschwang meist einen naheliegenden Umstand: Der Untreueexpreß rollt keineswegs stets steuer- und bremsbar über die Schienenstränge von Wunsch und Wirklichkeit. Vielmehr wird er früher oder später durch das eskalierende Konfliktverhalten der Beteiligten unkontrollierbar beschleunigt und auf Abwege gelenkt.

Fazit einer Irrfahrt: Tiefgestaffelte, oft versteckte Ursachen (vgl. 3. Kapitel, S. 58 ff.), daraus hervorgehende weitreichende Auswirkungen (vgl. S. 176 ff.) sowie hierdurch ausgelöste, emotionsgeladene und deshalb unkalkulierbare Reaktionen der Betroffenen (vgl. S. 196 und 206 ff.) stellen in ihrer gefährlichen Kombination gleichsam einen Sackbahnhof dar, in den der Untreueexpreß einrollt und seine Fahrgäste dort unsichtbar gefangenhält.

3. Der unterschätzte Gefühlswirrwarr in der Dreiecksbeziehung

Das Ausmaß, die Intensität und zeitliche Reichweite der Seitensprungfolgen sind abhängig von der Persönlichkeitsstruktur aller Beteiligten, dem zwischenmenschlichen Verhältnis der Akteure zueinander und ebenso von den aktuellen Bedingungen, unter denen der Seitensprung aufgedeckt wird. Sofern dieser überhaupt ans Tageslicht gelangt, spielen auch der Zeitpunkt des Gewahrwerdens und die Umstände eine maßgebliche Rolle, unter denen der Betrogene vom Seitensprung des Lebensgefährten Kenntnis erlangt. Es ist angesichts der delikaten Situation schließlich nicht gleichgültig, ob eine Liaison noch besteht oder ob sie beispielsweise schon Jahrzehnte zurückliegt bzw. wer gegebenenfalls den Gehörnten auf das Fremdgehen aufmerksam macht.
Für die sinnvolle Begrenzung und positive Lösung des Seitensprungkonflikts ist jedoch letztlich ausschlaggebend, ob und inwieweit die Betroffenen ausreichendes Selbstbewußtsein besitzen, um zu erkennen, welche schäbige oder traurige Rolle jeder Teilnehmer in der Seitensprung-Tragikomödie selbst gespielt hat bzw. inwieweit ihm persönlich übel mitgespielt wurde (vgl. S. 34 ff.).
Andererseits ist es nicht weniger wichtig, sich selbst bewußt zu werden, daß zum Seitensprung immer mindestens drei Verantwortliche gehören. Der Betrogene darf sich davon nicht leichtfertig ausnehmen – sonst läuft er Gefahr, sich moralisierend, das eigene Gewissen beruhigend und vernebelnd selbst zu belügen: was jeder sinnvollen Erkenntnis und praktikablen Problemlösung fast unüberwindlich entgegensteht.
Aufgrund des Fehlens klarer und allgemein akzeptierter Wertmaßstäbe sowie geringer Selbst-, Partner- und Situationserkenntnis sind sich die meisten Beteiligten der gravierenden persönlichen Nachteile, die ihnen aus dem Seitensprunggeschehen erwachsen, in aller Regel nicht annähernd bewußt. Hinzu kommt noch erschwerend, daß das Krisenmanagement der ertappten Seitenspringer vornehmlich darauf ausgerichtet ist, gegenüber dem Betrogenen eine vermeintliche Schadensbegrenzung durch ängstliche Informationsunterdrückung statt Aufklärung vorzunehmen.

Das komplizierte Beziehungsgeflecht der Dreiecksbeziehung

Vor allem aber ist das emotionale Verhältnis aller Beteiligten zueinander weit komplizierter und unausgewogener, als es sich die Seitenspringer und Betroffenen meist vorstellen können. Es erscheint deshalb notwendig, das verwirrende und vielseitige, teilweise unbewußte Wurzelgestrüpp seelischer Verflechtungen näher zu betrachten: Wenn im Normalfall ein Fremdgeher aus seiner Ehe aus- und gleichzeitig in eine andere einbricht, so bilden sich mehrere, in sich widerprüchliche, zugleich fragile Konstellationen heraus:

- Zunächst entsteht gleichsam ein **»Sonnensystem der veruntreuten Liebe«.** Denn um das verborgene Untergrundverhältnis als dem neuen emotional-sexuell strahlenden Mittelpunkt des Geschehens kreisen nunmehr, Planeten gleich, die beiden offiziellen Kulissenehen sowie zwei aus der Gesamtsituation sich zwangsläufig ergebende, jedoch selbständig existierende Dreiecksverhältnisse. Letztere stellen sozusagen die widersprüchlich-verunsichernden Bindungskräfte (»Schwerkraft«) zwischen dem mißbrauchten Eigen- und dem geliebten Fremdpartner dar. Dieses nur scheinstabile erotische Konstrukt wird jedoch vor allem durch die auseinanderstrebenden Fliehkräfte der betrügerischen Lüge und des gegenwirkenden Leids vom ständigen Zerfall bedroht.

- Wir können uns die Situation aber auch als **magisches Viereck der Irrungen und Wirrungen** vorstellen. Darin bilden die beiden aneinandergefügten Dreiecksverhältnisse gleichsam einen quadratischen goldenen Käfig, der die Beteiligten gefangenhält.
Dieses Viereck gleicht als Lösungsmuster der Quadratur des Kreises, da ein Krisenmanagement auf der Grundlage des Seitensprungs keine Überwindung der persönlichen und partnerschaftlichen Mangel- und Mängelerscheinungen erwarten läßt.
Doch neben den verwirrenden erotischen Verbindungen ergeben sich noch weit zahlreichere Konkurrenz- und Streitbeziehungen zwischen den Beteiligten und Betroffenen des Seitensprunggeschehens. Denn in diesem *Viereck* widersprechender persönlicher Interessen ist *jeder gleichsam ein Verbündeter oder Gegner seiner drei Mitspieler,* wobei nicht jeder Betrogene die von den Fremdgehern gewünschte gute Miene zum bösen Spiel macht.

Das geschilderte, ohnehin schon komplizierte Interessen- und Beziehungsgeflecht erweist sich in der trivialen Liebes- und Lebenspraxis noch um eine weitere Dimension komplexer und unübersichtlicher! Dieser Umstand kann uns jedoch erst voll bewußt werden, wenn wir uns gedanklich und gefühlsmäßig in die blutenden Herzen und selbstbelügenden Hirne der Seitensprungakteure hineinversetzen. Was passiert nun eigentlich in den Sprüngen und Spalten, den Abgründen und kochenden emotionalen Geysiren der menschlichen Seele?

Die Subjekt- und Objektbezüge zu sich und den anderen

• Jeder Mensch baut im zwangsläufigen Austausch und im Ausgleich mit seiner Eigen-, Mit- und Umwelt, die durch Auseinandersetzungen und zwangsläufige Anpassung gekennzeichnet sind, zahllose innerpsychische Bezüge auf, deren quantitativer und qualitativer Umfang von der Zahl seiner zwischenmenschlichen Beziehungen abhängt. Diese Bezüge muß er auf irgendeine Art und Weise innerlich verarbeiten oder aber, im negativen Falle, mit seelischem Aufwand gleichsam selbstbelügend wegrationalisieren und verdrängen.
Was ist damit gemeint?
Wir erleben uns selbst sowohl als Subjekt wie auch als Objekt. Als Subjekt erleben wir uns durch unsere Gefühle und unsere Gedanken, Wünsche und Hoffnungen, unsere Ängste und Bedürfnisse gegenüber uns selbst.
Als Objekt empfinden wir uns im Austausch mit anderen Menschen, denen wir etwas zu geben vermögen, von denen wir uns aber auch mit Forderungen bedrängt, beherrscht oder abhängig, vielleicht auch bedroht fühlen können.
Somit ergeben sich im Verhältnis zu uns selbst **zwei intrapersonale Bezüge.**

• Umgekehrt betrachten wir den Mitmenschen ebenfalls sowohl als Subjekt wie auch als Objekt.
Als Subjekt nämlich sehen wir ihn, wenn wir uns in ihn (soweit überhaupt möglich!) hineinzuversetzen versuchen, wenn wir seine Gefühle und Erwartungen an sich selbst und an andere nachempfinden und seine Gedanken nachvollziehen wollen.
Als Objekt hingegen betrachten wir ihn, sobald wir an ihn bestimmte Wünsche, Erwartungen oder Forderungen knüpfen.

Da wir **zum Partner also ebenfalls zwei Bezüge** herstellen, baut **jeder Beteiligte in sich insgesamt vier emotionale Verbindungen** auf.
Das ständige Hin- und Herpendeln zwischen diesen Bewußtseinszuständen bildet die Grundlage für jedes Selbst- und Partnerverständnis und für die eigene Identität auf der Basis abwechselnder Identifikation mit sich bzw. der Disidentifikation von sich, was sich im Verhältnis zu den Mitmenschen wiederholt.
Dieses oszillierende Wechselspiel ist typisch für eine identitätsgereifte, kritikfähige und realitätsbezogene Persönlichkeit, die zu sich selbst gefunden hat und einen ausgewogenen Subjekt- und Objektbezug zur Eigen-, Mit- und Umwelt besitzt.
Realistische Bezüge zu sich und zur umgebenden Welt sind somit nicht nur unabdingbare Voraussetzung für eine erfolgreiche und zugleich humane Lebensbewältigung (realistische Anpassung), sondern darüber hinaus auch eine unverzichtbare Grundlage für auf Dauer lebendige, zufriedenstellende und wachstumsorientierte Partnerbeziehungen.

• Da sich somit bereits im zwischenmenschlichen Austausch einer **Zweierbeziehung pro Partner vier, insgesamt also acht seelische Bezüge** ergeben, macht dies schon eine Zweierbeziehung kompliziert, oft undurchschaubar, widersprüchlich und anfällig für gegenseitige Mißverständnisse.
Hinzu kommt noch erschwerend, daß jeder Mensch seine eigene unverwechselbare, durch das individuelle Erleben geprägte Denk- und Erlebnisweise besitzt, in die sich der Lebensgefährte nur bedingt hineinversetzen kann.
Welch ein unentwirrbarer Seelenknäuel sich unter diesen Aspekten in der üblichen doppelten Dreiecksbeziehung herausbildet, wollen wir nun näher betrachten!

• Schon die Einbeziehung einer außenstehenden Person, die selbst nicht gebunden ist, erhöht unter Berücksichtigung des bisher Gesagten die Zahl der seelischen Bezüge bereits erheblich. Da **pro Partnerschaft jeweils acht Einzelbezüge** entstehen, bei einer **Doppelbindung** jedoch der nur einmal existente Subjektbezug des fremdgehenden Lebensgefährten zu sich selbst folgerichtig nur einmal gerechnet werden darf, ergeben sich nun bereits insgesamt **15 seelische Bezüge**.

• Ist nun der Untergrundpartner, wie üblich, seinerseits auch fest gebunden, so zeigt der gewagte Sprung im Dreieck sehr schnell seine Tücken, welche die Beteiligten zwar meist nicht voll erkennen, nichtsdestotrotz aber voll zu spüren bekommen.
Denn nun ergeben sich aus den drei zwischenmenschlichen Beziehungen (zwei ehelichen und einer Untergrundbeziehung) insgesamt schon **22 seelische Bezüge**, mit denen die Beteiligten konfrontiert werden.
Diese Gesamtzahl errechnet sich aus den **jeweils acht Bezügen pro Ehepaar sowie sechs weiteren emotionalen Bezügen, die aus der Außenbeziehung resultieren.** Hierbei darf der Subjektbezug der beiden Seitenspringer zu sich selbst wiederum nur einmal in die Berechnung einfließen.

• Noch komplizierter gestalten sich selbstverständlich die Verhältnisse, sobald die betrogenen Ehepartner von dem Seitensprung erfahren und nun zwangsläufig in die beiden Dreiecksbeziehungen emotional eingebunden werden.
Denn nunmehr kann jeder mit jedem in Verbindung treten, was bei **vier Betroffenen insgesamt sechs Austauschmöglichkeiten ergibt:** Die beiden Ehepaare A/B und C/D sowie die beiden Fremdgeher A/D stehen von Anbeginn in einem Verhältnis zueinander.
Nunmehr können sich aber auch die beiden Hintergangenen B und C, ferner der betrügende (A) und der betrogene Ehemann (C) sowie die ungetreue (D) und die hintergangene Ehefrau (B) gegenseitig kontaktieren.
Da die Subjektbezüge zu sich selbst in analoger Weise wiederum nur einmal gezählt werden dürfen, ergeben sich bei den Verbindungen A/B und C/D jeweils acht, bei den Verbindungen A/C, B/D, A/D und B/C jeweils sechs seelische Bezüge.
Diese Konstellation bewirkt maximal nun bereits insgesamt **40 Subjekt- und Objektbezüge zwischen vier Menschen,** deren Interessenlagen zudem weitgehend diametral entgegengesetzt sind.
Damit ist seelisches Dynamit angehäuft, das auch der erfahrenste Sprengmeister nicht mehr zu entschärfen vermag!

Wer hier längerfristig ohne größere Selbst- und Partnerschädigung zurechtkommt, hat in der Tat die Verleihung des Nobelpreises für gekonnte Seitensprünge verdient! Doch während Alfred Nobel, der Erfinder des Dynamits, noch mit relativ einfachen

chemischen Verbindungen konfrontiert war, hat sich der Seitenspringer mit weitaus komplizierteren seelischen »Verbindungen« herumzuschlagen.
Wer deshalb das für eine zufriedenstellende Zweierbeziehung erforderliche persönliche und partnerschaftliche Wachstum nicht zuwege bringt, kann sich erfahrungsgemäß erst recht nicht zwei zum Quadrat zusammengefügten Dreiecksbeziehungen gewachsen zeigen! Er versucht vielmehr, und zunehmend vergeblich, die Quadratur des Kreises in der Liebe zu realisieren, wobei er schließlich in einer oder mehreren der 40 selbstgestellten Bezugsfallen hängenbleibt.
Der Seitensprung gerät solchermaßen zum Fluchtsprung (»Flucht« heißt auf hebräisch *peleta*, lautverschoben: »Pleite«), der letztlich in der persönlichen und partnerschaftlichen sowie familiären Pleite endet. Die bereits in der Mehrzahl der Lebensbeziehungen zu beobachtende persönliche Unsicherheit verstärkt sich im Seitensprungverlauf nach anfänglicher Euphorie deshalb in aller Regel erheblich, ohne daß den Betroffenen hierbei die tieferen, überaus komplexen Ursachen bewußt werden.
Sinnvollerweise sollten jetzt die Gedanken des Lesers nochmals zum unheilvollen Dreiklang von Labilität, Angst und Unsicherheit (LAU-Syndrom) zurückschweifen (vgl. 3. Kapitel, S. 82 ff.). Denn im verwirrenden Geflecht widersprüchlicher Gefühle zeigt sich der Zusammenhang von Ursachen und Wirkungen am unmittelbarsten und eindrucksvollsten.

4. Die wesentlichen Auswirkungen und Folgen des Seitensprungs

Die Auswirkungen und Spätfolgen des Seitensprungs werden so unterschiedlich wie widersprüchlich dargestellt – als Beispiel der amerikanische Horrorfilm *Fatal Attraction*, der dem Zuschauer die tödliche Konsequenz suggeriert, die sich aus dem Fremdgehen entwickelt. Dieser Beurteilungsmaßstab steht bezeichnenderweise in krassem Gegensatz zur erheiternden Verharmlosungstaktik, deren sich die üblichen seichten Seitensprungkomödien bedienen.
Wie aber läuft das Seitensprungdrama in der banalen Alltagswirklichkeit tatsächlich ab? Welche Folgen ergeben sich daraus, die

gleich unsichtbaren Stoßkeilen auf die Herzen, Hirne und Leiber der Betroffenen und ihre Beziehungen gerichtet sind?

• Zum einen wird zwischen den Lebenspartnern das gegenseitige Vertrauen beschädigt oder sogar zerstört, was zweifellos auf Dauer die Fundamente jeder Lebensbeziehung untergräbt und die entfremdeten Fremdgeher letztlich zu unabsichtlichen Totengräbern ihrer Lebensbeziehung werden läßt.
Und zum anderen verlagert sich nunmehr der emotionale und sexuelle Schwerpunkt von der offiziellen Lebenspartnerschaft auf die Untergrundbeziehung, soweit es sich, wie heutzutage häufig der Fall, um eine längere Liaison handelt.
Letztere wird somit auch zum eigentlichen zwischenmenschlichen Mittelpunkt für die beiden Seitenspringer, während die Ehe oder Lebensgemeinschaft nun vornehmlich die materielle Versorgungsbasis und gleichermaßen die entsorgende seelische Müllkippe der Seitenspringer darstellt, von der aus sie zu ihren selbstentfremdenden außerhäusigen Abenteuern aufbrechen.
Dies ergibt sich aus dem zwingenden Umstand, daß zumindest der mehr oder minder ichstrukturierte, normierte Durchschnittsmensch der heutigen Kulturstufe in der Liebe nur *einen* emotional-sexuellen Schwerpunkt bei dem einen Menschen haben kann, den er liebt und der ihn deshalb als einziger auch in seiner Persönlichkeit umfassend definiert.
In diesem Augenblick ist es angebracht, sich der Ausführungen zur Entwicklung und Ausprägung der ichhaften Identität zu erinnern (vgl. S. 62 und S. 118 ff.).
Erich Fromm drückt diesen Umstand in seinem bekannten Buch *Die Kunst des Liebens* deutlich aus: »Hier handelt es sich um das Verlangen nach vollkommener Vereinigung, nach der Einheit mit einer anderen Person. Eben aus diesem Grund ist die erotische Liebe exklusiv und nicht universal.« Esther Vilar unterstreicht diese Aussage mit den Worten: »Ich kann mich wohl von zwei Partnern lieben lassen, aber ich kann nur einen lieben.« Und an einer anderen Stelle ihres Buches *Das polygame Geschlecht:* »Wenn mein Geliebter mit seiner Liebe noch einen anderen definiert, verliere ich meine Individualität.« Im jüngsten Hite-Report *Frauen und Liebe* wird diese Erkenntnis bestätigt, die sich aus einem Dreiecksverhältnis für den Lebensgefährten ergibt: »Die größte Gefahr besteht darin, das Selbstverständnis des Partners zu zerstören.«
Diese Binsenweisheit ist jedermann geläufig, zumindest solange

er noch in seinen Partner verliebt ist. Ist dies jedoch nicht mehr der Fall, so beseitigt er die für ihn inakzeptable, weil traurige Wahrheit durch den Sprung zur Seite. Gleichzeitig beruhigt er sein schlechtes Gewissen mit selbstbelügenden, die Realität erfolgreich wegrationalisierenden Scheinargumenten, die sein Fremdgehen im Sinne eines intellektuellen Seitensprungs flankieren. Den Rest besorgt das unbewußte, doch durchaus gewollte Vergessen, die allbekannte Verdrängung.

Nietzsche meint hierzu treffend: »›Das habe ich getan‹, sagt mein Gedächtnis, ›das kann ich nicht getan haben‹ – sagt mein Stolz und bleibt unerbittlich. Endlich – gibt das Gedächtnis nach.«

Damit wird auch deutlich, daß ein Liebender nicht betrügt und deshalb umgekehrt ein Betrügender seinen Lebensgefährten nicht mehr wirklich liebt. Dieser Zusammenhang wird klar, wenn der Begriff Liebe in seiner partnerschaftlichen Bedeutung gesehen wird (vgl. 2. Unterabschnitt im 9. Kapitel, S. 256).

Wer als ichstrukturierter Mensch glaubt, gleichzeitig zwei Menschen erotisch lieben zu können, liebt in Wirklichkeit keinen – und auch nicht sich selbst.

Das gilt vor allem für die große Mehrheit, die unschlüssig und hilflos in dem bereits beschriebenen Spagat zwischen Polygamie und Monogamie und, analog, zwischen Gruppen- und Ichbewußtsein hin und her zappelt. Sie gilt ausdrücklich *nicht* für regressiv-infantile Gruppenbewußte (Gruppensexler, notorische Seitenspringer) und ebenso nicht für ichüberschreitende wachstumsorientiert-kreative, reife Persönlichkeiten jenseits monogam-polygamer Normierungen und verinnerlichter patriarchalischer Zwänge.

• Das gegenseitige Definieren der Untergrundpartner führt nun in der Liebespraxis zu einem weitgehend unbewußten gegenseitigen Umprogrammieren und Uminterpretieren persönlicher Werte und Wertschätzungen sowie der bisherigen Anschauungen und Festlegungen. In erstaunlich kurzer Zeit ändern sich so nicht selten die Denk- und Verhaltensweise auch gegenüber dem eigenen Lebensgefährten und die eigene Lebensbeziehung. Gerade auf der erotischen Schiene hat jede Beeinflussung ungleich mehr Gewicht als in allen sonstigen Lebensbereichen. Insbesondere der einschleichende, konkurrenzwütige MuF bekommt jetzt einen gefährlichen Hebelarm gegen den Ehemann in die Hand, mit dem er ihn gleichermaßen aus dem Herzen seiner eigenen Frau hinauszuhebeln imstande ist. Überdies kann er ihm mit Hilfe des geschilderten Seelenmechanismus der gegenseitigen Beeinflussung der Identität (vgl. 3. Kapitel, S. 75 ff.) indirekt, aber höchst wirksam scheibchenweise den Rest seiner persönlichen und geschlechtlichen Identität rauben und ihn auf diese Weise schwächen (»Salamitaktik«).

Es gibt in diesem Zusammenhang die treffende Volksweisheit, daß man nie ein Fahrrad, ein Buch und vor allem nicht seine eigene Frau »ausleihen« sollte, da man sie nie mehr im ursprünglichen, unversehrten Zustand zurückerhalte.

• Der Entzug der Vertrauensbasis und die Verlagerung des zwischenmenschlichen Schwerpunkts führen des weiteren zu einer unterschwelligen, doch schmerzhaften emotionalen, erotischen und vor allem auch informativen Ausgrenzung des Betrogenen.

Hinzu kommt, daß der Lebensgefährte dem Fremdgeher nun als Seitensprunghindernis zunehmend lästig wird. Gleichzeitig benötigt er ihn jedoch weiterhin als notwendiges Übel, als nützlichen Idioten für die künftige Erhaltung der gemeinsamen materiellen Grundlage sowie als Operationsbasis für die geheimen Seitensprungabenteuer. Fürwahr eine paradoxe und widersprüchliche Situation für beide Lebensgefährten! Der betrogene Lebenspartner gleicht dem Bewohner eines eingegrenzten *homelands* innerhalb einer diskriminierend-ausgrenzenden Gemeinschaft. Oder anders ausgedrückt: Er ist der parasitär ausgebeutete, von Informationen weitgehend abgeschnittene Neger der Seitensprung-Apartheid, eine für ihn wenig aparte, weil zukunftslose Alternative.

• Die ganz und gar unsichtbaren und deshalb am wenigsten erkannten, jedoch weitreichendsten Auswirkungen ergeben sich jedoch aus der bereits ausführlich geschilderten funktionalen und sozialen Rollenverteilung im Seitensprunggeschehen (vgl. hierzu 2. Kapitel, S. 34 ff.). Ihre Spätfolgen werden für die Beteiligten meist erst allmählich und zu einem Zeitpunkt sichtbar, zu dem an der verfahrenen Lage oft nur noch unter sehr erheblichen Anstrengungen etwas zu ändern ist. Vor allem aber wird die *untrennbare Einheit von Liebe und Leben*, ohne die eine befriedigende und dauerhafte Zweierbindung nicht möglich ist, durch die unsichtbaren Rollenzuweisungen im Seitensprunggeschehen völlig zerrissen.

Liebe und Leid, Freude und Schmerz, Lust und Frust werden nun nicht mehr von beiden Lebensgefährten zusammen erlebt und in gegenseitiger Tröstung überwunden, sondern zum Nachteil des

Betrogenen aufgeteilt: Die Liebe konzentriert sich auf den Untergrundpartner, das triviale, wenig reizvolle Alltagsleben hingegen auf den Lebensgefährten. In dieser alles andere als partnerschaftlichen Beziehung wird der Lebensgefährte zum banalen Lebensbewältiger verkürzt und verstümmelt, der Außenpartner hingegen zum omnipotenten Geliebten hochstilisiert.
Diese Charakterisierung gilt insbesondere für die sogenannten intakten, aber freiheitlich-modernen Ehen mit Seitensprunghintergrund. Sie stellen in Wirklichkeit nur mehr eine Fassadenbeziehung dar, was die Seitensprung-Kulissenschieber auf der Bühne des Partnerbetrugs freilich meist nicht wahrhaben wollen.
Geschieht dies schließlich, weil einer der Betroffenen zu sehr ins Abseits der Seitensprungbühne gedrängt wird, so kommt es meist zu einer sich aufschaukelnden Wechselwirkung zwischen den allmählich erkannten Folgen des Fremdgehens und den Reaktionen sowie adäquaten Gegenreaktionen aller Beteiligten.
In diesem sich nunmehr anbahnenden Konfliktgeschehen sind grundsätzlich vier Verhaltensweisen möglich, die jeweils weitreichende Konsequenzen für die Ausweitung oder aber die Begrenzung der Seitensprungfolgen besitzen.

Die Wechselwirkungen zwischen Konfliktverhalten und Seitensprungfolgen – vier unterschiedliche Szenarien

• Die Kampfhaltung
Zumindest ein Betroffener stellt sich der Tatsache, daß seine Partnerschaft bedroht ist. In einem offen ausgetragenen Konflikt werden die vielfältigen Ursachen und Folgen des Seitensprungs offengelegt und gegenseitig verdeutlicht. Mit diesem Vorgehen beginnt bereits die heilsame Verarbeitung des angerichteten seelischen Flurschadens, die früher oder später die Entscheidung über den Fortbestand und die Neugestaltung der Lebensbeziehung ermöglicht. Auf jeden Fall werden auf diese Weise die Folgen ehelicher Untreue überschau- und letztlich leichter beherrschbar. (Die negative Variante hierzu wird auf S. 276ff. beschrieben.)

• Das Totstellen
In der Lebenspraxis kommt es allerdings weit häufiger zum Totstellen der Sinne und Reaktionen nach dem bekannten Motto der drei symbolischen Affen, die nichts sehen, nichts hören und nichts sagen. Auf diese Weise glaubt der Betrogene, einer partner-

schaftlichen Auseinandersetzung und den notwendigen Entscheidungen aus dem Wege gehen zu können: Er tut einfach so, als sei nichts geschehen. Dieses Verhalten hat den zweifelhaften Vorzug, daß hierdurch die nicht selten gravierenden Auswirkungen des Fremdgehens gleichsam von der Bildfläche verschwinden, da sie sich nunmehr im Seelenuntergrund verstecken. Hier sind sie allerdings kaum noch zu fassen, geschweige denn aufzuarbeiten. Andererseits »arbeiten« sie selbsttätig im Unterbewußtsein weiter, nagen sich immer tiefer in die Seele des Betroffenen hinein und unterminieren zunehmend seine psychische und physische Widerstandskraft.

- Die Flucht nach vorn

Auch dieses Reaktionsmuster ist nicht selten anzutreffen: Statt um die Partnerschaft zu kämpfen oder sie zu beenden, wird die Flucht nach vorn ergriffen, die in vielfältigen, ablenkenden Aktivitäten zum Ausdruck kommt. Mitunter kompensiert der Betrogene den Seitensprung des Lebensgefährten durch eigenes Fremdgehen. Alle diese wie auch immer gearteten Fluchtversuche verstärken letztlich die Folgen des Seitensprungs, da unverarbeitete und jeder Kontrolle und sinnvollen Regelung entzogene Probleme die verhängnisvolle Tendenz zeigen, zunehmende Eigendynamik zu entfalten und sich krebsartig auszubreiten.

- Die Unterwerfung

Eine weitere Verhaltensvariante ist die widerspruchslose Unterwerfung unter eine gegebene Situation: In diesem Fall toleriert der Betrogene zähneknirschend oder aber schicksalsergeben das Fremdgehen des Partners, da er in seinem eigenen Wohlverhalten die einzige Möglichkeit sieht, den Lebensgefährten nicht völlig zu verlieren. Auch dieses Konfliktmuster verstärkt letztlich die geschilderten Auswirkungen und Spätfolgen des Seitensprungs, da nun für den Fremdgehenden kein wegweisendes und begrenzendes partnerschaftliches Korrektiv mehr vorhanden ist.

Zusammenfassung: Die Konfliktverarbeitung durch die Betroffenen muß unter einem doppelten Aspekt betrachtet werden:
Zum einen verstärkt sie die bereits eingetretenen negativen Folgen des Seitensprungs; zum anderen kann sie aber auch einer erfolgreichen Lösung der gesamten Problematik des Fremdgehens dienen.

5. Die geschlechtsspezifisch unterschiedlichen Konsequenzen

Während der Beginn des Seitensprungs für die fremdgehenden Frauen meist als Dammbruch ihres Gefühlsstaus empfunden wird, erleben aus- und einschleichende Männer die scheinbare Beseitigung ihrer Identitätsschwäche als Aufwertung ihres männlichen Egos.

Der mit dem Fremdgehen verbundene Vertrauensbruch in der Lebenspartnerschaft und die Mißachtung des Lebensgefährten werden in dieser ersten euphorischen Phase hingegen kaum zur Kenntnis genommen. Shere Hite faßt dieses Phänomen in folgenden Worten zusammen: »Erstaunlicherweise hat die überwältigende Mehrheit der Frauen wegen ihrer außerehelichen Beziehungen genausowenig ein schlechtes Gewissen wie die Männer, nur ganz wenige haben Schuldgefühle.« (*Frauen und Liebe*)

Da Männer grundsätzlich *mehr* Sex, Frauen hingegen mehr *vom* Sex haben wollen, überträgt sich diese unterschiedliche Auffassung nun auch folgerichtig von der Ehe auf die Untergrundbeziehung.

Der weitverbreitete männliche Wunsch nach abwechslungsreichem Sex mit möglichst *vielen* Gespielinnen und die Sehnsucht der Frauen nach erfülltem Sex mit nur *einem* Liebhaber bringen einerseits das Seitensprunggeschehen zwar erst in Schwung, andererseits aber tragen sie gleichzeitig den Keim der widersprüchlichen und zerstörerischen Unvereinbarkeit in sich. Denn der typische fremdgehende Mann sucht in Wirklichkeit in der Frau ja nicht die Geliebte, die er auch aufrichtig liebhat, sondern vielmehr die narzißtische Widerspiegelung seiner angeknacksten Männlichkeit im ergänzenden anderen Geschlecht. Unbewußt glaubt er, dadurch seine ihm mehr oder minder vorenthaltene sexuelle und persönliche Identiät zu erlangen. – Eine gedankliche Rückblende zu den gesellschaftlich bedingten Primärursachen des Seitensprungs (3. Kap. S. 62 ff.) verdeutlicht den psychosozialen Hintergrund dieses Verhaltens.

Da er aber die Liebe und damit sich selbst auf diese so lieblose wie unrealistische Weise nicht zu finden vermag, muß er zwanghaft und unerlöst von Frau zu Frau springen. Er führt solchermaßen einen ständigen, leistungsbezogenen Eroberungsfeldzug gegen das weibliche Geschlecht, der ihm allenfalls schnell vergängliche, vor allem aber langfristig verlustreiche Pyrrhussiege einbringt.

Dieser geschlechtsbezogene Spannungsbogen, der unweigerlich von der Lust zum Frust führt, ist somit unter den Bedingungen des Patriarchats sowohl den offiziellen Lebensbeziehungen als auch den verleugneten Zweitbeziehungen eigen.
Prof. Elisabeth Müller-Luckmann hierzu: »Aber oft ist der Seitensprung nur eine Scheinlösung, und zuweilen sieht er der trostlosen Ehe sogar beklemmend ähnlich. Fast immer gibt es Konflikte und Schuldgefühle. Souveränität ist selten.« (Margot Hoff, *Mein Seitensprung*)
Hinzu kommt, daß Frauen als Betrügende langfristig das unentschiedene und unsichere Seitensprunggeschehen infolge ihres größeren seelischen Engagements meist schwerer verkraften können als Männer.
Diese wiederum haben umgekehrt überwiegend große Schwierigkeiten, mit ihrer Rolle als Betrogene fertig zu werden. Dies ist verständlich, wenn wir uns an die Ausführungen über die phallokratische Bedeutung des Hörnens in unserer patriarchalisch ausgerichteten Mitwelt zurückerinnern (vgl. 4. Kapitel, S. 126). Nicht zuletzt aus diesem Grunde vertrauen sie so unüberlegt wie selbst- und fremdgefährdend auf den alttestamentarischen Machogrundsatz: *Mein ist die Rache, spricht der Herr!* Ist er doch nach allgemein empfundenem Machoselbstverständnis schließlich der unbestrittene und ausschließliche Herr über sein Weib! Da ergibt es sich nahezu von selbst, wie er gegen diesen fremden »Bettnässer«, diesen selbsternannten Besamer im eigenen Ehebett vorzugehen hat, nämlich *Aug um Aug, Zahn um Zahn!*
Doch weit schlimmer ergeht es zumeist der fremdgehenden, eigenen Lebensgefährtin, dieser »heimtückischen Schlange«, die ihn im sakralen Zentrum seines eigenen Heims, dem allerheiligsten Ehebett betrügt! Deshalb konkretisiert, ja »zelebriert« er nun geradezu den seit fünf Jahrtausenden überkommenen Machomythos von »Schuld und Sühne«, wozu sich die zur verführerischen schönen Hexe hochstilisierte sündenbeladene Eva für alle komplexbeladenen entgleisten Adams schon seit jeher vortrefflich anbietet.
Er glaubt, durch diese atavistische Vorgehensweise gegenüber den beiden Seitenspringern, diesen hinterhältigen »Nestbeschmutzern«, seine beschädigte seelische Männlichkeit und sein Ansehen in der Öffentlichkeit zurückgewinnen zu können.
Wilfried Wieck bringt diese typische männliche Seelenlage auf den Punkt, wenn er meint: »Sie spielen viel schneller mit dem Gedanken an Rache. Der Mann meint nämlich, mit Rache die

eigene Selbstachtung wiederherstellen zu können. Er glaubt, Stärke, Macht und Energie zurückzugewinnen. Er handelt und bekommt das Gefühl, wieder selbst etwas bewirken zu können.« *(Interview)*

Vor allem spürt er jetzt auch, daß Frauen in aller Regel selbst in der Seitensprungliebe meist konsequenter als Männer sind, weshalb sie nun in vielen Fällen durchaus geneigt sind, ihren Lebensgefährten zu verlassen. Die weitaus bequemeren, aber auch konsequenzängstlicheren fremdgehenden Männer wollen hingegen meist ihre Ehen und damit ihre lustvolle und kostenlose Bigamie der anheimelnden Heimlichkeit aufrechterhalten.

Somit ist es, mit Blickrichtung auf die Auswirkungen, in der Tat nicht dasselbe, wenn Mann und Frau dasselbe tun, wenn sie also im Vollzug einer falschverstandenen Gleichberechtigung dasselbe vermeintliche »Recht« zum Seitensprung in Anspruch nehmen. Eine mißverstandene Freiheit verbessert eine partnerschaftliche Situation nicht, sondern verbösert sie lediglich, wobei Mann und Frau ihren spezifischen Beitrag hierzu leisten.

Diese eskalierenden negativen Folgen eines gegenläufigen Seitensprungverhaltens der Geschlechter ergeben sich übereinstimmend aus allen bedeutenden Untersuchungen und Umfragen. Für die fremdgehende Frau hat dies häufig zur Folge, am Ende eines Seitensprungs statt zwei überhaupt keinen Mann mehr zu haben. Wendet sie sich nämlich, der Stimme ihres Herzens folgend, vom eigenen Lebensgefährten ab und dem heimlichen Geliebten zu, so wird der eigene Mann ihr dies nicht verzeihen, während der Untergrundpartner meist nicht daran denkt, die Zweitehe offiziell zu legitimieren. Denn er will in aller Regel nur die einem anderen Mann gehörende »verbotene Frucht« genießen, jedoch keinesfalls einen »Sozialfall« übernehmen (vgl. 2. Kapitel, S. 37 ff.). Und außerdem will er seine Ehe als sichere Seitensprungbasis und seine eigene Frau als nützliche Hausliesl erhalten, um weiterhin eine billige und bequeme Bigamie kraft Seitensprungs mit ins System eingebauter zeitlicher Wechselautomatik für Untergrundgeliebte zu garantieren.

Diese Einschätzung trifft zumindest auf typische Maul- und Frauenhelden zu, denen jedoch nicht wenige Möchtegern-Casanovas mit mehr oder weniger Erfolg nacheifern.

Kommt es dennoch ausnahmsweise zu einer festen Verbindung zwischen den beiden Seitenspringern, so geht diese fast immer schief. Denn die unrealistischen und parasitären Bedingungen des Seitensprungs weichen von den Gegebenheiten in der alltags-

bestimmten monogamen Zweierbeziehung völlig ab. Überdies verfügen typische Fremdgeher nicht über die erforderliche Liebes- und Bindungsfähigkeit, die für eine dauerhafte und wachstumsbestimmte Partnerschaft unabdingbar ist.
Der bekannte Eheberater Theodor Bovet bemerkt hierzu trocken: »... wird die Ehe dagegen geschieden und man heiratet sein erotisches Ideal, dann tritt in kurzer Zeit die Katastrophe ein. Der Märchenprinz ist bald entzaubert... und die feurige Geliebte erweist sich meistens als ›dumme Gans‹ oder als ›hysterisches Frauenzimmer‹.« *(Die Ehe)*.

6. Krank machende Kränkungen

Wohltaten schreiben wir in den Sand,
Kränkungen aber in Marmor.
GRIECHISCHES SPRICHWORT

Unsere Empfindlichkeit für den Schmerz
ist fast unendlich,
die für den Genuß
hat enge Grenzen.
ARTHUR SCHOPENHAUER

Zur Rechtfertigung von Seitensprüngen wird viel von persönlicher Freiheit, individueller Selbstverwirklichung und sexueller Selbstbestimmung geredet. Aber kaum jemand spricht über die seelischen Schmerzen und krank machenden Kränkungen, über die Verwundungen und Verletzungen, letztlich das vielschichtige Leid, das die partnermißachtenden Zumutungen der Betrügenden bei den Betrogenen bewirken. Wilfried Wieck bemerkt hierzu treffend: »Allen, die angeblich inhumane Treuezwänge der patriarchalischen Gesellschaft bekämpfen, muß gesagt werden, daß die Werte Freiheit und Wahrheit durch den der Rücksicht auf die Gesundheit der Beteiligten ergänzt werden müssen.« (*Männer lassen lieben*)
Volker Elis Pilgrim nennt die Muttersöhne generell die »Wunden-

männer«. Dies gerät besonders im Seitensprunggeschehen zur beklemmenden Wirklichkeit, da vornehmlich die mutterabhängigen MuFs ungezählten Frauen, deren Lebensgefährten und Familien oft unheilbare seelische Wunden schlagen. – Im dritten Kapitel (S. 89 ff.) wird die seelensadistische Triebfeder aggressiver Seitenspringer ausführlich dargestellt und mit dem komplexen Ursachenzusammenhang verknüpft.
Auf welche Weise treffen nun diese Kränkungen den Betrogenen? Kränkung bedeutet zunächst seelisches Wehtun, und es macht nach geraumer Zeit auch seelisch und körperlich krank.
F. S. Perls weist darauf hin, daß eine Krankheit letztlich immer auf eine unabgeschlossene Situation zurückzuführen ist (*Das Ich, der Hunger und die Aggression*). Dies trifft in hohem Maße auf das Seitensprunggeschehen zu, da hier die Lebensbeziehung bedroht ist, während gleichzeitig der fremdgehende Partner meist keine Anstalten macht, den auf Ungewißheit beruhenden Schwebezustand zu beenden, der für den Hintergangenen als peinigend empfunden wird.
Vor allem verhindert die Angst vor der Kränkung seelische Nähe zum Partner. Shere Hite zitiert hierzu eine fremdgehende Frau, die sich gleichermaßen als selbstbetrügende Betrogene zu erkennen gibt: »Ich erkannte auch, daß sich all die anderen Beziehungen nie weiterentwickeln würden, da wir einander nie trauen konnten. Wir mußten uns davor schützen, verletzt zu werden, daher kamen wir uns nie nahe genug, um verletzt werden zu können.« (*Frauen und Liebe*)

Zumindest die **drei bedeutendsten und häufigsten Kränkungen** sollen nun näher betrachtet werden:

• **Zum ersten** drückt das Seitensprungverhalten des Fremdgehers eine zumindest untergründige Mißachtung des eigenen Lebensgefährten aus, da er dessen berechtigte eigene Interessen mit Füßen tritt. Hinzu kommt, daß nicht wenige seitenspringende Machos ihre nun zur Belastung gewordene ungeliebte Lebensgefährtin auch im direkten Wortsinn mit Füßen treten. Beschimpfungen, Bedrohungen, Demütigungen, selbst körperliche Mißhandlungen nehmen jetzt hinter den verbergenden Kulissen zahlloser Kulissenehen sprunghaft zu. Die Überfüllung der Frauenhäuser sowie gelegentliche Berichte in der Sensationspresse stellen hier nur die sprichwörtliche Spitze des Eisbergs dar, da die

meisten gepeinigten Ehefrauen vor der Offenlegung ihrer zerstörerischen Familienverhältnisse zurückschrecken.
Umfang und Tiefe dieses Vorgangs können einprägsam mit »fünf B« und »fünf V« verbal umrissen werden:
Der Seitenspringer **belügt, betrügt, bestiehlt, beutet aus** und **beleidigt** seinen Lebenspartner.
Um dies zu ermöglichen, **verharmlost** und **vernebelt** (*tarnt und täuscht*) er die Situation. Zudem **verfremdet** und **verurteilt** er den Betrogenen (den er meist auch noch zum Alleinschuldigen erklärt) und **verrät** die eigene Lebensbeziehung.
Wenn nun der hintergangene Partner den Seitensprung nicht alsbald bemerkt bzw. nicht entschieden gegen ihn vorgeht, wird aus der partnerschaftlichen Mißachtung des Betrogenen allmählich stillschweigende Verachtung. Nun dreht sich der negative Miß- bzw. Verachtungskreislauf immer schneller: Zum einen wird der eigene Lebenspartner zum lästigen Sexobjekt, dessen man sich gelegentlich nur annimmt, um an der Heimatfront halbwegs Ruhe zu haben. Und zum anderen verachtet der Fremdgeher den Betrogenen immer stärker, je mehr sich dieser in die geschilderten erniedrigenden Funktionsrollen des Seitensprungs hineindrängen läßt. Außerdem braucht bekanntlich der Gehörnte, der den Schaden hat, auf den hämischen Spott der neugierig teilnehmenden Mitwelt nicht lange zu warten.

• Die **zweite Kränkung** zeigt sich im Sinnlich-Erotischen: Wenn wir in diesem Zusammenhang der bereits dargestellten positiven *Achtungspyramide* deren negative Variante der *Ächtung* aufhellend gegenüberstellen, so beginnt erstere mit dem Hinschauen zum Geliebten, letztere hingegen mit dem Wegschauen, nämlich dem Nichtbeachten des Lebenspartners (vgl. 3. Kapitel, S. 78).
Der Unterschied setzt sich fort im erotischen Ansprechen auf den Untergrundpartner, während man dem Lebensgefährten die Geliebtenrolle gleichzeitig innerlich abspricht.
Der nächste eskalierende Schritt führt zum Annehmen des Seitensprungpartners, indem man ihn in seiner Persönlichkeit und Geliebtenrolle definiert. Auf der Negativseite nimmt man dem eigenen Partner die Liebe und Identität weg.
Schließlich gibt sich der Seitenspringer dem heimlichen Geliebten hin, während er den eigenen Partner innerlich weggibt (wegwirft).
Aber auch das Verhältnis zwischen den beiden Seitenspringern bzw. zwischen dem Einschleicher und dem Betrogenen sieht nicht

besser aus: Denn während sich meist die ausschleichende Frau an den lieblosen MuF weggibt, ist dieser vor allem auf das konkurrierende Wegnehmen einer fremden Ehefrau erpicht, womit er dann im verschworenen Freundeskreis auch noch angibt: Hier zeigt sich die parasitäre Variante des zwischenmenschlichen Austausches von Geben und Nehmen, die anstelle des ausgleichenden Annehmens des Partners das ungleichgewichtige Wegnehmen setzt. Somit erweist sich die negative Form des Nehmens für die unabdingbare Parität zwischen Partnern als weitaus destruktiver als das meist im Vordergrund der Betrachtungen stehende mangelnde Geben!

- Als **dritter kränkender Umstand** ist die emotionale und sexuelle Benachteiligung und Herabsetzung des veruntreuten Lebenspartners zu nennen. Ernest Borneman umreißt die Situation treffend: »So kommt zu der demütigenden Bevorzugung einer dritten Person auch noch die kränkende Herabsetzung der sexuellen Kompetenz des Partners.« (*Die Neue Eifersucht*)

Hinsichtlich der seelischen Verletzlichkeit gibt es zwischen den Geschlechtern signifikante Unterschiede, die sich vornehmlich aus der unterschiedlichen Ausprägung der jeweiligen Geschlechtsidentität ergeben (vgl. 3. Kapitel, S. 64). Während nämlich Frauen das erotische und emotionale Ansehen, das sie beim Lebenspartner genießen, wichtiger ist als der körperliche Vollzug der Liebe, sind Männer umgekehrt meist stärker von letzterem abhängig.

Die Bedeutung des Ansehens verlagert sich bei ihnen zur sozialen Umwelt hin. Dies heißt aber letztlich, daß der Mann in der Seitensprungsituation als Betrogener der verletztlichere ist! Denn in seinen Augen steht er nun vor einer feixenden Öffentlichkeit als ein vom Rivalen lächerlich gemachter, weil gehörnter Ehemann da, den seine Lebensgefährtin als offensichtlich unfähigen Geliebten auf diese unfaire Weise abgehalftert hat. Dies bedeutet, daß er sein Selbstwertgefühl nicht selten vom jeweiligen Meinungs- und Stimmungsbild seiner unmittelbaren Umgebung abhängig macht.

Frauen hingegen leiden zwar meist noch mehr an dem mangelnden Interesse, das ihnen ihr fremdgehender Partner entgegenbringt, sie sind aber andererseits leichter bereit, zu verzeihen und damit ihrem Leidensdruck einen Ausgleich zu verschaffen.

Weitaus dramatischer wird es jedoch für sehr viele Männer, wenn eine Frau ihren Lebenspartner im Verlauf einer Seitensprungaffäre verläßt. Während in dieser Situation betrogene Frauen nach einer Zeit der Trauer mit sich selbst meist zurechtkommen bzw. einen neuen Partner finden, bricht für viele hintergangene und überdies noch verlassene Männer nun endgültig eine Welt zusammen. Wie verletztlich Männer hier meist sind, schildert Wolfgang Körner in seinem Buch *Meine Frau ist gegangen.*

In diesen Zusammenhang paßt die Tatsache, daß verlassene und geschiedene Männer eine dreimal so hohe Sterberate wie Frauen in derselben Lebenssituation aufweisen.

Wilfried Wieck faßt diese so banale wie gleichermaßen zutreffende Sachlage zusammen: »Untreue zieht Zusammenbrüche nach sich.« (*Männer lassen lieben*)

Mithin wird verständlich, warum Esther Vilar am Ende ihres Buches *Das polygame Geschlecht* mit einer Überschrift ein bezeichnendes Resümee zieht: »Der Mann als Opfer seiner Polygamie« – man denkt an das Bibelwort, daß durch das Schwert umkommt, wer mit dem Schwert umgeht. Die Rolle des Schwertes im seiten- und absprunggeschüttelten Geschlechterkampf spielt hier der destruktiv eingesetzte männliche Phallus, der den Knoten partnerschaftlicher Wirrnis aggressiv zerschlägt, anstatt ihn verständnis- und liebevoll gemeinsam zu entwirren.

Kränkungen haben aber noch einen weiteren, meist nicht bedachten Aspekt: Sie schränken die Wahrnehmungs-, Empfindungs- und Erlebnisfähigkeit des Betroffenen ein, ebenso die Realitäts- und Risikoabschätzung. Der rasende seelische Schmerz läßt gleichsam den Verstand »erblinden« und negative Emotionen ungebremst hochkommen.

Die sprichwörtliche blinde Wut, der verblendete Haß, die blindmachende Rachsucht, der scheelsichtige Neid und die selbstblendende, ressentimentgeladene Eifersucht können nun Herz und Hirn des Betrogenen überschwemmen und sich in einer mitunter existenzbedrohenden Weise entladen. Unter diesem Aspekt kommen wir nun zum brisanten Thema der kaum erkannten Risiken im Seitensprungdrama.

7. Unterschätzte Risiken

Das Seitensprunggeschehen gleicht einem Krimi, getreu dem aufregenden Motto *Sex and crime* – wobei sich dessen häufig dilettantische Akteure nach der Maxime des Seitensprungs »Denn sie wissen nicht, was sie tun« im vorhinein der verborgenen Risiken ihres Handelns meist nicht einmal annähernd bewußt sind.
Welche Verhaltensweise als sozial schädlich und somit als verwerflich, also letztlich kriminell und deshalb strafwürdig zu gelten hat, ist von den jeweiligen historischen und kulturellen Rahmenbedingungen abhängig und wird demnach recht widersprüchlich beurteilt.
Unsere Kulturepoche verbirgt den Seitensprung hinter einer doppelzüngigen, janusgesichtigen Maske. Deshalb wird er bei akzeptierter Vorgehensweise, vor allem bei Erfolg, weitgehend bejaht, während er bei unkonventionellem Praktizieren, vornehmlich jedoch bei Mißerfolg scheinheilig-empört abgelehnt wird.
Kriminalisiert wird er bei uns seit der Reform des Sexualstrafrechts im Jahre 1973 jedoch nicht mehr. Bis zu diesem Zeitpunkt konnte nach dem damals noch gültigen § 172 StGB eine Freiheitsstrafe verhängt werden. Die Strafverfolgung bedurfte jedoch des Antrags des Betrogenen. Welche Nötigungs- und Erpressungsmöglichkeiten mit dieser Rechtskonstruktion verbunden waren, bedarf wohl keiner besonderen Vorstellungskraft! Unter Juristen galt der Ehebruchsparagraph deshalb vielfach auch als »Erpressungsparagraph«.
Die »Bestrafung« haben mittlerweile die Akteure selbst übernommen. Sie übersehen freilich, ähnlich dem Gesetzgeber früherer Epochen, daß es in diesem Geschehen nichts zu bestrafen gibt: Jede zu sühnende Handlung setzt Schuld voraus. Wie wir aber im Kapitel über die Ideologie des Seitensprungs (S. 112 ff.) gesehen haben, kann die ethische, weitgehend unbewußte Falschprogrammierung der Akteure diesen letztlich nicht angelastet werden. Gerade deshalb sind sie sich ja der Tragweite ihres Tuns in subjektiver Hinsicht kaum bewußt.
Wir wollen uns aufgrund dieser Sachlage nun mit den Risiken und der problematischen Selbstjustiz der Beteiligten befassen. Welche Gefahren und Komplikationen sich hierbei ergeben können, läßt sich im Einzelfall oft nur sehr schwer vorhersagen, da sich diese meist aus einem verknäulten und explosiven Gemisch aus übersehenen Nebensächlichkeiten und »dummen« Zufällen entwikkeln.

Wenn wir uns jedoch der weitreichenden, vor allem der kränkenden Folgen des Fremdgehens für den Betrogenen erinnern, so vermögen wir uns selbst ohne große Phantasie auszumalen, welche Brisanz in dessen möglichen überzogenen Reaktionen steckt!

Eine weitverbreitete Besitz- und Herrschaftsorientierung gegenüber dem Partner sorgt meist sehr schnell für eine Eifersuchtsproblematik, die Arno Plack auf den Punkt bringt: »Jeder ausschließliche Besitzanspruch auf einen Menschen ist in seinem Kern schon Ansatz zur Drohung, ihn zu töten, wenn er sich diesem Anspruch entzieht.« (»Scheitert sexuelle Befriedigung an der Eifersucht?«) Im Extremfall wird der faktische Eigentumsentzug des Lebenspartners in erotischer und emotionaler Hinsicht mit dem Eifersuchtsmord an ihm und gegebenenfalls auch dem Einschleicher beantwortet.

Neben dem Besitzdenken spielt jedoch in diesem Zusammenhang die geschlechtliche und persönliche Identitätsfindung durch gegenseitige partnerschaftliche Anerkennung eine viel entscheidendere Hintergrundrolle! Bei einem Mann kommt zudem noch der Ansehensverlust gegenüber einer hämisch-mitleidigen Umwelt ins Spiel, die in ihm den von seiner eigenen Frau und vom Rivalen gedemütigten »Gehörnten« erblickt. Demgegenüber ist das eventuelle sexuelle Darbenmüssen als ein nur drittrangiger Faktor einzustufen.

Die prinzipiellen Gefahren

Das unsichtbar hinter dem Fremdgehen lauernde Gefährdungspotential erinnert verblüffend an die grundsätzliche Gefahrensituation im Straßenverkehr, die mit dem Seitensprunggeschehen eine Reihe von übereinstimmenden Parallelen besitzt. Denn tatsächlich haben der Straßenverkehr und der außereheliche Geschlechtsverkehr viel Gemeinsames: In beiden zwischenmenschlichen Bereichen überschätzen die Akteure meist ihre persönliche Kompetenz und Erfahrung. Sie sind deshalb von der relativen Gefahrlosigkeit ihres oft leichtsinnigen Verhaltens überzeugt.

Und in beiden Lebensbereichen sind Beinahe- und Bagatellunfälle häufig, tödliche Frontalzusammenstöße hingegen vergleichsweise selten.

Die meisten Unfälle beruhen in beiden Lebenssphären zudem auf zu dichtem »Auffahren«, das sich längst als gemeingefährlich erwiesen hat. Wer deshalb gleichsam auf der »Startbahn zur Ewigkeit« allzu sorglos einen zu geringen räumlichen und zeitlichen Sicherheitsabstand zum gehörnten Ehemann hält, gleicht einem Stuntman ohne Gage. Der maßgebliche Unterschied zwischen beiden besteht jedoch darin, daß letzterer ein Profi ist, der seine Gefahrenlage kennt und deshalb auch im Griff behalten kann. Der sich selbst überschätzende Einschleicher trägt hingegen unter unglückseligen Begleitumständen sehr schnell seine eigene Haut zu Markte!

Doch die Parallelen zwischen den beiden Lebensbereichen reichen noch erheblich weiter! Denn hier wie dort werden die meisten Verkehrsverstöße nie bekannt und ziehen deshalb auch keine Konsequenzen nach sich. Außerdem ist die Zahl der Fahrerfluchten in beiden Bereichen ebenfalls groß. Im übrigen wird der rücksichtslose Herrenfahrer genauso gerne als Vorbild genommen wie der skrupellose Maul- und Frauenheld.

Trotz dieser sorglosen Gefühlslage spürt der Fremdgeher unterschwellig, daß das Entdecktwerden seiner Aktivitäten für ihn und für weitere Beteiligte unkalkulierbare Risiken birgt, denen er sich deshalb schon im Vorfeld zu entziehen trachtet. Er entwickelt deshalb meist eine wirkungsvolle Doppelstrategie, die viele ein Leben lang durchaus erfolgreich über die Runden kommen läßt: Zum einen verdrängt er die mutmaßlichen Risiken, um sich nicht den Spaß an der Sache verderben zu lassen. Und zum anderen übt er sich in einer mehr oder minder umsichtigen Geheimhaltung, die zu einer immer wesentlicheren und mitunter prickelnden Beschäftigung werden kann.

Er gleicht hier in seiner Mentalität einem sozialschädigend handelnden Verkehrsrowdy, der davon ausgeht, selbst nicht erwischt zu werden – was ja die meisten Täter glauben. Dabei übersieht er jedoch häufig eine nicht bedachte lächerliche Kleinigkeit oder den verrückten Zufall.

Wird nun auf diese Weise der erste Stein aus der Schweigemauer des Seitensprungs herausgebrochen, wird dieser schnell zum Stein des mißtrauischen Denkanstoßes für den Betrogenen. Dies kann schließlich den ganzen Lügenwall zum Einsturz bringen.

Hinzu kommt, daß jede menschliche Aktivität irgendwelche, wenn auch geringfügige, deshalb leicht übersehene Spuren hinterläßt. Kommt nun beim Betrogenen eine aktuelle oder auch latente Eifersucht hinzu oder ist er von Haus aus ein guter Beobachter oder intuitiv Fühlender, so wird die Situation für den heimlichen Fremdgeher schon bald brenzlig. Vor allem aber muß er über ein besseres Gedächtnis verfügen als sein hintergangener Lebensgefährte, um sich nicht in Widersprüche zu verwickeln. Sonst würden seine Lügen schnell die sprichwörtlich kurzen Beine bekommen. Aber auch Nervosität und schlechtes Gewissen können zum verräterischen Verplappern oder zum unkontrollierten »Freudschen Versprecher« führen.

Nicht zuletzt ist noch die allgemeine soziale Kontrolle hervorzuheben, der jeder von uns durch die Neugier der Mitmenschen bis zu einem gewissen Grad ausgesetzt ist. Dies könnte dazu führen, daß dem Betrogenen auf diesem Wege ein diskreter Hinweis zukommt.

Trotz dieser Fülle von Enttarnungsmöglichkeiten verblüfft die geringe Entdeckungsrate von nur etwa 10 %. Aber auch dafür gibt es einleuchtende Gründe: Sie stützt sich vornehmlich auf die fälschliche Grundhaltung vieler Betrogener, daß nicht sein kann, was nicht sein darf. Deshalb wird nur jemand etwas bemerken, der dies auch will – den Kopf wie ein Vogel Strauß in den Sand zu stecken ist zunächst am bequemsten und erspart das Verarbeiten einer unliebsamen Wahrheit. Unter der Überschrift »Untreue – und was dann?« schreibt Ursula Nuber hierzu treffend: »Untreue ist alltäglich – und dennoch verhalten sich die meisten Menschen so, als ob dieses Thema für sie nie aktuell werden könnte. Eine Verdrängungsleistung, die dann ihren Preis fordert, wenn ›es‹ passiert ist.« (*Psychologie heute*, 2/91)

So nimmt es nicht wunder, daß 79 % aller Ehefrauen nicht an die Untreue ihrer Männer glauben, obgleich diese zu 75 % fremdgehen!

Umgekehrt dürften Männer in noch weit höherem Maße von der Treue ihrer Frauen überzeugt sein, die ihrerseits zu 70 % ihrem jeweiligen Lebenspartner Hörner aufsetzen.

Etwas realistischer hingegen schätzen Frauen die »Treue« ihrer heimlichen Liebhaber ein: wohl in der richtigen Erkenntnis, daß ein in aller Regel verheirateter Seitenspringer, der seine eigene Frau betrügt und sich gleichzeitig in eine fremde Ehe einschleicht, auch gegenüber der Untergrundpartnerin letztlich untreu sein wird, glauben nur 47 % an seine angebliche Treue.

Diese Tatsachen zeigen zweierlei: Einerseits ist die überwältigende Mehrheit der betrogenen Ehepartner auf geradezu sträfliche Weise leichtgläubig, was den Seitensprung selbstverständlich wesentlich erleichtert. Gerade dies läßt aber auch die Enttäuschungsfolgen um so bitterer werden!

Andererseits hängt nun am hinterhältigen Tarnen und Täuschen, am skrupellosen Belügen und Betrügen das gesamte Wohl und Wehe der verleugneten patriarchalischen Doppelehe. Dieser fein gesponnene, doch schwache Lügenfaden stellt keinen stabilisierenden Ersatz für die einsturzgefährdeten Fundamente des partnerschaftlichen Vertrauens dar. Im Gegenteil! Hinter der Fassade gespielter Selbstsicherheit verbirgt sich das dunkle Ahnen einer alten Volksweisheit: »Es ist nichts so fein gesponnen, es kommt doch an die Sonnen!« Allein die Aussicht auf die jederzeit mögliche Enttarnung mit ihren unkalkulierbaren Risiken und ungewissen Folgen zehrt auf Dauer an den Nerven vieler Seitenspringer und läßt sie nicht selten in ihrer zunehmenden Nervosität einen entscheidenden Fehler machen.

Was hat nun ein Fremdgeher zu erwarten, wenn er sich unbeabsichtigt in die Minenfelder des Seitensprungs verirrt und auf eine Mine tritt, die dann mit lautem Knall hochgeht? Wird dann aus einem sprichwörtlichen Minenhund ein armer Hund?

Wir haben uns im Zusammenhang mit den Ursachen des Seitensprungs mit der **Sucht** bereits ausführlich auseinandergesetzt (vgl. S. 72 ff.). Das gefährliche Quartett von *Sehnsucht, Sexsucht, Eifersucht* und *Rachsucht*, begleitet von Neid, Haß und Ressentiment, spielt im Risikobereich des Seitensprungs eine nicht minder maßgebliche Rolle. Es verursacht bei Untreueverdacht oder gar Entdecktwerden des Seitensprungs eine leidenschaftliche Stimmung, die alsbald Leiden für alle Beteiligten schafft. Erschwerend kommt hinzu, daß die meisten Menschen mit ihrem Leid genausowenig konstruktiv umzugehen verstehen, wie sie es nie gelernt haben, sich miteinander positiv auseinanderzusetzen.

Doch zunächst scheinen einige klärende Worte zum Phänomen der **Eifersucht** angebracht. Denn diese Sucht, die im Extremfall »mit Eifer sucht, was Leiden schafft«, wird im Zusammenhang mit dem Seitensprung verdächtig oft als *die* maßgebliche verderbliche Folge in den Vordergrund geschoben.

Hier müssen wir uns deshalb wohl zu Recht fragen, ob hinter diesem höchst zwiespältigen und überdies über das Erotische weit hinausreichenden Phänomen wesentliche Hintergründe des Fremdgehens absichtsvoll versteckt werden sollen.

Die Eifersucht wird im Zeichen der gegenwärtigen scheinfreiheitlichen, vor allem extrem pharisäerischen Doppelmoral meist in einem zweifachen Sinne negativ bewertet: Wer als Betrogener teilnahmslos zusieht, wie sein Lebenspartner fremdgeht, wird zu

Recht als lieblos angesehen. Wer hingegen abwehrend gegen dieses Geschehen Front macht, wird nun umgekehrt als ebenfalls liebloser, weil besitzergreifender Platzhirsch denunziert.
Er hat somit, selbst als völlig angepaßter (und also identitätsloser) Mensch, keine Möglichkeit, es seiner Umgebung recht zu machen, von der er jedoch auf gefährliche Weise emotional abhängig ist.
Auf den naheliegenden Gedanken, es vor allem sich selbst gegenüber recht zu machen, kommen hingegen die wenigsten, da sie meist damit beschäftigt sind, wie hypnotisierte Kaninchen auf das für sie entscheidende Urteil ihrer Umwelt zu schielen. Diese Grundsituation schafft naturgemäß eine gefährliche, aggressionsgeschwängerte Verhaltensunsicherheit!
Während es zu Zeiten der noch gar nicht lange zurückliegenden rigiden Sexualmoral üblich war, als Betrogener aufzutreten, der selbstverständlich eifersüchtig zu sein hat, heißt es heutzutage für den gehörnten Macho, nach außen hin cool zu bleiben, auch wenn er innerlich kocht.
Diese Verhaltensmaxime stellt die männliche Gefühlsunterdrükkung gleichsam auf den Gipfel der Dummheit und Inhumanität. Vor allem aber schafft sie unnötig eine zusätzliche Gefährdung für alle Beteiligten. Denn lange gestaute Wut tut bekanntlich niemandem gut! Früher oder später kommt es deshalb zur plötzlichen Katastrophe, die weder vorhersehbar noch abwendbar, weder zu steuern noch wiedergutzumachen ist. In den Todesanzeigen als Folge von Eifersuchtsdramen ist dementsprechend dann von einem »unfaßbaren Geschehen« oder einer »unbegreiflichen und sinnlosen Tat« die Rede.
Nicht zum Ausdruck kommt hierbei der entscheidende Umstand, daß zwischen den Beteiligten zum noch möglichen Zeitpunkt häufig nicht geredet wurde, daß somit verständnisfördernde Aussprachen unterblieben sind. Bekanntlich aber schießt und bricht man meist erst in dem Augenblick zusammen, in dem jede Kommunikation zuvor unterbrochen worden ist.
Schon der von eifersüchtigen Regungen nicht selten selbst geplagte Sigmund Freud erkannte die Natürlichkeit dieses oft überaus mächtigen Gefühls an, sofern ein konkreter Grund dafür vorhanden ist: »Die Eifersucht gehört zu den Affektzuständen, die man ähnlich wie die Trauer als normal bezeichnen darf. Wo sie im Charakter und Benehmen eines Menschen zu fehlen scheint, ist der Schluß gerechtfertigt, daß sie einer starken Verdrängung erlegen ist und darum im unbewußten Seelenleben eine um so grö-

ßere Rolle spielt.« (Essay »Über einige neurotische Mechanismen bei Eifersucht, Paranoia und Homosexualität« in: *Gesammelte Werke*, Bd. 13)
Der sowohl positive als auch negative Doppelcharakter der Eifersucht wird von Seitenspringern nicht selten undifferenziert dargestellt, da das Erkennen der konstruktiven Seite der Eifersucht eine störende Barriere für die parasitäre Liebespraxis im Sinne erotischen Freibeutertums bedeuten würde.
Negativ sind eifersüchtige Regungen immer nur dann einzustufen, wenn sie unbegründet oder übertrieben sind.
Die positive Seite der Eifersucht wird hingegen treffend von Ernest Borneman herausgehoben: »Der sexuelle Kern der Eifersucht ist der Verlust (oder die Furcht vor dem Verlust) einer erhofften oder bestehenden sexuellen Befriedigung, die ein bestimmter Mensch uns gibt oder zu geben verspricht. Dieser sexuelle Kern ist der gesunde Teil der Eifersucht.« (*Die Neue Eifersucht*)
Wilfried Wieck ergänzt hierzu, konkret auf die ideologische Seite der Eifersuchtsproblematik eingehend: »Was Eifersucht bedeuten kann, als gesunde und folgerichtige Reaktion auf die aus der Zweierbeziehung ausbrechende Sehnsucht, scheinen männliche Psychologen nicht erfahren zu haben ... Eifersucht wird als neurotisch verketzert, den Frauen zugewiesen, und Sehnsucht glorifiziert, den Männern zugeordnet. Sehnsucht ist noch nicht als pathologisch erkannt worden. Untreue aber, wie sie meist inszeniert wird, geschieht schmerzvoll, fast immer rücksichtslos gegenüber den Beteiligten, fahrlässig gegenüber der eigenen psychischen und physischen Gesundheit.« (*Männer lassen lieben*) Und Esther Vilar bringt die wahre Bedeutung mangelnder Eifersucht schließlich auf den Punkt: »Eifersucht ist nicht unbedingt ein Zeichen von Liebe, aber Liebe ohne Eifersucht kann es nicht geben. Toleranz ist kein Liebesbeweis, sondern genau das Gegenteil. Wer bereit ist, seinen Geliebten mit einem anderen zu teilen, sagt ihm damit unmißverständlich, daß er ihn als Sexpartner nicht interessiert – daß er bestenfalls Nächstenliebe oder Freundschaft für ihn empfindet.« (*Das polygame Geschlecht*)
Während Sehnsucht und Sexsucht des Betrügenden den Seitensprung hervorbringen, ist es die Eifersucht des Betrogenen, die nicht selten die **neiderfüllte Rachsucht** anfacht. Schon La Rochefoucauld hat bemerkt: »Der Neid ist unversöhnlicher als der Haß.« Und ersterer entwickelt sich beim Betrogenen am intensivsten, wenn er selbst ein verhinderter Seitenspringer ist! Wenn dann auch noch unterschwellige Ressentiments feuerschürend hinzu-

kommen, die letztlich Haß gegen die Existenz des anderen schlechthin bedeuten, so ist ein Klima der neidischen Feindseligkeit geschaffen, das zur lebensbedrohenden Falle für alle Beteiligten werden kann!

Eine Volksweisheit spricht diesen Tatbestand so unverhüllt wie derb aus: »Rache ist Blutwurst!« Ein nachsichtiges Lächeln über diesen alten Spruch ist schon manchem im Halse stecken geblieben, sobald es um seinen eigenen ging.

Das konkrete Risiko

Art und Umfang der Risikofolgen des Fremdgehens hängen im wesentlichen von zwei Faktoren ab: Maßgeblich sind zum einen die Psychostruktur der Beteiligten und das hieraus resultierende Verhalten und zum anderen die spezifische Situation, in der die Untreue entdeckt, mitgeteilt oder selbst bewußt wird. Hier würde – um bei dem Vergleich Verkehrsunfall zu bleiben – das Seitensprungverhalten leichtsinnigem fahrerischem Gebaren und die Entdeckungssituation der gefährlichen Verkehrslage entsprechen. Wir alle wissen, daß es bei letzterer oft um Zentimeter und Zehntelsekunden geht, die über Leben und Tod entscheiden können. Ganz ähnlich kann sich die Situation im Seitensprunggeschehen entwickeln: Das *Wie* der Entdeckung im Zusammenhang mit der angepaßten bzw. unangepaßten Reaktion der in flagranti Ertappten, ferner der Grad der Hinterhältigkeit des Betrugs entscheiden oft in Sekunden gleichsam weichenstellend, wie sich das Verhältnis der Akteure zueinander entwickelt.

Ob am Ende die Versöhnung und der Neubeginn oder der Scheidungsrichter, vielleicht sogar der anklagende Staatsanwalt steht, ist oft von banalen Kleinigkeiten und Zufälligkeiten abhängig. Denn der Durchschnittsmensch ist in einer ihm völlig neuen und unerwarteten, bisher unvorstellbaren Situation unberechenbar, da ihm das angemessene Verhaltensmuster und somit die dringend erforderliche Verhaltenssicherheit fehlt. Das persönliche Verhalten wird deshalb maßgeblich von der prinzipiellen Verletzbarkeit sowie der aktuellen, somit unmittelbaren Verletztheit des Betrogenen bestimmt. So ruft zum Beispiel ein freiwilliges Reuebekenntnis des betrügenden Lebensgefährten in der Regel andere emotionale Reaktionen des Hintergangenen hervor als die Mitteilung des Seitensprungs durch einen erkennbar schadenfrohen Dritten.

In diesem Zusammenhang muß auch das unterschiedliche Verhalten der Geschlechter im Risikobereich angesprochen werden: Während Frauen nach den Erkenntnissen des jüngsten Hite-Reports zwar meist sehr verletzt und vor allem auch wütend sind, haben sie entgegen einem weitverbreiteten männlichen Vorurteil nicht immer Zorn oder Haß gegen »die andere Frau«.
Völlig anders hingegen verhalten sich die meisten Männer!
Sie reagieren in der Regel außerordentlich heftig und nehmen ihren fremdgehenden Frauen gegenüber eine überwiegend feindselig-aggressive oder umgekehrt, nach Softiart, eine jämmerliche Haltung ein. Den Rivalen hingegen greifen sie, entgegen der allgemeinen Erwartung, nur selten direkt, geschweige denn tätlich an.
Unter welchen Bedingungen kommt es nun zum folgenreichen Frontalzusammenstoß, der ähnlich einem mißglückten Überholmanöver im Straßenverkehr für den den Ehemann überholenden Einschleicher und seinen Rivalen zum Schicksal werden kann?
So idiotensicher die bereits dargestellte Liebe am Nachmittag im ehelichen Schlafzimmer auch grundsätzlich sein mag, so ist sie umgekehrt um so gefährlicher, wenn es aus einem nicht vorhersehbaren Grund zu einer Direktkonfrontation mit dem gehörnten Ehemann kommt. Die Gefährlichkeit dieses Tuns ist den leichtsinnigen Liebesabenteurern jedoch nur selten bewußt. Dazu fehlt ihnen meist die nötige Phantasie. Vor allem aber das Nachdenken über die möglichen Folgen. Das erscheint in diesem Zusammenhang als das Bedenklichste! Martin Heidegger drückt die grundsätzliche Situation des heutigen denkfaulen Menschen so aus: »Das Bedenklichste zeigt sich daran, daß wir noch nicht denken.«
Sollte nämlich ein Ehemann plötzlich und unerwartet doch nach Hause kommen, wird er die hochnotpeinliche Situation als einen dreisten Direktangriff auf seine männliche und persönliche Identität, seine Gatten- und Liebhaberrolle, sein Ansehen in der Öffentlichkeit und seine Herrschaft über die Ehefrau sowie sein Hausrecht begreifen. Zudem empfindet er nun sein Ehebett, dieses Allerheiligste patriarchalischer Machtausübung, als entehrt. Der ehebrecherische Sex im eigenen Heim ist für ihn parasitäre und unverfrorene Heimtücke seiner eigenen Frau und seines Rivalen. Dies dürfte selbst den gleichmütigsten Ehemann zur Raserei bringen.
Mitunter geht ein derartiger Frontalzusammenstoß deshalb tödlich aus, gerät der Seitensprung im fremden Ehebett nicht zur

meist sicheren, sondern vielmehr zur todsicheren Sache. Dies vor allem dann, wenn die Seitensprungakteure voller Ungeduld jede Vorsicht außer acht lassen. Handelt es sich beim Hintergangenen nämlich um einen leicht kränkbaren und empfindsamen Menschen, so ist eine lebensbedrohende Konfrontation paradoxerweise wahrscheinlicher als bei einem brutalen, prügelnden Rambotypen.

E. Borneman verweist auf die so unerwartete wie unbezähmbare Wut gerade dieser Menschen: »So erklärt es sich, daß ausgerechnet aus dieser Gruppe der weichen, kränkbaren Menschen die größte Zahl der Eifersuchtsmörder stammt.« (*Die Neue Eifersucht*) Hier muß im Extremfall mit einem dreifachen Mord gerechnet werden, da sich der Gekränkte am Schluß selbst auch noch umbringt. Die Tragik liegt hier vor allem darin, daß der betrügende Partner in diesem Falle den Seitensprung nicht zuletzt auch deshalb wagt, weil er fälschlich glaubt, der gutmütige Lebensgefährte würde bei einer eventuellen Entdeckung voraussichtlich keine allzu großen Schwierigkeiten machen.

Wie gefährlich es für einen Einschleicher werden kann, vom betrogenen Gatten im ehelichen Schlafgemach überrascht zu werden, mußten neben zahllosen Frauenhelden auch prominente und mächtige, als unangreifbar geltende Persönlichkeiten der Weltgeschichte erleben – wobei dies ihr letztes irdisches Erlebnis bedeutete, weil sie es nicht überlebten.

Der Theologe Peter de Rosa bemerkte trocken über eines der Häupter der katholischen Kirche: »Kein Papst ging je in einer peinlicheren Stellung zu Gott zurück. Eines Nachts ertappte ein eifersüchtiger Ehemann, einer von vielen, seine Heiligkeit *in flagranti delicto* mit seiner Frau und gab ihm die Letzte Ölung mit einem Hammerschlag auf den Hinterkopf.« (*Gottes erste Diener*). Ein noch grausameres Ende als der sinnenfrohe Oberhirte Johannes XII. erlitt Benedikt V., der von einem gehörnten Ehemann mit hundert Dolchstichen getötet wurde.

Nicht weniger gefährlich kann es hingegen für einen vom Seitensprung Betroffenen sein, sich gegen einen einbrechenden »Promi« (promisken Prominenten) mit autokratischen Machtbefugnissen zu stellen. Diese Erfahrung kostete beispielsweise den Bruder von Saddam Husseins Ehefrau, Adnan Khairallah, das Leben, nachdem er sich tollkühnerweise mit seinem allmächtigen Schwager wegen dessen geheimer Untergrundehe zu Lasten seiner Schwester angelegt hatte. Für Khairallahs Tod soll der Industrieminister, zugleich Cousin und Schwiegersohn Saddams,

Hussein Kamal Al Madschid, auf hinterhältige Weise gesorgt haben, indem er vier Sprengladungen an dessen Hubschrauber anbrachte, die dann auch prompt zur rechten Zeit explodierten.
Hinsichtlich des generellen Gefährdungspotentials für den Seitenspringer sei auf eine Untersuchung des französischen Psychoanalytikers Lagache verwiesen. Er stellte bei 78 % aller betrogenen Männer Mordgedanken oder -bestrebungen gegenüber sich selbst wie auch der Partnerin bzw. dem Rivalen fest. Gleichzeitig hegen fast die Hälfte der betrogenen Frauen Selbstmordabsichten. Hier kommt wiederum das seelenmasochistisch-depressive Potential zum Ausdruck, das im 3. Kapitel (S. 91) hinreichend beschrieben wurde.
Besonders gefährdet sind jedoch fremdgehende Frauen, da sich rund drei Viertel aller Ehemänner mit Gewalt- oder gar Mordvorhaben ihnen gegenüber tragen. Hinzu kommt noch die Gefährdung durch die ebenfalls betrogenen Ehefrauen ihrer Außenpartner: von ihnen ist immerhin noch ein Viertel bereit, Gewalt oder Mord in Erwägung zu ziehen.
Statistisch betrachtet ergäbe dies für eine seitenspringende Frau im Falle der Entdeckung eine hundertprozentige Gefahrensituation!
In der Lebenspraxis wird allerdings nicht so heiß gegessen wie gekocht. Denn die Entdeckungsrate liegt ja lediglich bei 10 %, und außerdem wird nicht jede Gewaltabsicht oder -phantasie in die Tat umgesetzt. Ob es letztlich allerdings zu Handgreiflichkeiten oder Schlimmerem kommt, ist im Einzelfall schwer vorherzusehen, da dies vor allem von den zufälligen aktuellen Umständen sowie dem jeweiligen Verhalten aller Beteiligten abhängt.
Unabhängig von nichtvorhersehbaren Extremsituationen muß der Seitenspringer aber grundsätzlich damit rechnen, sowohl von seinem eigenen als auch vom fremden betrogenen Ehepartner auf mehr oder weniger unangenehme, jedenfalls peinliche Weise zumindest verbal attackiert zu werden. Schwierigkeiten können sich für den Fremdgeher aber auch mit dem Untergrundpartner ergeben, wenn dieser bei drohendem Verlassenwerden entweder aggressiv wird oder gar mit Selbstmord droht. Im übrigen sorgen nicht selten mißgünstige und neidische Dritte in der Maske des Tugendbolds auf meist hinterhältige Weise dafür, daß das Seitensprungabenteuer zu einem Abenteuer wider Willen gerät!
Schließlich ist auch noch an die zusätzliche Streßbelastung beim Seitensprung zu denken. In mehreren einschlägigen Untersuchungen konnte nachgewiesen werden, daß zum Beispiel infarkt-

gefährdete Männer bei nervenstrapazierenden außerehelichen Aktivitäten mit einem plötzlichen Herztod rechnen müssen.
In welchem Ausmaß im übrigen häufige Seitensprünge mit wechselnden Partnern gesundheitliche Risiken bergen, hat Goethe schon lange vor der aktuellen Aidsgefahr angesprochen: »Sicher ist nicht das Ehebett mehr, nicht sicher der Ehebruch. Der tückische Wurm besudelt die Quellen, geifert, wandelt in Gift Amors belebenden Tau.« Seine Klage mag sich wohl auf die klassischen Geschlechtskrankheiten und sonstigen einschlägigen Liebesleiden von Herpes genitalis bis zur Trichomoniasis bezogen haben. Aber selbst diese Erreger sind heutzutage, entgegen allgemeiner Ansicht, trotz moderner medizinischer Abwehrmöglichkeiten wegen ihrer zunehmenden Resistenz und Aggressivität durchaus noch und in steigendem Maße wieder ernst zu nehmen.

8. Das Gespenst der unbewältigten Vergangenheit – Die Spätfolgen

Psychische Folgen

Die Schatten einer Seitensprungaffäre lasten, meist unsichtbar und größtenteils auch unbewußt, noch lange auf einer Ehe. Denn das prägende Geschehen der Vergangenheit gestaltet auch die Gegenwart und formt die Zukunft mit. Dieser Umstand entfaltet für den Betrogenen nicht selten eine lebenslange traumatische Wirkung, die seine Erlebnis- und Empfindungswelt auch dann noch störend beeinflußt, wenn der Seitensprung längst endgültig beendet ist. Falls es ihm nicht gelingt, das für ihn verletzende und entwürdigende Fremdgehen des Lebensgefährten innerlich positiv zu verarbeiten, bleibt er eingeklemmt zwischen böser Erinnerung und steter Befürchtung, zwischen erlebter Niederlage und verunsichernder Erfolglosigkeit.
Dies macht ihn letztlich zum wachstumsgehemmten »Klemmi«, zum Partner-Anklammerer, zum Gefesselten seiner Eifersucht, zum zwanghaften Rückbesinner ohne erlösende Besinnung, zum lebensunlustigen Grübler ohne partnerschaftliche Zukunftsperspektive.

Ein typischer Fall aus der Praxis: Er demonstriert die schwierige Situation eines Hintergangenen, der mit einem bereits abgeschlossenen Seitensprungdrama nicht zurechtkommt und dieses schließlich zur persönlichen Tragödie werden läßt:

> Hans war vor mehr als acht Jahren von seiner Ehefrau betrogen worden. Obgleich die oberflächliche Affäre nur etwa drei Monate gedauert und seine Frau sie nach enttäuschenden Erlebnissen selbst abgebrochen hatte, konnte er sich mit dem offensichtlich nur einmaligen Ausrutscher seiner Lebensgefährtin nicht abfinden. Von diesem Zeitpunkt an litt er unter der inneren Zwangsvorstellung, nun unentrinnbar als gehörnter und somit abgewerteter und gedemütigter Ehemann durchs Leben gehen zu müssen. Seine unterschwellig bereits vorher vorhandenen Minderwertigkeitsgefühle und Selbstzweifel als Mann und Mensch verstärkten sich durch diesen Zwischenfall, dem lediglich die Wirkung eines verhängnisvollen seelischen Katalysators zukam.
>
> Er wurde zunehmend depressiv und verfiel immer mehr in eine überkompensierende, zu starkem Übergewicht führende Freßlust, was langfristig erhebliche gesundheitliche und zusätzliche seelische und partnerschaftliche Probleme hervorrief.

Hier zeigt sich deutlich, daß Kränkungen im erotisch-sexuellen Bereich gerade bei einer mangelhaft ausgebildeten männlichen Geschlechtsidentität verheerende Folgen zeitigen können, wodurch ungezählte Männer im Kern ihrer persönlichen Identität und Persönlichkeit getroffen werden.

Ein untergründig stets befürchteter neuerlicher Seitensprung durch den solchermaßen unbefriedigt bleibenden Lebenspartner ist damit gleichsam vorgezeichnet; die sich selbst erfüllende Prophezeiung des Hintergangenen wird schließlich zur Wirklichkeit, und diese vertrackte Situation erinnert uns an die Worte Buddhas: »Wir sind, was wir denken ... Mit unseren Gedanken machen wir die Welt.«

Andererseits haben die ständigen Befürchtungen des Betrogenen so lange einen durchaus konkreten Hintergrund, als sich das persönliche und partnerschaftliche Verhältnis nicht *prinzipiell ändert*. Denn auf diese Weise ist die tendenzielle und potentielle Ausgangslage für den Seitensprung ja in der Tat noch nicht überwunden, die Abstinenz vom Fremdgehen vielmehr nur mehr oder minder erzwungen, aber keinesfalls positiv verarbeitet.

Hinzu mag die Lebenserfahrung des Betrogenen kommen, daß die Katze das Mausen bekanntlich nicht läßt. Es gibt im übrigen genug Untersuchungen, die diese Volksweisheit untermauern, weshalb einmal auf den Geschmack gekommene Seitenspringer nach einer angemessenen Beruhigungspause häufig erneut fremdgehen. Sie lassen jetzt allerdings mehr Vorsicht walten und bauen das System von Tarnung und Täuschung erfolgssicher aus. E. Borneman drückt dies mit den Worten aus: »Andererseits herrscht bei der Sexualität auch die Erfahrung, daß der Appetit beim Essen kommt.« (*Die Neue Eifersucht*) Dies trifft selbstredend natürlich vor allem auch auf die veruntreute Liebe Liebeshungriger zu.

Man darf deshalb die Macht der so unbemerkt wie allmählich süchtig machenden Gewohnheit nicht unterschätzen!

Und auf seiten des Betrogenen ist zu bedenken, daß selbst verheilte seelische Wunden, die im Seitensprungkrieg geschlagen wurden, stets Narben zurücklassen, die sofort wieder mit Vehemenz aufbrechen, sobald es zur Wiederholung des Seitensprungs kommt. In diesem Fall addieren sich zur bestätigten Erwartungsangst die erneut und mit jeder Wiederholung stärker blutenden, vernarbten Wunden der partnerschaftlichen Mißachtung.

Hinzu kommen die aktuell zugefügten Verletzungen aus der offen gezeigten Rücksichtslosigkeit sowie die grenzenlose Enttäuschung über den Bruch der ständig wiederholten Treueschwüre durch den Lebensgefährten.

Diese Summe an Zumutungen und Verletzungen treibt den Entfremdungsprozeß der Lebensbeziehung voran und verwandelt den Seitensprung des Betrügenden schließlich nicht selten in den Absprung des Betrogenen, sobald das Faß seiner Geduld endgültig überläuft und er gleichzeitig den Mut zur Trennung besitzt.

Damit nähern wir uns einer so interessanten wie umstrittenen Frage:

Sind Seitensprünge für Trennungen verantwortlich zu machen?

Mit anderen Worten: Folgt auf den Seitensprung früher oder später gleichsam automatisch der Absprung?

Differenziert betrachtet ist die Frage *so* formuliert falsch gestellt, weshalb jede Antwort darauf ebenfalls bis zu einem gewissen Grad undifferenziert und damit falsch sein muß.

Wie wir nämlich aus allen bisherigen Ausführungen wissen, stellt der Seitensprung ein Symptom für persönliche und partnerschaftliche Wachstumsschwierigkeiten, aber keine primäre oder sekundäre Ursache für die spätere Trennung dar. Andererseits jedoch gerät im Kausalitätszusammenhang jede symptomatische Auswirkung selbst wieder zur unmittelbaren Ursache, so daß sich letztlich ein fast unentwirrbarer Teufelskreis von Ursache und Wirkung ergibt.

So nimmt es nicht wunder, daß sich die Frage nur schwer beantworten läßt, selbst wenn wir sie, der Komplexität des Geschehens angemessen, umformulieren: Mit welchem abgestuften Einfluß und in welchem spezifischen Umfang trägt der Seitensprung zum endgültigen Absprung aus der Lebenspartnerschaft bei?

Als gesicherte Tatsache darf gelten, daß der Seitensprung zur weiteren Destabilisierung einer bereits angeschlagenen Lebensbeziehung beiträgt und schließlich eine Trennungsentscheidung wahrscheinlicher werden läßt. Darauf weisen zahlreiche Untersuchungen hin.

Unbestreitbar ist ferner, daß wohl den meisten Absprüngen Seitensprünge vorausgehen. Denn der Seitensprung stellt ein nach außen drängendes Symbol für den Riß (Sprung) dar, der durch die Persönlichkeit meist beider Partner und entsprechend auch durch die gemeinsame Lebensbeziehung geht. Deshalb darf er als häufige Vorstufe für eine allmählich sich anbahnende endgültige Trennung interpretiert werden.

Aus dem umfassenden sogenannten *Playboy-Report* über das Geschlechtsleben der Deutschen geht hervor, daß lediglich 53 % der Ehepartner zum Vergeben bereit sind. Da bei 38 % verunsichernde Ratlosigkeit vorherrscht, muß die destabilisierende Wirkung des Fremdgehens somit als ziemlich hoch eingeschätzt werden.

Nach den Ergebnissen des Kinsey-Reports waren 51 % der Männer der Meinung, daß die außerehelichen Beziehungen ihrer Frauen die Hauptursache für die Scheidung gewesen seien. Weitere 32 % hielten sie für einen Faktor von gewisser Bedeutung.

Demgegenüber gaben Frauen den Seitensprung als Hauptursache mit nur 27 % an, als Teilfaktor aber immerhin mit 49 %. Hier scheinen Frauen wieder einmal die besseren, weil intuitiv stärker differenzierenden Beurteiler gewesen zu sein!

Es erscheint sinnvoll, wenn wir diese Ergebnisse mit der jüngsten Studie des Zentrums für Bevölkerungsforschung an der Universität Wisconsin verbinden, die mittlerweile das Scheitern von zwei Dritteln aller amerikanischen Ehen belegt. Hier zeigt sich, wie die allmähliche Zunahme der Seiten- und nachfolgenden Absprünge wie ein zermalmendes Räderwerk ineinandergreift! Der bekannte

amerikanische Eheberater Frank Pittman meint hierzu, das Schwergewicht der Betrachtungen auf die Auswirkungen von Seitensprüngen auf bereits angeknackste Lebensbeziehungen legend: »Untreue ist die Hauptursache der Zerrüttung von Familien, die am meisten gefürchtete und verheerendste Erfahrung in der Ehe.« (*Angenommen mein Partner geht fremd*)
Es kann überdies angenommen werden, daß viele Ehen zusätzlich oder schneller zerbrechen würden, falls die zu 90 % nichtsahnenden Betrogenen von den permanenten oder doch meist sich wiederholenden Seitensprüngen ihrer Partner wüßten. Zyniker haben deshalb schon behauptet, in diesem Falle blieben nur noch jene veruntreuten Ehen erhalten, in denen in zwischenmenschlicher Hinsicht nichts mehr, in materieller jedoch alles zu verlieren wäre.

Fazit zum Ursachenzusammenhang von Seiten- und endgültigem Absprung: Unter dem Blickwinkel menschlichen Leids bedeutet es letztlich einen unfruchtbaren Streit um des Kaisers Bart, ob der Seitensprung nun einen erst- oder nur zweitrangigen Ursachenfaktor darstellt. Tatsache ist jedenfalls, daß er in nicht unerheblichem Maße am beschleunigten und endgültigen Scheitern zahlloser, innerlich bereits zersprungener oder zumindest angeknackster Ehen beteiligt ist.
Es ist das noch grüne, feuchte Brennmaterial der persönlichen und partnerschaftlichen Unausgereiftheit, das ungezählte Lebensbeziehungen in einem rauchenden Schwelbrand langsam verkoken läßt. Und der Seitensprung wirkt als das hilf- und gedankenlos in das müde Ehefeuer gegossene gefährliche Öl, das dieses zwar kurz und hell auflodern läßt – aber am Schluß bleibt meist nur ein armseliges Häufchen Asche menschlichen Elends übrig.
Das Feuer der Liebe hingegen kann nur in einer offenen und vertrauenden, kooperativen und wachstumsorientierten Beziehung wärmen, während es in einer lieblosen Ehe und einer verheimlichten, ja verleugneten Doppelbeziehung seinen verzehrenden Doppelcharakter zeigt.

Rechtliche Konsequenzen

Die verhängnisvollen, nicht selten grotesk-ungerechten materiellen Auswirkungen eines von falschen Vorausetzungen ausgehenden und oft lebensfremd ausgelegten Scheidungsfolgerechts führen überdies häufig dazu, daß die größere Wortgewandtheit und überzeugendere Selbstdarstellungsfähigkeit vieler skrupellos-parasitärer Seitenspringer mühelos über die Ehrlichkeit und sprachlos machende Verzweiflung nicht selten unbedarfter Betrogener siegt.

Obgleich der Bundesgerichtshof den fortgesetzten und verheimlichten Ehebruch als besonders verwerfliche Handlung charakterisiert hat, werden täglich Urteile gesprochen, welche die Betrogenen auch über die Trennung hinaus zu oft ruinösen »Zahlmeistern« der Betrügenden und deren Liebhabern degradieren (vgl. 2. Kapitel, S. 34 ff.)!

Mit der finanziellen Hörnung der ideell bereits nachhaltig Gehörnten erweist sich, daß die seelische Übervorteilung nur die eine Seite der parasitären Münze namens Seitensprung aufzeigt. Ihre Kehrseite hingegen stellt sich als nackte, zusätzliche **materielle Benachteiligung** dar.

Diese kann prinzipiell **dreifacher Art** sein:

- **Erstens** müssen viele Betrogene auch über die Scheidung hinaus für den Unterhalt des betrügenden Ehepartners aufkommen.

Das neue Scheidungsfolgerecht ging nämlich ursprünglich von der irrigen Annahme aus, daß es vor allem Männer seien, die aus ihren Ehen ausbrächen. Deshalb sicherte es die betrogenen bzw. verlassenen Ehefrauen – völlig zu Recht – mit einem Unterhaltsanspruch entsprechend den ehelichen Lebensverhältnissen ab.

Nun zeigte sich aber, daß Frauen nicht minder oft fremdgehen und überdies in etwa 80 % aller Fälle die Scheidung betreiben.

Da andererseits Männer wegen der immer noch diskriminierenden Verhältnisse auf dem Arbeitsmarkt in aller Regel über die besseren Einkommensverhältnisse verfügen, werden betrogene Ehemänner häufig auf lange bzw. unabsehbare Zeit zur Kasse gebeten.

Nun gibt es zwar den Unterhaltsausschluß aufgrund offensichtlichen schwerwiegenden Fehlverhaltens des Unterhaltsberechtigten sowie die ergänzende Rechtssprechungsformel vom »Ausbruch aus einer an sich intakten Ehe«, um insbesondere betrogene Männer nicht auch noch zu Dauerzahlern ihrer ungetreuen Verflossenen zu stempeln. In der Lebenspraxis erweisen sich diese gutgemeinten Regulative jedoch häufig als unbrauchbar, da gerade der spezifische Geheimhaltungscharakter des Seitensprungs die Beweislage häufig zuungunsten des Betrogenen verschiebt.

• **Zweitens** erstrecken sich die Unterhaltsleistungen des Betrogenen unter bestimmten Umständen faktisch auch noch auf den Einschleicher. In einer oberstrichterlichen Entscheidung wurde nämlich festgelegt, daß der Unterhalt an den Geschiedenen auch dann nicht entzogen oder gekürzt werden kann, wenn der neue Partner mit davon lebt.

Zwar wird hier eine einschränkende Härteklausel wegen Unzumutbarkeit postuliert, die wohl den indirekten Unterhalt für einen nachgewiesenen Eheeinschleicher ausschließen würde. Doch angesichts der Verborgenheit des Seitensprunggeschehens müßte manch Unterhaltsverpflichteter ein Heer von Detektiven beschäftigen, um die Anspruchsgrundlage für die beiden Ehebrecher zu erschüttern.

Die Unterhaltsverpflichtungen des Betrogenen gegenüber dem ungetreuen Exgatten (faktisch eventuell auch noch gegenüber dem mit ihm zusammenlebenden Einschleicher und Ehezerstörer) erreichen nicht selten eine geradezu konfiskatorische Höhe und drücken seinen Lebensstandard unter das Existenzminimum herab. Will er jetzt nicht buchstäblich vor die Hunde gehen, bleibt ihm keine andere Wahl, als den Gang zum Sozialamt anzutreten und sich dort seinen individuellen Sozialhilfebedarf ausrechnen und bestätigen zu lassen.

Diesen hat er sodann wie ein lästiger Bittsteller einem mitunter lebensfremden Unterhaltsrichter in der berechtigten Hoffnung vorzulegen, aus seinen eigenen Einkünften eine monatliche Restsumme zugebilligt zu erhalten, die kaum noch das zum Leben Nötige übrigläßt.

Auf Grund dieser Sachlage besitzt er nun keine finanzielle Grundlage mehr, um eine die persönliche Isolierung durchbrechende neue Lebensbeziehung aufbauen zu können. Schließlich ist kaum ein potentieller Partner an einem wirtschaftlich Impotenten interessiert, der jetzt allmählich von den meisten seiner ehemaligen Freunde und Bekannten als Unglücksrabe gemieden wird.

In dieser aussichtslosen Lage mag ihn noch mehr ohnmächtige Wut packen, wenn er daran denkt, selbst auf das bescheidene Liebes- und Lebensglück verzichten zu müssen, das sein ungetreuer ehemaliger Lebensgefährte nunmehr zusammen mit dem Einschleicher auf seine Kosten genießt.

Somit verwundern einschlägige Untersuchungen kaum noch, aus denen hervorgeht, daß ein Großteil der im Lande herumvagabundierenden, vor dem Leben, aber häufig auch vor krasser Ungerechtigkeit kapitulierenden Stadt- und Landstreicher durch für sie unglücklich verlaufene Seiten- und Absprünge auf die abrutschend-schiefe soziale Ebene gelangt ist.

• **Drittens** wird dem Gehörnten zu allem Überdruß nachträglich noch bestätigt, gegebenenfalls jahrzehntelang ohne Schadensersatzanspruch für ein Kind aufgekommen zu sein, das (nachweislich) die Frucht eines Ehebruchs ist.
Sowohl das Bundesverfassungsgericht als auch der Bundesgerichtshof haben letztinstanzlich festgelegt, daß in Anlehnung an die ehemalige Rechtssprechung des Leipziger Reichsgerichts dem Wesen der Ehe im Interesse der Rechtskontinuität und Rechtssicherheit der Vorrang vor schadensrechtlichen Grundsätzen einzuräumen ist. Mit diesen Urteilen wurde entgegen richterlichem Wollen der Ehe kein effektiver Schutz gewährt, sondern im Gegenteil den Eheeinbrechern ein unbeabsichtigter, doch wirksamer und somit aufmunternder Flankenschutz eingeräumt! Zur Strecke gebracht wurde auf diese Weise jedoch der gehörnte Ehemann, der nun auch noch für das ehebrecherisch gezeugte Kind eines anderen Mannes aufzukommen hat, sofern er weniger clever als sein Rivale ist und die Seitensprungfolgen zu spät bemerkt.
Dieses weit in die Zukunft hineinwirkende, aus der Sicht des Eheschutzes hingegen rückwärts gerichtete aktuelle Urteil hat in der Lebenspraxis durchaus einen beachtlichen Stellenwert: Medizinische Untersuchungen haben ergeben, daß »Kuckuckskinder«, die einem außerehelichen Geschlechtsverkehr entsprossen sind, entgegen einer weitverbreiteten Ansicht keineswegs selten sind.

Zu allem Überfluß müssen die Betrogenen auch noch mit öffentlichem Spott rechnen, wenn ihnen von den betrügenden Ehefrauen finanziell das Fell über die Ohren gezogen wird. Wenn zum Beispiel die reißerische Überschrift eines Boulevardblattes »Frauen erledigen Rambo« auch nur für wenige steinreiche Prominente gelten mag, so zielt diese Tendenz letztlich auch auf alle weniger namhaften und weniger betuchten Durchschnittsmänner. Vor allem aber zeigt sich hier die Doppelzüngigkeit patriarchalischer, medienwirksam vermarkteter Scheinmoral! Solange ein phallokratischer Batman als Negativvorbild brauchbar erscheint, wird er als die Inkarnation des wahren Mannes dargestellt. Sobald sich jedoch seine männliche Hohlheit angesichts der ungebremsten Seitensprungaktivitäten seiner unbefriedigten Frau erweist, wird er wendehalsig-geschwind und auflagenerhöhend in ein wohlfeiles Spottobjekt verwandelt.

Bei soviel Ungerechtigkeit mag einen Betrogenen auch ein kürzlich bekanntgewordenes Urteil des Landgerichts Paderborn nicht befriedigen, das die dreiste Schmerzensgeldforderung eines vom Ehemann verprügelten Liebhabers zurückwies, der von ersterem in flagranti im ehelichen Schlafgemach gestellt worden war: Das Gericht kam zu der Überzeugung, das Verhalten des Einschleichers sei eine ungeheure Provokation gewesen.
Die Wahl des Zeitpunkts, nämlich die Nachtschicht des Ehemanns, unterstreicht das bereits ausgiebig dargestellte hinterhältige Vorgehen zahlloser Fremdgeher.

Läßt man abschließend die mehr als trostlose Rechtslage für Seitensprunggeschädigte im Absprungverfahren vor dem Scheidungsgericht nochmals gedanklich an sich vorüberziehen, so stellt sich die Frage:
Inwieweit wurde hier im Zuge der berechtigten Liberalisierung des Sexualstrafrechts (z. B. im Hinblick auf die Bestrafung des Ehebruchs) sowie der materiellen Besserstellung scheidungsbenachteiligter Ehefrauen gleichzeitig auch den Liebesschmarotzern unbeabsichtigt ein breites Tor geöffnet, das ihnen nun anstelle von Bestrafung und öffentlicher Ächtung gegebenenfalls materielle Belohnung, zumindest aber das allgemeine Ansehen aller »Erfolgreichen« in unserer vorteilsbedachten Ellenbogengesellschaft verheißt?
Machen wir uns solchermaßen nicht alle zu Toren, die sich selbst ein kollektives Eigentor schießen?
Sollte hier nicht vielmehr im Sinne eines gerechten Interessenausgleichs zwischen Betrogenen und Betrügenden das Scheidungsfolgerecht durch eine materielle Beteiligungsverpflichtung für ein- und ausschleichende Seitenspringer ergänzt werden?
Warum sollte ein »erfolgreich« viele Ehen zerstörender Maul- und Frauenheld oder sein weibliches Pendant den angerichteten ideellen und materiellen Schaden nicht wenigstens gemeinsam mit den Betroffenen tragen? Diese Regelung brächte dem jeweiligen Betrogenen immerhin eine finanzielle Entlastung, während gleichzeitig so manchem Seitenspringer möglicherweise die Lust abhanden käme, in ein fremdes Ehehaus einzubrechen.
Warum hier wohl keine gesetzgeberischen Maßnahmen zu erwarten sind, wird klar, wenn die Bedeutung des Seitensprungs für die Aufrechterhaltung der bedrohten patriarchalischen Herrschaft ins Kalkül gezogen wird (vgl. hierzu das 13. Kapitel, S. 316 ff.). Hier sind sich die meisten Männer in der Ablehnung dieses Vorschlags

einig – freilich in völliger Verkennung der Tatsache, daß sie selbst es sind, die als Betrogene auch noch die finanzielle Rechnung des fremden Seitensprungs zu begleichen haben, sobald das Schicksalsroulett auf sie fällt!
Anstelle eines mehr als gerecht erscheinenden Schadensausgleichs durch den bzw. die Fremdgeher muß ein engagiert und couragiert sich zur Wehr setzender, aber rechtsunkundiger Betrogener vielmehr auf der Hut sein, sich von einem dreisten Eheeinbrecher nicht auch noch provozieren und absichtsvoll in zivil- oder strafrechtliche Fallstricke hineinlocken zu lassen.

Als keineswegs untypisches Fallbeispiel mag hierfür das tragische Schicksal eines bislang unbescholtenen Polizeibeamten gelten. Dieses zeigt geradezu lehrbuchmäßig und in völliger Übereinstimmung mit den Ausführungen in diesem Buch, wie schnell und zerstörerisch die Honigfalle der Liebe namens Seitensprung zuschnappen kann, die sich Machos gegenseitig stellen. Der Ordnungshüter wurde von seinem eigenen Freund, der zugleich Arbeitskollege und heimlicher Hausfreund seiner Frau war, im Rahmen einer Aussprache vorsätzlich so extrem provoziert, daß er seinen Rivalen im Affekt erschoß. Damit war zwar für ihn offensichtlich die patriarchalische Rechtsordnung im Sinne des alttestamentarischen Machogrundsatzes *Mein ist die Rache, spricht der Herr* wiederhergestellt, doch das bittere Ende ließ erwartungsgemäß nicht lange auf sich warten.
Das Schwurgericht in Würzburg verurteilte ihn dafür im Juni 1991 zu einer vierjährigen Freiheitsstrafe, stellte jedoch gleichzeitig in der Urteilsbegründung fest, daß seine Ehefrau sowie deren erschossener Liebhaber moralisch schuldig gewesen seien. Der Eheeinschleicher im Freundesgewand hatte die Frechheit besessen, am Tage vor der Tat in einer Lokalzeitung eine als Anzeige veröffentlichte Liebeserklärung an die Frau des Polizeibeamten abzugeben.
Als ihn der solchermaßen in der Öffentlichkeit Düpierte daraufhin erbost zur Rede stellte, bezeichnete er den gehörnten Ehemann als einen kleinen Polizisten, der sowohl beruflich als auch im Ehebett versagt habe.

9. Ehe im Durchzug – Wohin die »offene Ehe« führt

Unter den Seitenspringern gibt es nicht wenige, welche die Vorzüge der Zweierbeziehung mit denen der Zweitbeziehung verbinden, die Risiken des verschwiegenen Seitensprungs jedoch gleichzeitig ausschließen wollen.
Sie greifen deshalb auf die *offene Ehe* zurück, die uns in **drei recht unterschiedlichen Erscheinungsformen** entgegentritt:

- In der **traditionellen offenen Ehe,** die unter typischen patriarchalischen Vorzeichen steht, gestatten sich beide Lebensgefährten gegenseitig Intimbeziehungen zu Dritten. Auf diese Weise sollen das Belügen und Verleugnen, der Partnerbetrug und ein Verrat an der eigenen Lebensbeziehung wirksam verhindert und dem gegenseitigen Vertrauensverlust entgegengewirkt werden. Darüber hinaus hofft man, daß diese Form der Zweisamkeit die ermüdete Ehe wieder beleben und solchermaßen stabilisieren könne.

Wirklich *offen* bleiben in diesen Beziehungen jedoch nur die partnerschaftlichen Defizite und das Schicksal der nunmehr auf Bruchbelastung getesteten Ehen. Die gegenseitige Offenheit aber erweist sich letztlich als leere Worthülse! Denn von den etwa 11 % in offenen Ehen lebenden Paaren spricht laut Umfragen mehr als die Hälfte nicht über ihre Affären. Außerdem stellt sich die weitergehende Frage, ob die übrigen ihre intimen Gefühle und Gedanken gegenüber ihrem eigenen Lebenspartner preisgeben.
In der offenen Ehe wird die persönliche und partnerschaftliche Entfremdung lediglich formell legalisiert, indem ihr das verhüllende Mäntelchen gegenseitiger Freiheitsgewährung und Selbstverwirklichung umgehängt wird. Diese Vorgehensweise unterdrückt in der Tat aufkommende Zweifel und verdrängt unterschwellige Gewissensbisse und Verlustängste. Der Selbstbetrug wird solchermaßen perfektioniert, die Realität wegrationalisiert und eine Risikoabschätzung abstrahiert. Anders ausgedrückt: Die geheimgehaltene Lieblosigkeit eines Lebenspartners wird in der offenen Ehe durch die offengelegte, beidseitige Lieblosigkeit ersetzt!
Die offene Ehe stellt somit eine zwar raffinierte Spielart des Seitensprungs im Geiste unserer Zeit dar; sie kann aber bei kritischer

Sicht nicht darüber hinwegtäuschen, daß hier nur ein neuer, wenn auch zunächst bequem erscheinender Fluchtweg vor mühsamer Selbstwerdung und partnerschaftlichem Wachstum oder aber einer unausweichlichen Trennung eingeschlagen wird.
Der Dramatiker Dario Fo hat in seiner vielgespielten Tragikomödie *Offene Zweierbeziehung* die Problematik offener Ehen inmitten unserer patriarchalischen Umwelt unmißverständlich herausgestellt: »Soll die offene Zweierbeziehung funktionieren, dann darf sie nur nach einer Seite geöffnet sein: nach der Seite des Mannes! Denn falls die Beziehung nach beiden Seiten geöffnet wird, entsteht Durchzug.«
Eine treffende Aussage auf offener Bühne durch Franca Rame, die es schließlich wissen muß! Denn als Mitautorin des Stücks, gleichzeitig Ehefrau des Dramatikers sowie Hauptdarstellerin und offenbar selbst Seitensprunggeschädigte dürfte es ihr ähnlich ergangen sein wie seinerzeit ihrer Geschlechtsgenossin Simone de Beauvoir mit ihrem langjährigen Lebensgefährten Jean-Paul Sartre.
Doch was meint Franca Rame mit dem Hinweis auf den Durchzug, der in einer offenen Ehe entsteht? Während nämlich bei heimlich geöffneter Hintertür ehelicher Untreue diese oft noch geräuschlos wieder geschlossen werden kann, zieht der Sog sperrangelweit geöffneter Vordertüren die beiden, nun »gleichberechtigten« Akteure sehr schnell aus dem angeknacksten Ehehaus hinaus, das gleichzeitig wie ein Kartenhaus zusammenbricht.
Der jüngste Hite-Report weist folgerichtig darauf hin, daß offene Ehen weit häufiger als versteckte Seitensprünge mit Scheidung enden.
Was bedeutet darüber hinaus die Bemerkung Franca Rames, die offene Beziehung dürfe nur nach der Seite des Mannes geöffnet sein, um den gefährlichen Durchzug zu verhindern?
Die Folgen der offenen Ehe treffen viele Partner, vornehmlich Ehemänner, in emotionaler Hinsicht sehr hart. Da sie sich jedoch zur gegenseitigen Freiheit bekannt haben, müssen sie zu allem Überdruß auch ihr inneres Leid nach außen hin verleugnen. Somit verschiebt sich nun die Partner- und Partnerschaftsverleugnung hin zur Selbstverleugnung.
E. Borneman schildert diese verrückte Situation treffend, wenn er schreibt: »Das Auseinanderklaffen von Theorie und Praxis wird jedem, der einst eine ›offene Beziehung‹ eingegangen ist, nur allzu bekannt sein. Man erlaubt einander völlige sexuelle Freiheit, man schwört, man werde nie auf einen Dritten eifersüchtig sein,

und man leidet dann doppelte Qualen, wenn der Partner zu spät nach Hause kommt, eine Nacht lang wegbleibt oder gar gesteht: ›Ich hab mich in XY verliebt!‹ Die Qualen sind doppelt, weil man ja ›aufgeschlossen‹ ist, weil man nicht zeigen darf, daß man leidet, daß man den Partner entbehrt.« (*Die Neue Eifersucht*)
Wie scheinfreiheitliche Männer mit ihrer im Grunde unveränderten patriarchalischen Doppelmoral reagieren, wenn ihre Frau von dem zugestandenen Recht der offenen Beziehung Gebrauch macht, schildert der im Theaterstück Dario Fos vom Ehemann fortgeführte Dialog: »Du sagst es. Solang ich dich antreibe, bin ich zufrieden. Ich kann dich benutzen, verschmähen, ich werfe dich weg, je nach Laune... aber wehe, es kommt einer und wagt es, dich aufzulesen! Falls irgend so ein Mistkerl merkt, daß deine Frau immer noch faszinierend ist, obgleich du sie sitzengelassen hast, wenn er sie schätzt und begehrt, dann raufst du dir die Haare und rastest aus.«

• Eine weitere, allerdings seltenere Form der offenen Ehe stellt der **Partnertausch**, nicht selten in Verbindung mit Gruppensex, dar. Diese Entwicklung kam in den siebziger Jahren aus dem Land der unbegrenzten Möglichkeiten zu uns herübergeschwappt. Als Swinger-Bewegung bekanntgeworden, stellt sie ein getreuliches Abbild unserer Waren- und Konsumgesellschaft dar, in der schließlich selbst der Mensch zur Tauschware auf dem Liebesmarkt verkommt. Dieses »freie Spiel der Marktkräfte« konnte sich jedoch hierzulande auf Dauer nicht behaupten, da sich unsere soziokulturellen Strukturen einer so extrem parasitären und destruktiven »Deregulierung« der zwischenmenschlichen Verhältnisse mit Erfolg widersetzten.
Es sind vor allem infantile Sexsüchtige mit ausgeprägtem Gruppen-, doch noch unentwickeltem Ich- und Selbstbewußtsein, die gefühlsarmen Oberflächensex praktizieren. Da die beteiligten Ehepaare zu einer konstruktiven Zweierbindung ohnehin nicht fähig sind, können solche Gruppenerlebnisse durchaus ihren inneren Bedürfnissen entsprechen und ihre eigene Beziehung um den Preis verhinderten persönlichen und partnerschaftlichen Wachstums festigen. Trennungen sind deshalb bei typischen Swingern selten. Die beiden Partner verbindet schließlich die gemeinsame Sucht nach abwechslungsreichem Sexkonsum! Als sexuelle Tauschobjekte sind sie sich deshalb gegenseitig unentbehrlich.
Kompliziert wird die Situation allerdings, wenn plötzlich doch

uneingestandene Gefühle ins Spiel kommen oder Frauen von ihren Männern zu derartigen Praktiken überredet bzw. mehr oder minder gezwungen werden.

• Schließlich ist noch die **Ehe zu dritt (Triole)** zu erwähnen. Hinsichtlich ihrer Auswirkungen muß darauf hingewiesen werden, daß Frauen die Triole nur selten schätzen. Sie bevorzugen statt dessen ein ungestörtes Zusammensein mit ihrem erwählten Liebhaber oder eventuell mit einer Frau, sofern sie homosexuellen Neigungen nachgehen. Dieser Umstand beeinflußt den Verlauf einer Triole in ganz entscheidendem Maße und stellt ein gravierendes Element ihrer Instabilität dar.
Wenn Frauen gelegentlich trotzdem in Triolen einwilligen, so tun sie dies meist, um auf diese Weise gefahrlos an einen begehrten Zweitmann heranzukommen, der vom Ehemann akzeptiert wird. Sie nutzen dann nicht selten die Dreierbeziehung, um in deren »Windschatten« ein mehr oder minder geheimgehaltenes paralleles Untergrundverhältnis mit einem Außenpartner aufzubauen. Da neben der offiziellen Ehe und der inoffiziellen Triole auch noch eine vor dem Ehemann geheimgehaltene Seitensprungbeziehung unterhalten wird, entsteht bald ein verwirrendes Beziehungsgeflecht, das selten lange Bestand hat und häufig mit dem Zerbrechen zweier oder aller drei Beziehungen endet.
Schließlich wird hier der Lebensgefährte als Ehemann wie auch als Triolenpartner von den beiden Mitspielern betrogen, die sich als Falschspieler erweisen. Der Ehepartner ist in aller Regel weder willens noch emotional in der Lage, diesen Zustand zu ertragen. Er wird deshalb früher oder später den zum Rivalen gewordenen Drittpartner aus seiner Lebensbeziehung hinauszudrängen versuchen.
Meist quälend langwierig entwickelt sich hingegen die Situation, wenn eine Triole aus einem Ehepaar und einer Außenpartnerin besteht. Letztere ist in der Lebenspraxis häufig bestrebt, den Ehemann aus der Lebensbindung herauszulösen und ganz für sich zu gewinnen. Die gemeinsame Dreiecksbeziehung zerfällt deshalb nach einiger Zeit in zwei getrennte, miteinander rivalisierende Bindungen, ohne daß es zu einer endgültigen Klärung des Schwebezustandes kommt. Da hier der Mann gleichsam als »Weltkind in der Mitten« beide Frauen behalten will, während gleichzeitig die beiden Partnerinnen eine monogame Lösung anstreben, kommt es zu einem unentwegten, nervenaufreibenden Hin- und Hergezerre, das meist erst dann endet, wenn es äußere Umstände

oder der übermächtige Leidensdruck eines Betroffenen erzwingen. Hierzu ein typisches Beispiel, das in der täglichen Lebenspraxis nicht so selten auftritt, wie vielfach angenommen wird:

Rudi und Laura hatten in der Blütezeit der sogenannten zweiten sexuellen Revolution in den wilden sechziger Jahren zunächst mit der modisch gewordenen »offenen Ehe« experimentiert.
Da Laura jedoch mit dieser oberflächlichen Liebespraxis auf Dauer nicht glücklich wurde, andererseits aber Rudi nun nicht mehr in eine monogame Lebensbeziehung zurückkehren wollte, verfiel seine Frau auf eine verhängnisvolle Idee: Sie beschloß, die noch ledige Jutta M. in die Ehe einzubeziehen, um gemeinsam eine ebenfalls modisch-schicke »Ehe zu dritt« zu führen.
Die beiden Eheleute machten jedoch gleichsam »die Rechnung ohne den Wirt«, da es Jutta, eine Studentin Rudis, zielstrebig darauf abgesehen hatte, die ihr gebotene Chance zu nutzen und unter Einsatz ihrer Jugend und Attraktivität ihren liebesvernarrten Professor für sich allein zu gewinnen. Die Triole gab mithin für sie das geeignete Schlachtfeld ab, auf dem sie ihre weiblichen Waffen zielführend zu gebrauchen und die an den Flanken aufgerissene sogenannte offene Ehe auszuschlachten wußte. Nach längerem, zunächst vergeblichem Hickhack gelang es ihr, dafür zu sorgen, daß Rudi Vater ihres Kindes wurde. Die kinderlos gebliebene Ehefrau verkraftete diesen Schock nicht, der ja im Drehbuch der Dreierbeziehung nicht vorgesehen war. Sie trennte sich von ihrem Mann, ohne sich jedoch von ihm scheiden zu lassen. Zunehmend in Depressionen verfallend, beging sie schließlich zwei Jahre später nach vergeblichen psychotherapeutischen Heilversuchen Selbstmord.
Rudi F. litt nunmehr seinerseits an erheblichen Schuldgefühlen, während die unbekümmerte Jutta ans Ziel ihrer Wünsche gelangt war und den verunsicherten Witwer triumphierend zum Traualtar schleppen konnte.

Günther Hunold schreibt über den meist vergeblichen Versuch, in Triolen leben zu wollen: »... für eine ständige Lebensform mit dem Namen ›Liebe zu dritt‹ bietet unsere Gesellschaft keine ausreichenden Voraussetzungen... Eine ihrer wichtigsten Grundvoraussetzungen ist nämlich zunächst einmal die intakte, fundierte und ausgelebte Zweierpartnerschaft. Dieses Ziel gilt es als erstes zu erreichen, will man nicht eine Stufe auf der Leiter auslassen und... dadurch den Absturz riskieren.« (*Liebe zu dritt*)
Gerade hier aber liegt der Knackpunkt! Die Verfechter der offenen Ehe, gleich welcher Spielart, öffnen ihre Ehen, weil sie nicht in der

Lage sind, sich gegenseitig ihre Herzen zu öffnen! Sie eröffnen sich damit aber letztlich nur den endgültigen Ausstieg aus oder zumindest den weiteren emotionalen Abstieg in ihrer Lebensbeziehung.
Volkmar Sigusch über den Ablauf und die Folgen offener Ehen: »Die heutigen Partner, die einander ›alles gestatten‹, haben den Kampf um Liebe wider das honigsüße Klischee, um solidarische Treue wider die herrschende Praxis schon lange verloren. Sie handeln auf der Höhe der Unmoral: aufreißen, auslutschen, eintauschen, wegschmeißen. Wollen sie das nicht wahrhaben, müssen sie leugnen und lügen. Das nimmt immer ein böses Ende. (*Vom Trieb und von der Liebe*)

10. Die zweifelhaften Vorzüge und greifbaren Nachteile des Seitensprungs – Eine rückblickende Schlußbilanz

Seitenspringer gleichen unsicher Herumhopsenden, die umständlich im Dreieck springen, obgleich sie eigentlich nur ein bestimmtes Ziel erreichen möchten, das sie jedoch nicht direkt anzuspringen wagen: Sie erträumen sich zugleich Geborgenheit und Freiheit, die sich prinzipiell zwar nicht gegenseitig ausschließen, deren gemeinsames Erringen aber recht erhebliches und kontinuierliches, persönliches und partnerschaftliches Bemühen erfordert. Seitenspringer hingegen wollen beide Ziele möglichst zum Nulltarif und überdies umgehend erreichen.
Doch im Leben hat bekanntlich alles seinen Preis, wovon auch der Seitensprung nicht ausgeschlossen sein kann, auch wenn es anfangs mitunter so aussieht. Die Frage lautet allenfalls, wie hoch er ist, wer ihn bezahlt und was am Ende dafür geboten wird. Es ist die Frage nach der Schlußbilanz, die eine fremdgehende Ehefrau im jüngsten Hite-Report kritisch zieht: »Alles in allem glaube ich, daß mir diese Beziehungen emotional geschadet haben, denn es gibt keine Möglichkeit, sie zu einem glücklichen Ende zu bringen. Sie haben immer ein trauriges Ende. Und sie sind immer mit Verletzungen verbunden.«
In dem kürzlich erschienenen Buch *Mein Seitensprung* berichten Frauen über ihre Untreueerlebnisse und kommen sinngemäß

meist zu demselben Ergebnis: daß ihnen der Seitensprung nur ein flüchtiges und sehr bescheidenes Glück, gleichzeitig aber neue und dauerhafte Probleme, Frustrationen und Abhängigkeiten in beiden Beziehungen beschert hat.

Diese kritischen und realitätsgerechten Bewertungen erinnern an zwei bekannte Aussprüche: zum einen den altbekannten Kabarettistenwitz: »Eine Frau verblüht, ein Mann verduftet«, und zum anderen die Meinung des zeitgenössischen Philosophen Theodor W. Adorno über Männer, die nicht zu sich selbst stehen: er nannte sie abschätzig »Hodenhopser«.

Ist es nicht gerade der gewohnheitsmäßige Seitenspringer, der zwanghaft-flüchtig durch fremde Betten hopst und, bald wieder verduftend, Ehefrauen zu »Hopp-und-ex-Häschen« erniedrigt? Eine gängige Liebespraxis, die ehemüde Frauen zunächst aufblühen, dann aber desto schneller enttäuscht verblühen läßt.

Wäre der Seitensprung allerdings nur mit erkennbaren Nachteilen verbunden, hätte die Seitensprunghopserei schon längst aufgehört! Wo liegen denn die Verlockungen dieses Geschehens, das so viele immer wieder in seinen Bann zieht?

Die Faszination des Seitensprungs liegt zweifellos nicht zuletzt darin begründet, daß hier anstelle mühevollen Investierens in eine Liebesbeziehung das bequeme und parasitäre Subventionieren durch Außenstehende tritt, die ihrerseits dasselbe Ziel anstreben. Die Subventionskosten werden parasitär und verantwortungslos den Betrogenen und deren Familien aufgehalst.

Hier geht es also gleichsam um ein seelisches Schuldenmachen, wobei die auflaufende hohe Zinslast samt der Tilgung bald zur unüberwindlichen Bürde werden kann. Kommt es schließlich zur Zahlungsunfähigkeit, also zum Konkurs, besser gesagt zum betrügerischen Bankrott der Firma Ehe, werden die hintergangenen Lebenspartner im wahrsten Sinne zu ausgeschmierten Gläubigern, die zu lange Gläubige gewesen waren!

Wie läuft dieses kostspielige *Subventionsmanöver* ab? Der typische Einbrecher gleicht gewissermaßen einem Spekulanten, der eine in Schwierigkeiten geratene Firma billig an sich reißt, um sie kurzfristig auszuschlachten und nach Zusammenbruch einfach wegzuwerfen. Das stabilisiert die angeknackste Fa. Ehe kurzfristig und jagt ihren Börsenkurs künstlich hoch. Doch Subventionen von außen sind in diesem Fall das denkbar verkehrteste Rezept, von den eigensüchtigen Absichten des »Übernehmers« einmal ganz abgesehen! Denn Dauersubventionen ohne eigene Mithilfe wirken wie eine Hilfe zur Hilflosigkeit, führen mithin zur Abhängig-

keit, zögern notwendige Entscheidungen hinaus und blockieren unabdingbare Strukturveränderungen in der Lebensbeziehung.
Eine kurzfristige Scheinstabilisierung verhindert so nicht nur eine langfristige fundierte Festigung, sondern führt darüber hinaus zur gravierenden Destabilisierung der Persönlichkeit und Lebensbeziehung des gleichermaßen subventionierten Seitenspringers. Der Sprung, der durch die Ehe geht, verbreitert sich zum tiefen Riß völliger Entfremdung und endet schließlich mangels Konkursmasse häufig im Absprung ohne Manövrierfähigkeit und ohne vernünftige Alternative.
Hinzu kommt noch, daß insbesondere Frauen tiefergehende Emotionen und falsche Hoffnungen in eine Untergrundbeziehung investieren, die dort keine ideellen Zinsen bringen, dem konstruktiven Wiederaufbau der eigenen Lebensbeziehung jedoch nutzlos entzogen werden.
Auf diese Weise wird so lange fehlinvestiert, bis alle Reserven verbraucht und die möglichen Entscheidungsvarianten vertan sind! Wohin allerdings diese Subventionsstrategie letztendlich führt, läßt sich an steil nach oben gerichteten Scheidungsstatistiken sowie der hohen Zahl psychisch Angeknackster ablesen! Bei uns wird gegenwärtig jede dritte Ehe geschieden, während gleichzeitig jede zweite als akut gefährdet gilt. Da dürfte ein Seitensprung häufig als tödliche Medizin für die Lebensbeziehung wirken.

Wir wollen abschließend die positiven wie die negativen Auswirkungen und Spätfolgen des Seitensprungs zusammenfassend gegenüberstellen:

Positive Aspekte

- Zunächst führt das Fremdgehen häufig zu einer Steigerung des Lebens-, Glücks- und Selbstwertgefühls. Der Vorgang gleicht einem süchtigen Rausch, auf den später der Kater oder der Zusammenbruch folgt.
Aber auch der entstehende Konkurrenzdruck kann beim betrogenen Partner, sofern er von dem Geschehen Kenntnis erlangt oder Verdacht schöpft, neue, positive Bemühungen um den fremdgehenden Lebensgefährten auslösen. Dieses Verhalten stellt jedoch eher die Ausnahme dar.

Außerdem können entsprechende Zuwendungen an den Partner nur dann von dauerhaftem Erfolg gekrönt sein, wenn sie in umfassende persönliche und partnerschaftliche Strukturveränderungen eingebettet sind. Ein kurzfristiges Bemühen ohne klares Konzept erweist sich hingegen als eine wirkungslose Eintagsfliege, die kein ausgleichendes Gegengewicht zum Seitensprung darstellt.

• Das positive Potential des Seitensprunggeschehens liegt jedoch vor allem in der Tatsache, daß es in dreifacher Hinsicht eine längst notwendige Krise auszulösen vermag: Nicht selten erkennen die Seitenspringer, die in der Untergrundbeziehung enttäuscht werden, daß sie ihre Bemühungen sinnvoller auf die eigene Lebensbeziehung konzentrieren sollten.
Oder die nach der Entdeckung des Seitensprungs ausgelöste Ehekrise läßt die beiden Partner wieder zueinanderfinden und einen Neubeginn wagen.
Schließlich kann ein Seitensprung aber auch zu einer unausweichlichen Trennung hinführen, wenn die Basis für einen Neuanfang nicht oder nicht mehr vorhanden ist und deshalb weitere Bemühungen sinnlos wären. Das auf Dauer zerstörerische *Allein zu zweit* findet dann wenigstens ein konsequentes Ende nach dem Grundsatz: *Lieber ein Ende mit Schrecken als ein Schrecken ohne Ende.* Gleichzeitig wird so der Weg freigemacht für eine neue Beziehung mit einem geeigneten Partner, in welche die leidvollen und enttäuschenden Erfahrungen nach dem Motto *Aus Fehlern lernen* sinnvoll eingebracht werden können.

Negative Auswirkungen

• Für die betrügende Frau liegt im Gegensatz zum Mann eine vergleichsweise weit höhere physische Gefährdung vor. Diese zeigt sich vor allem in der möglichen Gewaltausübung durch den Lebenspartner.
Hinzu kommt, daß sie sich durch ihr partnerschädigendes Verhalten den Ast absägt, auf dem sie zumindest in sozialer und oft auch in materieller Hinsicht sitzt. In unserer patriarchalischen Welt ist auch heute noch die Frau in der überwiegenden Zahl gleichsam ein unausgesprochenes »Anhängsel« ihres Mannes und von dessen sozialer Stellung abhängig. Sie läuft deshalb Gefahr, am Ende zwischen alle Stühle zu fallen und schließlich statt zwei Männern keinen mehr zu haben.

Überdies wird eine geschiedene Frau und gegebenenfalls alleinerziehende Mutter nicht selten im zwischenmenschlichen Bereich auf mehr oder minder subtile Weise diskriminiert.

• Demgegenüber ist in einer männerzentrierten Gesellschaft bei betrogenen Ehemännern fast immer eine psychische und gesellschaftliche Gefährdung durch persönlichen Identitäts- und sozialen Ansehensverlust hervorzuheben. Viele Männer können vor allem die Schwächung des Besitzanspruchs und der Herrschaftsausübung gegenüber ihrer Frau nicht verkraften.
Außerdem ist zu bedenken, daß ein als glücklich verheiratet Geltender im Berufsleben als stabiler, zuverlässiger und erfolgreicher angesehen und deshalb dem stigmatisierten Betrogenen oder Verlassenen nicht selten vorgezogen wird.

• Das meist nicht erkannte Hauptproblem stellt für beide Partner jedoch vor allem die *Hemmung ihres persönlichen und partnerschaftlichen Wachstums* und die Zementierung ihres Selbstbetrugs dar.

• Nicht zuletzt ist auch an die negative Einbeziehung der Kinder zu denken, die am Ende nicht selten zu problematischen Scheidungswaisen werden. Die Eheberaterin Hildegard Baumgart bemerkt hierzu: »Bei Frauen laufen Leid und Verletztheit viel öfter über die Kinder als bei Männern – das scheint erlaubt ...« (*Liebe, Treue, Eifersucht*)
Der Familientherapeut Frank Pittman bestätigt diese Einschätzung: »Menschen, die Affären haben, glauben, daß sie nur ihre Partner betrügen ... Tatsächlich betrügen Untreue natürlich ihre ganze Familie. Die Kinder trifft der Verrat vielleicht am härtesten ... Dennoch ist der Einfluß elterlicher Affären auf das Leben von Kindern der Stoff, aus dem Tragödien gemacht werden." (*Angenommen mein Partner geht fremd*)

Die Mitwirkung der Betrogenen – 24 Kurzthesen zum übereinstimmenden Negativverhalten der Beteiligten

1. Vorbemerkung

Wenn ein Mensch einem anderen etwas Böses antut, so gehören dazu stets zwei – nämlich der Täter und das mehr oder minder willfährige Opfer, das sich dies gefallen läßt! Hinzu kommt aber noch zuungunsten des Beeinträchtigten, daß er in aller Regel bereits an der Entstehung einer zwischenmenschlichen Situation mitbeteiligt ist, die ihm schließlich zum Nachteil gereicht oder gar zum Verhängnis werden kann. Außerdem ist zu berücksichtigen, daß das Täteropfer bei sich bietender Gelegenheit nicht selten selbst zum Täter wird. Selbst der ausschließliche Tatmensch, der »Macher«, wird auf untergründige Weise häufig zum Opfer seiner selbst.

Wir wollen uns nun in komprimierter, deshalb besonders aussagekräftiger Form der Frage zuwenden, inwieweit das den Betrügenden animierende Fehlverhalten des Betrogenen zu den Voraussetzungen und Folgen des Fremdgehens beiträgt. Nachstehend wird deshalb schlaglichtartig dargestellt, wie jede Form von Parasitentum zwischen gleichsam ausgebeutetem »Wirt« und »Schmarotzer« auf dem unbewußten und ungewollten, nichtsdestoweniger aber höchst wirksamen Zusammenspiel beider beruht. Differenzierender- und somit auch gerechterweise muß jedoch hinzugefügt werden, daß parasitäre zwischenmenschliche Verhältnisse in aller Regel gleichzeitig auch einen kooperativen und symbiotischen Anteil beinhalten.

Diese geradezu teuflische, da nur schwer entwirrbare Vermengung sowohl positiver als auch negativer Strebungen macht die maßgebliche übervorteilende Zielrichtung des Seitensprungs deshalb fast unerkennbar, läßt sie somit letztlich für alle Beteiligten um so gefährlicher werden!

2. Zehn Thesen zum Verhältnis zwischen betrügendem und betrogenem Lebenspartner

- Die Macht der Betrügenden ist die Ohnmacht der Betrogenen. (Das heißt, der folgenreiche Mangel der Betrogenen an geschlechtlicher und persönlicher Identität führt zu deren aktuell sichtbarer Ohnmacht in der Partnerbeziehung. Diese wiederum mitverursacht und ermöglicht erst das partnermißachtende Verhalten der betrügenden Lebensgefährten im Seitensprunggeschehen.)

- Die Unwahrheit der Belügenden ist die Wahrheitsfurcht der Belogenen.

- Die Stärke der fremdgehenden Hörnenden ist der Seelenmasochismus der selbstentfremdeten Gehörnten.

- Das betrügende Handeln der Untreuen entspricht dem feigen Nichthandeln der Veruntreuten.

- Die ausschließliche Schuldzuweisung der Betrügenden an die Betrogenen ist die Mitschuld der Gefoppten.

- Die Bevorzugung der/des aushäusigen Geliebten ist die Selbstherabsetzung der/des zu Hause sitzengelassenen Ungeliebten.

- Die Rechtfertigung der Ausbrecher ist das Gewährenlassen der rücksichtslos behandelten Einbruchsopfer.

- Das Gewissen der Übertölpler ist das hingenommene Abwerten der Übertölpelten.

- Die Ausdauer der Ehezerstörer ist die Geduld der in der Ehe Zerstörten.

- Das Verlassenwerden der Lebensgefährten durch die abspringenden Seitenspringer ist die Folge des ängstlich-anklammernden Abwartens der innerlich längst Verlassenen.

3. Fünf Thesen zum Verhältnis der Betrügenden untereinander

- Die Eingangspforte für frauenverachtende Westentaschencasanovas ist die Liebessehnsucht vernachlässigter Ehefrauen.

- Die Suggestivkraft charmanter Frauenhelden ist die suggestible Hörigkeit ehelicher Ausbrecherinnen.

- Der Oberflächensex nackter Körper ist der nackte Wahnsinn sinnlos gewordener Liebe.

- Die Feigheit der angeblich Liebenden ist die hingenommene Verleugnung der Geliebten.

- Die Verantwortungslosigkeit der Verführer ist die Blindgläubigkeit der Verführten.

4. Fünf Thesen zum Verhältnis der Betrogenen zu den Einschleichern

- Die Hinterhältigkeit verräterischer Hintergeher ist die Vertrauensseligkeit der Hintergangenen.

- Die Eintrittskarte der Einbrecher ist der Sadomasochismus vieler Ehemachos.

- Die angelehnte Hintertür für die Don Juans ist die unbewußte Homoerotik nicht weniger gebundener Männer.

- Die »Rittmeister«-Rolle des Einschleichers sponsert der Ehegatte als »Zahlmeister«.

- Die Ehefrau als kostenloses, deshalb geringgeschätztes Gemeineigentum der Einschleicher ist das mißachtete Privateigentum des Ehemannes.

5. Zwei Thesen zur seitensprungmißbrauchten Lebensbeziehung

– Im Dreiecksverhältnis wird die Ehefrau vom Don Juan gleichsam zur »Fickliesl« erniedrigt, während sie gleichzeitig vom lieblos-gleichgültigen Ehemacho als vernachlässigte Hausliesl mißbraucht wird.

– Eine zum sexuellen Selbstbedienungsladen verkommene Ehe ist die Nulltarifpleite seiner Betreiber und zugleich das kalkulierbare Restrisiko der einschleichenden Ladendiebe.

6. Zwei Thesen zur »Aufzucht« notorischer Seitenspringer

– Mann- und sohnhörige Frauen sind die sozialen Gebärmütter der eheeinschleichenden Maul- und Frauenhelden.

– Frauen- und töchterabhängige Männer sind die erzieherischen Gebärväter der ehezerstörenden Männerverderberinnen.

Dritter Teil: Der Sprung nach vorn – Wenn die Liebe siegt

Omnia vincit amor
(Die Liebe besiegt alles)
VERGIL

Der vorausschauende Blick der Seitensprungverhütung – Auf welchen massiven Fundamenten eine »einbruchssichere« Zweierbeziehung ruht

Vorbeugen ist besser als Heilen
DEUTSCHES SPRICHWORT

1. Worauf es bei jeder glücklichen und dauerhaften Partnerbeziehung ankommt – Die Fundamente und grundsätzlichen Widersprüche jeder Zweierbeziehung

Wer keine Frau hat, lebt ohne Freude,
ohne Segen und ohne Güte, ohne Frieden ...
Wer keine Frau hat, ist kein Mensch.
TALMUD

Ein wohlfeiles Rezept zur Abwehr des Partnerbetrugs gibt es nicht. Wer deshalb einem Seitensprung vorbeugen möchte, tut gut daran, sich statt dessen der unabdingbaren Erkenntnis zu beugen, daß jede beglückende und dauerhafte Zweierbeziehung auf wenig bekannten und noch weniger beachteten Fundamenten ruht, deren Unterspülung oder mangelnder Ausbau jede Lebensbeziehung rissig und letztlich einsturzgefährdet werden läßt. Der Seitensprung manifestiert somit nur symptomatisch die Risse und Sprünge, die bereits quer durch die Partnerschaft verlaufen, und der endgültige Absprung symbolisiert folgerichtig den Einsturz des Ehegebäudes, dessen seelische Statik den Stürmen des Lebens nicht gewachsen ist.

Nicht gewachsen ist es dem Alltag, wenn die beiden Partner weder persönlich genügend weiter- noch partnerschaftlich zusammengewachsen sind.

Es mag auf den ersten Blick ja erstaunlich wirken, daß sich die meisten so wenig Gedanken über die Fundamente ihrer Lebensbeziehung machen, durch die sich die gefährlichen Spalten innerer Widersprüche ziehen. Doch über das Selbstverständliche nachzudenken, das meist auch das Wichtigste im banalen Alltagsleben darstellt, entspricht auf verhängnisvolle Weise nicht unserer üblichen Lebenspraxis.
Das ist leider so, obgleich die erdrückende Mehrzahl aller Menschen eine zufriedenstellende und dauerhafte Verbindung über alles andere stellt und als Mittelpunkt ihres Lebens betrachtet. Dieses Verlangen bleibt allerdings für die meisten Paare zeitlebens ein Wunschtraum, denn der Weg dorthin ist nicht nur mühsam und steinig, sondern es fehlt vor allem eine Orientierung darüber, wie der zu beschreitende Weg beglückender Gemeinsamkeit auszubauen und zu beschreiten ist.
Unabdingbar ist es deshalb, zu erkennen, wie seine im wahrsten Sinne des Wortes fundamentale Konstruktion aussehen muß, wie groß seine statische Belastbarkeit ist, woher der Weg kommt und wohin er zu führen hat, um zum angestrebten Ziel zu gelangen.
Somit nimmt es nicht wunder, daß eine zufriedenstellende Dauerbeziehung für die meisten eine sie geradezu überwältigende Aufgabe darstellt.

Welche prinzipiellen Widersprüche die Fundamente der patriarchalischen Geschlechterbeziehung durchziehen

Die Fundamente jeder patriarchalisch ausgerichteten partnerschaftlichen Bindung werden von prinzipiellen Widersprüchen durchzogen, die ihre Stabilität bedrohen und untergraben. Um welche grundsätzlichen, historisch und gesellschaftlich bedingten Gegensätze es sich hier handelt, bedarf deshalb einer ausführlicheren Betrachtung.
Die sexistische Zerstörung des natürlichen Spannungsverhältnisses von Mann und Frau im Verlauf einer fünftausendjährigen patriarchalischen Menschheitsentwicklung (Geschlechterkrieg) kann als *der fundamentale Widerspruch* schlechthin angesehen werden, der die Fundamente des friedlichen und kooperativen Zusammengehörens beider Geschlechter ausgehöhlt hat. Denn es ist primär die positive Polarität von männlichem und weiblichem Prinzip, die unter der Prämisse gleichzeitiger Parität erst das Menschsein ermöglicht.

Polarität und **Parität** stellen somit *das* entscheidende und gleichermaßen stabilisierende Fundament jeder dauerhaften Paarbeziehung dar.
Die Hemmung dieses ausgewogenen Antagonismus durch die Unterdrückung der Frau mußte zwangsläufig zur prinzipiellen (strukturellen) und damit zur potentiellen (tendenziellen) sowie partiellen und graduellen Unmenschlichkeit auf der Grundlage destruktiver Disparität (Ungleichheit) und Polarisierung hinführen. Dies zeigt sich symptomatisch am deutlichsten in der krisengeschüttelten, patrizentrisch ausgerichteten Partnerschaft, die letztlich eine Projektion der angstgesteuerten und fremdbestimmten patriarchalischen Seinsweise auf die Einzelbeziehung darstellt. Wie wir gleich sehen werden, ist es vornehmlich der Mann, der auf diese Weise gleichsam zum Opfer seiner selbst wird.

• Die Angst des Mannes vor der Frau

Der durch die Geschlechter verlaufende unsichtbare Sprung widerspiegelt sich im Verlauf des destruktiven Geschlechterkrieges am sinnbildlichsten im zwiespältigen Verhältnis des Mannes zur Frau sowie im widersprüchlich-gegenläufigen Verhalten der Lebenspartner zueinander, das dementsprechend vom Seiten- und Absprung gekennzeichnet ist.
Das dem Mann durch Erziehung und soziale Prägung gleichsam zur zweiten Natur gewordene patriarchalische Scheuklappendenken, sexistisch instrumentalisierte Fühlen und elitäre Verhalten Frauen gegenüber, erzeugt eine tiefgehende, jedoch meist unbewußte und verdrängte bzw. wegrationalisierte aggressive Angst des Mannes vor der Frau.
Dieses Phänomen rückte auf der wissenschaftlichen Tagung der Deutschen Gesellschaft für Sexualforschung im Herbst 1988 in Berlin in den Mittelpunkt der Betrachtungen. Der Tiefenpsychologe Fritz Riemann drückte diese Problematik treffend aus: »Hinter dieser Hybris des Mannes, hinter seinem Macht- und Besitzanspruch aber lag, vorsichtig gehütet und verborgen, seine tiefe Angst vor dem Weibe, vor der ›anderen Seite‹ des Lebens, die um so gefährlicher und bedrohlicher erlebt wird, je einseitiger man das Männliche vertritt und überbewertet.« *(Grundformen der Angst)*

• Die Abhängigkeit des Mannes von der Frau

Gleichzeitig steht jedoch dieser kollektivneurotischen Angst vor dem Weiblichen eine durch Individuation und Sozialisation über-

höhte emotionale und sexuelle Abhängigkeit des Mannes von der Frau gegenüber, die ihm im harten Alltag gleichermaßen Muse, Mutter und Managerin ist. Dieser Tatbestand wurde im jüngsten Hite-Report auf überzeugende Weise bestätigt. Wilfried Wieck stellte sein vielgelesenes Buch *Männer lassen lieben. Die Sucht nach der Frau* unter dieses Leitthema.
Am einfühlsamsten ist die Abhängigkeit im eingangs erwähnten Zitat des Talmud dargestellt. Gleichzeitig zeigt sich gerade im jüdischen Kulturkreis, der auf dem Umweg über das Christentum auch für uns prägend wurde, der Widerspruch von männlicher Abhängigkeit und gleichzeitiger ängstlicher Ablehnung der Frau am gravierendsten. Denn paradoxerweise dankt der orthodoxe Jude Gott täglich dafür, nicht als Frau geboren worden zu sein!
Diese offensichtliche Schwäche des angeblich »starken Geschlechts« beruht wohl vor allem darauf, daß mit der Unterdrükkung der Frau auch das spezifisch Weibliche, das als natürliche und ergänzende Polarität der Geschlechter erst das wahre Menschsein ermöglicht, aus dem Blickfeld des Mannes weitgehend verschwand. Goethe drückt dies im letzten Satz seiner reifsten Altersdichtung sehr klar aus:

»Alles Vergängliche
Ist nur ein Gleichnis;
Das Unzulängliche,
Hier wird's Ereignis;
Das Unbeschreibliche,
Hier ist's getan;
Das Ewig-Weibliche
Zieht uns hinan.«
(*Faust*, 2. Teil)

Diese positive Grundeinstellung bildet zugleich ein machtvolles Gegengewicht zum patriarchalisch geprägten Unmännlichen, welches, die »andere Seite des Lebens« verbannend, uns alle in den Abgrund hinabzieht. Die visionäre, zugleich warnende Fatima-Botschaft lautet deshalb bezeichnenderweise: »Wenn die Wünsche der Mutter nicht erfüllt werden, kommt es zu einer großen Katastrophe.« Das Mutterbild stellt in diesem Zusammenhang das Synonym für das Weibliche dar.
Die richtungsweisende Rolle der Frau als positiv-humanes Leitbild sowie ihr ungehindertes Wirken kann somit beim persönlichen und partnerschaftlichen Wachstums- und Selbstwerdungs-

prozeß nicht hoch genug bewertet werden. Denn gerade sie erscheint in diesem zutiefst menschlichen Bereich infolge ihrer weniger verdrängten Emotionalität, Intuition und Spiritualität hierzu in besonderem Maße berufen. Walter Hollstein drückt diesen Tatbestand deutlich aus: »Männer müssen also das entdecken, was allgemein als ›weibliches Potential‹ definiert wird: ihre Gefühle, Schwächen, Trauer, Schmerz und Hingabe.« Rita Süßmuth führt diesen Gedanken fort mit dem sinnvollen Vorschlag: »Meine Vision ist nicht die einer weiblichen Gegenkultur, sondern es geht um die Öffnung der Gesellschaft für die ihr fehlenden Erfahrungen aus dem weiblichen Lebenszusammenhang.«
Die zweite Wurzel aggressiver männlicher Angst vor der Frau dürfte somit in seiner überhöhten emotionalen Abhängigkeit vor ihr begründet sein. Es entspricht schließlich einer altbekannten Tatsache, daß jedwede Form hilfloser Abhängigkeit letztlich zur aggressiven Abwehr dieses einseitigen Schuldnerverhältnisses führt.

Fazit: Die Angst des Mannes vor der Frau verleitet ihn dazu, diese zu unterdrücken. Da er aber gleichzeitig in überwertigem Maße von ihr emotional abhängig ist, sägt er damit gleichsam an dem Ast, auf dem er selbst sitzt. Dies stellt den *ersten prinzipiellen Widerspruch* in der patriarchalischen Geschlechterbeziehung dar, der sich zwangsläufig aus dem destruktiven Geschlechterkrieg heraus entwickelt hat.
Darüber hinaus besteht noch ein *zweiter prinzipieller Widerspruch,* der die Partnerbeziehung in den meisten Fällen mehr oder minder stark belastet! Er besteht darin, daß die Lebensgefährten zwar in einer dauerhaften Paarbeziehung *leben* wollen, gleichzeitig aber längerfristig nicht glücklich in ihr *lieben* können.
Mit anderen Worten: Sie vermögen einerseits auf ihren Lebenspartner nicht zu verzichten, aber andererseits mit ihm auch nicht zufriedenstellend zusammenzuleben!
Aus diesem Teufelskreis können unzählige Paare lebenslang nicht ausbrechen. Um es dennoch unter diesen selbstgeschaffenen mörderischen Bedingungen auszuhalten, brechen sie lieber heimlich ihre Ehe.

• **Ein verhängnisvoller Irrtum – Die Verwechslung von Grundlagen und Zielsetzungen der Partnerschaft**

Zu den beiden erwähnten prinzipiellen Widersprüchen, die letztlich auf der kollektiven Verneinung einer ausgewogenen, natürlichen Geschlechterpolarität und -parität beruhen, kommt noch ein weiterer verhängnisvoller Umstand, der die partnerschaftlichen Fundamente untergräbt: Es ist der weitverbreitete Irrtum, die Grundlagen einer befriedigenden und dauerhaften Partnerschaft mit den anzustrebenden Zielsetzungen zu verwechseln.

So wird allgemein angenommen, dauerhafte Zuneigung, spannungsgeladene Erotik, erfüllender Sex und freiwillige Treue bildeten die unabdingbaren Voraussetzungen für das Eingehen einer positiven Paarbeziehung.

Mit dieser falschen Einstellung wird jedoch gleichsam das Pferd beim Schwanz aufgezäumt! Denn die angenommenen Grundlagen stellen in Wirklichkeit die Früchte eines langwierigen gemeinsamen Wachstumsprozesses dar, der aus ständiger partnerschaftlicher Bemühung hervorgeht. Erich Fromm stellt in seinem weltweit gelesenen Buch *Die Kunst des Liebens* deshalb bewußt die Selbstdisziplin und Konzentration, die Geduld und die Erkenntnis, wie wichtig das Erlernen der Liebeskunst ist, als die entscheidenden Voraussetzungen einer erfolgreichen und beglückenden Liebespraxis heraus.

Die legendäre Liebe auf den ersten Blick gibt es deshalb sowenig wie das automatische Fortbestehen einer Zuneigung ohne ständiges wechselseitiges Bestreben. Denn zwei Menschen neigen einander auf Dauer nur zu, wenn sie sich gegenseitig etwas geben und sich zugleich in ihrer Eigengestalt annehmen können.

Dies erfordert zwischenmenschliche Aktivitäten, die Entwicklung emotionaler Fähigkeiten, das Sammeln und Austauschen gemeinsamer Erfahrungen, das gegenseitige positive Definieren: Liebe ist kein starrer Zustand, sondern vielmehr ein sich stets veränderndes, aktives Geschehen, das aus dem Sicheinbringen der Partner gespeist wird.

Demgegenüber verlassen sich allzu viele auf die anfängliche Verliebtheit (die ja nur die Grundlage für eine darauf aufbauende Partnerliebe darstellt) und den sexuellen Reiz der noch jungen Beziehung. Diese beiden Voraussetzungen stellen jedoch nur einen bescheidenen »Anlasser« dar, der sich zwar auf die antreibende Polarität der Geschlechter stützt (vgl. S. 250 ff.), auf dem man jedoch keinesfalls lebenslang ausruhen kann. Er soll vielmehr nur die Hochzeitskutsche ins Rollen bringen, bis die noch uner-

fahrenen Kutscher die Zügel ihrer gemeinsamen Lebensgestaltung selbstbewußt in die Hand nehmen.
Wer sich jedoch ausschließlich auf diesen Anlasser verläßt, wird bald von ihm verlassen sein. Denn der so im Stich Gelassene gleicht einem Autofahrer, der, schiebefaul, so lange den Anlasser betätigt, bis die Batterie des Wagens leer ist, worauf er entweder fremde Abschlepphilfe holt (subventionierender Seitensprung) oder das Auto einfach stehenläßt (Absprung aus der Lebensbeziehung).
Diesem schnellen, konfliktscheuen Davonlaufen können die Partner nur entgehen, wenn sie sich von Anbeginn zu einer übereinstimmenden Vorwärtsstrategie entschließen.

Weitere wesentliche Fundamente jeder Zweierbeziehung

Ein langfristiger, befruchtender, partnerschaftlicher Austausch ist darüber hinaus nur möglich, wenn *zwei weitere unabdingbare Voraussetzungen jeder Bindung* vorliegen: Zum einen müssen die beiden Partner **liebes- und bindungsfähig** sein und zum anderen **individuell zusammenpassen.**
Erstere Eigenschaft stellt bei unserer heutigen neurotisierten und narzißtisch-egozentrischen Lebensweise keinesfalls eine Selbstverständlichkeit dar, wenn auch die Betroffenen dies selbst meist nicht zu erkennen vermögen.
Was die zweite Voraussetzung betrifft, so kann erfahrungsgemäß davon ausgegangen werden, daß sich die Partnerwahl bei entsprechender Lebenserfahrung auf eine zielführende Intuition stützen kann. Zusammenpassen ist jedoch keine Garantie für nahtlose und deshalb konfliktfreie Übereinstimmung. Es stellt vielmehr eine Mischung aus Gegensätzlichkeit und Übereinstimmung (bzw. Ähnlichkeit) dar. Diese ermöglicht erst wechselseitige Ergänzung und Bereicherung bei gleichzeitigem Verstehen auf der Grundlage produktiver Spannung und positiver Konfliktfreudigkeit.

Ein abschließender Überblick über die Fundamente, auf denen jede Zweierbeziehung ruht:
Die Polarität und Parität der Geschlechter, die Liebes- und Bindungsfähigkeit sowie das wechselseitige Zusammenpassen stellen zwar das Kernstück der partnerschaftlichen Fundamente dar. Zur Aufrechterhaltung und zum steten Wachstum einer Zweierbeziehung zählen jedoch noch weitere fundamentale Bausteine, deren Funktion und Bedeutung erkannt und beachtet werden müssen.
Diese fundamentalen Bausteine der Zweierbeziehung können wir uns bildhaft als *Pfeilerpaare* vorstellen, die durch spannungaufnehmende und stabilisierende Bögen miteinander verbunden sind. Es sind naturgegebene *Gegensätze (Polaritäten),* die zueinander in einem widersprüchlich-paradoxen und gleichzeitig ergänzenden (komplementären) Verhältnis stehen. Erst sie erzeugen zwischen den Partnern die notwendige, positive Spannung und den kreativen Schwankungszustand eines *dynamisch stabilisierten Ungleichgewichts* (dissipative Struktur): Nur auf dieser Grundlage können sich persönlicher und partnerschaftlicher Austausch und Wachstum und somit Wandlungs- und Überlebensfähigkeit der Zweierbeziehung entwickeln.
Schon Heraklit, der dynamische Denker des klassischen Altertums, hat die fundamentale Bedeutung des Gegensatzes erkannt und ihn als den Vater aller Dinge bezeichnet. In unserer heutigen naturwissenschaftlich ausgerichteten Zeit wird er durchaus bestätigt. Als illustratives Beispiel mag die Feststellung des Nobelpreisträgers Manfred Eigen gelten, daß das Gleichgewicht dem Zustand des Todes gleichkomme.
Gerade dies trifft in der täglichen Lebenspraxis für zwischenmenschliche Beziehungen, insbesondere die engste aller Bindungen, nämlich die zwischen Mann und Frau zu. Vor allem diese Bindung lebt vom steten positiven Ausgleich der Ungleichgewichte im körperlichen, psychischen und sozialen Umfeld, der sich aus der gegenseitigen Abhängigkeit (Interdependenz) und dem gleichzeitigen, bereichernden Zusammenwirken (Synergismus) in allen Lebensbereichen ergibt. Erst diese Grundvoraussetzungen schaffen persönliche Autonomie.
Es lohnt sich deshalb, die bisher noch kaum zur Kenntnis genommenen, lebenserhaltenden, originären Polaritäten (ergänzenden Gegensätze) im Widerspruch zu kulturell bedingten, lebensverneinenden ausführlich darzulegen: Nur deren Beachtung und Einbeziehung in den täglichen Lebensvollzug bzw. ihre Ausgrenzung aus ihm schafft die unabdingbaren Voraussetzungen für eine stabile, entwicklungsfähige und befriedigende Paarbindung.

2. Wesentliche Grundpfeiler der Partnerschaft – Die positiven und negativen Gegensätze (Polaritäten)

Niemand wird gezwungen, eine Ehe zu schließen; aber jeder muß, sobald er eine Ehe schließt, gezwungen werden, sich zum Gehorsam gegen die Gesetze der Ehe zu entschließen. Wer eine Ehe schließt, der macht, der erfindet die Gesetze der Ehe nicht, sowenig wie ein Schwimmer die Natur und die Gesetze des Wassers und der Schwere erfindet. Die Ehe kann sich daher nicht seiner Willkür, sondern seine Willkür muß sich der Ehe fügen.

KARL MARX

A. Die Polarität der Geschlechter

Die Grundlage jeder erotischen Liebes- und Lebensbeziehung bildet die natürliche und ergänzende Polarität der Geschlechter. Sie bedarf jedoch zu ihrer ungehinderten Entfaltung zwingend der gleichzeitigen Parität von Mann und Frau.

Unter der Herrschaft des Patriarchats wurden diese ehernen Fundamente der Liebe zur negativen, weil konfrontativen Polarisierung (Geschlechterkrieg) auf der parasitären Grundlage der Ungleichheit (Disparität) umfunktioniert. Das gegenwärtige Geschlechterverhältnis kann deshalb nicht mehr als ein originäres, sondern muß vielmehr als ein von Menschen geschaffenes, somit sekundäres, soziokulturelles Phänomen begriffen werden. Aus diesem Grunde hat die Sexualität wie kein anderer Begriff eine ideologisch-sexistische Wertung erfahren. So nimmt es nicht wunder, daß sie ständig sich wandelnden Ansichten unterworfen wird, die den jeweiligen historischen Bedingungen und parasitären Bedürfnissen der Männerherrschaft optimal entsprechen.

Über Jahrtausende hinweg galt bis in unser Jahrhundert hinein die These vom großen Unterschied zwischen den Geschlechtern sowohl in körperlicher als auch in psychischer Hinsicht.

Dieser im Kern durchaus richtige Denkansatz wurde jedoch entsprechend der konkreten Interessenlage des Patriarchats undiffe-

renziert übertrieben und ideologisch verfälscht. Um dies zu erreichen, mußte die biologisch-funktional begründete Andersartigkeit der Frau verallgemeinert und in eine Anderswertigkeit im Sinne einer Minderwertigkeit umgedeutet und die komplementäre, kooperative Geschlechterpolarität in den bereits erwähnten polarisierend-destruktiven Geschlechterkrieg umfunktioniert werden.
Biologische Notwendigkeit für Andersartigkeit verwandelten sich so erst unter der Herrschaft des Mannes aus seinem ideologisch ausgerichteten, sozialdarwinistischen Blickwinkel heraus in eine angebliche männliche Überlegenheit (»starkes Geschlecht«), woraus letztlich die Berechtigung der patriarchalischen Herrschaft über die Frau abgeleitet wurde (»Recht des Stärkeren«).
Die gegenwärtige weibliche Emanzipationsbewegung stellt leider nicht selten ein männerablehnendes, feministisches Spiegelbild des frauenfeindlichen Patriarchats dar. Die darauf abgestimmte feministische Propagierung neuer, primär auf weiblicher Homosexualität fußender Geschlechtsverkehrspraktiken (vgl. S. 252) zeigt unmißverständlich an, daß die ideologische Reise wieder einmal nach Hysteria gehen soll! Dementsprechend wurde der männlichen Überlegenheitsideologie zunächst nach altbewährter Methode ein ebenso verlogenes Denkmuster entgegengesetzt, das in der Ableugnung der Geschlechtsunterschiede (körperlich unbestreitbare Merkmale und Funktionen ausgenommen) gipfelte. Diese Argumentationskette sollte offenbar die Gleichstellung der Frau ideologisch untermauern.
Doch eine falsche Weichenstellung hat bekanntlich eine falsche Zielrichtung zur Folge, die letztlich in einer Sackgasse endet! So verwundert es nicht, daß sich daraus nun bald ein feministischer Chauvinismus entwickelte, der in dem Buch der Sexistin Valerie Solanas *Manifest zur Vernichtung der Männer* seinen beredten Ausdruck fand.
Solchermaßen hat der narzißtisch-nazistische, unmännliche Biologismus endgültig die Herzen und Hirne verwirrter, pseudomännlicher Demanzen erreicht, die mangels eigener Geschlechtsidentität ihren Schoß in einen homosexuellen Phallus verwandeln möchten. Die feministische Ableugnungsideologie der Geschlechtsunterschiede auf die Spitze treibend, meint beispielsweise die geschlechterkriegbesessene Alice Schwarzer: »Männlichkeit und Weiblichkeit sind nicht Natur, sondern Kultur.« *(Der »kleine« Unterschied und seine großen Folgen)*
Erich Fromm geht auf diese realitätsferne Denkweise ein und

charakterisiert sie treffend: »Ebenso kann man fragen, ob die Neigung, Geschlechtsunterschiede im Aussehen, der Kleidung etc. zurücktreten zu lassen, nicht gleichfalls mit der Tendenz zusammenhängt, die traditionelle Wertschätzung des Männlichen aufzugeben und die Polarität der beiden Geschlechter zu verringern, was zur (emotionalen) Regression auf die prägenitale Stufe des Kleinkindes führt.« *(Erich-Fromm-Lesebuch)*
Mit dieser Feststellung entlarvt sich der kastrative Traum der Alice im Wunderland der Zipfelbedeutungslosigkeit, den Alice Schwarzer in ihrem oben erwähnten Buch mit folgenden Worten beschreibt: »Und in diesem Zipfel liegt das Mannestum? Liegt die magische Kraft, Frauen Lust zu machen und die Welt zu beherrschen? Die Zipfelträger zumindest scheinen davon überzeugt zu sein.«
Von einer antimännlichen zur antisexuellen Haltung mit homosexuellem Einschlag ist es da konsequenterweise nur noch ein Schritt, wenn sie etwas später schreibt: »Das ganze Grauen der ungewollten Schwangerschaften und Abtreibungen ... alles wäre mit einem Schlag überflüssig, wenn Frauen Sexualität ihren natürlichen Bedürfnissen entsprechend erleben könnten: die Penetration in der Heterosexualität wäre dann keine Liebespraktik mehr, sondern der Zeugung vorbehalten.« Marina Gambaroff setzt sich mit dieser rückwärtsgerichteten und infantilen, letztlich inhumanen und im Ergebnis antifeministischen Ansicht Alice Schwarzers positiv auseinander: »Ihre Konsequenz ist jedoch regressiv und letztlich repressiv, da sie den Frauen nicht dazu verhilft, eine autonome Sexualität, die auch ein lustvoll erlebtes Eindringen des Phallus umfaßt, zu entwickeln.« *(Utopie der Treue)* Die Ableugnungsideologie spezifischer Geschlechtsunterschiede wird selbst noch auf das Körperliche ausgedehnt! Mary Jane Sherfey zitierend, meint Alice Schwarzer: »... die Klitoris ist das eigentliche Geschlechtsorgan, und die Scheide dient nur der Fortpflanzung.«
Wie absurd diese mechanistische und einengende Auffassung von Sexualität ist, wird jedem Zweifler spätestens dann bewußt, wenn er beispielsweise die in der Art der Darstellung wohl einmaligen und verblüffend eingängigen Ausführungen des Münchner Arztes Albert Hausmann über das von der Natur aufeinander abgestimmte Zusammenspiel der Geschlechter im Liebesakt auf sich wirken läßt *(Natürlich lieben)*. Mit den häufig wissenschaftlich verbrämten ideologischen Seitensprüngen des feministischen Sexismus wird der untaugliche Versuch unternommen, der männlichen Phallizität als Ausdruck überkompensierter seelischer Man-

nesschwäche eine adäquate Klitorizität fehlemanzipierter Frauen (»Demanzen«) gegenüberzustellen. Dieses realitätsverfälschende Unterfangen trägt jedoch letztlich nur dazu bei, phallokratischer Unmännlichkeit eine negativ stabilisierende klitorale Unweiblichkeit hinzuzugesellen! Die so entstehende destruktive und inhumane Kumpanei zwischen infantilen Muttersöhnen und regredierenden Vatertöchtern stärkt die psychosozialen Fundamente des Spätpatriarchats unter der falschen Flagge einer in Wahrheit rückwärtsgerichteten, scheinlibertinären Emanzipation (»Demanzipation«) und heizt den Geschlechterkrieg auf den Schlachtfeldern des Seiten- und des Absprungs weiter an! Das Patriarchat (besser: »Phalliarchat«) verbindet sich so letztlich mit dem »Klitorat« zum destruktiven »Phallklitorat«.

Marina Gambaroff umreißt diesen Sachverhalt kritisch: »Für mich ergibt sich aus dem Gesagten, daß eine phallische Kultur keinesfalls eine männliche Kultur ist, sondern eine ihrer vollen Männlichkeit beraubte; ebenso wie die ausschließlich auf das äußere Genitale konzentrierte (Schwarzer 1976) Form weiblicher Sexualität eine ihrer integrierten Weiblichkeit beraubte ist.«

Doch nun zu dem nicht weniger ideologisch interpretierten seelisch-körperlichen Zusammenhang der Sexualität, der ebenfalls mit der Geschlechterpolarität in einem unmittelbaren Bezug steht: Wenn wir aus ganzheitlicher Sicht davon ausgehen, daß der Mensch als Individuum eine leibseelische Einheit bildet, so müssen wir entsprechend den sichtbaren körperlichen Geschlechtsunterschieden konsequent auch eine zwar unsichtbare, aber erfühlbare Verinnerlichung der geschlechtsspezifischen Sexualität, gleichsam eine originäre innerpsychische Polarität der Geschlechter zugestehen. Marina Gambaroff spricht zu Recht von innerpsychischem Erleben der inneren und äußeren Genitalien.

Dies äußert sich folgerichtig auch im Vollzug des Liebesakts, der funktional in der Körpermitte der Frau stattfindet und dementsprechend auch psychisch von beiden Partnern dort erlebt und empfunden wird. Der Mann hingegen verweilt aufgrund der natürlichen anatomischen Gegebenheiten nur peripher (randständig) in der Geliebten.

Selbst im nüchtern-sachlichen juristisch-bürokratischen Sprachgebrauch wird dieser Tatsache mit dem Begriff »Beiwohnung« Rechnung getragen!

An diese so selbstverständliche wie völlig unterschiedliche Tatsache des »Drinhabens« und »Drinseins« haben wir uns so gewöhnt, daß wir sie nicht mehr in ihrer tieferen Realität und ihren psychischen Auswirkungen wahrnehmen. Der Neuropsychologe Moshé Feldenkrais beschreibt deshalb das mangelnde Zurkenntnisnehmen unserer Alltagsphänomene mit den Worten: »Gewöhnung macht unsichtbar, Gewohnheit wird unsichtbar.« *(Die Entdeckung des Selbstverständlichen)* Dies führt zu der paradoxen Konsequenz: Was sich gleichsam von selbst versteht, wird nicht mehr hinreichend verstanden, da sich keiner mehr ernsthaft darum bemüht, es selbst zu verstehen!

Der verbogenen Sexualität steht die unverfälschte Geschlechterpolarität mit ihren positiven Auswirkungen gegenüber. Das ergänzende jeweilige Anderssein jedes Geschlechts ermöglicht eine dynamische und schöpferische Erotik, die über das Körperlich-Sexuelle hinausreicht und erst durch die gegenseitige leibseelische Durchdringung die widersprüchliche Einheit *Mensch* schafft. Nur dadurch lassen sich die unabdingbaren körperlichen und emotionalen menschlichen Bedürfnisse befriedigen und persönliches und partnerschaftliches Wachstum erreichen.

Dieser fundamentale Gegensatz wird schließlich auf der geistig-spirituellen Austauschebene durch eine gleichsam mentale Übergeschlechtlichkeit endgültig transzendiert und somit im dialektischen Sinne aufgehoben. Ken Wilber: »Je höher man sich entwikkelt, desto weniger ist man männlich oder weiblich.« *(Halbzeit der Evolution)* Esther Vilar sieht zu Recht das kreative Zusammenwirken der Geschlechterpolarität auf unterschiedlichen Bezugsebenen in der größtmöglichen physischen Gegensätzlichkeit bei gleichzeitiger größtmöglicher intellektueller Ähnlichkeit verwirklicht *(Das polygame Geschlecht)*. Auch Erich Fromm hat sich mit der Geschlechterpolarität eingehend auseinandergesetzt, und er warnt mit überzeugenden Argumenten davor, die Polarität von Mann und Frau unterzubewerten (*Gesamtausgabe*, Band 8, »Geschlecht und Charakter«, »Mann und Frau«).

Fazit: Die widersprüchliche und realitätsverfälschende Ideologisierung der Geschlechterpolarität hat maßgeblich dazu beigetragen, die psychisch-sexuelle Identität beider Geschlechter abzubauen, hierdurch die persönliche Identität zu reduzieren und gleichzeitig den destruktiv-parasitären Geschlechterkrieg anzuheizen. Dieser beruht nicht zuletzt auf der Kluft zwischen geschwächten, unterschwellig miteinander verfeindeten Geschlechtern, die erst die Herrschaft der Männer und darauf aufbauend der Mächtigen nach dem altbewährten Grundsatz *Teile und herrsche* ermöglicht.

Der Seitensprung wird somit zum sichtbaren Symptom mangelnder Geschlechtsidentität und stellt letztlich den vergeblichen Versuch dar, persönliche Identitätslücken und die künstlich aufgerissene Kluft zwischen den Geschlechtern auf infantile Weise zu überspringen. Lücken und Klüfte werden dadurch freilich nicht beseitigt, allenfalls stürzen die Akteure, sich und andere verletzend, in diese hinein.
Um die Schützengräben des Geschlechterkrieges aufzufüllen und einzuebnen, bedarf es ausdauernden persönlichen und zwischenmenschlichen Wachstums in der Partnerschaft: Nur durch das allmähliche Zusammenwachsen kann die negative patriarchalische Spaltung der Geschlechter in individuellem Bemühen überwunden werden!
Die Erkenntnis, die aus der destruktiven Verfälschung der Sexualität zu ziehen ist, lautet deshalb:
Wer nicht überzeugt zu seiner eigenen Geschlechtlichkeit steht, wer sich vielmehr von patriarchalischen und feministischen Ideologien zur identitätszerstörenden Untreue gegen sich selbst verführen läßt, kann letztlich auch nicht treu zu seinem andersgeschlechtlichen Partner stehen!
Die natürliche Geschlechterpolarität verwandelt sich solchermaßen in eine feindliche Polarisierung, die einen unüberbrückbaren Sprung zwischen beiden Partnern entstehen läßt. Der Seiten- und Absprung wird auf diese Weise geradezu kollektiv vorprogrammiert.

B. Die Komplementarität von Eigenständigkeit und Zusammengehörigkeit

Neben der Polarität der Geschlechter ist der komplementäre Gegensatz von individueller Eigenständigkeit und gleichzeitiger Zusammengehörigkeit hervorzuheben, der meist falsch interpretiert wird.
In einer positiven und wachstumsorientierten Zweierbeziehung zu leben heißt, als Persönlichkeit eigenständig zu bleiben und nicht ineinander aufzugehen, sondern vielmehr aneinander emporzuwachsen. Dies erscheint vielen Gutmeinenden absurd und nicht erstrebenswert: Sie wollen deshalb nach der Formel $1 + 1 = 1$ gleich siamesischen Zwillingen zu einer unbeweglichen Einheit verschmelzen. Ineinander zu verwachsen aber stellt letztlich eine Selbstverkrüppelung dar und läßt sie schließlich in ihrer totalen Einheit einsam und gleichzeitig voneinander völlig abhängig werden. Um diesem spannungs- und austauschlosen partner-

schaftlichen Gleichgewicht, dieser Einsamkeit in der Einheit, diesem *Allein zu zweit* zu entfliehen, wird häufig die Flucht in die geheime Zweitbeziehung angetreten.
Die in der Partnerschaft versäumte Verlebendigung im Sinne von gegenseitiger Ergänzung und Bereicherung, ausgedrückt in der synergistischen Formel $1 + 1 = 3$, wird nun in der geheimen Untergrundbeziehung nachzuholen versucht.
Wem jedoch das Verständnis für Polarität, Parität und Dynamik der Zweisamkeit abgeht bzw. wer die gegenseitig fördernde statt hemmende Zweisamkeit nicht jahrelang eingeübt hat, wird auch in der Zweitbeziehung zum zweiten Mal auf ähnliche Weise Schiffbruch erleiden!
Bildlich läßt sich der Paarlauf der Lebenspartnerschaft so darstellen: Im positiven Fall laufen die beiden Lebensgefährten, sich locker an den Händen fassend und gleichzeitig sich vor dem Stolpern bewahrend, miteinander durch ein erfüllendes Leben.
Im negativen Falle halten sie sich ängstlich umklammert und stehen sich dadurch gegenseitig im Wege. Früher oder später springt deshalb ein Partner, ohne wirklich loszulassen, sich nur scheinbar befreiend, gewagt zur Seite (Seitensprung), strauchelt und reißt unter Umständen den Lebensgefährten und vielleicht sogar weitere Betroffene im Sturz mit.
Die grundsätzliche Einstellung zur Gemeinsamkeit konkretisiert sich in der Alltagspraxis vor allem im Gegensatz von Liebe und Angst, Wachsen und Hemmen, Bindung und Freiheit, von Distanz und Nähe sowie von Ordnung und Chaos.

C. Der Gegensatz von Liebe und Angst

Von zentraler Bedeutung ist die Polarität von Liebe und Angst in ihrer entsprechenden positiven bzw. negativen Ausprägung.
Für die Beschreibung dieser so vieldeutigen und schillernden wie gleichermaßen mißverstandenen Schlüsselbegriffe sollen hier zwei Interpreten zu Worte kommen, deren humanistisches Wirken weltweite Anerkennung gefunden hat: Erich Fromm als Künder der Liebe und Rollo May als Verfechter einer konstruktiven Angstbewältigung.
Zur Definition der Liebe einige bezeichnende Zitate: »Liebe ist eine Aktivität und kein passiver Affekt. Sie ist etwas, das man in sich selbst entwickelt, nicht etwas, dem man verfällt. ... Sie ist in erster Linie ein Geben und nicht ein Empfangen. ... Im Akt der

Liebe, im Akt der Hingabe meiner selbst, im Akt des Eindringens in den anderen finde ich mich selbst, entdecke ich mich selbst, entdecke ich uns beide, entdecke ich den Menschen.« *(Die Kunst des Liebens)*

Liebe kann somit als Akt positiven und aktiven Austausches begriffen werden, der in der Hingabe an den Partner und ebenso im Annehmen des Partners seinen bestimmenden Ausdruck findet.

Die Liebespraxis vieler Lebensbeziehungen und Seitensprungverhältnisse erschöpft sich jedoch überwiegend in körperlich-sinnlicher Spannungsabfuhr und im Lustkonsum (Oberflächensex) bzw. in leidenschaftlichen, d. h. Leiden schaffenden, abhängig machenden Emotionen. Diese entspringen mehr der eigenen Begierde (Sexsucht) und der ständigen Verlustangst (Beziehungssucht) als der Freude am Geben und dem Mut zum bedingungslosen Sich-Hingeben. Besonders bei vielen Männern zerfällt die Liebe auffällig in seelische Beziehung und körperlichen Sex. Sie können deshalb zwar einen Geschlechtsakt, hingegen keinen wirklich befriedigenden Liebesakt zuwege bringen.

Dieses Faktum zeigt eine mangelnde Integration der Gesamtpersönlichkeit an. Sigmund Freud hat bereits zu Beginn dieses Jahrhunderts in seinem Essay »Über die allgemeinste Erniedrigung des Liebeslebens« auf die Spaltung von körperlicher und seelischer Liebe bei der Mehrzahl der Männer hingewiesen – und zahllose Befragungen und Untersuchungen bestätigen diese Zerstückelung der männlichen Liebe immer wieder aufs neue.

Zerstückelte Liebe ist es schließlich, die zur zerstörten und zugleich zerstörerischen Liebe wird.

Aus ihr erwächst die neurotische, liebestötende Angst. Im deutlichen Unterschied zur natürlichen, lebenserhaltenden Angst, die als Alarmzeichen eine konstruktive Funktion in Gefahrensituationen hat, ist es heute vor allem die neurotische Angst, die lähmend und destruktiv auf die zwischenmenschlichen Beziehungen einwirkt.

Rollo May beschreibt sie treffend: »Sie besteht in einer Schrumpfung des Bewußtseins, in einer Blockierung der Wahrnehmung, und wenn sie länger anhält, führt sie zu einem Gefühl der Depersonalisierung und der Apathie. ... Angst ist der Verlust des Selbstgefühls in Beziehung zur objektiven Welt.« *(Antwort auf die Angst)*

Da neurotische Angst vornehmlich aus mangelnder bzw. mangelhafter Liebe entsteht, kann sie nur durch eine reife, ungeteilte

Liebe überwunden werden. Gelingt dies in der Lebensbeziehung nicht, so wird die Liebe häufig in der Form der Sex- und Beziehungssucht als letztlich vergeblicher Angstbekämpfer eingesetzt. Den Rahmen hierfür bilden oftmals geheime Untergrundbeziehungen oder flüchtige amouröse Seitensprungabenteuer. Rollo May hierzu: »Eine echte persönliche Beziehung wird durch körperliche Intimität ersetzt.«
Eine besondere Tragik liegt darin begründet, daß sich nicht nur reife Liebe und lebensbewahrende Angst gegenseitig positiv ergänzen, sondern umgekehrt leider auch zerstückelte Liebe und zerstörerische, neurotische Angst sich wechselseitig im negativen Bereich stabilisieren und aufschaukeln. Somit entsteht eine gefährliche, wenn auch unsichtbare Kumpanei des Bösen, die dort ihren Höhepunkt findet, wo sich Angst vor der Angst als Furchtlosigkeit kostümiert.
Diese Maskerade der sich selbst verleugnenden Feigheit entspricht dem Märchen von des Kaisers neuen Kleidern, der in Wirklichkeit nackt ging: Wer sich gegenüber seinen Mitmenschen mit seiner Angstlosigkeit brüstet, entlarvt damit nur seine nackte Angst vor der Angst, hinter der er sich als trauriger Held mit großsprecherischen Phrasen versteckt.
Dies macht es dem Angstverleugnenden rückbezüglich noch weniger möglich, sich mit seiner Eigen-, Mit- und Umwelt konfliktfreudig und anpassungsfähig auseinanderzusetzen. Sein angstverdrängender, selbstbelügender Kniff besteht darin, daß er mit seiner höllischen Angst vor der Angst die signalgebende und zum Handeln auffordernde, existenzsichernde Angst totschlägt, ohne dessen gewahr zu werden. Er handelt damit nach der altbekannten, die Realität wegrationalisierenden Pleitenmasche aller Machos: *Es kann nicht sein, was nicht sein darf!*

Fazit: Während die neurotische Angst die Gefahr immerhin erkennt und auch zuläßt, aber unrealistisch überhöht und deshalb die Abwehrkraft unnötig lähmt, verdrängt die Feigheit (Angst vor der Angst) die Gefahr vollends und enthebt den Feigling scheinbar der Konfliktaustragung. Denn entsprechend seinem verdrängenden Selbstverständnis leugnet er folgerichtig die Existenz eines von ihm zu lösenden Konflikts.

D. Der Widerspruch von Wachsen und Hemmen

In zwischenmenschlichen Beziehungen drängt insbesondere der Grundwiderspruch von produktivem Wachsen und dessen Förderung einerseits sowie Hemmen und Zerstören des persönlichen bzw. partnerschaftlichen Wachstumsprozesses andererseits an die Oberfläche.

Mangelndes Wachstum trägt die ständige Gefahr des Verdrängtwerdens bzw. des Verlustes und Rückschritts in sich, was in der Lebensweisheit *Wachsen oder Weichen* deutlich zum Ausdruck kommt.

Die persönliche Entfaltung zählt zu den Grundbedürfnissen des Lebens und der Liebe. Sie entspricht überdies der evolutionären, somit übergeordneten Zielrichtung des Seins, die in der sich entfaltenden individuellen Differenzierung und Komplexität ihren bestimmenden Ausdruck findet.

Demgegenüber strebt die herrschende, regressive und somit zwangsläufig auch repressive patriarchalische Seinsweise die Hemmung persönlicher Entwicklung an. Der Verhaltensphysiologe und Neuropsychologe Moshé Feldenkrais, der unter anderem auch Leiter des wissenschaftlichen Forschungsinstituts der israelischen Armee war, kommentiert diesen Umstand treffend: »Daß einer sich nur minimal entwickle, entspricht den Bedürfnissen der Gesellschaft.« *(Bewußtheit durch Bewegung)*

Den gleichsam natürlichen Lohn für produktive Mühen um individuelles und partnerschaftliches Wachstum stellt die Lust dar, die in diesem Zusammenhang als tief empfundenes Glück erlebt wird. Erich Fromm stellt diesen inneren Zusammenhang her, wenn er schreibt: »Glück ist eine aus der inneren Produktivität des Menschen entstehende Leistung, kein Geschenk der Götter. Glück und Freude ist nicht die Befriedigung eines auf physiologischem oder psychologischem Mangel beruhenden Bedürfnisses; nicht die Beseitigung einer Spannung, sondern die Begleiterscheinung aller produktiven Aktivität im Denken, Fühlen und Handeln.« *(Psychoanalyse und Ethik)*

Die von der Philosophie Herbert Spencers beeinflußte hedonistische Konsumethik stellt demgegenüber die Lust, unabhängig von ihrem Entstehen, stets als einen positiven Wert und letztlich als das erstrebenswerte Ziel des Lebens dar. Diese oberflächliche Einstellung hat einer Erwartungs- und Forderungshaltung den Weg geebnet, die Menschen warengleich zum Verbrauchsgegenstand und Lustobjekt degradiert und die Wegwerfmentalität unserer Ex-und-hopp-Konsumgesellschaft (»Konsumismus«) auf den jeweiligen Liebespartner überträgt. Als wichtigstes Kriterium gilt die simple Forderung: Es muß schön sein, muß einfach Spaß machen – vor allem für sich selbst.

Diese schnelle und mühelose Erfüllung pervertierter menschlicher Strebungen erzeugt nur kurzfristige und oberflächliche Lust, die jedoch bald in Unlust, nämlich Frust umschlägt. Denn mangelnde oder durch Dritte vereitelte Bemühungen führen früher oder später stets zur Frustration und enden schließlich in neurotischer Angst. Vor allem aber mündet diese Form der oftmals parasitären, sich selbst und andere hemmenden Lusterzeugung letztlich in der Sucht. Diese wird somit gleichsam zur Strafe für die ohne eigene Wachstumsbemühungen auf Kosten anderer erlangte Lust.

Diese Zusammenhänge haben auf die zwischenmenschlichen Beziehungen weitgefächerte und tiefgreifende Auswirkungen, die sich im Liebesleben am ausgeprägtesten zeigen. Da Lust, Freude und Glück zumindest langfristig persönlicher Anstrengungen bedürfen, wird lieber der bequemere Weg des parasitären Hemmens und Zerstörens anderer durch Übervorteilen und Wegnehmen gewählt. Dieser Umstand trägt in Verbindung mit dem Trägheitsgesetz schließlich dazu bei, daß sich die mühelose Lustgewinnung auch mühelos durchzusetzen vermag! Gerade im Seitensprungverhalten wird dies überdeutlich.

Marina Gambaroff: »Der Untreue dagegen flieht vor der Aufgabe, sich selbst in die Beziehung voll einzubringen. ... Die Untreue dient dann dazu, die Selbstverwirklichung in der Beziehung immer wieder aufzuschieben.« *(Utopie der Treue)*

Bei dieser Sachlage hat es der am Ausbau der Beziehung interessierte Partner schwer, sich zu behaupten. Ohne ein Mindestmaß an Einsicht und Reife auf beiden Seiten siegt deshalb meist die negative Variante, die zudem ihr Vorbild tausendfach in der unmittelbaren sozialen Umwelt findet.

Fazit: Partnerschaftliches Fördern bedeutet positives Fordern von individuellem und partnerschaftlichem Wachstum: Nach der Maxime *Fördern durch Fordern* wird dem Seitensprungverlangen entgegengearbeitet. Denn dieses stellt letztlich auch eine unbewußte Herausforderung des zu wenig geforderten Lebenspartners dar!

E. Die Polarität von Bindung und Freiheit

Als wesentliche Triebkraft einer Paarbeziehung ist ferner der Gegensatz von Bindung und Freiheit anzusprechen.
Dem drängenden Bedürfnis des Menschen nach Bindung entspricht ein ebenso starkes Verlangen, frei und ungebunden zu sein. Die sich daraus entwickelnde Spannung hat in den Paarbeziehungen unserer monogamen patriarchalischen Kultur das vorherrschende Muster der außerehelichen Untergrundbeziehung und der Prostitution hervorgerufen.
Diese Lösungsversuche mußten jedoch fehlschlagen, da sie dem tieferen Bedürfnis der menschlichen Seele, gebunden und gleichzeitig getrennt und frei zu sein, in keiner Weise entsprachen. Im Gegenteil! Eine geheimgehaltene Liebesbeziehung ist langfristig genauso bindend und gegebenenfalls belastend wie eine legitime Zweisamkeit – schließlich schränkt eine Doppelbeziehung die individuelle Freiheit in noch höherem Maße ein.
Der Seitensprung kann deshalb nur vorübergehend die oft bedrückende Spannung der monogamen Beziehung vermindern, während er sie über einen längeren Zeitraum hinweg eher noch verstärkt. Der Psychologe R. M. Stein faßte dieses Dilemma der menschlichen Seele in folgenden Worten zusammen: »So gesehen, besteht die Freiheit, welche die Seele braucht, darin, auszuprobieren, wie man sich im gleichen Moment sowohl gebunden als auch ungebunden erfahren kann.« Und er faßt als Resümee seiner Erfahrungen mit Seitensprungverhältnissen zusammen: »Falls ich den Konflikt in einer Beziehung auflösen kann, kann er mich vielleicht zu einer Entschiedenheit in der anderen Beziehung führen. Mit anderen Worten: Wenn ich erleben kann, gebunden und verheiratet zu sein und dennoch frei und ungebunden mit der anderen Frau, dann kann ich vielleicht den gleichen Zustand mit meiner Ehefrau, mit der ich legal verheiratet bin, erreichen.« (Zitat aus einem Vortrag, der auf dem 8. internationalen Kongreß der IGFAP im Jahre 1980 in San Francisco gehalten wurde.)
Das Gefühl der inneren Freiheit in einer festen Bindung erfordert allerdings persönliche, vor allem aber geschlechtliche Identität und das Bestreben nach Ausbau der Beziehung sowie den Verzicht auf partnerschaftlichen Zwang und gegenseitige Besitzansprüche. Goethe drückte diesen Sachverhalt kurz und bündig aus: »Man kann in wahrer Freiheit leben und doch nicht ungebunden sein.«

Der große Dichter und Denker mit seinem ausgeprägten naturwissenschaftlichen Verstand nahm mit dieser Feststellung bereits eine brandneue Erkenntnis der gegenwärtig immer bedeutsamer werdenden Chaostheorie vorweg, die auf den paradoxen Zusammenhang von zunehmender Abhängigkeit bei gleichzeitig wachsender Autonomie hinweist (autopoietisches Paradox). Wer deshalb fälschlich die Freiheit der Bindungs- und Beschränkungslosigkeit mit Autonomie gleichsetzt, stellt selbst die Weiche zu einer verhängnisvollen Entwicklung ins persönliche und zwischenmenschliche Chaos.

F. Der Widerspruch von Ordnung und Chaos

Der Bezug der Lebenspartner zur Außenwelt spielt in der Zweierbeziehung eine ebenfalls herausragende Rolle. Dieses Spannungsverhältnis basiert auf dem konstruktiven Widerspruch von Ordnung und Chaos: Die Zweierbeziehung bedarf, wie jedes offene Ordnungssystem mit Schwankungsstruktur (dissipatives System) zum Überleben des ständigen Austausches untereinander und mit der Außenwelt.
Unter der Überschrift »Nur offene Systeme sind lebensfähig« stellt Frederic Vester diese zwingende systemische Gesetzmäßigkeit des ganzheitlich zu begreifenden Seins in einen allgemeingültigen Zusammenhang *(Neuland des Denkens).*
Zu diesem unverzichtbaren Austausch gehören vor allem auch soziale Kontakte und Bindungen. Ohne diesen umfassenden zwischenmenschlichen Austausch müßte die Zweierbeziehung allmählich chaotisch werden, da sie auf Sinnes- und Wachstumsimpulse von außen angelegt ist, die dem Leben letztlich erst einen Sinn verleihen. Für ein sich gegenseitig von der Mit- und Umwelt abschottendes Paar bedeutet dies deshalb eine Abnahme der erotischen Spannung, der Lebendigkeit und damit im Gefolge Langeweile, Unzufriedenheit und unterschwellige gegenseitige Abneigung. Um diesem schleichenden persönlichen und partnerschaftlichen Tod zu entgehen, muß zum einen eine wechselseitige vertikale *Öffnung nach innen* und zum anderen eine gemeinsame horizontale *Öffnung nach außen* erfolgen.

• Die Öffnung nach innen bedeutet ein gegenseitiges, immer tieferes Eindringen und Aufschließen. Jeder Partner hat gleichsam tausend unbekannte Gesichter, geheime Wünsche, überra-

schende Gedanken und Gefühle. Diese offenzulegen wirkt ebenso befreiend, wie es neue psychische Kräfte mobilisiert.
Dieser vertiefte, partnerschaftliche Austausch ermöglicht mehr gegenseitiges Verstehen und Aufeinandereingehen und erzeugt überdies eine immer wieder neue und positive Spannung.
Robin Norwood drückt dies treffend aus: »Wenn in einer Beziehung, die zur festen Bindung gewachsen ist, Aufregung und Herausforderung lebendig bleiben sollen, dann muß sie sich auf etwas anderes als Frustration und Sehnsucht stützen: auf eine immer weiter gehende Erforschung der – in den Worten von D. H. Lawrence – ›freudvollen Geheimnisse‹ zwischen einem Mann und einer Frau, die sich einander verbunden fühlen.« *(Wenn Frauen zu sehr lieben)*

• Parallel zur partnerschaftlichen Öffnung nach innen ist zusätzlich eine Öffnung nach außen unabdingbar: Das natürliche Bedürfnis nach anderen Menschen, ferner der Wunsch, Impulse aufzunehmen und gleichzeitig auszusenden sowie gesteigerte Selbstachtung durch gegenseitige Bestätigung zu gewinnen, werden dadurch realisiert und befriedigt. Dies dient dem persönlichen Wachstum ebenso, wie es die partnerschaftliche Entwicklung voranbringt.
Die Beziehung zu anderen Menschen ist dabei so lange als positiv zu werten, als sie die zentrale Bedeutung des eigenen Partners und der Partnerschaft nicht beschneidet oder gar in Frage stellt. Das häufig zu beobachtende Hintanstellen des Lebensgefährten muß hier keinesfalls das Sexuell-Erotische einschließen, um für die Partnerschaft zerstörerisch wirken zu können. Ein solches Verhalten aber bedeutet eine bereits verinnerlichte, generelle Untreue zum Partner und bahnt deshalb oft unbewußt erotischen Seitensprüngen den Weg. Der bekannte Eheberater T. Bovet drückt dies so aus: »Die Wurzel dieser Untreue liegt meist darin, daß mir etwas anderes wichtiger ist als mein Partner.« *(Die Ehe)*
Sofern der einzelne nicht über einen sehr hohen Reifegrad jenseits der Ich- und Partnerzentrierung verfügt, sollte in erotischer Hinsicht weiterhin die alte Volksweisheit gelten: »Auswärts Appetit holen, aber zu Hause essen!«
Das erfolgreiche Verhaltens*muster* lautet somit: vertikale Öffnung zum Partner hin und gleichzeitig horizontale Öffnung zur Außenwelt in einer ausgewogenen Mischung von Selbstbeschränkung und Freiheit (*muster*gültige Ordnung).
Carsten Bresch umreißt die generelle, da evolutive Maxime des

Seins zwischen Ordnung und Chaos mit den Worten: »Das Muster steht also zwischen den Extremen von Chaos und Ordnung. Im Chaos existiert keinerlei Beschränkung, bei vollkommener Ordnung existiert keinerlei Freiheit. Muster enthalten innere Beziehungen, Selbstbeschränkungen, aber zugleich Freiheiten, unter denen künftiger Zufall entscheidet.« *(Zwischenstufe Leben)*

G. Der Gegensatz von Distanz und Nähe

In engem Zusammenhang mit der Komplementarität von Bindung und Freiheit, von Ordnung und Chaos, von Eigenständigkeit und Zusammengehörigkeit steht der Gegensatz von Distanz und Nähe.

Jeder Mensch besitzt das wechselnde Bedürfnis nach Geselligkeit und Alleinsein. Im Alleinsein sammeln wir die Kräfte, die wir im gegenseitigen Austausch gewinnen. Zur Entwicklung der eigenen Persönlichkeit wie auch zur Entdeckung des Selbst sind deshalb beide Zustände im steten Wechsel unabdingbar.

Das Bedürfnis nach zeitweiligem Alleinsein darf jedoch nicht mit Sich-aus-dem-Weg-Gehen verwechselt werden – was oft in Unkenntnis oder aus Unsicherheit und Verlustangst heraus behauptet und geglaubt wird. Wer hingegen vom Partner keine ausreichende Gelegenheit zum Alleinsein erhält, verspürt deshalb früher oder später das Bedürfnis zur Flucht, die nicht selten im Seiten- und schließlich im Absprung endet.

Eine zeitweilige Distanz der Partner zueinander ermöglicht zudem erfahrungsgemäß ein besseres gegenseitiges und eigenes Erkennen und Verstehen. Sie erzeugt überdies eine gesunde Spannung, die sich durch persönliche Nähe und gegenseitige Hingabe wieder löst.

Diese spezifische Situation läßt sich mit der optischen Wahrnehmung vergleichen. Auch dort verursacht beispielsweise ein zu großer oder zu kleiner Abstand zu einem Objekt jeweils eine perspektivische Verkürzung seiner Umrisse, die es als zu klein bzw. undeutlich erscheinen läßt. Um sich hingegen ein realistisches Bild machen zu können, bedarf es eines mittleren Abstandes, der im steten Wechsel jeweils angemessen verändert wird. Ständige zu große Nähe der Partner führt deshalb zu der allbekannten Erscheinung, die in nachfolgendem Sprichwort sinnfällig wird: »Der Prophet gilt nichts im eigenen Lande.« Gerade dies gilt auch für jeden Lebensgefährten, der letztlich als Verkünder part-

nerschaftlicher Liebe oder aber gegenseitiger Lieblosigkeit zu gelten hat.
Distanz spielt jedoch dann eine negative Rolle, wenn ein Partner einen neurotisch bedingten Angstabstand zu seinem Lebensgefährten benötigt, dem er sich nicht preisgeben und in den er deshalb auch umgekehrt nicht seelisch eindringen kann. Gerade bei Menschen mit Angst vor intimer und seelischer Nähe, vornehmlich selbstbezogenen schizoiden Muttersöhnen, bietet der Seitensprung eine hervorragende Möglichkeit, die gewünschte innere Distanz sowohl zum eigenen Partner als auch zum Geliebten einzuhalten, da er sich nun auf keinen der beiden mehr voll zu konzentrieren braucht.

H. Der Gegensatz von Bestand und Wandel

Bestand und Wandel stellen ein weiteres, die Zweierbeziehung maßgeblich gestaltendes Gegensatzpaar dar.
Jede Paarbindung ist zunächst auf Bestand ausgerichtet. Eine sich verändernde Mit- und Umwelt, vor allem aber zwei sich weiterentwickelnde Partner und eine Zweierbeziehung als offenes, ungleichgewichtig-instabiles und verletzliches System erfordern jedoch einen steten und langfristigen Wandel, damit die Beziehung lebendig und damit lebensfähig bleibt. Somit ergibt sich das Paradoxon, daß der Bestand nur durch fortwährenden Wandel gesichert werden kann! Das heißt: Wenn wir das überschäumende Liebesglück der Flitterwochen lange erhalten möchten, dürfen wir nicht daran festhalten. Vielmehr müssen wir den sich ständig ändernden Bedingungen und Umständen Rechnung tragen und eine allmählich sich wandelnde und vertiefende Beziehung aufbauen.
Wer dies nicht berücksichtigt, steht früher oder später vor der Versuchung, die Flitterwochen mit einem anderen Partner zu wiederholen, sei es im Rahmen eines Seitensprungs oder durch Absprung und neue Partnerschaft. Er bleibt dann in seiner Persönlichkeitsentwicklung und Partnerbeziehung ein gleichsam spätpubertierender, ewiger Anfänger und lebt nach dem bezeichnenden Ausspruch Hermann Hesses: »Und jedem Anfang wohnt ein Zauber inne.«
Doch ein sich stets wiederholender Anfang führt nicht zu einem beglückenden Ende, sondern zu einem faulen Zauber, d. h. zum Aufbau einer umfassenden Lebenslüge, unter welcher der ewige

wachstumsängstliche Anfänger sich und andere begräbt. Diese fortwährende narzißtische Wende eines Wendehalses der Liebe verhindert somit jeden wachstumsorientierten, auf eine höhere Entwicklungsebene zielenden Wandel und gefährdet langfristig den Bestand der Zweierbeziehung.

3. Wie dem Seitensprung vorgebeugt wird – Das »einbruchssichere« Haus der erfüllenden Partnerschaft

Es werden unabsichtlich mehr seitensprunggebeutelte Ehen durch die Konsequenzfurcht und die Liebesunfähigkeit feiger Eheeinschleicher gerettet, als durch die illusionäre Sehnsucht seelisch und erotisch ausgehungerter und deshalb blind gewordener Eheausbrecherinnen zerstört zu werden vermögen! Ungezählte gefühlsblockierte und deshalb rücksichts- und einfallslose Ehemänner genießen trotz ihrer Hilf- und Ahnungslosigkeit das zweifelhafte Glück, daß ihnen ihre Frauen mangels konkreter Alternativen nicht oder erst sehr spät davonlaufen.
Sie bemerken darüber hinaus weder die Seelennöte ihrer Frauen noch deren außereheliche Aktivitäten.
So wird in den meisten Fällen die menschliche Schwäche der Betrügenden und Betrogenen gleichsam zu einem unvollkommenen Regulativ für angeknackste Ehen und Untergrundbeziehungen. Anders ausgedrückt: Persönliche Schwäche schwächt die bösen Folgen. Denn viele betrügerische Männer haben mehr Mut zum Nachdenken als Frauen, aber weniger Beherztheit, sich zu den eigenen Gefühlen zu bekennen. Die meisten fremdgehenden Frauen hingegen haben in der Liebe mehr Beherztheit, zu ihren Gefühlen zu stehen, aber weniger Mut, selbstbewußt-kritisches Denken voranzustellen.
Somit sorgt das unentschlossene Verhalten der Seitenspringer und das realitätsverleugnende Verdrängen vieler Betrogener dafür, daß es häufig nicht zum endgültigen Scheitern der Lebensbeziehung kommt.
Auf diese armselige »Vorsorge« sollten wir uns jedoch nicht verlassen, da sie weder eine effektive Vorbeugung darstellt noch den Verlauf des Seitensprungs konstruktiv beeinflußt. Außerdem legt der Betrogene die Entscheidungsgewalt in die Hände Dritter, die

seinen Interessen entgegengesetzte Ziele verfolgen. Da erscheint es wohl besser, die alte Volksweisheit zu beherzigen: »Ein Lot Vorbeugung ist besser als ein Pfund Heilung.«

Schon bevor sie eine Lebensbeziehung eingehen, wäre es eigentlich sinnvoll, daß sich die beiden Partner darüber klarwerden, wie sie sich gegebenenfalls zu dem Problem des Seitensprungs stellen. Doch in der Zeit der ersten großen Liebe wird dieses Thema verständlicherweise noch nicht erörtert, – eher ängstlich tabuisiert. Überdies glauben die meisten irrigerweise, daß ein solches Problem nur andere Paare betreffen könne.

Kommt es dann früher oder später doch zum Seitensprung eines Lebensgefährten, so ist die Unsicherheit groß, da man das voraussichtliche Verhalten des Lebensgefährten meist nur schwer einschätzen kann. Viele glauben überdies, den Seitensprung des Ehepartners durch entsprechende Wachsamkeit rechtzeitig verhindern oder zumindest unterbinden zu können.

Diese Rechnung geht jedoch meistens nicht auf, da partnerschaftliche Treue nicht durch Überwachung möglich und erzwingbar ist: vielmehr fordert eine solche Verhaltensweise geradezu zum Seitensprung heraus und beschleunigt aufgrund des ausgeübten Zwangs den endgültigen Absprung aus der Ehe.

An die Stelle mißtrauisch-eifersüchtiger Wachsamkeit sollte vielmehr das selbst- und gleichermaßen partnervertrauende Wachsein treten. Wer nämlich das aufmerksame und respektierende Hinschauen auf den Lebensgefährten und das gleichzeitig interessierte Zuhören praktiziert, wer, kurz gesagt, seine Beziehung mit allen fünf Sinnen lebt und ihr damit einen tieferen Sinn verleiht, der vermag sie auch auf Dauer mit sinnlicher und erotischer Spannung zu erfüllen! Zugleich schafft er damit die gegenseitige Achtung, die die wichtigste Grundlage jeder wachstumsorientierten und reifenden Partnerschaft darstellt (vgl. hierzu das Sprachbild der Achtungspyramide im 3. Kapitel, S. 77 ff.). Bei dermaßen wachen Partnern haben hinterhältige Einschleicher sowenig Chancen, wie zum heimlichen Ausschleichen ein Bedürfnis gar nicht erst entsteht.

Fehlt es hingegen an diesem positiven Wachsein, was leider für sehr viele Bindungen zutrifft, so kann sich plötzlich oder allmählich ein begründeter Verdacht ergeben. In diesem Falle wird es für den mutmaßlich Betrogenen höchste Zeit, aufzuwachen und dies auch dem Lebensgefährten unmißverständlich zu verdeutlichen.

Die vorbeugende Abwehr gegen den Seitensprung darf jedoch nicht nur aus dem Blickwinkel des Betrogenen gesehen werden!

Schließlich ist es ja häufig auch der Betrügende, der seinerseits die Zeche für sein Tun zu bezahlen hat.
Als wirksamste Generalprävention gegen den Seitensprung gilt: Wer ausgeprägte polygame Neigungen verspürt, sollte sich in seinem und im Partnerinteresse fragen, ob er überhaupt eine feste Lebensbeziehung eingehen will. Immerhin ermöglicht es die heutige, sehr liberal gewordene Umwelt, seine sexuellen und erotisch-emotionalen Bedürfnisse auch außerhalb einer Ehe oder Dauerbindung mit wechselnden Partnern halbwegs zu befriedigen.
Ständiger Partnerwechsel erlaubt zwar keine reife und dauerhafte Liebesbeziehung. Aber Menschen mit betont polygamer Interessenlage können eine solche ohnehin nicht aufbauen; weder innerhalb noch außerhalb einer festen Verbindung. Sie können jedoch durch den Entschluß, ungebunden zu bleiben, sich selbst, den betroffenen Lebenspartnern und gegebenenfalls ihren Kindern viel Leid und Enttäuschung ersparen.
Schließlich ist noch ein weiterer Umstand zu bedenken, der spätere Seitensprünge begünstigt: die häufig zu früh eingegangene Lebensbindung, die weder eine persönliche Ausreifung noch die vorherige umfassende Erfahrung mit geeigneten späteren Lebenspartnern ermöglicht. So kommt es häufig zu einer ungeeigneten Partnerwahl.
Rollo May hierzu: »Verfrühte Bindungen münden daher oft in die Sinnlosigkeit der Promiskuität, die eine echte persönliche Beziehung durch körperliche Intimität ersetzt. ... Und die Frühehe als zweites Resultat, wenn Sex zur Sicherheit benützt wird, führt zu der gleichfalls frustrierenden Leere der verfrühten Bindung mit der trostlosen Aussicht auf eine langweilige eheliche Zukunft.« *(Antwort auf die Angst)*
Gerade die heute über Vierzigjährigen, die am aktivsten am Seitensprunggeschehen beteiligt sind, haben infolge der in ihrer Jugend noch ausgeprägten sexuellen Unterdrückung die heute selbstverständliche Möglichkeit des probeweisen Zusammenlebens kaum wahrnehmen können. Dies galt in erster Linie für junge Frauen. Denn nicht wenige Männer haben vor nicht allzu langer Zeit die Unberührtheit ihrer künftigen Lebensgefährtin zur Bedingung einer ernsthaften Bindung gemacht. Diese heute schon fast vergessenen bzw. verdrängten Gegebenheiten tragen jedoch gleichsam als Spätfolge nicht unerheblich zur Seitensprungmotivation bei.
Gleichsam als gedankliche »Schutzimpfung« vor dem entfrem-

denden Fremdgehen bietet sich ein seitensprunggesichertes, zugleich Heimatgefühl vermittelndes *Haus erfüllender Partnerschaft* an, das wir uns bildlich etwa so vorstellen können:
Der Bauplan fußt auf einem realitätsgerechten und humanen Weltbild und einer entsprechenden verbindlichen Werteskala, an der sich beide Partner immer wieder orientieren können.
Dazu gehört insbesondere die Kenntnis und Beachtung der dargestellten Polaritäten in der Zweierbeziehung und der sonstigen partnerschaftlichen Fundamente (vgl. S. 246). Dazu zählen ferner ergänzendes Zusammenpassen, erotische Anziehung und vor allem gegenseitige Achtung, offene und ehrliche Kommunikation, Rollenflexibilität und Eigenleben sowie geschlechtliche und persönliche Identität.
Die vier umfassenden Grundmauern wollen wir *Zärtlichkeit, Beständigkeit, Vertrauen* und *wechselseitige Sympathie* nennen.
Das schützende Dach schließlich bilden *Zuneigung, wechselseitige Verantwortung* und *Fürsorglichkeit* und das unverzichtbare *Gefühl der Geborgenheit und des Angenommenseins.*
Dieses Haus der Liebe in der Zweisamkeit kann jedoch nur in steter gemeinsamer Anstrengung erhalten werden, da jedes Bauwerk ohne Instandhaltungsbemühungen allmählich verfällt und überdies weder den sich wandelnden Bedürfnissen ihrer Bewohner noch den Anforderungen der Mit- und Umwelt entspricht. Die Baugenehmigung durch den Standesbeamten und das gegenseitig verpflichtende Jawort zum Bauen- und Erhaltenwollen können deshalb fortwährende persönliche Bemühungen nicht ersetzen. Vor allem dürfen wir uns nicht allein auf den bindenden Mörtel der sexuellen Anziehung, der Gewöhnung an den Partner und der gemeinsamen Erlebnisse und Existenzbewältigung verlassen! Erfahrungsgemäß wird dieser von den Stürmen der Zeit ausgetrocknet und weggeblasen, noch mehr aber vom aushöhlenden Sickerwasser des trivialen Alltags weggeschwemmt und vom sprengenden Frost wachsender gegenseitiger Gleichgültigkeit und Mißachtung zerstört.

Die beherzte Miene der Seitensprungabwehr – Der positive Kampf um den ausgebrochenen Lebensgefährten

Denn ich bin ein Mensch gewesen,
und das heißt: ein Kämpfer sein.
JOHANN WOLFGANG V. GOETHE

1. Die konstruktiven Folgen einer offenen Konfliktaustragung

Der Streit ist der Vater aller Dinge.
HERAKLIT

Vivere militare est.
SCENELA

Jeder Betrogene, der unvermutet, unvorbereitet vom Seitensprung seines Lebensgefährten überrascht wird, erinnert in seiner prekären Lage an einen Ausspruch Schillers: »Auch aus entwölkter Höhe kann der zündende Donner schlagen; darum in deinen fröhlichen Tagen fürchte des Unglücks tückische Nähe.«
Denn meist sind es beide Partner, die mit dem selbst entfachten Wind der Konfliktangst die reinigenden Gewitterwolken positiver partnerschaftlicher Auseinandersetzungen vom Ehehimmel fegen. So entschwindet die Sonne gemeinschaftlichen Glücks langsam und unbemerkt hinter den alltagsgrauen Schleiern gleichgültiger Lieblosigkeit, während sich gleichzeitig die zur Entladung drängenden Spannungen lautlos verstärken. Wenn aber keine sichtbare dunkle Gewitterfront droht und der siebte Himmel der Liebe überdies keine Sturmwarnung kennt, kommt es leicht zum völlig unerwarteten »Blitz aus heiterem Himmel«.
Was also tun, wenn er plötzlich eingeschlagen hat und der Dachstuhl des Ehehauses in Flammen steht?
Löschen oder brennen lassen? Das Haus kurzerhand abreißen und

an anderer Stelle neu errichten? Den Brand etwa löschen, aber dann den Partner zwingen, mit ihm in der Ruine ohne Alternative weiter auszuharren? Oder das beschädigte Haus gemeinsam, allerdings nach einem sinnvolleren Plan wiederaufbauen?
Da zum Seitensprung immer mindestens drei gehören, nämlich zwei Betrügende und ein Betrogener, ist letzterer meist derjenige, der Bewegung in die festgefahrenen Fronten des Seitensprungkriegs bringt. Dies ergibt sich aus seiner sozialen Rolle, die ihn zum benachteiligten Eckensteher auf der Bühne dieser parasitären Schmierenkomödie werden läßt. Hinzu kommt noch, daß er nun allein gegen zwei steht, was in ihm häufig das aggressive Gefühl des in die Ecke Gedrängten hervorruft. Infolgedessen wird er jetzt geradezu automatisch zum schwächsten Glied in der Kette zwischenmenschlicher Verknüpfungen.
Bekanntlich ist eine Kette aber immer nur so haltbar wie ihr schwächstes Glied. Der zunehmende Leidensdruck, gepaart mit Erwartungsangst und Wut, sorgt nun meist dafür, daß diese ungewohnten seelischen Belastungen das Kettenglied in seinem Innersten reißen läßt.
Die beiden Seitenspringer hingegen sehen aus ihrer Interessenlage heraus meist keinen Grund, die Situation zu ändern, solange sie auf Kosten des oder der Hintergangenen davon profitieren und am Seitensprung Gefallen finden.

Das Handeln des Betrogenen

Für den Betrogenen heißt es nun in Verkehrung der bisherigen Situation selbst zu agieren statt bestenfalls im nachhinein zu reagieren. Denn es ist in der Regel der Akteur, der nach dem Gesetz des Handelns Richtung und Gangart des Geschehens diktiert, während der darauf Reagierende in wenig überzeugender und kaum konstruktiver Antihaltung zum hinterhertrabenden Bremser einer bereits eingeschlagenen Entwicklung degradiert wird.
Im Sinne eines positiven und erfolgreichen Lebens kommt es jedoch letztlich immer auf das verändernde »Für-etwas-Sein« und nicht auf das beharrende, perspektivlose »Sich-gegen-etwas-Stellen« an. Da das Seitensprunggeschehen überdies ein sumpfiger Kriegsschauplatz ist, sollte sich der Betrogene keinesfalls widerstrebend-reaktiv in dessen tückische Tümpel hinabziehen lassen!

Ein weiterer, nicht weniger wichtiger Grund, weshalb er umgehend aktiv werden sollte: Die Streß- und Angstforschung hat bezeichnenderweise herausgefunden, daß die mangelnde eigene Beeinflussung einer persönlichen Situation, die meist zur Nichtvorhersehbarkeit der weiteren Entwicklung führt, das Gefühl deprimierender Hilflosigkeit und kräftezehrender Erwartungsängste auslöst. Gerade dies läßt den negativen Streßpegel gefährlich ansteigen. Ein solcherart ausgeprägter und länger andauernder Spannungszustand, der fortwährendes Mißbehagen erzeugt, führt schließlich zu permanent negativen Stimmungslagen. Diese wiederum erschweren klares Denken, überlegtes Entscheiden und souveränes Handeln. Hinzu kommt die Tatsache, daß heutzutage die meisten Menschen ohnehin mehr oder minder stark gestreßt und dementsprechend nervös sind und deshalb nur noch über eine geringe Spannungstoleranz verfügen: Diese Grundsituation kann somit sehr schnell zur unerträglichen seelischen Schmerzgrenze hinführen und in eine unkontrollierte, gefährlich werdende Entladung münden.
Andererseits ist für den Betrogenen nach der Entdeckung des Seitensprungs eine in jedem Fall brisante Sachlage gegeben, die zu ihrer konstruktiven Lösung eines gehörigen Maßes an Geduld und Gelassenheit bedarf. Vorschnelle Entscheidungen, eventuell nicht wiedergutzumachende aggressive Überreaktionen oder kleinlautes Nachgeben mag zwar fürs erste den als unerträglich empfundenen Spannungszustand mindern, vielleicht sogar für den Augenblick das befreiende Gefühl des Triumphes aufkommen lassen. Allerdings ist der Preis dafür für den Betrogenen und gegebenenfalls weitere Betroffene meist unangemessen hoch. Denn in diesem »Nervenkrieg der Herzen« gilt die Regel: Wer jetzt am längsten durchhält, kann seinen fremdgehenden Partner am wahrscheinlichsten und überzeugendsten in der Lebensbeziehung halten.
Sein Motto müßte deshalb lauten: *Sich nicht konfliktscheu zurückhalten, vielmehr Spannung aushalten und einen sich anbahnenden offenen Konflikt durchhalten.*
Die praktischen Schwierigkeiten bestehen nun darin, einerseits den kräftezehrenden Zeitraum bis zur Klärung und Lösung der Situation möglichst kurz zu gestalten, andererseits aber mit Geduld und Gelassenheit an eine konstruktive Lösung des Problems heranzugehen, was zweifellos Zeitaufwand erfordert.
Wie soll er bei dieser vertrackten Sachlage aus der Quadratur des Kreises herauskommen?

Die Klippen der zwischenmenschlichen Auseinandersetzung

Wir müssen uns in diesem Zusammenhang über einige, leider zuwenig bekannte und beachtete Grundsätze zwischenmenschlicher Auseinandersetzung klarwerden:

- Jeder ist sich selbst der größte Feind – das heißt: niemand kann uns letztlich soviel schaden, wie wir uns selbst Negatives antun. Vor allem dann, wenn der Betrogene in lähmendes Selbstmitleid versinkt, das abstößt, anstatt Leidenskraft in kreative, die Situation positiv verändernde Erleidenskraft zu verwandeln. Schließlich muß seelisches Leid, ähnlich körperlichem Schmerz, als deutliches Alarmzeichen verstanden werden, das zu aktivem und konstruktivem Handeln auffordert.

- Der Hintergangene ist jetzt meist auf sich allein gestellt, da in der Not nur noch selten gute und lebenserfahrene Freunde zur Verfügung stehen. Die meisten wollen sich jetzt aus der prekären Situation heraushalten.
Sofern er Ratschläge oder Hilfsangebote von dritter Seite erhält, sollte er sie mit wohlwollender Vorsicht überprüfen, bevor er sie annimmt. Denn unter dem scheinheiligen Deckmantel der Hilfe wollen nicht wenige jetzt die Notlage eines Betrogenen ausnutzen, um sich auf diese Weise letztlich selbst zu helfen. Was liegt – für nicht wenige Männer – schließlich näher, als einer betrogenen Frau nach Möglichkeit selbst erotischen Trost zu spenden? Oder sie wittern zumindest eine Gelegenheit, sich nun wichtigtuerisch in Positur zu stellen.
Der Betrogene erinnere sich jetzt sinnvollerweise an einen lebensklugen Ausspruch, der Voltaire zugeschrieben wird: »Gott schütze mich vor meinen Freunden, mit meinen Feinden werde ich allein fertig!« Dies gilt insbesondere dann, wenn er den berechtigten Verdacht hegt, daß der Seitenspringer aus dem beratenden und besorgten Freundeskreis stammt. Sonst könnte es wahr werden, daß er den im Ehegarten heimlich grasenden fremden Bock auch noch zum sprichwörtlichen Gärtner für die Lösung seines Eheproblems macht! Selbst wenn es viele nicht glauben wollen, so ist diese groteske Situation doch weit häufiger anzutreffen, als gemeinhin angenommen wird.
Soweit es sich jedoch um einen ehrlichen Helfer handelt, ist zu bedenken, daß er, entgegen dem Anschein, der Situation häufig selbst hilflos gegenübersteht.

Dem Betrogenen muß vor allem bewußt werden, daß selbst die bestgemeinte und wirksamste Hilfe nur eine Hilfe zur Selbsthilfe, gleichsam eine »Starthilfe« bedeutet. Den Karren aus dem Dreck ziehen kann er hingegen nur selbst. Er hat ihn schließlich auch aktiv oder zumindest passiv hineinrollen lassen. Deshalb vermag letztlich nur er die Spur zu finden, die ihn wieder aus dem mitverursachten Ungemach herausführt.

- Wir sollten uns jetzt nochmals die bereits erwähnte Erkenntnis des großen Strategen Sun Tzu ins Gedächtnis zurückrufen, daß der Erfolg vom Grad der Selbsterkenntnis und der richtigen Einschätzung des Lebensgefährten sowie des Drittpartners abhängt.

Und schließlich gilt auch für das Seitensprunggeschehen die bewährte Lebensregel: Es wird nichts so heiß gegessen wie gekocht. Mit anderen Worten: Die erste oft als grausam empfundene Enttäuschung des Betrogenen und die anfänglich oft verblüffend harschen Reaktionen des fremdgehenden Lebensgefährten dürfen nicht darüber hinwegtäuschen, daß damit die veruntreute Lebenspartnerschaft meist noch nicht am Ende ist.

Angemessene Reaktionen sind jetzt entscheidend!

Nicht der Seitensprung selbst, sondern vielmehr die mehr oder minder geschickten Lösungsversuche und angemessenen Reaktionen entscheiden in aller Regel über den weiteren Verlauf der Lebensbeziehung! Vor allem kommt es jetzt darauf an, den längeren Atem zu haben. Denn im Hauruckverfahren läßt sich das Problem nicht zufriedenstellend lösen, das sich als Folge einer schleichenden Ehekrise ja auch nicht kurzzeitig entwickelt hat.

Fazit: Der Hintergangene darf sich nicht sogleich von seinem inneren Spannungszustand überwältigen und womöglich zu unüberlegten Handlungen hinreißen lassen. Er sollte sich aber unverzüglich einer konstruktiven, gemeinsamen Lösung des Seitensprungproblems zuwenden, um der weiteren Zerstörung des brennenden Ehehauses Einhalt zu gebieten.

Vor allem aber befindet er sich jetzt in einer permanent ungeklärten und somit unabgeschlossenen Situation, die dauernde seelische und körperliche Spannungen erzeugt. Diese enden schließlich früher oder später zwangsläufig in einer physischen und psychischen Erschöpfung bzw. Krankheit. Frederick S. Perls, der Begründer der Gestalttherapie, meint hierzu: »Eine Krankheit ist immer eine unabgeschlossene Situation, sie ist erst mit der Heilung oder mit dem

Tod zu Ende.« *(Das Ich, der Hunger und die Aggression)*. Wo aber fortwährendes partnerschaftliches Unheil droht, ist keine Heilung, allenfalls ein schleichender seelischer und physischer Tod zu erwarten.

Die unterschiedlichen Lösungsmuster

Auf Grund der prekären Sachlage ist überlegtes und unverzügliches Handeln geboten – was im übrigen eine unmittelbare Spannungsminderung schafft, da das Gefühl, hilflos ausgeliefert zu sein, nachläßt.
Für den veruntreuten Lebensgefährten bieten sich hierbei unterschiedliche Verhaltensweisen bzw. Lösungsmöglichkeiten an, die aber mit einer maßgeblichen Ausnahme meist zum selben negativen Ergebnis führen:

- Am einfachsten ist es zweifellos, gar nichts zu unternehmen, alles weiterlaufen zu lassen und so zu tun, als wäre nichts geschehen. Dies entspricht einem durchaus verbreiteten Verhalten: den Kopf in den Sand stecken. Bei dieser konfliktscheuen Verhaltensweise wird darauf verzichtet, selbst am Geschehen teilzunehmen und gleichzeitig auch Mitverantwortung für die gemeinsame Zukunft zu tragen. Diese zunächst bequeme Verzichthaltung führt meist dazu, daß man zu einem späteren Zeitpunkt auf viele nicht rechtzeitig wahrgenommene Eigeninteressen und -rechte verzichten muß – ein Verhalten mithin, das den Betrogenen in aller Regel früher oder später teuer zu stehen kommt und ihm überdies die Chance raubt, an einem Problem zu wachsen.

Fazit: Das dicke Ende kommt nach!
Warum ist das so? Wer die trügerische Hoffnung hegt, der Ehebrand würde früher oder später von selbst erlöschen, übersieht, daß jedes Feuer erst erstirbt, wenn alles Brennbare verbrannt und damit abgestorben ist. Solange es jedoch im Ehehaus Nahrung findet und vom frischen Wind einer oder wechselnder Außenbeziehungen angefacht wird, sofern sich weiter keine hindernden Brandmauern entgegenstellen, ist kein Ende der Zerstörung zu erwarten.

In vertrauter Übereinstimmung mit dieser populären defätistischen Selbstverleugnungsstrategie vertritt beispielsweise die bekannte amerikanische Frauenärztin Barbara Bross folgende Meinung, die ein selbstschädigendes Verhaltensmuster auch noch mit »fachmännischem« Rat abstützt: »Was aber sollst du tun, wenn du Lippenstiftspuren im Taschentuch deines Mannes findest? ... Die Antwort lautet: nichts. Du sollst nichts sagen, du sollst nichts tun, du sollst dir nicht anmerken lassen, daß dir irgend etwas Ungewöhnliches aufgefallen ist. ... Was immer du auch tust, du verletzt dich selbst. Es hat keinen Sinn, über die Ungerechtigkeit des Lebens zu weinen. Wenn du ihn liebst, versuche, ihn zu halten. Wenn ihr Kinder habt, mußt du ihn einfach halten. Und der beste Weg, ihn zu halten, besteht darin, ihn nicht merken zu lassen, daß dir etwas aufgefallen ist.«
Diese im höchsten Maße seelenmasochistischen Rat»schläge« entsprechen den drei Affen, dem Symbol der schweigenden Mehrheit: *Nichts sehen, nichts hören, nichts sagen.*
Werner Schneyder meint zu dieser Situation treffend: »Wer schweigt, verrät nichts, außer sich selbst.«

- Der Betrogene kann aber auch nach dem anderen, nicht selten gewählten Extrem verfahren und zu dem meist vorschnellen Ergebnis gelangen: *Lieber ein Ende mit Schrecken als ein Schrecken ohne Ende.* Und demgemäß die veruntreute Ehe in einer panikartigen Blitzaktion aufgeben.

- Am häufigsten jedoch nehmen vom Ehebruch betroffene Partner zu direkter oder indirekter psychischer oder gar physischer Gewalt oder Gewaltandrohung Zuflucht, um so einen plötzlichen, dementsprechend unreflektierten und unverarbeiteten, unfreiwilligen Abbruch der Außenbeziehung zu erzwingen.
Da sie anstelle konstruktiver Alternativen künftigen Zusammenlebens meist nur Vorwürfe oder ähnliche Pressionen anzubieten haben, erweist sich diese »Brechstangenlösung« für den Betrogenen bald als Bumerang. Wird nämlich ein betrügerischer Ausbruch aus der Lebensbeziehung lediglich durch einen ebenso unwürdigen, weil aufgenötigten Abbruch beendet, hat das wirkliche und unwiderrufliche Ende der eigenen Lebensbeziehung oftmals erst begonnen. Denn anstelle eines positiven Um- oder gar Durchbruchs in der Ehe ist der untergründige Zusammenbruch der letzten, partnerverbindenden Positionen die Folge. Somit endet der Seitensprung früher oder später genauso im Absprung,

wie dies bei entgegengesetzten Extremlösungen häufig der Fall ist.
Die Eheberaterin Hildegard Baumgart drückt diesen Sachverhalt in seiner emotionalen Dimension aus: »Ich kann nie davon absehen, daß auch eine Liebe neben der Ehe ein schönes Erlebnis ist und die Trennung von ihr ein Schmerz, der verarbeitet werden muß. ... Wer weiß, wie viele Männer ihren Frauen unbewußt-bewußt nicht verzeihen, daß sie eine Liebe in sich abtöten mußten – zu früh, zu unmenschlich, zu plötzlich? Wer kann sagen, wie viele Frauen die sublime Macht, die jede intime Beziehung verleiht, in unbewußter Rachsucht zum Schaden ihrer Männer und Kinder schärfer und bedrückender ausüben, weil sie nicht selbst entscheiden konnten, ob sie eine Außenbeziehung durchleben wollten (was fast immer zugleich heißt: durchleiden!), sondern alternativlos gezwungen wurden, nicht rechts und nicht links zu schauen, sondern das zu tun, was ›ihre Pflicht‹ genannt wird?« *(Liebe, Treue, Eifersucht)*

Zusammenfassung: Letztlich stellen diese drei Lösungsmodelle lediglich eine Scheinlösung dar. Denn statt einer positiven Aufarbeitung persönlicher und partnerschaftlicher Konflikte wird hier die Problematik entweder unter den Teppich gekehrt oder mehr oder minder gewaltsam, aber unbearbeitet über Bord gekippt, so daß sie nunmehr auf dem seelischen Ozean des Verdrängten hinter dem gemeinsamen Lebensschiff gleichsam als stinkender Abfall nachtreibt.
Spätestens jetzt müßte der Betrogene selbstkritisch erkennen, daß er nun die »Quittung« für eigenes Versagen erhält, das häufig dem Fehlverhalten des fremdgehenden Partners nicht nachsteht.
Er sollte deshalb in der gegenwärtigen Ehekrise eine grundsätzliche Chance erblicken, gemeinsam mit dem Lebensgefährten aus der Seitensprung-Sackgasse herauszufinden und die Frage nach einem neuen Anfang (oder zumindest einem würdigen Ende) stellen.

Problemlösung durch positive Konfliktaustragung

Ein Neubeginn setzt zwingend einen tiefgehenden persönlichen und partnerschaftlichen Wandel, eine einschneidende Bewußtseinsveränderung auf gleichsam höherer Ebene voraus!
Die Analysen über die tieferen Ursachen, das Zurückerinnern an

das Sprachbild der Achtungspyramide (S. 77 ff.) und die partnerschaftlichen Fundamente im vorangegangenen Kapitel können jetzt maßgeblich dazu beitragen, wegweisende Schritte auf eine positive Lösung hin zu unternehmen.
Das allzu bequeme Weitermarschieren in den ausgetretenen Trampelpfaden alter Denk-, Gefühls- und Verhaltensmuster würde nur den nächsten Seitensprung, die sich wiederholende Beziehungskrise vorprogrammieren, was zu einer Eskalation der Situation beitragen muß. Jeder Wandel, der aus einem festgefügten Verhaltensschema herausführen soll, bedarf erfahrungsgemäß größerer Erschütterungen, die stark genug sind, die unbewußten Zwänge der Gewohnheit ebenso zu überwinden wie die eigene Herzensträgheit.
Leo Tolstoi umschrieb diesen Tatbestand mit den Worten: »Leider geht der Mensch eher zugrunde, als daß er seine Gewohnheiten ändert.« Frederic Vester zählt die Gewohnheit ebenfalls zu den maßgeblichsten Persönlichkeitsschranken.
Das Seitensprunggeschehen stellt hier gleichsam ein Beben dar, das die morschen Fundamente der Lebensbeziehung in schwankende Bewegungen versetzt. Jetzt kommt es darauf an, diese Energien kreativ statt destruktiv einzusetzen, d. h. in die richtige Bewegungsrichtung umzulenken (geistige Jiu-Jitsu-Strategie).
Hierzu müssen Entscheidungen getroffen werden!
Um jedoch sinnvolle Konsequenzen ziehen zu können, bedarf es der nötigen Erkenntnisse über die Gesamtsituation, die somit gleichsam eine unentbehrliche Entscheidungshilfe darstellen.
Diese zu vermitteln kann jedoch von den beiden Betrügenden am allerwenigsten erwartet werden. Solange sie an der Aufrechterhaltung der Dreiecksbeziehung interessiert sind, entfachen sie erfahrungsgemäß meist eine irreführende, verharmlosend-verleugnende Desinformationskampagne. Wie kann so die Mauer des Verschweigens durchbrochen werden, um den gordischen Knoten der partnerschaftlichen Krise zu entwirren statt zu zerschlagen? Hier bietet sich anstelle eines beauftragten Detektivs besser die positive Konfliktbewältigung an! Die Konfliktaustragung auf kommunikativer Ebene dient hierbei dem Erreichen folgender Ziele:

- Sie fördert das klärende Gespräch ebenso, wie sie eine fundierte Entscheidung gemäß der dargelegten, beidseitigen, realen Interessen- und Sachlage ermöglicht.

• Gerade der ausgelebte Konflikt bietet vor allem aber die durch nichts zu ersetzende und überzeugendste Möglichkeit, die ungeschminkte Persönlichkeit des Lebensgefährten und gegebenenfalls auch des Außenpartners von einer bis dahin völlig neuen Seite kennenzulernen. Denn keine andere Lebenssituation läßt die Maske des schönen Scheins so schnell und gründlich herabfallen und dahinter das wahre Gesicht eines Menschen erkennen, wie dies in der offenen Konfliktaustragung geschieht!

• Diese beendet darüber hinaus den unerklärten und hinterhältigen »Buschkrieg«, den die beiden Seitenspringer bisher gegen den Betrogenen geführt haben. Denn die geheime Untergrundbeziehung wird nunmehr aus ihrer sicheren Deckung hervorgeholt, sie nimmt sichtbare Konturen an und muß sich dem realen Leben stellen. Letztlich sieht sich der fremdgehende Lebensgefährte jetzt einer aus sich selbst heraus sich entwickelnden Dynamik ausgesetzt, die ihm über kurz oder lang eine Entscheidung abverlangt. Denn nun läuft er Gefahr, zwischen die Herzensfronten zu geraten und am Ende zwischen allen Stühlen durchzufallen.

Die konstruktiven Folgen einer positiven Konfliktaustragung

Die Dreiecksbeziehung nähert sich auf diese Weise gleichsam von selbst ihrem Ende, da nun zumindest einer der Beteiligten aufgrund seiner Konflikterfahrungen Konsequenzen ziehen wird.
Denn jeder entschieden ausgetragene Konflikt verändert auf dem Umweg über eine veränderte Bewußtseinslage sowohl die Beteiligten als auch die Situation!
Illusionen zerstieben, die Sachlage wird durchsichtiger. Und mit der Durchsichtigkeit wird hinter der Situation erst das wahre Ausmaß der Krise sichtbar, dem alle Beteiligten wie auch die Partnerschaft unterworfen sind. Gerade diese Offenlegung kann mehr als alles andere zur persönlichen Einsicht und adäquaten Problemlösung beitragen!
Durch beharrliches Austragen des Partnerkonflikts, das allerdings ein überzeugendes Zu-sich-selbst-Stehen voraussetzt, holt sich überdies der bisher meist unterschätzte betrogene Partner sowohl seine Selbstachtung als auch häufig den Respekt des Lebensgefährten zurück. Und die Verarbeitung erlittener Kränkungen und seelischer Verwundungen wird ihm leichter.
Auf diese Weise wird der kriechenden Liebe der Seitenspringer der Ausgang durch die Tür der offenen Konfliktaustragung gewie-

sen. Dem bisherigen Ein- und Ausschleichen kann nun kein konsequenzloses Davonschleichen durch das versteckte Fenster zum Hinterhof mehr folgen. Nur so kann die partnerschaftliche Liebe wieder beginnen, aufrecht gehen zu lernen!
Schon Konfuzius drückte diese Lösungsmöglichkeit aus: »Der Weg hinaus ist durch die Tür. Wie kommt es, daß niemand diesen Ausgang benützt?«

Ohne konfliktbewältigende und konstruktive Abwehr bzw. angemessene Beendigung des Seitensprungs kann keine angeknackste Lebensbeziehung neu aufgebaut werden!
Würden die Beteiligten darauf verzichten, so gliche dieses Unterfangen dem vergeblichen Leerpumpen und Wiederaufrichten eines beschädigten, bereits über den Bug absaufenden Schiffes ohne vorheriges Abdichten des Lecks! Der Betrogene verkäme zu einem Sisyphus, dessen Erfolglosigkeit schließlich in Lächerlichkeit und Frust enden müßte.
Der hintergangene Lebenspartner sollte sich statt dessen mit einem verantwortungsvollen Kapitän vergleichen, der erst von Bord seines Schiffes geht, wenn dieses trotz seiner umsichtigen Bemühungen nicht mehr zu retten ist.
Doch dieser Fall tritt bei Annahme der Konfliktsituation und gleichzeitig konstruktivem Verhalten nur selten ein: Einem jüngsten Untersuchungsergebnis des Hamburger Instituts für Familienforschung zufolge bleiben neun von zehn Ehefrauen siegreich, wenn sie um ihren ungetreuen Lebensgefährten kämpfen. Eine ähnliche Ausgangslage dürfte für gehörnte Ehemänner gegeben sein, sofern sie zur positiven Konfliktaustragung bereit und fähig sind.
Aber gerade hier liegen die größten Schwierigkeiten. Denn die Konfliktangst stellt nach den Erkenntnissen der Verhaltenspsychologie sowohl das weitestverbreitete wie gleichermaßen folgenschwerste Fehlverhalten überhaupt dar. Dieses beruht vornehmlich auf mangelndem Zu-sich-Stehen, das wiederum unzureichender persönlicher Kompetenz entspringt. Die tiefere Ursache für diese allgemeine Flucht aus der positiven Konfliktverarbeitung ist letztlich in der jahrhundertelangen Unterdrückung der geschlechtlichen und persönlichen Identität und eines selbstbestimmenden Verhaltens zu suchen. Das Sprichwort »Reden ist Silber, Schweigen ist Gold!« zeigt beredt die programmierte Angst der »schweigenden Mehrheit« vor einer engagierten Konfliktaustragung im zwischenmenschlichen Bereich an.

Bevor wir uns im nächsten Unterabschnitt mit den Einzelheiten einer souveränen, aktiven und positiven Konfliktbewältigung befassen, soll noch kurz auf die geschlechtsspezifisch unterschiedliche emotionale Verarbeitung des Seitensprungs in der aktuellen Konfliktsituation eingegangen werden:
Frauen sind entgegen weitverbreiteter Ansicht trotz ihrer offener ausgelebten Emotionalität meist bereit, selbstkritisch und konstruktiv auch über eigene Fehler und Defizite nachzudenken, ohne gleichzeitig die Rivalin und den fremdgehenden Ehemann zu verteufeln.
Männer hingegen reagieren gerade in dieser Situation fast immer mit überschießender aggressiver Emotionalität und sind bestrebt, die alleinige Schuld bei den Betrügenden zu suchen, die sie gleichzeitig auch noch persönlich abwerten.
Hierzu nochmals Hildegard Baumgart: »Für die Männer in unseren Beispielen war der Rivale vor allem jemand, dem sie überlegen sein wollten, den sie abwerten mußten. Das phallisch-aggressive Element stand also sehr im Vordergrund.«

Fazit: Wer von der Seitensprungsituation negativ betroffen wird und dennoch nichts sagt, wer sich also dem konstruktiven Konflikt versagt, der versagt vor sich selbst, vor seinem Lebensgefährten, vor dem Außenpartner, vor der eigenen Lebensbeziehung, letztlich vor der Situation und damit auch in einer für ihn prekären Lebenslage. Er stiehlt sich konfliktscheu aus seiner Mitverantwortung und wird somit mitverantwortlich für den schließlich drohenden Zusammenbruch der Lebensbeziehung. Er versperrt sich damit nicht nur einen von beiden Seiten akzeptierbaren, ehrlichen Ausstieg aus einer möglicherweise nicht mehr reparablen Beziehung, sondern hat nach dem Seitensprung gegebenenfalls auch noch den einseitigen und mitunter für ihn kostspieligen Absprung des betrügenden Partners hinzunehmen.
Wer hingegen auf vorschnelle, undifferenzierte und deshalb überzogene Weise einen zerstörerischen Zustand dadurch beendet, daß er gleichsam das Kind mit dem Bade ausschüttet und die angeknackste, aber vielleicht noch wiederherstellbare Ehe zusammen mit dem Untergrundverhältnis dem Scheidungsrichter vor die Füße kippt, der kippt damit gleichzeitig seine nicht ausgeloteten Chancen für einen möglichen partnerschaftlichen Neuanfang über Bord seines Lebensschiffs.
Und wer schließlich mit negativer Münze zurückgibt, statt zu vergeben, vergibt sich die Gelegenheit, eine entscheidende Partnerkrise positiv zu nutzen.

Wer hingegen den Konflikt auch nur halbwegs aktiv, positiv und souverän angeht, hat zumindest erfolgversprechende Aussicht, daß das Seitensprungabenteuer und mit ihm eine so unübersichtlich wie unerträglich gewordene Lebenssituation ein für alle Betroffenen mehr oder minder akzeptables Ende findet. Dies kann über einen Neuanfang oder aber durch eine endgültige Trennung geschehen.

2. Enttarnen und Enttäuschen – Die Gegenstrategie der Betrogenen zur positiven Konfliktbewältigung

Alle Irrtümer würden von alleine vergehen,
wenn ihnen der klare Ausdruck erlaubt würde.
LUC VAUVENARGUES

Vom Erhabenen zum Lächerlichen
ist es nur ein Schritt.
FRANÇOIS MARIE VOLTAIRE

Die Verknüpfung der beiden vorstehenden Erkenntnisse zum Kristallisationskern einer positiven und schlüssigen Konfliktlösung ermöglicht es dem Betrogenen, zum beiderseitigen Nutzen erfolgreich aus der Ehekrise hervorzugehen.

Denn der klare Ausdruck des Seitensprungs als eines verführerischen Irrtums wird bald offenbar, wenn der Übergangene den Schleier der Tarnung und Täuschung zerreißt, der diesen verhüllt. Dies bedarf jedoch einer wirksamen Gegenstrategie der Enttarnung und Enttäuschung. Beide stellen sozusagen die spitzen Hörner eines wehrhaften Gehörnten dar.

Doch die praktische Umsetzung dieser Strategie erfordert eine Reihe vorheriger gedanklicher Überlegungen, um ohne große Gesichtsverluste für beide Seiten zum Ziel zu gelangen. In der damit verbundenen konstruktiven Auseinandersetzung kommt es darauf an, alle Beteiligten als Sieger auf der erotischen Walstatt zurückzulassen. Es darf somit weder bloßgestellte oder erniedrigte

Besiegte noch triumphierende, besserwisserische Pyrrhussieger geben! Denn ein außenstehender Verlierer wird nach Rache sinnen und ein niedergezwungener Lebenspartner sich auf Revanche einstellen.
Am Ende einer Auseinandersetzung darf es deshalb keinesfalls heißen: Operation Wahrheit geglückt, Patient Lüge tot. Sterben darf am Ende nur die Illusion, der sich sowohl der Betrügende als auch der Betrogene oft viele Jahre hingegeben haben. Die beiden Lebenspartner müssen vielmehr versuchen, im Verlauf ihrer kommunikativen Auseinandersetzung zu einer realistischen Einschätzung der Gesamtsituation zu kommen. Das setzt voraus, daß sie schließlich erkennen, welche Rollen sie im Seitensprung gespielt haben. Aber auch die weitreichenden Auswirkungen und Spätfolgen für die Betroffenen müssen ihnen in voller Tragweite bewußt werden.
Auf dieser Basis kann schließlich eine beide Seiten überzeugende und weiterführende Willensbildung über die konstruktive Fortsetzung und konkrete Gestaltung der gemeinsamen Beziehung erfolgen.

Der Weg zum Ziel

Wie kann dieses Ziel praktisch verwirklicht werden? Schließlich ist es leichter, Wahrheiten zu verkünden, als sie dem Partner wirksam und schonend zugleich zu vermitteln. Zudem hat jeder seine eigene, subjektive Wirklichkeit, an der er so lange wie möglich festhält und die er nicht als persönlichen Irrtum interpretiert sehen möchte.
Nicht zuletzt setzt die Darlegung der prekären Situation ein umfassendes eigenes Wissen um die gegebene Realität voraus, erfordert somit vor allem auch Selbst- und Partnererkenntnis. Hinzu kommt, daß sich jetzt allzu leicht und unbemerkt negative Emotionen in die Argumentation einschleichen, was sie schnell zu gefährlichen Stolpersteinen werden läßt. Und Stolpersteine gibt es auf dem Weg zur positiven Konfliktbewältigung ohnehin genug! Wer läßt sich schließlich gern bei verbotenem Tun erwischen und überdies auf unangenehme oder gar blamable Tatsachen ansprechen? Deshalb kommt es jetzt entscheidend darauf an, dem eigenen Partner so aktiv, souverän und positiv entgegenzutreten, wie es ihm aufgrund seiner Persönlichkeit eben möglich ist.
Er muß schon zu Beginn der konstruktiven Auseinandersetzung

das beruhigende Gefühl vermittelt bekommen, als ernst genommener Partner mit eigener Interessenlage, jedoch keinesfalls als zu bekämpfender Gegner betrachtet zu werden.

Jede unbedachte Verletzung oder verständnislose Verurteilung als Ausdruck eigener Frustration und Aggressionen gliche in dieser Situation einem schneidend kalten Wind, der den Lebensgefährten seinen Mantel der inneren Abwehr noch fester zuknöpfen ließe. Mit einem seelisch Zugeknöpften vernünftig sprechen zu können oder gar zu gemeinsam erarbeiteten Lösungen zu gelangen, dürfte erfahrungsgemäß jedoch kaum möglich sein!

Es sollte uns in diesem Zusammenhang nachdenklich stimmen, daß bereits die Juden des Altertums den Ankläger *Satan* nannten. Und satanisch wären in dieser Situation auch die Folgen, die sich aus bohrenden Fragen und einer Kaskade von Vorwürfen ergäben. Denn auf jede Anklage folgt in der Regel eine Gegenklage, auf jeden Angriff ein Gegenangriff oder vielmehr die lautlose Flucht.

Um dieses unkommunikative Verhalten des fremdgehenden Partners nicht zu provozieren, sondern statt dessen seine seelische **Öffnung** zu erreichen, muß der Betrogene die wärmende Sonne des Verstehens und des Verzeihens scheinen lassen. Erst angenehme Seelenwärme läßt den fröstelnden Fremdgeher seinen Wintermantel ausziehen. Die Sonne partnerschaftlicher Zuneigung muß gerade in einer Zeit partnerschaftlicher Krise um so heller leuchten, um dem Lebensgefährten die gemeinsame Kraft und vertrauenerweckende Bereitschaft zum positiven Wandel inmitten einer schwierigen Zeit deutlich spüren zu lassen.

Mit entscheidend für einen Erfolg ist aber zweifellos auch, daß nun dem heimlichen Vergehen der Seitenspringer das offene und entschlossene Vorgehen des konstruktiv Abwehrbereiten entgegengestellt wird. Denn **Offenheit** bedeutet Nichtheimlichkeit, wird also gleichermaßen zur Unheimlichkeit. Gerade diese aber ist den heimlichen Ein- und Ausschleichern ausgesprochen unheimlich, und von unheimlich Gewordenem wird früher oder später meist Abstand genommen.

Offenheit bedeutet darüber hinaus auch **Offenlegung** der Realität und somit das **Offenhalten** von beiderseits akzeptierbaren Lösungsmöglichkeiten.

Dieses Vorgehen ermöglicht auf indirekte und gerade deshalb so wirksame Weise das allmähliche Erkennen der Destruktivität des Seitensprungverhaltens. Es zeigt vor allem auch den bestürzenden Widerspruch zwischen erwünschter und tatsächlich aufge-

zwungener persönlicher und partnerschaftlicher Rolle im Seitensprunggeschehen (siehe 2. Kapitel, S. 34 ff.).
Wird solchermaßen die Illusion von der Realität abgezogen, so stellt das Ergebnis dieser seelischen Subtraktion letztlich auch ein gehöriges Stück nunmehr bewußt werdender Lächerlichkeit dar, in die sich die Akteure durch ihr Verhalten selbst hineinmanövriert haben. Der Seitensprung kann erst auf diese Weise als ein Schritt erkannt werden, der das Erhabene der Liebe mit der Lächerlichkeit eigenen Tuns so verhängnisvoll wie unentwirrbar verknüpft. Da bekanntlich nichts tödlicher auf ein Fehlverhalten wirkt als dessen von allen Beteiligten erkannte Lächerlichkeit, wird einer positiven Problemlösung so zusätzlich der Weg geebnet. Einfühlsames Enttarnen der Geschehnisse und des selbst- und partnerschädigenden Verhaltens ermöglicht nun eine heilsame Ent-täuschung und erleichtert eine Neubewertung und einen Neuanfang.
Die meisten Menschen haben allerdings große Angst vor Enttäuschungen, die sie als negativ und als Ausdruck der Erfolglosigkeit fehlinterpretieren. Außerdem gerät auf diese Weise das scheinstabilisierende System der umfassenden eigenen Lebenslüge allzuleicht ins Wanken. Wir sollten uns deshalb der Erkenntnis des großen Physikers Max Planck erinnern: »Auch eine Enttäuschung, wenn sie nur gründlich und endgültig ist, bedeutet einen Schritt vorwärts.«
Von entscheidender Bedeutung ist, daß in den offenlegenden Gesprächen eine klar erkennbare Differenzierung zwischen dem negativen Tun der Akteure und ihrem Charakter zum Ausdruck gebracht wird. Damit wird der Tatsache Rechnung getragen, daß jeder Mensch aufgrund seiner vielfältigen und zugleich höchst widersprüchlichen Persönlichkeitsstruktur sowie wechselnder Umweltbedingungen sein Verhalten in positive oder negative Richtung zu verändern vermag. Er wird somit zum steten Neuschöpfer seiner selbst. Und die beiden Partner können sich gleichsam gegenseitig Mut machen, um nicht in lähmenden Fatalismus zu verfallen. Hierbei vermögen gedankliche Rückblenden auf früher mit Erfolg überwundene Ehekrisen ebenso aufbauend zu wirken wie die zum Ausdruck gebrachte unverminderte Wertschätzung des Lebensgefährten. Letztlich aber werden beide nicht daran vorbeikommen, die einzelnen Stationen des gegenseitigen Vertrauensverlustes zurückzuverfolgen, um zu erkennen, auf welchem »Bahnhof« der partnerschaftliche Lebenszug im Augenblick steht. Nun gilt es, aus einem drohenden Sackbahnhof herauszu-

finden und gemeinsam ein neues Ziel über neue Weichen und Geleise anzusteuern: so werden seelische Verletzungen vermieden, während andererseits die nachträgliche Korrektur einer Fehleinschätzung bzw. eines Fehlverhaltens ohne Gesichtsverlust möglich wird.
Schließlich lassen sich so die meist einsichtigen Gelegenheitsdiebe auf dem Feld der Seitensprungliebe von den unbelehrbaren und skrupellosen, vorbildgebenden MuFs und MaZen trennen. Eine verhängnisvolle gedankliche Solidarität zerbricht, eine negative Vorbildrolle gerät nun ins Wanken.
Die positive Bewältigung der partnerschaftlichen Beziehungskrise muß letztlich der Auseinandersetzung des fremdgehenden Lebensgefährten mit sich selbst entspringen. Der Betrogene kann dazu lediglich gedankliche Anstöße vermitteln und Geduld zu ihrer Realisierung aufbringen.
Zur gegenseitigen Offenheit gehört schließlich auch das **Eingeständnis** eigener Fehler, und gleichzeitig das **Verständnis** für die Handlungsweise des fremdgehenden Lebensgefährten.
Das Nachvollziehenkönnen partnerschaftlichen Fehlverhaltens bedeutet freilich nicht dessen Akzeptieren! Gerade diese beiden getrennten Sachverhalte werden auf oft listige Weise miteinander verknüpft, um daraus eine nachträgliche Zustimmung des Betrogenen zum Fremdgehen zu konstruieren. Sich in den Lebensgefährten hineinversetzen zu können heißt hingegen, verständnisvolle Hilfe zur Selbsthilfe zu leisten, um ihm auf der erkenntnisfördernden Grundlage partnerschaftlichen Vertrauens die Einsicht in sein Fehlverhalten zu erleichtern und die Überwindung seines Irrtums zu ermöglichen.
In der Kommunikation darf hierbei keinesfalls der Eindruck aufkommen, als überlegener oder gar kritisierender Ratgeber auftreten zu wollen. Denn ungebetene Ratschläge zählen zu den gravierendsten Fehlern jeder zwischenmenschlichen Kommunikation! Barbara Walters bemerkte einmal hierzu: »Die meisten Ratschläge sind versteckte Kritik, und schon die Kritik eines Menschen, der einem nahesteht, ist schwer zu ertragen.« Die Folge wäre statt des anzustrebenden Dialogs die destruktive Konfrontation oder die Verweigerung des weiteren Gesprächs.

Doch wie soll nun in der Lebenspraxis der unlösbar erscheinende Gefühlsknoten entwirrt werden?
Als Grundvoraussetzung kann das unerschütterliche Selbstver-

trauen in die eigene Kraft gelten, den Partnerkonflikt positiv zu lösen. Dieses bildet die Basis für persönlichen Mut und konsequentes, ausdauerndes Ansteuern des festgelegten Zieles. *Selbstvertrauen, Mut* und *Ausdauer* dürfen deshalb als die Trinität des konsequenten Erfolges angesprochen werden!

Hinzu kommt, daß sich das Vertrauen zu sich selbst unbewußt, aber höchst wirksam auf den Lebensgefährten überträgt. So werden schließlich Goethes Worte wahr, die Mephisto Faust entgegenhält: »Und wenn ihr euch nur selbst vertraut, vertrauen euch die anderen Seelen.«

Selbstvertrauen verwandelt so den betrogenen Partner wieder in einen Hoffnungsträger und läßt ihn im positiven Sinne kämpferisch werden. Dies wiederum verhindert negatives, unangemessen langes Zögern und Zagen und ermöglicht ein unverzügliches, allerdings überlegtes Eingreifen in das Seitensprunggeschehen.

Zugleich sollte sich der Agierende der Worte Machiavellis erinnern: »Tust du Gutes, tu es langsam, tust du Böses, tu es auf einmal!« Das Gute: mit dem Lebenspartner schrittweise einen neuen Anfang wagen. Das »Böse« hingegen ist die so unvermittelte wie ungewohnte Konfrontation mit der unliebsamen Wahrheit, die zur unausweichlichen persönlichen Enttäuschung führt. Diese erwächst aus der Klärung der Situation und ihrer Hintergründe. Erinnern wir uns nochmals an Francis Bacons Ausspruch: »Der Mensch glaubt am liebsten das, was ihm die liebste Wahrheit ist.« Da die ungeschminkte Wahrheit häufig unverdaulich ist, muß sie in die Hülle des Verständnisses und der moderaten, trotzdem unzweideutigen Aussage verpackt werden.

Ferner darf der betrogene Partner nicht in den verbreiteten Fehler verfallen, den Außenpartner des Lebensgefährten in den Mittelpunkt der Betrachtungen zu stellen und ihn damit ungebührlich überzubewerten. Er muß sich vielmehr primär mit dem eigenen Partner sowie der gemeinsamen Lebensbeziehung auseinandersetzen.

Am Anfang der Bemühungen sollte deshalb das kontinuierliche offene Gespräch stehen, das sowohl Klärung als auch Aufklärung erbringt und zur Neubewertung und Umorientierung der Lebensbeziehung hinführt. Wichtig ist die Schaffung einer vertrauenerweckenden, angst- und aggressionsabbauenden Stimmung, da Kommunikation nicht nur der Informationsvermittlung dient, sondern vornehmlich auf der bedeutsameren Beziehungsebene stattfindet. Es kommt jetzt nicht nur darauf an, *was* gesagt wird, sondern vor allem darauf, *wie* es gesagt wird. Nur so wird jeder

Partner bereit sein, die Situation ungeschminkt aus seinem subjektiven, zugleich emotionalen Blickwinkel heraus darzustellen, ohne für seine Offenheit Nachteile befürchten zu müssen. Der gegenseitige Einblick in die eigenen Seelennöte, aber auch Herzensfreuden erhöht das gegenseitige Verständnis und läßt im nachhinein die Partnerkrise oft in einem völlig neuen Licht erscheinen.

Gefühle und Gedanken, Wünsche und Hoffnungen, Ängste und Vermutungen sollten deshalb spannungsmindernd als Ich-Botschaften ausgedrückt werden. Denn gerade diese Form der persönlichen Mitteilung vermeidet das Gefühl, angegriffen zu werden, was den Partner zum abwehrenden Angriff oder zum resignierenden Rückzug veranlassen könnte.

Da dem fremdgehenden Partner in aller Regel eine klare innere Orientierung fehlt, die ja letztlich auch seine innere und partnerschaftliche Entfremdung bewirkt hat, ist es nun von größter Bedeutung, ein schlüssiges Konzept künftigen Zusammenlebens darzulegen. Denn ohne eine glaubhafte Alternative zur Doppelbeziehung wird sich der seitenspringende Lebensgefährte nicht aus innerer Überzeugung entschließen können, in die vielleicht als unerträglich empfundene monogame Ehe zurückzukehren.

Ihm muß andererseits aber auch glaubhaft verdeutlicht werden, daß der Betrogene nicht länger bereit ist, seine ihm zugewiesene Clownrolle im Seitensprungzirkus weiter zu spielen, sondern im Gegenteil weitreichende und vielleicht endgültige Konsequenzen ins Kalkül zieht. Der fremdgehende Partner wird dadurch vor die Entscheidung gestellt, entweder das Fremdgehen zugunsten eines ehelichen Neuanfangs aufzugeben oder endgültig in der Fremde zu verbleiben.

Wichtig erscheint in diesem Zusammenhang jedoch, daß dem ausgebrochenen Partner eine angemessene Zeitspanne zur seelischen Verarbeitung und Selbstentscheidung verbleibt, da sonst bei ihm das bohrende und destruktive Gefühl von manipulierender Fremdbestimmung durch den Lebensgefährten aufkommt, das sich als Fallstrick für einen ehelichen Neuanfang erweisen könnte. Gerade dieser darf nicht als partnerentfremdender Dressurakt beginnen, sondern er muß notwendigerweise auf eine eigene Entscheidung gründen, zu welcher der zurückkehrende Seitenspringer auch innerlich stehen kann.

Andererseits wäre es verhängnisvoll, diese Zeitspanne ungebührlich zu verlängern, da die Taktik des »Auf-die-lange-Bank-Schiebens« der Entscheidungsfrist sonst darauf hinausläuft, das Seitensprungverhältnis immer wieder bis zum »St.-Nimmerleins-Tag« auf Kosten des Betrogenen hinauszuzögern.

Nicht selten reichen jedoch klärende Gespräche nicht aus, den Lebenspartner aus seiner Untergrundbeziehung herauszulösen. Dies vor allem dann, wenn die Zweitbeziehung schon viele Jahre besteht und der Lebensgefährte deshalb bereits emotional zu sehr verstrickt ist. Er wird nun schmerzhaft zwischen beiden Partnern hin- und hergerissen und irrt oft verzweifelt im Konfliktdreieck zweier Beziehungen umher.
Diese Situation macht eine Entscheidung jedoch um so dringlicher, da die nun bestehende Dauerspannung alle drei Betroffenen seelisch belastet und langfristig erheblich schädigt: Auf diese Weise werden beide Beziehungen allmählich ausgehöhlt.
Bei der Lösung des Partnerproblems ist in diesem Fall die Einbeziehung des Drittpartners von ausschlaggebender Bedeutung, da der hohe Grad der emotionalen Verflechtung diesen geradezu in die Mitverantwortung zwingt. Über Erfolg oder Mißerfolg einer Lösung entscheidet nun nicht zuletzt auch das Verhältnis zwischen dem betrogenen Lebensgefährten und dem Außenpartner. Ist dieses von Konkurrenz und Übervorteilung geprägt, so ist eine halbwegs humane Entflechtung des emotionalen Knäuels nur schwer vorstellbar. Jeder der beiden versucht nämlich, den unentschlossenen Lebenspartner endgültig auf seine Seite zu ziehen, ohne auf die wohlverstandene Interessenlage der jeweils Mitbeteiligten Rücksicht zu nehmen. Der Schlüssel zur Entscheidung liegt damit wiederum beim Unentschlossenen, der sich nun noch weniger entscheiden kann. Der Circulus vitiosus ist somit geschlossen, der schließlich früher oder später erst durch äußere Umstände durchbrochen wird, sofern nicht der steigende und schließlich unerträglich werdende Leidensdruck eines der Beteiligten eine Entscheidung herbeizwingt.
Wie bereits im 7. Kapitel (S. 227 ff.) dargestellt, vermag in dieser konkreten Situation auch eine Ehe zu dritt aufgrund unserer konkreten Lebensverhältnisse keine Lösung des Herzensproblems zu bringen. Zu dieser Entscheidung kommt es meist erst gar nicht, da zumindest ein Beteiligter diese Pseudolösung ablehnt.
Immer wieder hinausgezögerte Entscheidungen dieser Art gleichen allerdings in ihrem Endstadium meist einem gewaltsamen Zerhauen eines unentwirrbar gewordenen Gefühlsknotens und stellen ein Ende mit Schrecken, aber keine sinnvolle und weiterführende Lösung für alle Beteiligten dar.

In dieser Situation verbleibt deshalb in aller Regel nur die intensive und entschlossene Auseinandersetzung sowohl mit dem Lebensgefährten als auch dem Außenpartner, um einem nervtötenden Hickhack ein Ende zu bereiten. Diese Konfliktaustragung bringt für alle Betroffenen meist eine Reihe wertvoller Erfahrungen und Erkenntnisse, die schließlich die Lösung des Partnerproblems erleichtern.
Welcher Art sind diese?

• **Erstens** kann der Betrogene durch die direkte Auseinandersetzung mit dem Drittpartner das Seitensprunggeschehen innerlich selbst leichter und besser verarbeiten. Denn er lernt den Außenpartner im Konflikt näher kennen und erhält zugleich einen Einblick in dessen Gefühlslage. Damit eignet er sich bald nicht mehr für neurotische Phantasien und Projektionen, für depressives Grübeln oder zum aggressiven Aufbau eines oft stark überzeichneten Feindbildes: er wird für ihn zu einem realen Menschen statt zum überbewerteten, angstvoll aufgeblasenen Popanz. Im positiv verarbeiteten Konfliktgeschehen kann der Betrogene deshalb über einen klareren Subjekt-Objekt-Bezug zum Drittpartner mehr Realität herstellen und damit zugleich ein Stück verlorengegangener persönlicher Identität zurückgewinnen (vgl. S. 189 ff.)

• **Zweitens** führen diese Auseinandersetzungen, so unangenehm sie im Einzelfall auch sein mögen, gegebenenfalls zur Enttarnung des Drittpartners sowie zur unmittelbaren Enttäuschung des eigenen Lebensgefährten, der sich nicht selten als letztlich selbst Betrogener erkennt. Denn der nun plötzlich gestellte Außenpartner macht auf dem Parkett der ehrlichen und offenen Konfliktlösung häufig keine sehr glückliche und überzeugende Figur! – er enthüllt – unbeabsichtigt – sein negatives Verhalten und seine wirklichen Absichten und bestätigt damit indirekt die vorgegebenen üblen Rollenzuweisungen im Seitensprunggeschehen.
Am Betrogenen liegt es, dem Dritten gezielte Fragen zu stellen, um ihn so mit dem Gegensatz von behauptetem Anspruch und gelebter Wirklichkeit zu konfrontieren.

• **Drittens** klärt sich auf diese Weise, ob die beiden Fremdgeher eine echte und tiefere Beziehung zueinander aufgebaut haben, zu der sie sich auch noch jetzt bekennen.
Ist dies der Fall, so stellt sich für alle Beteiligten die ernsthafte Frage, welchen Stellenwert die eigene Lebensbeziehung noch be-

sitzt, die meist oder zumindest überwiegend auf materiellen Erwägungen, sozialen Zwängen, liebgewordener Gewohnheit und unterschwelligen Schuld- und Verantwortungsgefühlen beruht. Die gemeinsame Austragung dieses Konflikts schafft hier allmählich Klarheit und erleichtert schließlich die Entscheidung über den Fortbestand der angeschlagenen Lebensbindung oder statt dessen die Legitimation der Zweitbeziehung.

Handelt es sich beim Außenpartner um einen typischen Seitenspringer, der weder zu sich noch zu seinem Untergrundpartner steht, wird er sich erfahrungsgemäß jeder Aussprache entziehen. Denn der entdeckte Seitensprung tangiert eine Reihe seiner typischen Charaktereigenschaften, die allesamt mit drängender innerer Logik auf jede Konfliktvermeidung hinzielen. Die einnehmend-charmante Leichtigkeit des Don Juan erweist sich jetzt schlagartig als Verantwortungslosigkeit. Seine neurotische Konsequenzfurcht verbietet es ihm, für die angerichteten ideellen Schäden einzustehen und sich konstruktiv an ihrer Beseitigung zu beteiligen: Er gleicht einem Brandstifter, der das Löschen der Feuerwehr überläßt. Sein schneller Rückzug wird meist begleitet von bagatellisierenden und wahrheitsverdrehenden Realitätsdarstellungen und Rechtfertigungsversuchen.
Hinzu kommt seine überwertige Strafangst, die für jeden zwanghaften Sammler von Sexobjekten symptomatisch ist.
Vor allem aber müßte der jetzt zwangsläufig anlaufende Enttarnungsprozeß seine übersteigerte, narzißtisch entgleiste Eigenliebe zutiefst kränken! Allein dieser Umstand reicht aus, die Flucht zu ergreifen, da ihm die Bewahrung des Scheins und der eigenen Lebenslüge stets wichtiger erscheint als die Fortsetzung einer Untergrundbeziehung, aus der plötzlich verpflichtende Schwierigkeiten erwachsen. Schließlich darf auch die völlige Abhängigkeit des Muttersohnes von seiner eigenen Frau nicht außer Betracht bleiben. Er wird deshalb nichts unversucht lassen, um das Hineinziehen seiner eigenen Lebensgefährtin sowie seiner Ehe in die Auseinandersetzungen zu vermeiden.
Kämpft jetzt der Betrogene mutig und entschlossen um den eigenen, fremdgehenden Lebensgefährten, so steht sein Verhalten in einem deutlichen Kontrast zu dem feigen, konsequenzvermeidenden Fluchtverhalten des Einschleichers. Diese enttarnende Situation erleichtert es dem seitenspringenden Ehepartner, sich zwischen zwei Beziehungen zu entscheiden.
Eine engagierte Abwehr des Einschleichers muß jedoch noch ei-

nen weiteren, zunächst meist übersehenen Umstand miteinbeziehen: Der enttarnte und unterlegene Rivale versucht nicht selten, sich auf hinterhältige Weise zu rächen. Don Juans sind Meister der Intrige und Diffamierung.

Da sie überdies weithin als nachahmenswerte Vorbilder gelten und über eine oft beträchtliche Gefolgschaft von Verehrern und Nachäffern verfügen, bedeutet dies nicht selten den Verlust und die Feindschaft eines ganzen Bekanntenkreises. Schließlich stammen die Einschleicher ja meist aus demselben sozialen Umfeld. Noch komplizierter wird es, wenn sich der Einbrecher aus der eigenen Verwandt- oder Schwägerschaft oder aus dem Kreis der Kollegen und Vorgesetzten rekrutiert.

Sofern die dargestellten Vorgehensweisen keine konkreten Ergebnisse zeitigen bzw. aufgrund einschlägiger früherer Erfahrungen nicht sinnvoll erscheinen, besteht noch eine letzte – verblüffende – Möglichkeit, den Partner zurückzugewinnen und gleichzeitig den Eindringling aus dem Feld zu schlagen.

Wir sollten uns hier der klugen Worte König Salomons erinnern: »Antworte aber dem Narren nach seiner Narrheit!«

Goethe wiederholte diese Erfahrung mit dem Rat: »Töricht, auf Besserung der Toren zu harren! Kinder der Klugheit, o habet die Narren eben zum Narren auch, wie sich's gehört!«

Mit anderen Worten: Der Narrende wird selbst zum Narren, wenn der Genarrte ihn narrt.

Die zeitgenössische Psychologie hat sich mittlerweile, mit reichlicher Verspätung, diese frühe Erkenntnis zu eigen gemacht und nutzt menschliche Torheit, um mit ihrer Hilfe eine sinnvolle Lösung zu erzielen. Dies bedeutet: Sie gibt dem Toren die Gelegenheit, sich selbst für jedermann sichtbar ein Eigentor zu schießen, das ihn schließlich schmerzhaft zur Selbstbesinnung bringt.

Statt des Kampfes um den Lebensgefährten mag deshalb die umgekehrte Strategie, das kampflose Weichen vor dem Rivalen, mitunter Wunder wirken! Der Betrogene kann dem fremdgehenden Ehepartner in seinen Argumentationen und seinem Verhalten Recht geben und ihm vorschlagen, die Liebe zum Außenpartner ohne die Hemmnisse der eigenen Lebenspartnerschaft endlich voll auszuleben. Der Hintergangene erklärt deshalb großzügig, er wolle dem Liebesglück der beiden Seitenspringer keinesfalls im Wege stehen und sich mit allen rechtlichen Konsequenzen einer endgültigen Trennung zurückziehen. Außerdem kann er geltend machen, sich nun seinerseits ebenfalls nach einem neuen Lebenspartner umsehen zu wollen. Dieses Vorgehen wird noch dadurch glaubwürdig verstärkt, daß ein gleichlautendes Angebot an den Außenpartner gerichtet wird.

Eine so unerwartete Haltung dürfte die beiden Fremdgeher nicht nur überraschen und verunsichern, sondern darüber hinaus auch in unmittelbaren Zugzwang bringen. In der Regel ist zumindest ein Untergrundpartner (meist der Mann) an einer grundsätzlichen Änderung der Seitensprungsituation nicht sonderlich interessiert und deshalb auch nicht bereit, seine eigene Lebensbeziehung aufs Spiel zu setzen. Am allerwenigsten will er zusätzliche materielle und rechtliche Verpflichtungen eingehen.

Vor allem aber erbringt diese Methode – Bejahung der Unvernunft – paradoxerweise gerade dann nicht selten eine Rückkehr des Fremdgehers, wenn der betrügende Partner vernünftigen Argumenten nicht zugänglich ist. Während nämlich das Fremdgehen oftmals auf einer unbewußten, aber gleichwohl ausgeprägten Protesthaltung gegen den mißachtenden Lebenspartner beruht, ist es die eifersüchtige und besitzergreifende Abwehrhaltung des betrogenen Partners, die hierzu das negativ stabilisierende Gegengewicht herstellt. Erstere steht unter dem weitverbreiteten Seitenspringermotto »Wenn du mich nicht liebst, so brauchst du mich auch nicht zu besitzen!«

Dieses negative Gleichgewicht des gegenseitigen Partnerwiderstands stürzt nun durch diese Strategie in sich zusammen. Gleichzeitig wird so oftmals die Gesamtsituation plötzlich und unerwartet umgedeutet. Die Angst vor dem Partnerverlust geht jetzt unvermittelt auf den Fremdgeher über.

Diese paradoxe Vorgehensweise entspricht salomonischer Weisheit, die darauf abzielt, den Narren gleichsam mit positiver Absicht zum Narren zu halten, um so seinen inneren Widerstand gegen seine eigene Vernunft in eine konstruktive Richtung umzulenken (geistiges Jiu-Jitsu).

Selbstverständlich gehört dazu innere Überzeugung, gepaart mit Kaltblütigkeit, oder aber der Mut der Verzweiflung, falls diese allerletzte Trumpfkarte zur Rückgewinnung des Lebensgefährten ausgespielt werden soll. Ein Erfolg wird sich freilich nur einstellen, wenn der Betrogene bis zum eventuell bitteren Ende konsequent bleibt. Dies erfordert zweifellos eine gehörige Portion an Seelenkraft, über die der oftmals bereits Verzweifelnde nicht mehr verfügt.

Manchmal ist ein Seitenspringer jedoch grundsätzlich nicht bereit, mit dem Lebenspartner über sein Untergrundverhältnis zu sprechen. Hier sollte die Regel gelten: »Wer nicht auspackt, kann einpacken!« Mit anderen Worten: Ein unentwegt leugnender oder schweigender Fremdgeher, der seinen Lebensgefährten weiterhin konsequent und kontinuierlich belügen und betrügen will und sich überdies weder dialogfähig noch kooperationswillig zeigt, stellt sich selbst außerhalb der gelebten Partnerschaft. Hier kann die längst erfolgte Beendigung der inneren Beziehung nur noch durch die äußere, d. h. die rechtliche Trennung sinnvoll zum Abschluß gebracht werden.

Diesen Schritt zu vollziehen gebieten die Selbstachtung und die Wahrung der Identität und der Interessenlage des Hintergangenen.

Das offene Antlitz partnerschaftlicher Liebe – Der Wiederaufbau der veruntreuten Lebensbeziehung auf neuer Grundlage

Nur ein Schilfrohr, das zerbrechlichste in der Welt,
ist der Mensch.
Aber ein Schilfrohr, das denkt.
BLAISE PASCAL

1. Wie die Vertrauenskrise zum positiven Wandel gerät

Eine für alle Beteiligten auf Dauer beglückende Dreiecksbeziehung ist in aller Regel unerreichbar. Es fragt sich indessen, ob die erfolgreiche Beendigung einer Ehekrise, die im vorangegangenen Seitensprung ihren symptomatischen Ausdruck fand, ein neues Eheglück möglich erscheinen läßt. Robert Ardrey stellte hinsichtlich der Verfolgung unrealistischer Lebensziele fest, wie wir sie gerade bei träumerischen Seitenspringern zu erkennen vermögen: »Wir streben nach dem Unerreichbaren und verhindern so die Verwirklichung des Möglichen.«

Haben sich zwei Lebenspartner nach schmerzhafter Beendigung eines Dreiecksverhältnisses zur Aufrechterhaltung ihrer angeschlagenen Beziehung entschlossen, so stellt dies entgegen weitverbreiteter Ansicht noch keine Garantie für eine gesicherte und befriedigende Fortsetzung ihrer Zweisamkeit dar. Die aufgehäuften »Untreueschulden« sprechen zunächst vielmehr dagegen. Wird darüber hinaus bei der künftigen Gestaltung der Ehe dort weitergemacht, wo die Partner schon vor Beginn des Seitensprungs angelangt waren, eröffnen sich erfahrungsgemäß meist nur zwei trübe Möglichkeiten:

Entweder wird mit innerem Widerstreben eine freudlos-frustrierende Verzichtehe weitergeführt, oder das Bäumchen-wechsle-dich-Spiel beginnt später unweigerlich aufs neue. Allenfalls wird dann der Seitensprung durch einen Absprung und gegebenenfalls einen Wiederaufsprung auf die nächste Lebenspartnerschaft ergänzt.

Mit großer Wahrscheinlichkeit bleibt aber auch bei einem Partnerwechsel letztlich alles beim alten. Ein französisches Sprichwort drückt dies kurz und bündig aus: *»Plus ça change, plus c'est la même chose.«* (Je mehr sich ändert, desto mehr bleibt alles beim alten.) Denn ein Alles-beim-alten-Lassen als Folge von Inaktivität oder umgekehrt blindwütiger, doch oberflächlicher Überaktivität ändert schließlich nichts an den persönlichen und partnerschaftlichen Schwierigkeiten, die in die Sackgasse des Seitensprungs hineingeführt haben. Dieses Verhalten erinnert vielmehr an einen denk- und schaltfaulen Autofahrer, der schnell ans Ziel gelangen möchte, indem er unentwegt Vollgas gibt, ohne je in einen höheren Gang zu wechseln. Das Ziel erreicht er nie, da ihm unterwegs das Benzin ausgeht, der Motor den Geist aufgibt. Der eigene Lebenspartner verliert inzwischen entweder die Geduld, oder ein schnellerer Konkurrent macht schließlich das Rennen.

Würde er hingegen in den nächsthöheren Gang schalten, so könnte er mit weniger Bemühen, aber größerem Erfolg sein Ziel ansteuern.

Einen höheren Gang einlegen bedeutet, auf die veruntreute Lebensbeziehung übertragen: die tieferen Hintergründe der Eheproblematik erkennen, die erst den Seitensprung auslösten, um so über einen neuen inneren Standort einen veränderten Blickwinkel persönlicher Einsicht zu gewinnen.

Aus der hieraus erwachsenden Neubewertung der partnerschaftlichen Situation entwickelt sich so eine zielgerichtete neue Lebenseinstellung, die schließlich die Errichtung des bereits dargestellten »Hauses der erfüllenden Partnerschaft« ermöglicht.

Damit verbunden ist eine allmähliche Wandlung der bisherigen Denk-, Gefühls- und Verhaltensmuster. Der Psychologe Paul Watzlawick bezeichnet diese einstellungsbezogene, somit intrapersonale (innerseelische) Lösung ohne gleichzeitige äußere Veränderung als eine Lösung zweiter Ordnung. Bildhafter hingegen nennt der Philosoph Ludwig Wittgenstein diese Wandlung, die im Gegensatz zur üblichen, wendehalsigen Wende steht, »der Fliege den Ausweg aus dem Fliegenglas zeigen«. Dies ist zugleich der Königsweg aus dem goldenen Käfig der patriarchalischen Zwangsbeziehung in die verantwortungsvolle Freiheit der emanzipierten, reifen Lebensbeziehung.

Der Wiederaufbau einer veruntreuten Partnerschaft unterscheidet sich vom Neubau einer dauerhaften Gemeinschaft jedoch erschwerend dadurch, daß zunächst einmal das Trümmerfeld der gegenseitigen Enttäuschungen und Kränkungen, der Unsicher-

heit und der vielschichtigen Ängste so geduldig wie mühsam abgeräumt werden muß. Soll jetzt die Ehekrise im geistigen Jiu-Jitsu-Stil in einen positiven Wandel umgemünzt werden, so können die bedrückenden Fehler und Irrtümer der Vergangenheit gleichsam als »Abräumbagger mit Zielumkehr« eingesetzt werden, über welche die Betroffenen ursprünglich gestolpert sind.
Was ist damit gemeint?
Das reflektierende Lernen aus früheren Fehlern stellt wohl den denkbar besten Eheberater dar, was den zeitgenössischen Philosophen Karl Popper zu der Bemerkung veranlaßte: »Wir können aus unseren Fehlern lernen. Wir lernen nicht, indem wir Beobachtungen sammeln und aus den gesammelten Beobachtungen dann herausdestillieren, was wesentlich ist, sondern wir lernen, indem wir über die Probleme stolpern.« (Interview mit der »Deutschen Zeitung« zu seinem Buch *Logik der Forschung*)
Ein Sprichwort sagt es poetischer: »Der Versuch ist der Richter der Wahrheit!«
Auf dem Weg dorthin sind jedoch zwei wesentliche Gesichtspunkte mit einzubeziehen: Die abschüssige Straße zum Seiten- und Absprung ist so breit und bequem, wie sie mit guten Vorsätzen gepflastert ist. Der steil ansteigende Pfad zu einer befriedigenden und wachstumsorientierten Partnerschaft hingegen ist schmal und steinig und mühsam, und er verläuft über die verschlungenen Wegkreuzungen von Versuch und Irrtum.
Deshalb bedarf das sicht- und fühlbare Wirksamwerden gemeinschaftlicher Bemühungen zwangsläufig einer gewissen Vorlaufzeit. Die Situation kann bildlich mit dem Verdampfen von Wasser verglichen werden, das trotz ständiger Energiezufuhr erst mit Verzögerung, nämlich bei Erreichen des Siedepunktes, dann aber plötzlich und stetig einsetzt. Aus diesem Grund sind gerade anfangs viel Geduld und Ausdauer, gepaart mit gegenseitigem Zuspruch nötig, um den Punkt zu erreichen, der die Partner gleich einem Flugzeug von der Rollbahn des tristen Ehealltags abheben läßt. Erst von diesem Zeitpunkt an tritt der durchschlagende Erfolg auf, der wiederum den weiteren Erfolg nährt – ähnlich wie die zukunftsorientierten Investitionen einer erfolgreichen Firma, die mit Zeitverzögerung hohe, sichere und dauerhafte Gewinne erzielt *(Time-lag-Problematik)*. Die Firma Seitensprung hingegen stellt bei diesem Vergleich ein Spekulationsunternehmen mit höchst unwahrscheinlichem Dauererfolg dar.
Anstelle großer und spektakulärer, vor allem wendehalsiger und unberechenbarer Sprünge in Form von Seiten-, Ab- und Wieder-

aufsprüngen sind vornehmlich kleine, dafür aber phantasievolle und abwechslungsreiche Schritte auf breiter Front erforderlich, die nicht voneinander weg, sondern behutsam aufeinander zuführen. Dies beginnt zum Beispiel mit dem täglichen Austausch von Zärtlichkeiten und deutlichen Bekundungen gegenseitigen Respekts. Denn wahre Liebe kann weder mit Status und finanzieller oder sexueller Potenz erkauft noch über den Seitensprung erschlichen, aber auch nicht durch unterwürfiges Wohlverhalten erbettelt werden. Die Gunst des Partners muß vielmehr im ständigen gegenseitigen Akt des produktiven Gebens und wechselseitigen Annehmens gleichsam immer wieder aufs neue erliebt werden. Die Brücke dafür stellt die offene und verständnisvolle Kommunikation dar.

Diese vermittelt beiden Partnern wechselseitige sinnliche Erfahrung, die sich auf verbale Bekundungen, noch mehr aber auf nonverbale Gesten und Aktivitäten stützt und der Beziehung einen neuen und tieferen Sinn verleiht. Denn die offen ausgedrückten Gefühle nehmen erst so konkrete Gestalt an, gestalten die Zweisamkeit positiv und lassen die Liebe im zermürbenden, banalen Alltag gleichsam erst wirklich und somit auch wirksam werden.

Die beiden Lebenspartner erfahren erst durch diese sinnlich und bewußt wahrgenommenen gemeinsamen Erlebnisse eine Grundwahrheit des Lebens, die Hegel so einfach wie überzeugend formulierte: »Nur das Konkrete ist das Wirkliche!« Diese im scharfen Gegensatz zur herrschenden, platonisch-abstrakten, entsinnlichten Lebensphilosophie des schönen Scheins stehende, realistische Aussage bedarf deshalb noch einer verdeutlichenden Ergänzung: Nur das Wirkliche ist das Wirksame!

Seine innersten Gefühle für sich zu behalten oder zu unterdrücken bedeutet demgegenüber, die Lebensbeziehung unwirklich zu gestalten, da dieses Verhalten den eigenen Emotionen keine konkrete, sinnlich erfahrbare Gestalt verleiht. Was aber unwirklich bleibt, entfaltet in der Realität der Zweisamkeit langfristig auch keine positive Wirksamkeit!

2. Ein Schritt zurück, zwei Schritte nach vorn – Aus zertrümmerten Illusionen ersteht das einbruchssichere Haus einer gereiften und erfüllenden Partnerschaft

Die beiden Lebensgefährten, die wieder zueinandergefunden haben, entsprechen sich selbst und einander behandelnden Patienten, die auf der ernsthaften Suche nach den tieferen Ursachen ihres persönlichen und gemeinsamen Leidens sind, um daraus eine heilende Therapie zu entwickeln. Ihre Ausgangssituation läßt sich mit der eines Arztes vergleichen, der aufgrund eines diffusen und widersprüchlichen Krankheitsbildes die zutreffende Diagnose stellen muß. Ist diese erst einmal gefunden, so ist es meist weniger schwierig, die entsprechende allgemein bekannte und erfolgreiche Therapie anzuwenden. Letztlich kommt es jetzt vor allem darauf an, die persönlichen und partnerschaftlichen Schwachpunkte und Defizite herauszufinden, die es zu überwinden gilt. Der Um- und Wiederaufbau des durch Seitensprungbeben schwer erschütterten und beschädigten Ehehauses macht deshalb eine nochmalige Rückschau auf das bereits beschriebene einbruchssichere *»Haus der erfüllenden Partnerschaft«* unabdingbar (vgl. S. 269), um anhand dieses *Musterbauwerks* einen konkreten, den jeweiligen Umständen und individuellen Bedürfnissen entsprechenden *Um- und Ausbauplan* entwerfen und in die Realität umsetzen zu können.

Eingedenk der im vorangegangenen Unterabschnitt beschriebenen Lösungsmöglichkeit auf höherer Entwicklungsebene (S. 296) erfordert dies die konkrete persönliche Einsicht, aber auch den unabänderlichen Willen, eine allmähliche Veränderung der bisherigen Denk-, Gefühls- und Verhaltensmuster anzustreben, da nur auf diese Weise das persönliche Identitäts- und partnerschaftliche Entfremdungsproblem überwunden werden kann.

Auf die unmittelbare Konfliktlösung (S. 282 ff.), mit der die beiden Lebensgefährten aus dem Seitensprunggeschehen heraus- und wieder zusammenkommen, muß nummehr eine Entwicklungsphase folgen, die die beiden wachstumsgehemmten Partner auf ein konstruktives und weiterführendes Ziel hinlenkt.

Hierbei müssen sich die beiden Aufbauwilligen jedoch der Tatsache bewußt werden, daß es weitaus einfacher ist, völlig unbekümmert von negativen Erfahrungen einen partnerschaftlichen Neubau auf die grüne Wiese der noch unausgereiften romantischen

Liebe zu setzen als ein bereits älteres, überdies beschädigtes und verwinkelt gebautes Haus den gestiegenen Bedürfnissen reifer gewordener Bewohner anzupassen.

Die Bestandsaufnahme – Ein aufmerksamer und lehrreicher Gang durch das beschädigte Ehehaus

Damit der dringlich erforderliche **partnerschaftliche Um- und Ausbauplan** realitätsgerecht entworfen und umgehend in die Tat umgesetzt werden kann, ist nunmehr eine aufmerksame »Hausbegehung« durch die beiden wiederaufbauwilligen Partner unabdingbar geworden. Nur anhand einer zu erstellenden **Mängelliste** kann man aus den gemeinsamen Fehlern der Vergangenheit lernen, um diese im ständigen Kampf gegen liebgewordene, aber oftmals gefährliche Gewohnheiten zu vermeiden und darüber hinaus die gemachten Erfahrungen konstruktiv in den Wiederaufbau einzubringen.
In dieser Aufbauphase ist es zweifellos hilfreich, wenn vertrauenswürdige und vor allem auch lebenserfahrene Freunde gleichsam als beratende Architekten zur Seite stehen, um mit ansteckendem Optimismus nicht selten aufkommende Ratlosigkeit, Selbstverunsicherung, Minderwertigkeitsgefühle und lähmende Resignation überwinden zu helfen. Stehen diese jetzt nicht zur Verfügung oder zeichnet sich ein ernsthafter Rückschlag in den gemeinsamen Bemühungen ab, sollten sich die Betroffenen nicht scheuen, eine professionelle Eheberatung aufzusuchen.

Wir wollen nun das Paar bei seinem Rundgang durch das Ehehaus begleiten, dessen augenblicklicher baulicher Zustand, dessen Statik und Festigkeit eingehend geprüft werden müssen, um aus der vorhandenen Bausubstanz das Beste machen zu können. Diese Bestandsaufnahme ist zwangsläufig eine gedankliche Rückblende, welche die einzelnen Stationen der partnerschaftlichen Fehlentwicklung erkennen läßt.
Schon beim Studium des **Bauplans** wird es bemerken, daß dieser einige gravierende statische Mängel besaß. Denn er berücksichtigte kaum die grundsätzlichen *Polaritäten jeder Zweierbeziehung* (vgl. S. 250 ff.), die für den gesicherten Fortbestand jeder Bindung unabdingbar sind. So wurde weder die jeweils *originäre Geschlechterrolle* (S. 250) ausreichend erkannt (die erst eine stabilisie-

rende *Parität* zwischen den beiden Partnern gewährleistet) noch das damit untrennbar verbundene *ausgeglichene Verhältnis von persönlicher Eigenständigkeit und gemeinsamer Partnerschaft* (S. 255 f.) gebührend beachtet.
Aber auch über das Wesen der *Liebe* in ihrem komplizierten Zusammenspiel mit der lebensbewahrenden *Angst* (S. 256 f.) sowie den darauf aufbauenden *Widerspruch von wechselseitigem Wachsen und Hemmen* (S. 259) wurden kaum ernsthafte Gedanken angestellt.
Vor allem aber ließ das vorangegangene Seitensprunggeschehen deutlich erkennen, daß eine wesentliche Triebkraft jeder weiterführenden Zweierbeziehung, nämlich der *Gegensatz von Bindung und Freiheit* (S. 261), von dem beinahe gescheiterten Paar völlig falsch interpretiert worden ist (S. 262). Anstatt beide drängenden menschlichen Bedürfnisse in der Lebensbeziehung kooperativ aufeinander abzustimmen und ergänzend zusammenzuführen, hat gerade dieser nicht gelöste Konflikt ihre Beziehung nachhaltig verstimmt und beide immer weiter auseinandergetrieben.
Da mithin die Lösung dieses wohl schwerwiegendsten Widerspruchs in jeder Paarbeziehung nicht glücken konnte, gelang es noch viel weniger, die damit im Zusammenhang stehenden *Polaritäten von Ordnung und Chaos* (S. 262 f.) sowie *Distanz und Nähe* (S. 264 f.) in ein ausgewogenes Verhältnis zu bringen. So war es nicht überraschend, wenn schließlich im ungelösten *Gegensatz von Bestand und Wandel* (S. 265 f.) der allmähliche, schleichende Zerfall des Ehehauses einsetzte.

Fazit: Die sich vornehmlich im Widerspruch von Bindung und Freiheit vergeblich verschleißenden Seelenkräfte reichten letztendlich nicht mehr aus, um das Ehehaus rechtzeitig an die sich wandelnden Bedürfnisse seiner Bewohner anzupassen.

Nachdem die beiden Partner die Fehlplanung ihrer gemeinsamen Lebensbeziehung erkannt haben, graben sie nun die überfluteten und abgesackten **Fundamente** ihres Ehehauses aus und machen dabei eine interessante Entdeckung: Sie stoßen nämlich nunmehr auf die *Achtungspyramide* (S. 77 ff.), die bei aufmerksamer Betrachtung einen bereits sehr verfallenen Eindruck vermittelt. Ihre acht Stufen zeigen unübersehbar, daß das respektvolle gegenseitige Wahrnehmen und Wertschätzen, letztlich die als menschliches Bedürfnis überwertige wechselseitige Hochachtung in ihrer Be-

ziehung keine bedeutende Rolle gespielt hatte. Anfängliche erotische Anziehung konnte hierfür auf Dauer keinen ausreichenden Ersatz bieten.
Solchermaßen hatten sie sich gegenseitig im tieferen Sinne weder kennen- und verstehen noch wirklich lieben gelernt. Dies führte schließlich dazu, daß sie dieses Versäumnis unbewußt bei fremden Partnern nachzuholen versuchten.
Eine kleine Inschrift am Fuße der Achtungspyramide umreißt mit wenigen poetischen Worten den bedeutungsvollen Zusammenhang von gegenseitigem, respektvollen Erkennen und Lieben: »Wer nichts weiß, liebt nichts. Wer nichts tun kann, versteht nichts. Wer nichts versteht, ist nichts wert. Aber wer versteht, der liebt, bemerkt und sieht auch. Je mehr Erkenntnis einem Ding innewohnt, desto größer ist die *Liebe*.« (Vgl. S. 80)
Von dieser weisen, überzeitlichen Erkenntnis beflügelt, steigen sie nunmehr die Kellertreppe hinauf und bemerken, welche klaffenden Risse die **Außenmauern** des Ehehauses durchziehen. Sie wurden hervorgerufen durch Seitensprungbeben, die das partnerschaftliche Vertrauen schwerwiegend erschüttert haben (S. 46 ff., 193). Die vorübergehende Verlagerung des emotionalen und sexuellen Schwerpunkts in die Außenbeziehung erzeugte zudem Spannungen, denen die unzureichende Statik des Ehehauses auf Dauer nicht gewachsen sein konnte (S. 184 ff.).
Als ihr Blick schließlich nach oben schweift, spüren sie plötzlich den kalten Regen der Ungeborgenheit und des Nichtangenommenseins. Und sie empfinden nun mit einemmal, welch gewaltige Löcher mangelnde wechselseitige Zuneigung, fehlende gegenseitige Verantwortung und ausstehende Fürsorglichkeit in das **schützende Dach** der gemeinsamen Partnerschaft gerissen haben.
Schließlich war selbst der **Fassadenputz** von den feuchten und schimmelnden Außenwänden abgeplatzt, so daß nun der schöne Schein einer intakten Lebensbeziehung nicht einmal mehr nach außen hin weiter aufrechterhalten werden konnte. Denn die ehelichen Auseinandersetzungen und deren Folgen ließen sich auf Dauer nicht mehr vor der Umwelt verbergen.

Am Ende der Hausbegehung ziehen die beiden Aufbauwilligen Bilanz und kommen zu ihrem Ergebnis:
Der Wiederaufbau des Ehehauses soll dieses Mal auf den **ehernen Gesetzen des Bauhandwerks** gründen *(Paritäten in der Partnerschaft, Achtungspyramide)*, denen sich jeder Erbauer eines Ehehauses bei Strafe des Zusammensturzes zu unterwerfen hat.

Sie erinnern sich des Ausspruches eines großen Denkers (der sich in seiner eigenen Lebensbeziehung allerdings nicht daran gehalten hat): »Niemand wird gezwungen, eine Ehe zu schließen; aber jeder muß, sobald er eine Ehe schließt, gezwungen werden, sich zum Gehorsam gegen die Gesetze der Ehe zu entschließen. Wer eine Ehe schließt, der macht, der erfindet die Gesetze der Ehe nicht, sowenig wie ein Schwimmer die Natur und die Gesetze des Wassers und der Schwere erfindet. Die Ehe kann sich daher nicht seiner Willkür, sondern seine Willkür muß sich der Ehe fügen.« (S. 250)

Vor allem wollen sie künftig die wichtigsten **Bedingungen und Auflagen der Baugenehmigung** für das partnerschaftliche Gebäude einhalten:

Die erste Bedingung lautet, einer von beiden Seiten gewollten Zweierbeziehung keine heimliche Zweitbeziehung zur Seite zu stellen. Beide Partner haben mittlerweile leidvoll erfahren, daß dieser Versuch zum Scheitern verurteilt ist, da er als unauflöslicher Widerspruch der Quadratur des Kreises gleicht (S. 25).

Vor allem wollen sie sich künftig an die wesentliche Auflage ihres Ehevertrages halten, der die so leichtfertige wie fürs erste bequeme Flucht vor partnerschaftlichen Schwierigkeiten ausschließt, die jede langjährige Verbindung fast zwangsläufig mit sich bringt.

Ihr halbherziges Ausbrechen aus der eigenen Lebensbeziehung und gleichzeitiges Einbrechen in eine andere hatte sie in die Falle einer unübersichtlichen Dreiecksbeziehung tappen lassen, aus der sie beinahe keinen Ausweg mehr gefunden hätten. Letzten Endes entsprach diese Flucht der ursprünglichen Bedeutung dieses Begriffes, das heißt, sie geriet im wahrsten Sinne des Wortes zur Pleite.

Beide erkennen nunmehr, daß das mühelose, aber auch parasitäre Subventionieren der Liebe durch Außenstehende statt mühevollen Investierens in die eigene Lebensbeziehung sich selbst für die Fremdgehenden auf Dauer nicht auszahlt. Die vielfältigen Auswirkungen und oft nicht erkannten Spätfolgen des Seitensprungs haben sie auf eindrucksvolle Weise selbst zu spüren bekommen (S. 184 ff.).

Auch die gnadenlos ineinandergreifende Mechanik wechselseitigen Fehlverhaltens, mit der sie unbewußt und ungewollt das Seitensprunggeschehen selbst angeheizt haben, erscheint ihnen plötzlich in einem völlig anderen Licht. Es wird ihnen immer deutlicher bewußt, in welch erschreckendem Maße die agierende

Macht der Betrügenden auf der lähmenden Ohnmacht der Betrogenen aufbaut – wie die Aktivitäten des Fremdgehers vom duldenden und unterlassenden Verhalten des Hintergangenen mitbestimmt werden (vgl. hierzu die 24 Kurzthesen auf S. 237 ff.). Da letztlich also vier tätige oder aber untätige Hände am Einreißen und am Verfall des gemeinsamen Hauses der Partnerschaft beteiligt waren, verbietet sich gegenseitiger Groll, der sich jedem konstruktiven Wiederaufbau entgegenstellt.
Wie ein mühevoller, letztlich aber lohnender Wiederaufbau einer über lange Zeiträume hinweg veruntreuten Lebensbeziehung erfolgreich verlaufen kann, vermag nachfolgendes Beispiel zu verdeutlichen. Es zeigt vor allem, daß selbst als hoffnungslos geltende Fälle durchaus eine reelle Chance haben, wenn diese von den beiden Partnern erkannt und ergriffen wird. Maßgeblich erscheint dabei allerdings, daß weitverbreitete destruktive Denk-, Gefühls- und Verhaltensmuster und darauf aufbauende soziale Rollenverteilungen durchschaut und nachhaltig verändert werden.

Sowohl Heinz als auch Irmgard hatten jeweils schon eine gescheiterte Ehe hinter sich, als sie eine gemeinsame Lebensbeziehung miteinander eingingen.
Während Irmgard in ihrer ersten Ehe im Laufe etlicher Jahre mehrmals fremdgegangen war, hatte Heinz über drei Jahre in einer offenen Ehe gelebt, bis diese schließlich unter dem Druck der ständigen emotionalen Belastung zerbrochen war.
Zwar hatten sie sich auch schon in ihren ersten Ehen bemüht, diese weiter zu entwickeln. Allen Beteiligten unterliefen aber dieselben weitverbreiteten Fehleinschätzungen über die Grundlagen und den Verlauf des partnerschaftlichen Wachstumsprozesses (vgl. 9. Kapitel, Seitensprungverhütung, S. 242 ff.).
Als die beiden hoffnungsfroh eine gemeinsame Lebensbeziehung mit den besten Vorsätzen und in dem übereinstimmenden Willen eingingen, ein Scheitern ihrer zweiten Ehe auf jeden Fall zu vermeiden, so hatten sie doch die tieferen Ursachen ihrer früheren Bruchlandung nicht kritisch und umfassend verarbeitet. Denn sie glaubten, diese ausschließlich im Nichtzusammenpassen der Partner, ihrer damaligen Unreife sowie in ungünstigen wirtschaftlichen und sozialen Rahmenbedingungen suchen zu müssen.
Zweifellos mögen alle diese Gründe zum Mißlingen ihrer früheren Ehen beigetragen haben; doch sie waren letztlich nicht ausschlaggebend gewesen. Dies ergab sich schon aus der offensichtlichen Tatsache, daß sie ihr aus früherer Zeit gewohntes Untreueverhalten schon nach wenigen Jahren wiederaufnahmen, obgleich eine ungleich günstigere Ausgangslage dies eigentlich ausschließen hätte müssen: es

fehlte ihnen ja weder an ausreichender Ehe- und Lebenserfahrung noch an persönlicher Übereinstimmung und Zuneigung. Auch beengte materielle Verhältnisse stellten diesesmal keinen störenden Faktor mehr dar.

Um die tieferen Ursachen des Geschehens verstehen zu können, muß kurz auf die Lebensgeschichte des Paares zurückgeblendet werden. Beide entstammten einer lieblosen Familie, in denen es ihnen verwehrt wurde, eine ausgeprägte Eigenidentität und Selbstachtung zu erwerben. Vor allem besaßen sie nur wenig Vertrauen in sich selbst und ihre Fähigkeit, sich und den Partner glücklich zu machen. Dies führte zunächst dazu, daß die beiden vom Elternhaus Ungeliebten ihr übereinstimmendes persönliches Schicksal fälschlich als eine Garantie für besseres gegenseitiges Verstehen betrachteten. Als sich diese Übereinstimmung im Negativen jedoch als nicht tragfähig erwies, suchten sie in wechselnden Außenbeziehungen, die sie überdies voreinander geheim hielten, die Bestätigung ihrer selbst bei anderen. Hinzu kam noch, daß Heinz aufgrund seiner nur schwach ausgebildeten Geschlechtsidentität ein überwertiges und unstillbares sexuelles Verlangen nach möglichst vielen Partnerinnen entwickelt hatte.

Jetzt zeigte sich, wie unheilvoll eine auf mangelnder Elternliebe beruhende Blockierung der Liebesfähigkeit auf das weitere Leben der Kinder einwirkte. (Der Theologe und Psychotherapeut Peter Schellenbaum hat diese Zusammenhänge überzeugend in seinem Buch *Die Wunde der Ungeliebten* beschrieben.)

Eines Tages entdeckte Heinz durch Zufall Irmgards intime Beziehung zu einem gemeinsamen Freund. Nun kam es zu heftigen Auseinandersetzungen zwischen den Beteiligten.

In langwierigen, oft bis zur Erschöpfung geführten Gesprächen, die anfänglich immer wieder perspektivlos in wechselseitigen Anklagen und Vorwürfen gipfelten, offenbarten sie sich allmählich ihre ureigenen Gefühle und Stimmungslagen, die bei jeder sich bietenden Gelegenheit Seitensprünge begünstigt hatten. Sie öffneten sich gegenseitig immer mehr und sprachen nun ungehemmter über ihre enttäuschten Hoffnungen und zerplatzten Illusionen. Aber auch ihre vielfältigen Ängste und unbefriedigten Sehnsüchte, ihre Kränkungen und seelischen Verletzungen kamen nun an die Oberfläche. So zeichneten sie voreinander ein realistisches Bild ihrer selbst und ihrer verfahrenen Situation, das schließlich keinen Raum mehr für gegenseitige Beschuldigungen bot.

Jetzt standen die Zeichen günstig, um gemeinsam *Bilanz zu ziehen*. Am Ende stellten beide übereinstimmend fest, daß ihnen ihre geheimen erotischen Abenteuer weder dauerhaftes Liebesglück noch größere Selbstachtung gebracht hatten. Im Gegenteil! Da diese Affären früher oder später allesamt auf wenig überzeugende Weise zu Ende gegangen waren, blieben letztlich erhebliche Frustrationen zurück, die anfängliche Hochgefühle und kurzzeitiges Glücksempfinden bald verdrängten. Hinzu kamen immer wieder Gewissensbisse und Verlustängste gegenüber dem Lebensgefährten und schließlich das Gefühl der Sinnlosigkeit, welches das ohnehin geringe Selbstvertrauen noch mehr erschütterte. Besonders Irmgard erkannte nun, daß sie ihre auf geringem Selbstwertgefühl beruhenden, verkappten Depressionen mit Hilfe der Droge Seitensprung immer wieder zu betäuben versucht hatte.

Aber auch Heinz konnte durch seine Fremdgänge kein dauerhaftes Glück finden. Schließlich hatte er das Gefühl, nicht mehr zu wissen, wohin er eigentlich gehörte. Dieses schmerzhafte Erleben innerer Heimatlosigkeit traf ihn besonders hart, da er bereits in seiner freudlosen Kindheit darunter gelitten hatte.

Nun zeigte sich, daß nicht nur Lust und Liebe eine Paarbeziehung wachsen lassen, sondern ebenso gemeinsam erlebtes und sinnvoll verarbeitetes Leid persönliches und partnerschaftliches Fortentwikkeln zu beschleunigen vermögen. Schon Meister Eckart hat diesen so tröstlichen wie hoffnungserweckenden Umstand mit den Worten beschrieben: »Das Leid ist das schnellste Pferd zur Vollendung.«

Beide begannen, wechselseitig ihre menschlichen Qualitäten und Vorzüge mit wacheren Augen zu betrachten, sie bewußter wahrzunehmen und ihre Beziehung völlig neu zu bewerten. Vor allem vermochten sie nunmehr ihre seelische und körperliche Nähe intensiver zu empfinden, was in ihnen das beruhigende Gefühl der Zusammengehörigkeit und Geborgenheit stärkte. Allmählich erlangten beide die *Gewißheit, für den eigenen Partner von Bedeutung zu sein.*

Gerade dieses gegenseitige Respektieren stillte ihr seit frühester Kindheit übermächtiges Verlangen nach partnerschaftlicher Anerkennung, ließ ihre Selbstachtung und Selbstliebe, mithin aber auch ihre gegenseitige Zuneigung wachsen und steigerte die Befriedigung ihrer wechselseitigen Bedürfnisse in der Partnerschaft. Da sie nun offen und aufrichtig miteinander über alle gemeinsamen, aber auch über persönliche Probleme und Schwierigkeiten zu sprechen wagten, gewannen sie schließlich die innere Stabilität, welche nur die Geborgenheit einer dauerhaften und überschaubaren Lebensbeziehung vermitteln kann. Vor allem erkannten sie, wie das Fremdgehen dazu geführt hatte, daß sie sich selbst und dem Lebensgefährten immer mehr entfremdeten, während zugleich ihre emotionalen Defizite ständig angewachsen waren.

Nun war für beide die Zeit gekommen, erleichtert und beglückt Richtfest in ihrem alten und zugleich neuen Ehehaus zu feiern, dessen Wiederaufbau viel Mühe und Geduld, vor allem aber auch Einsicht und Mitgefühl und ehrlichen Willen erfordert hatte. Sie waren sich sicher, daß ihr wiedererrichtetes partnerschaftliches Haus den künftigen Stürmen des Lebens und den Versuchungen des Herzens trotzen würde.

Vierter Teil: Das Seitensprunggeschehen im Überblick

Die Menschen haben ein Recht darauf,
nicht angeschmiert zu werden,
selbst wenn sie darauf bestehen,
angeschmiert werden zu wollen.
THEODOR W. ADORNO

Der rückblickend-zusammenfassende Sprung über das Thema – Die zwölf Gesichter des Seitensprungs

Wollen wir nun zum Abschluß einen weiten Sprung über das gesamte Thema wagen und die so widersprüchlichen wie vielfältigen Gesichter des Seitensprungs nochmals, gleichsam im Zeitraffer, doch diesmal aus einem erweiterten Blickwinkel an uns vorüberziehen lassen: sein oberflächliches und sein unaufrichtiges, sein verstecktes und sein unbekanntes, sein verstohlenes und sein öffentliches, sein täuschendes und sein destruktiv-parasitäres, sein zwiespältiges und sein paradoxes, aber auch sein hoffnungsfrohes und sein liebevolles ...

Die geheimgehaltene, deshalb dauerhafte Untergrund-Zweitehe, die kurzzeitige, dennoch romantisch empfundene Affäre oder das triviale, sexbetonte Blitzsieg-Abenteuer zeigen die vielfältigen und gegensätzlichen Gesichter des Seitensprungs.
Dies ist das **oberflächliche Gesicht** des Seitensprungs.

Je mehr wir uns in dieses Thema verstricken, desto konfuser und unaufrichter wirkt es auf uns.
Wie sollen wir zum Beispiel »unter einen Hut bringen«, daß einerseits jede zweite Frau nichts mehr von ehelicher Treue hält und jede vierte sogar glaubt, Seitensprünge würden ihrer Ehe einen neuen Schwung verleihen, während sich andererseits bei nur 7 % aller Ehen das Fremdgehen letztendlich in irgendeiner Weise positiv auf die Lebensbeziehung auswirkt?
Oder was sollen wir von der Aufrichtigkeit der Männer halten, von denen sich bereits nach zwei Ehejahren fast drei Viertel heimlich aus ihren Lebensbeziehungen hinausstehlen und meist in andere hineinschleichen, während sich gleichzeitig – selbst bei anonymen Befragungen – nur 40 % ohne Umschweife zu diesem Verhalten bekennen?
Wir könnten jetzt in endloser Folge gezielt kritische Fragen stellen, die jeweils widersprüchliche Entgegnungen nach sich zögen. Aber damit würde sich das Problem letztlich nur um so verwirrender darbieten!

Fürs erste erscheint das Phänomen Seitensprung deshalb im wahrsten Sinne des Wortes *merk-würdig,* da doch das Fremdgehen einerseits zu den alltäglichsten und am weitesten verbreiteten Verhaltensweisen zählt und überdies als männliche Erfindung etwa so alt wie das Patriarchat selbst ist. Andererseits gibt es kaum eine ebenso weitverbreitete Erscheinung, über deren Ursachen und Folgen so wenig bekannt ist und deren Beurteilung ähnlich widersprüchlich ausfällt. Dies erscheint um so paradoxer, als sich fast jeder für den Seitensprung interessiert und deshalb über ihn viel gesprochen und geschrieben wird.

Welche Hintergründe liegen dieser zwiespältigen Situation zugrunde? Die jeweils entgegengesetzte Interessenlage des betrügenden Fremdgehers sowie des betrogenen Lebensgefährten führt zwangsläufig zu unterschiedlichen Argumentationen, Rechtfertigungen und Schuldzuweisungen, die sich auch die jeweiligen Sympathisanten zu eigen machen. Deshalb spaltet die Thematik die Kontrahenten ebenso wie die Diskutanten. Sie verunsichert, weckt Aggressionen, aber auch versteckte Sehnsüchte. Das Seitensprunggeschehen zieht die Menschen wie ein spannender Krimi in seinen Bann und stößt sie gleichzeitig auch wieder ab. Vor allem sieht sich keiner gerne selbst betroffen, gibt es zumindest nicht zu. Es berührt scheinbar immer nur die anderen.

Sind es die Betrogenen, so werden sie meist offen bedauert, aber insgeheim oft schadenfroh betrachtet. Sind es die Betrügenden, so werden sie nicht selten entrüstet zurückgewiesen, aber insgeheim beneidet.

Dies ist das **unaufrichtige Gesicht** des Seitensprungs.

Angesichts dieser verwickelten Sachlage und einer vielschichtigen, interessenbestimmten Verlogenheit ist es schließlich nicht mehr erstaunlich, daß über den Seitensprung bis heute kein umfassend informierendes Standardwerk vorlag, das seine vielfältigen und tiefgründigen Ursachen und seine nur schwer überschaubaren Auswirkungen und Spätfolgen eingehend darlegte und in einen überblickverschaffenden gesellschaftlichen und historischen Zusammenhang stellte. Wilfried Wieck kommentiert diese verblüffende Tatsache mit den zutreffenden Worten: »Diese Variante der kompensierten Liebesunfähigkeit wurde bekanntlich nie ausreichend bearbeitet und problematisiert.« *(Männer lassen lieben)*

Trotz aller lautstark bekundeten Liberalität scheint hier eine unbewußte Tabuisierung des Denkens außerhalb patriarchalischer Denkmuster vorzuliegen. Deshalb wird zwar viel darum herumgeredet und das Thema in oft abwegige Zusammenhänge gestellt, aber zum Kern der Sache stößt man nicht wirklich vor! Liegt hier eine unmerklich-untergründige, die volle Wahrheit ausblendende Denkhemmung vor, die von unbewußten, gleichsam tabuisierenden Denkfiltern verursacht wird?

Dies zeigt sich besonders typisch im verharmlosenden Abdrängen des Seitensprungs in das Genre des Komödiantisch-Lustigen. Somit ist es wohl kein Zufall, daß gerade der Seitensprung die Grundlage für die meisten Komödien abgibt! Ernest Borneman bemerkt deshalb zu Recht: »Gäbe es keinen Ehebruch, so gäbe es keine Komödien.« Mithin wird nicht nur auf der Seitensprungbühne des Lebens, sondern zu allem Überdruß auch noch auf der Theaterbühne des Betroffenen Leid zu des Zuschauers Freud umfunktioniert. Eine makabre Inszenierung, die die am Seitensprung Beteiligten als dankbare Opfer vermarktet.

Welches Verhalten ruft schließlich so viele groteske Aspekte sowie eine so umwerfende Situationskomik hervor wie das geheimgehaltene und zugleich verleugnete, oft halsbrecherische Jonglieren zwischen zwei intimen Beziehungen? Bekanntlich ist für viele die schönste Freude die Schadenfreude. Vor allem dann, wenn sie aus dem Sichlächerlichmachen unserer Mitmenschen hervorgeht; wenn diese in aller Öffentlichkeit ihr Gesicht verlieren.

Die schützende Zuschauerrolle läßt uns so zu amüsierten »Trokkenkurslern des Seitensprungs« werden, angenehm-prickelnd berührt, aber nicht selbst betroffen.

Dieses allzu menschliche Verlangen geschickt ausnutzend, ist es aber umgekehrt auch die gezielte Absicht nicht weniger kritischer Schriftsteller, Dichter und Stückeschreiber gewesen, die Seitensprungakteure durch das entwaffnende Medium der Satire in ihrer selbstgespielten Tragikomik darzustellen und damit der Wahrheit auf ironische, am meisten überzeugende Weise näher zu kommen.

Daß dies solchermaßen jedoch nicht gelingt, stellt eine weitere, noch tiefere Ironie und Paradoxie dar, da sich der Seitensprung mit seinem erheiternden Bühnengesicht geschickt hinter der seelischen Verdrängung der Zuschauer versteckt.

Auf diese Weise schützen sie sich durch eine unbewußte Distanzierung vor ihrer eigenen Lebenswirklichkeit.

Die Inszenierungen auf der Theater- und der Lebensbühne entsprechen somit einander und dienen letztlich demselben unaus-

gesprochenen Zweck: nämlich die ungeschminkte Wahrheit hinter einer heiteren Maske zu verbergen.
Dies ist das **versteckte Gesicht** des Seitensprungs.

Der Seitensprung läßt vor allem auf der Bühne des trivialen Alltagslebens plötzlich die verborgenen Sprünge und die unvermuteten, tiefen Klüfte in der Seele des fremdgehenden Lebensgefährten erkennen. Denn die verbergende Untergrundbeziehung gleicht einer verworrenen Vulkanlandschaft, aus deren Spalten bei einem betrügerischen Ausbruch die brodelnde und verbrennende Lava gierig-blinder, süchtiger Leidenschaft zerstörerisch nach oben quillt.
Sie begräbt den Seitensprungakteur und den hintergangenen Lebenspartner wie auch das renovierungsbedürftige, aber meist noch bergende Haus der gemeinsamen Lebensbeziehung vollends unter dem kränkend-verletzenden Seelenschutt ihrer erkaltenden Glut.
Dies ist das **unbekannte Seitensprunggesicht** des Lebenspartners.

Die verborgene Untergrund-Zweitehe als Frucht des Seitensprungs ist wohl so alt wie die patriarchalische Ehe selbst. Sie stellt gleichsam das »zweite Gesicht« dieser promisken Doppelbeziehung dar.
Das gleichberechtigte Nebeneinanderstellen dieser beiden Institutionen erscheint in diesem Zusammenhang mehr als gerechtfertigt, sofern wir uns nicht länger einer gravierenden Tatsache verschließen wollen: Während nämlich eine offizielle Ehe in ihrer monogamen Phase im statistischen Mittel nur zwei Jahre Bestand hat, hält eine Untergrund-Zweitehe immerhin doppelt so lange!
Dies ist das **Gesicht der verstohlenen Untergrundbeziehung.**

Was wurde bisher in zahllosen Publikationen und in meist reißerischer Aufmachung, doch wenig erhellender Weise nicht alles über das Thema Seitensprung geschrieben!
Anstatt nach tieferen Ursachen zu forschen, werden meist nur oberflächliche Beweggründe in den Vordergrund gerückt. Statt die unmittelbaren Auswirkungen und nur schwer kalkulierbaren Spätfolgen darzulegen, wird problemablenkend über das Für und Wider des Fremdgehens und das angebliche Recht auf den Seitensprung diskutiert. Die psychosoziale und nicht zuletzt die gesamtgesellschaftliche Dimension des Partnerbetrugs wurde hingegen bisher weitgehend ausgeblendet.

Dementsprechend nimmt es nicht wunder, daß die Öffentlichkeit heute den Seitensprung vorwiegend als ein oberflächlich-sexuelles Verhalten bzw. Phänomen ohne tieferen Bezug zum persönlichen, partnerschaftlichen und sozialen Geschehen ansieht. Sein Vorkommen wird als selbstverständlich hingenommen, seine Legitimation nur noch selten ernsthaft bestritten, seine Folgen werden weitgehend verharmlost, seine Bedeutung wird deshalb nicht hoch eingeschätzt und seine kritische Bewertung für unnötig oder gar störend erachtet.
Wer deshalb sowohl gegen die subtile, sexuell-emotionale Unterdrückung als auch die gut getarnte Ausbeutung menschlicher Liebesfähigkeit im Seitensprunggeschehen Front macht, setzt sich allzuleicht zwischen alle Stühle eines längst werteverunsicherten und auch ideell korrumpierten Publikums.
Dies ist das **öffentliche Gesicht** des Seitensprungs.

Unglaubwürdig wird eine persönliche Einstellung, wenn sie völlig unterschiedliche Tatbestände verschleiernd miteinander vermengt, um sich so durch argumentative Taschenspielertricks insgeheim ideelle Vorteile gegenüber Dritten zu verschaffen.
Der bekannte Psychologe Paul Watzlawick nennt diese Wahrheitsverdreher die »schrecklichen Vereinfacher«. Gerade deshalb fallen ihnen kritiklose und autoritätsgläubige »Flachdenker« schnell zum Opfer. (Vgl. auch Wolf Ruede-Wissmann: *Auf alle Fälle Recht behalten.*)
Der typische Seitenspringer wandelt dementsprechend sein unbestreitbares Recht auf die Verwirklichung seiner persönlichen, emotionalen und sexuellen Freiheit auf täuschende Weise in ein angebliches Recht auf den Partnerbetrug um: Er »verwechselt« absichtsvoll und gleichzeitig undifferenziert den wechselseitigen Anspruch der Lebenspartner auf Bedürfnisbefriedigung und individuelles Wachstum mit seinen narzißtisch selbstbezogenen Wünschen und Vorstellungen nach geheimem Wechsel des Sexpartners. Schließlich vertauscht er als arglistiger Partnertauscher und -täuscher sein verbürgtes Recht auf die jederzeitige Beendigung seiner Lebensbeziehung (die allerdings meist ihren Trennungspreis hat) mit dem für ihn bequemeren und kostensparenden Unrecht des Belügens und übervorteilenden Betrügens seines Lebensgefährten. Zu diesem partnerverachtenden Verhalten fühlt er sich meist auch noch »berechtigt«.
Dies ist das **täuschende Gesicht** des Seitensprungs.

Gerade deshalb erscheint es um so notwendiger, der großen Mehrheit der sporadischen Gelegenheits- oder gedanklichen Möchtegernfremdgeher überzeugend darzulegen, daß sie durch den Seitensprung in aller Regel selbst zu Opfern einer aktiven, allgemein als Vorbild betrachteten Minderheit von skrupellosen Maul- und Frauenhelden bzw. scheinemanzipierten Männerverbraucherinnen werden. Für diese haben sie und ihre Familien nach einem oft nur kurzen, doch zweifelhaften Liebesglück letztlich die Zeche zu bezahlen.
Dies ist das **parasitäre und zerstörerische Gesicht** des Seitensprungs.

Wie kommt es, daß die meisten Menschen eine so doppelbödige, verunsicherte und zugleich verunsichernde Haltung gegenüber dem Seitensprung einnehmen?
Neben der widersprüchlichen öffentlichen Meinung trägt zu dieser Einstellung vorwiegend die Tatsache bei, daß fast alle Gebundenen irgendwann im Laufe ihres Lebens entweder selbst aktiv oder zumindest passiv in dieses Geschehen miteinbezogen bzw. als Akteure oder Betroffene direkt berührt wurden. Da sie hierbei meist zeitverschoben einmal den Part des Betrügenden und ein andermal den des Betrogenen spielen, macht ihnen dies eine souveräne, unabhängige Stellungnahme fast unmöglich.
Und was ist mit den restlichen Standhaften?
Weil auch sie meist keine Engel sind und zumindest hin und wieder nicht realisierte oder uneingestandene Untreuewünsche haben, befindet sich fast jeder in irgendeiner Weise zumindest emotional im Zwiespalt. Er kann deshalb nicht völlig neutral sein.
Wir spüren hier förmlich die unsere heutige Kultur noch immer entscheidend prägende Unsicherheit, die sich schon im Tempel von Jerusalem manifestierte, als Jesus die Schriftgelehrten im Falle der angeklagten Ehebrecherin fragte: »Wer von euch ohne Sünde ist, werfe als erster einen Stein auf sie.« (Joh. 8, 7) Worauf alle beschämt davonschlichen, wohl eingedenk der Tatsache, daß sie sich selbst auch schon aus ihrer Ehe hinaus- und in eine andere hineingeschlichen hatten.
Dies ist das **zwiespältige Gesicht** des Seitensprungs.

Die gegenwärtig herrschende, parasitäre Ideologie der Scheinfreiheit ohne Verantwortung und des mühelosen Lustgewinns ohne Wachstumsanstrengungen hat nicht nur das ursprüngliche und

berechtigte Anliegen der sexuellen Revolution, nämlich die Überwindung der sexuellen Unterdrückung, verfälscht. Sie hat vielmehr das Ziel menschlicher Befreiung in ihr Gegenteil verkehrt, indem sie den konsumorientierten Oberflächensex unserer vorteilsbedachten Wegwerfgesellschaft zum Maßstab erhoben und die Genußerfüllung auf Kosten Dritter zum Seitensprung-Massensport proklamiert hat.
Dementsprechend lautet die allgemeine Devise: *Betrügen will (fast) jeder, doch betrogen werden will keiner!*
Eine paradoxe Gleichung, die wegen ihres so unredlichen wie gleichzeitig unrealistischen Charakters in der Lebenspraxis nur für wenige Liebesschmarotzer halbwegs aufgehen kann.
Dies ist das **paradoxe Gesicht** des Seitensprungs.

Dieses Buch stellt vor allem den Versuch dar, die Leser zu überzeugen, daß eine mühevolle und wachstumsorientierte, doch zugleich auch beglückende Zweierbeziehung einer letztlich frustrierenden und identitätszerstörenden Zweitbeziehung vorzuziehen ist.
Es soll darüber hinaus bewußt machen, daß ein unteilbares Ganzes nicht durch zwei zersprungene Hälften ersetzt zu werden vermag.
Dies ist das **hoffnungsfrohe Gesicht** des Seitensprungs.

Gerade aber diese Zielsetzung erfordert, daß wir nicht nur das interessierende *Was* und *Wie* des Seitensprungs erkennen. Weit bedeutsamer ist es vielmehr, über das verstehende *Warum?* die oft drängend-aktuelle Frage *Was tun?* konstruktiv in den Mittelpunkt der Betrachtungen zu stellen. Im Vordergrund steht deshalb das engagierte Eintreten *für* eine wandlungsfähige und gegenseitig zufriedenstellende, stabile Zweierbeziehung jenseits patriarchalischer Zwänge und gegenseitiger Eigentumsansprüche.
Das Seitensprungverhalten muß jedoch als eine entscheidende Barriere auf diesem Weg dorthin angesehen werden! Denn mit seiner Hilfe wird so vergeblich wie letztlich verschlimmernd versucht, den Identitätssprung, der sich durch die Persönlichkeit der Seitenspringer sowie deren betrogene Lebenspartner zieht, zu beseitigen.
Diese Gesamtsituation läßt es somit sinnvoll erscheinen, den Seitensprung präventiv zu vereiteln und den bereits geschehenen gleichsam im geistigen Jiu-Jitsu-Stil umzudrehen. Er gerät so im Rahmen einer konstruktiven Konfliktverarbeitung zur erwecken-

den Krise und somit zur Chance für eine gemeinsame Umkehr, solange die partnerschaftliche Zuneigung noch nicht völlig erloschen ist: Dem engagierten Optimisten kann es durchaus gelingen, das flackernde Flämmchen der gemeinsamen Liebe erneut zu entfachen.

Dies führt schließlich dazu, den Seitensprung als einen Schritt zurück in der Lebenspartnerschaft begreifen zu lernen, dem zwei Schritte nach vorne und aufeinander zu folgen können. Dieser Schritt zurück sollte als ein schwungvoller und hoffnungsfroher neuer Anlauf verstanden werden. Denn vornehmlich aus dieser ungewöhnlichen Startposition heraus vermag der zweite unsichtbare Sprung, der sich durch die veruntreute und selbstentfremdete Partnerschaft zieht, gleichsam in einem gemeinsamen, wachstumsorientierten Hochsprung überbrückt zu werden.

Romano Guardini drückte dies auf unübertreffliche Weise aus: »Die wahre Liebe beginnt mit einem Schritt zurück.«

Dies ist das **liebevolle Antlitz** der positiven Seitensprungbewältigung.

Der Ausblick – Warum die Überwindung des Seitensprungs die Männerherrschaft schwächt und die Emanzipation beider Geschlechter voranbringt

Welche emanzipatorische Kraft eine wachstumsorientierte, reife Zweierbeziehung ausübt, haben zahlreiche Denker und Fachleute dargelegt. Der renommierte Sexualwissenschaftler E. J. Haeberle stellt dies stellvertretend für viele ähnliche Aussagen dar: »Monogamie scheint auch die einzige Form der Ehe zu sein, in der die Partner wirkliche Gleichberechtigung finden können.« (*Die Sexualität des Menschen,* Abschnitt 11.1.4, »Die Zukunft der Ehe«)
Selbst die Radikalfeministin Shere Hite schreibt: »Die Idee der Ehe – jenseits des patriarchalischen Konzepts, daß Männer Frauen und Kinder besitzen – ist wundervoll.« *(Frauen und Liebe)* Und Marina Gambaroff ergänzt: »Ich gehöre zu jenen, die weiterhin auf die Zweierbeziehung setzen... Ich gehöre noch immer zu jenen, die glauben, daß die Paarbildung große emanzipatorische Kaft haben kann.« *(Utopie der Treue)*
Welche zerstörerische Kraft hingegen die spätpatriarchalische, seitensprung- und geschlechterkampfgeschüttelte Kulissenehe besitzt, wurde bisher nur von wenigen erkannt, geschweige denn in ihrer gesamtgesellschaftlichen Dimension dargelegt. Zu den wenigen Erkennenden zählte zweifellos Jean-Paul Sartre, dessen lebenslange Seitensprungpolygamie entscheidend zu seiner späten Einsicht beigetragen haben mag, daß der bereits mehrfach erwähnte originäre Hauptkonflikt in der patriarchalischen Gesellschaft zwischen den Geschlechtern und nicht zwischen den Klassen ausgetragen wird. Hier wäre allenfalls noch anzufügen, daß demgemäß auch Rassen- und Klassen-, Generationen- und Nationenkämpfe letztlich ihre historische Wurzel in der sexistischen Spaltung der Geschlechter und der Unterdrückung der Frau haben.
Welche Rolle spielt der Seitensprung im Gesamtkonzept des patriarchalischen Geschlechterkriegs, der mittlerweile nun auch von einer weiblichen Minderheit in umgekehrter Richtung ausgefochten wird?

Fast jede einmal hoffnungsfroh begonnene Zweierbeziehung wird im Laufe der Zeit zwischen der ideologisch-irrealen Skylla des unerfüllbaren monogamen Eigentums- und Glücksanspruchs und der zerstörerischen Charybdis scheinfreiheitlich-parasitärer, verlogen-betrügerischer Promiskuität zerrieben. Eine anfängliche Verliebungsehe verkommt qualvoll zur Entliebungsaktion, anstatt zur reifen Liebesbeziehung zu wachsen.
Als Vehikel dieser unheilvollen Entwicklung dient das zwar inoffizielle, gleichwohl ritualisierte und allgemein anerkannte *patriarchalisch-polygame Liebeskarussell.*
Es beginnt mit dem oft unbedachten *Einsprung* in die Ehe, setzt sich fort im mißachtenden *Umspringen* mit dem Partner, darauf folgt häufig der entfremdende, konfliktscheuende *Seitensprung* als Vorstufe des wachstumsängstlichen *Absprungs.*
Diese abwärtsgerichtete Spiralbewegung findet schließlich ihre negative Krönung im erneuten *Aufsprung* auf die nächste Partnerschaft. Dies läßt sich so beliebig oft wie unbelehrbar wiederholen, wie die finanziellen Mittel und emotionalen Kräfte dazu ausreichen. Dem Seitensprung kommt dabei eine zentrale Scharnierfunktion zu, wobei die offizielle Zweierbeziehung immer mehr zur vordergründigen Kulissenehe verkommt und zunehmend eine soziale und statusorientierte Alibirolle übernehmen muß.
Dieser permanente Fluchtkreislauf der vergeblich nach Eigenidentität Suchenden hält die allmählich zusammenbrechende Männerherrschaft gleich einem Karussell in Schwung und somit auch am Leben. V. E. Pilgrim hierzu: »Eine Kulissenehe zu führen gehört zu den Hauptstützmaßnahmen für die Männerherrschaft.«
Denn ohne diesen erotischen Reigen müßte der eheliche und gesellschaftliche Geschlechterkampf mangels Nachschubs an zerstör- und auswechselbarer Seelensubstanz sowie wegen Fehlens fortwährender bequemer Fluchtmöglichkeiten früher oder später ein so unabweisbares wie sinnvolles Ende finden. Dies um so mehr, als die disparitäre und polarisierende patrizentrische Herrschaft der polygamen Männerwelt maßgeblich auf der weiblich-masochistischen Unterwerfungsbereitschaft in der männerdominierten ehelichen und gesellschaftlichen Scheinpartnerschaft beruht.
Eingedenk der überwertigen emotionalen Abhängigkeit der Männer von ihren Frauen würde deshalb eine breitgestreute und konsequente Lysistrata-Haltung vieler Frauen gegenüber ihren Männern die noch immer weitgehend prostitutive Sozialpartnerschaft

zwischen Frau und Mann in allen Lebensbereichen bald fühlbar in eine emanzipatorische Richtung lenken.

Wie ernsthaft diesem Gedanken nachgegangen werden sollte, läßt sich den diesbezüglichen Ausführungen des weltweit wohl bedeutendsten Patriarchatsforschers Ernest Borneman entnehmen: »Die Lysistrata des Aristophanes ist sicher mehr als ein Phantasieprodukt. Zwischen den Zeilen der Komödie vibriert das unüberhörbare Echo einer traumatischen Erinnerung. Solche schweigenden Rebellionen mit den einzigen Waffen, die den Frauen noch verblieben waren, müssen in diesem Zeitalter mehr als einmal aufgeflammt sein.« *(Das Patriarchat)*

Zum aktuellen Wiederaufflammen lysistratischer Rebellionen schreibt beispielsweise die Süddeutsche Zeitung am 13.6. 1991 unter der Überschrift: »Eidgenossinnen zeigen die Faust. In der Schweiz wollen die Frauen mit einem landesweiten Streiktag für ihre volle Gleichberechtigung kämpfen«: »... Die Töchter Helvetias wollen mit ihrem Streik am 14. Juni die Schweiz kopfstehen lassen. ... Frauen in Haus und Beruf sind aufgerufen, für einen langen Tag Arbeit, Anteilnahme und Anpassung zu verweigern. ›Wenn Frau will, steht alles still.‹« Ein Vorhaben, das in seiner konsequenten und schlüssigen Eindringlichkeit zu einem beachtlichen Erfolg wurde.

Mit hoher Wahrscheinlichkeit könnte auf diesem Wege millionenfacher, doch letztlich individuell ausgefochtener »Selbsthilfe vor Ort« mehr erreicht werden, als es abstrakte, seit Jahrzehnten blutleer gebliebene Verfassungsartikel und nicht in konkrete Wirklichkeit und Wirksamkeit umgesetzte Reformgesetze sowie neuerdings engbegrenzte, vornehmlich renommiernegernde Pauschalquotenregelungen je zustande bringen werden!

Denn mit dieser undifferenzierten und gleichmacherisch-ungerechten Pseudolösung wird letztlich nur der trickreiche, schwer durchschaubare Versuch unternommen, das Aufbrechen der hierarchisch-bürokratisch strukturierten Männerherrschaft mit Hilfe von abstrakten Paragraphenregelungen zu verhindern. Mit anderen Worten: Hier wird wieder einmal nach bewährter Manier gleichsam der Bock zum Gärtner berufen, um solchermaßen die Emanzipation beider Geschlechter erfolgreich auf die typisch bürokratische »lange Bank« zu schieben. Populistische Rhetorik soll so gesellschaftspolitische Realität vortäuschen, abstrakte Paragraphen müssen konkrete Praxis ersetzen.

Wie sehr diese Einschätzung einer weltweit rückwärtsgerichteten Entwicklung entspricht, läßt sich unschwer an einem Bericht der

Vereinten Nationen ablesen, den diese sinnfällig an einem Freitag (21. Juni 1991) an einem hierzu ebenfalls sinnfälligen Ort (New York) bekanntgegeben haben. Dieser Tag wird vielleicht einmal als der »Schwarze Freitag der Frauenemanzipation« in die Annalen des fünftausendjährigen Geschlechterkriegs eingehen! Aus ihm geht unmißverständlich hervor, daß die Gleichberechtigung in allen Lebensbereichen und fast allen Ländern weiter aussteht und so gut wie nicht vorankommt. Ja, es droht sogar die ernsthafte Gefahr, daß bereits errungene Frauenrechte in den nächsten Jahren im Zuge der sozialen Umwälzungen in den Oststaaten wieder verlorengehen. Diese ernst zu nehmende Befürchtung wird jedenfalls von den Autoren der Studie deutlich ausgesprochen.

Die vorgeschlagene Strategie selbsterkämpfter Emanzipation basiert hingegen auf der realistischeren Überlegung, daß sie mit konkreter Erfolgsaussicht an der Wurzel ansetzen muß, nämlich dort, wo einstmals die konkrete Benachteiligung der Frau begonnen hat: in der patriarchalischen Familie selbst. Denn die historisch gewachsene Vorherrschaft des seine Frau und seine Kinder und sonstige Abhängige dominierenden Familienvaters stellt gewissermaßen die Quelle der gegenwärtigen inhumanen, spätpatriarchalischen Seinsweise dar. Die ursprüngliche Bedeutung des Wortes Familie legt hier ein beredtes Zeugnis ab! Dem lateinischen Begriff *familia* entspricht im Deutschen der Ausdruck »Dienerschaft«, woran wir uns in diesem Zusammenhang zurückerinnern sollten. Diese umfaßte die Ehefrau ebenso wie die Kinder, Haussklaven und sonstigen Abhängigen des Familienoberhaupts. Hier zeigt sich deutlich, wie die konstruktive Einheit von Polarität und Parität der Geschlechter bereits in der kulturellen Frühzeit des Menschen dem destruktiven Konstrukt von Polarisierung und Disparität weichen mußte.

Diese falsche Weichenstellung wirkt über die verinnerlichten Denk-, Gefühls- und Verhaltensstrukturen auf subtile, doch verhängnisvolle Weise bis in unsere Zeit hinein weiter und ist letztlich hauptverantwortlich für alle hieraus erwachsenen Grundkonflikte der Menschheit.

Jedes Warten auf eine bürokratische Lösung durch eine ihre Eigeninteressen wahrnehmende Männerwelt gleicht hingegen einem wahnwitzigen Ausharren bis zum altbekannten St.-Nimmerleins-Tag. Denn die konkrete und damit wirkliche, vor allem aber auch wirksame Entscheidung fällt langfristig in den Schlafzimmern, den Wohnstuben und Kinderzimmern, aber gewiß nicht in den Parlamenten und Ausschüssen, den Tarifverhandlungen und an den Arbeitsplätzen! Dort kann allenfalls im nachhinein formell bestätigt werden, was bereits in Millionen einzelner Geschlechterbeziehungen und Familien faktisch durchgefochten worden ist.

Ernest Borneman stellt in diesem Zusammenhang zu Recht fest: »Jeder Versuch der Eingliederung in das patriarchalische System korrumpiert die Frau. Nicht durch Angleichung an das Patriarchat, nicht durch ›Machtergreifung‹ innerhalb des patriarchalischen Systems, und ganz gewiß nicht durch ›Gleichberechtigung‹ mit dem Patriarchen, sondern nur durch Zerschlagung des patriarchalischen Systems kann sie sich und ihre Kinder befreien. Daß sie dabei auch den Mann befreien wird, kann beiden Geschlechtern erst dann klar werden, wenn sie zum ersten Male seit den Zeiten der Sippen- und Stammesgesellschaft wieder entdeckt haben werden, daß Selbstachtung und gegenseitige Achtung identisch sind.« *(Das Patriarchat)*

Hier wäre allenfalls noch anzufügen, daß die Wortwahl, nämlich die »Zerschlagung« des Patriarchats, unglücklich erscheint und überdies zu Mißverständnissen und falschen Schlußfolgerungen Anlaß geben könnte: Im Gegensatz zur entlarvenden aggressiv-destruktiven Sprache und Wirklichkeit der Männerherrschaft geht es vielmehr darum, das Patriarchat im Verlaufe eines positiven und friedlichen Auseinandersetzungs- und Erkenntnisprozesses zu überwinden und, seine durchaus auch positiven Seiten differenzierend bewahrend, im Hegelschen Sinne triadisch aufzuheben.

Aus realistischer Sicht bleibt somit früher oder später nur der einsichtige Friedensschluß nach einem fünftausendjährigen Krieg zwischen den Geschlechtern und der konstruktive Neubeginn der Beziehungen zwischen Mann und Frau, der zugleich einen gewichtigen Schritt hin zu gereifter Menschlichkeit anstelle unseres heutigen Halbmenschentums darstellt.

Die Neuordnung der Liebesverhältnisse wird dabei eine spiegelbildliche und umfassende Neuordnung unserer gesamten Lebensverhältnisse nach sich ziehen. Dies entspricht jedenfalls allen bisherigen Erfahrungen der Menschheitsgeschichte.

Der Psychologe und Eheberater Rolf Grigat (der insbesondere durch seine Gespräche im Rahmen der Sendereihe »Was sagen Sie dazu?« im Notizbuch des Bayerischen Rundfunks bekanntgeworden ist) meint hierzu treffend: »Die Beziehung zwischen Frau und Mann, die geschlechtliche Partnerschaft, durchtönt und durchdringt und bestimmt jeden anderen Lebensbereich. Wenn diese Beziehung lebendig ist, lebt alles andere auch. Beginnt sie zu sterben, endet und verendet auch alles andere, was uns Menschen betrifft. Frau und Mann zusammen: das ist der Baum des Lebens.« *(Lebendige Partnerschaft)*

Diese Grundaussage des Menschseins sowie des vorgegebenen geschlechtlichen Rollenspiels bezieht sich sowohl auf die individuelle als auch die soziale Partnerschaft aller Menschen in unserer voneinander abhängigen Weltgesellschaft. Mit seiner eindeutigen Stellungnahme führt Grigat zugleich den gegenwärtig noch heftig tobenden Geschlechterkrieg ad absurdum.

Um dieses Vorhaben zu erreichen, müßte ein wichtiges Bindeglied des patriarchalischen Fluchtkreislaufs, nämlich der Seitensprung eliminiert werden.

Ein wesentlicher Antriebsriemen des männlichen Liebeskarussells würde so zerreißen: Da dieser gleichzeitig einen geißelnden, selbstversklavenden Peitschenriemen des Menschen darstellt, der seine innere Befreiung, seine Souveränität und seine Selbstbewußtheit hemmt, würde anstelle patriarchalischer Fehlemanzipation eine reale, identitätsgewährende Emanzipation beider Geschlechter treten. Diesem Ziel näher zu kommen, setzt zwangsläufig die Erkenntnis über den Zusammenhang von Seitensprung und patriarchalischer Herrschaft voraus.

Die positive Bedeutung des enthüllten Seitensprungs liegt somit vor allem darin, daß er dem kritischen Betrachter gleichsam als ein verräterischer Sprung in der lügenhaft-scheinhumanitären Fassade patriarchalischer Seinsweise erkennbar wird. Durch diesen klaffenden Spalt vermag er in die brodelnde Tiefe verborgener menschlicher Destruktivität zu blicken.

Dieser erkennende Blick wird jedoch meist durch zwei wesentliche Umstände erheblich getrübt:

Zum einen ist es bekanntlich die Wahrheit, die zuallererst jedem Krieg zum Opfer fällt. Erkennen wir im Seitensprung, diesem wesentlichen Bestandteil des Geschlechterkriegs, ebenfalls einen destruktiven Konflikt, so wiederholt sich auf dem Schlachtfeld der veruntreuten Liebe dasselbe Geschehen mit geradezu beängstigender Parallelität! Denn auf analoge Weise deckt ein Trommelfeuer aus individueller Lüge und kollektiver Propaganda die tragikomische Wirklichkeit zu und verklärt das verfremdende Fremdgehen zum sinnvollen und gerechten Ausbruchsmanöver oder verharmlost es zum abwechslungsreichen Abenteuer. Diese Wahrheitsflucht vermag sich mühelos durchzusetzen, da sie der Erkenntnis Francis Bacons entspricht, daß der Mensch am liebsten das glaubt, was ihm die liebste Wahrheit ist.

Und zum anderen wird uns allen im Laufe unserer Sozialisation so unbemerkt wie wirksam eine ideologisch eingefärbte und verzerrende Brille der persönlichen Wahrnehmung aufgesetzt, die es uns fast unmöglich macht, die ungeschminkte Realität zu sehen.
Erich Fromm stellt die geistige Filterwirkung dieser überwiegend destruktiven inneren Programmierung und Instrumentalisierung mit folgenden Worten dar: »Jede Gesellschaft bildet durch ihre Lebenspraxis und die Art ihres Bezogenseins, Fühlens und Wahrnehmens ein System von Kategorien, das die Formen des Bewußtseins bestimmt. Dieses System arbeitet sozusagen wie ein gesellschaftlich bedingter Filter. Eine Empfindung kann nur dann ins Bewußtsein eindringen, wenn sie diesen Filter passiert.« *(Erich-Fromm-Lesebuch)*
Dieser »Bildverzerrung« unserer realen Eigen-, Mit- und Umwelt haben wir es mithin zu verdanken, daß die befreiende Emanzipation der Geschlechter mit der scheinfreiheitlichen, unsichtbar sich selbst knechtenden Demanzipation ebenso verwechselt wird wie die parasitäre patriarchalische Geschlechterverbindung mit der auf Parität beruhenden Zweierbeziehung.
Ein solchermaßen funktionalisiertes, entgleistes Denken auf der Basis scheinrationaler Vernunft (szientistischer Kult der Vernunft als *der* Diesseitsglaube seit der Französischen Revolution) macht aus dem Phänomen Seitensprung ein verschleiertes Phantom, das nicht mehr als Symptom zugrunde liegender tieferer Ursachen erkennbar ist.
Martin Heidegger umreißt unseren unheilvoll die Realität wegrationalisierenden und desorientierenden Zeitgeist der Vernunft, der die Logik des Wahnsinns zu seinem intellektuellen Höhepunkt erkoren hat, mit den Worten: »Das Denken beginnt erst, wenn wir zu dem Wissen gelangt sind, daß die jahrhundertelang gepriesene Vernunft die hartnäckigste Widersacherin des Denkens ist.«

Literatur

Baumgart, Hildegard: *Liebe Treue Eifersucht.* Reinbek 1988

Borneman, Ernest: *Die Neue Eifersucht.* München 1986

ders.: *Das Patriarchat.* Frankfurt a. M., 1989

ders.: *Lexikon der Liebe,* 2 Bde. München 1968

Bovet, Theodor: *Die Ehe.* Tübingen ³1984

Bresch, Carsten: *Zwischenstufe Leben*

Briggs, John/Peat, F. David: *Die Entdeckung des Chaos.* München-Wien 1990

Capra, Fritjof / Grof, Stanislav / Maslow, Abraham / Tart, Charles / Wilber, Ken u. a.: *Psychologie in der Wende.* Bern-München-Wien 1985

Cialdini, Robert: *Einfluß.* Landsberg am Lech 1984

Feldenkrais, Moshe: *Die Entdeckung des Selbstverständlichen.* Frankfurt 1985

Freud, Sigmund: *Gesammelte Werke,* Bd. 13. Frankfurt a. M. 1987

Fromm, Erich: *Gesamtausgabe,* 10 Bde., hrsg. von Rainer Funk. Stuttgart 1980/81

ders.: *Die Kunst des Liebens.* Frankfurt-Berlin-Wien 1980

ders.: *Über die Liebe zum Leben.* München 1986

ders.: *Haben oder Sein.* München 1980

ders.: *Psychoanalyse und Ethik.* Frankfurt-Berlin-Wien 1978

ders.: *Die Seele des Menschen.* Frankfurt-Berlin-Wien 1981

ders.: *Erich-Fromm-Lesebuch.* Stuttgart 1985

Gambaroff, Marina: *Utopie der Treue.* Reinbek 1985

Grigat, Rolf: *Lebendige Partnerschaft.* München 1989

Haeberle, E. J.: *Die Sexualität des Menschen.* Berlin 1983

Habermehl, Werner / le Viseur, Raimund: *Der Playboy-Report. So treiben's die Deutschen.* Frankfurt 1985

Herriger, Catherine: *Männer weinen nicht. Die programmierte Impotenz des Mannes.* München 1990

Hite, Shere: *Hite-Report. Das sexuelle Erleben der Frau.* München 1983

dies.: *Hite-Report. Das sexuelle Erleben des Mannes.* München 1982

dies.: *Der neue Hite-Report. Frauen und Liebe.* München 1988

Hoff, Margot: *Mein Seitensprung. Frauen berichten.* Hamburg 1987

Günther Hunold: *Liebe zu dritt.* Flensburg 1974

Kant, Immanuel: *Gesammelte Schriften.* Hrsg.: Preußische Akademie der Wissenschaften (Bd. 1–22). Bd. 8: Abhandlungen nach 1781. Nachdruck der Ausgabe 1912. Berlin 1969

Kinsey, Alfred, C.: *Das sexuelle Verhalten der Frau.* Berlin 1954

ders.: *Das sexuelle Verhalten des Mannes.* Berlin 1955

Körner, Wolfgang: *Meine Frau ist gegangen. Verlassene Männer erzählen.* Frankfurt 1980

Kowalewsky, Wolfram: *Zwischen Chauvi und Softi,* Köln 1984

Lauster, Peter: *Lassen Sie sich nichts gefallen.* Düsseldorf 1985
Lorenz, Konrad: *Der Abbau des Menschlichen.* München 1983
May, Rollo: *Antwort auf die Angst. Leben mit einer verdrängten Dimension.* Frankfurt 1984
Norwood, Robin: *Wenn Frauen zu sehr lieben. Die heimliche Sucht, gebraucht zu werden.* Reinbek 1986/87
Pearls, Frederick S.: *Das Ich, der Hunger und die Aggression.* München 1989
Pilgrim, Volker Elis: *Muttersöhne.* Düsseldorf 1986
Pittman, Frank: *Angenommen mein Partner geht fremd...* Stuttgart 1991
Rame, Franca / Fo, Dario: *Offene Zweierbeziehung.* Berlin 1987
Riemann, Fritz: *Grundformen der Angst.* München 1984
Rosa, Peter de: *Gottes erste Diener.* München 1989
Ruede-Wissmann, Wolf: *Auf alle Fälle Recht behalten. Dialektische Rabulistik – Die Kunst der überzeugenden Wortverdreherei.* München 1983
Saint-Exupery, Antoine de: *Der kleine Prinz.* Düsseldorf 1984
Schellenbaum, Peter: *Die Wunde der Ungeliebten.* München 1988
Schwarzer, Alice: *Der »kleine Unterschied« und seine großen Folgen.* Frankfurt 1977
Shainess, Natalie: *Keine Lust zu leiden.* Zürich 1987
Sigusch, Volkmar: Vom Trieb und von der Liebe. Frankfurt 1984
Vilar, Esther, *Der dressierte Mann. Das polygame Geschlecht. Das Ende der Dressur.* Sammelband. Neuausgabe, München 1987
Watzlawick, Paul: *Lösungen.* Bern 1974
ders.: *Wie wirklich ist die Wirklichkeit? Wahn – Täuschung – Verstehen.* München 1990
Wieck, Wilfried: *Männer lassen lieben. Die Sucht nach der Frau.* Stuttgart 1988
Wilber, Ken: *Halbzeit der Evolution.* Bern-München-Wien 1984

Personenregister

Sachregister